拳　心

薛喜君　著

文匯出版社

序

2020年的东京奥运会,因新冠肺炎疫情被延期一年。2021年,从世界大形势来谈,是人类抵御疫情灾害,英勇奋战的一年。但是第32届奥运会依然在东京正常举办,展示了奥林匹克"更快、更高、更强",人类向往光明、和平、健康的钢铁意志,不可战胜,不可动摇。

作者希望我为《拳心》一书写序,我感到十分高兴。拳击项目恢复三十余年来,一代又一代的拳击手为了祖国的荣誉,流血流汗,前赴后继。失败了,擦干眼泪,总结经验,矢志前行;胜利了,国歌奏响,五星红旗升起,依然热泪盈眶,这就是中国的体育人。

这是第一本写中国拳击历史的书。书中公正地、客观地、全方位、立体式地阐述了以张传良教练为代表的中国拳击人攀登高峰的艰辛历程。

竞技体育是一项复杂的系统工程,是通过挖掘最大限度的人体潜能,以攀登运动技术高峰为主要目的的一种运动过程,客观地反映了国家的实力,体现了国家的强盛和尊严。

传良同志2003—2012年担任总教练期间,带领中国拳击队在世界拳坛上不畏强敌,不怕堵截,异军突起,为中国拳击运动杀开了一条血路,冲上了奥林匹克的最高领奖台,创造了中国和世界拳坛的奇迹,打破了世界拳坛的格局。中国拳击应该说上升到一个极其辉煌的阶段,我当时作为一位分管项目的领导者见证了这一时刻。

2017年张传良应国家需要,临危受命,再次出山执掌中国拳协的大印,披甲上阵,担任总教练。2017年,德国世锦赛,中国拳击队只有一名选手赢了一场比赛,之后,就再也没有了中国选手的身影。如何扭转这个局面?如何重振雄风?国家责任,国家的信任深深地压在满头银发的张总教练身上。但是他作出睿智的判断,全力以赴,克服一切困难,从女队入手,练出水平,恢复自信,打出水平,恢复元气。全队上下增强信心,在不到两年的时间,中国女队从亚锦赛、世锦赛,到亚太区资格赛,获得众多的冠军,跻身于世界强手之列,与此同时,男队也有了很大的起色。

  这就是张传良,一个朴实的东北汉子,一个普通工人家庭的孩子,他没有值得夸耀的背景,二十几岁跟随父母到了贵州高原,支援国家三线建设。又先后做了武术教练、拳击教练,全靠悟性和智慧,走向了世界拳坛的高峰。谢谢一望无际的草原养育了他宽大的胸怀,能包容一切;谢谢贵州高原连绵起伏的大山,教会他具有坚持和坚韧的刻苦精神。

  这就是我们中国人,这就是我们中国的拳击人。

  东京奥运会即将举行,我不知道中国拳击队是否能再次攀登高峰,能否实现中国女子拳击队零的突破,男队能否再创佳绩,我不想做预测,也不想给他压力,因为我知道张传良是好样的,他的队员也是好样的,他们会在东京奥运会上为祖国的荣誉,拼尽全力。因为他们从来都把拳击视为生命。

  祝贺《拳心》一书付梓。也借此向那些曾经为中国拳击作出贡献的体育人,致以崇高的敬意。

崔大林
2021 年 6 月 13 日

目　录

序 ……………………………………………… 崔大林　001

序章漫卷 ………………………………………………… 001
走出贵州：雄关漫道 …………………………………… 006
走向世界：奋发为雄 …………………………………… 104
征战东京：旌旗猎猎 …………………………………… 203

最深切的告别 …………………………………………… 289
为佘宏书 ………………………………………………… 294

序 章 漫 卷

  生命中,最能打动人心的除了职业的丰功伟绩,还有生活中真实纯粹的人性。只要为完善自己而不断努力,其人性就可歌唱;只要不断地思考和创造,包括前行中刻骨铭心的体验和感受,灵魂就可赞颂。

——题记

  如果一辈子专注地做一件事,除了爱,再也找不出第二条理由。如果在这一件事中,既呕心沥血地创造,又锲而不舍地坚守,这是一种工匠精神,也是境界。人生在世,既能站得正,又活出境界和使命感,这就是中国精神。现任中国拳击协会主席、国家拳击队总教练张传良的一头白发,已然成了他的标志。有人说,2004年雅典奥运会爱徒邹市明的失误,他一夜白头。可他却笑着摇头,说人终究都会白头,都会老——他一辈子都致力于竞技体育,一辈子都在为拳击项目作贡献。他是在拳击教练员的岗位上熬白了一头青丝,也从壮年走进中年又向老年行走——但他仍然与拳击相伴相行。

  回顾中国拳击历史,可谓是一路风雨,一路波折。

  1913年,拳击传入中国,1925年,归国华侨陈汉强开始传授拳击技能。1936年7月23日,中国四位拳手靳贵第、王润兰、靳桂、李梦华在海参崴转乘德国奥运专列抵达柏林。但此行注定颗粒无收,毕竟是经过长途跋涉,体能跟不上,再加上又是第一次参加比赛,他们都在第一轮就被对手淘汰出局。靳贵第的对手是英国选手理查德,他在场上原本占优势,却因为搂抱被裁判分开。理查德趁机把他击倒,台裁提出理查德犯规,但仲裁没有采纳。此后,中国代表团申诉无效……奥运会结束后,四位拳击手都回到了国民革命军三十二军。1937年抗战全面爆发,10月,时任三十二军补三团三营排长王润兰参加了河北元氏漳河阻击战。由于部队伤亡惨重,最后他把全排剩下的手榴弹都绑到身上,炸毁日军坦克的同时也壮烈殉国。年底,在安阳保卫战中,靳贵第同样也把手榴弹绑到身上,与日军坦克同归于尽。1938年的台儿庄战役,靳桂因为重伤最后医治无效牺牲。李梦华也在台儿庄战役后牺牲了,最终也没有找到他的牺牲地。但史料记载了几位军人的英雄事迹,也记录了他们是敢于走向洋人霸占的拳台展现中国人气概的拳手。1946年,周士彬在上海打败俄罗斯选手,并夺得多国比赛冠军——就在拳击刚刚露出曙光时,却在1958年终止。此后,拳击项目在中国停滞了近30年,一直到1986年恢复。中国拳击走过了20世纪80年代的探索期,90年代的徘徊期,再到21世纪的高水平时期,张传良不仅是参与者、引领者,还是缔造者。他的人生路从来没有偏离过竞技体育,他对拳击项目矢志不渝,他在拳击教练员的路上风雨兼程,一往无前。

人只有朝着目标行走才有价值。路漫漫其修远兮,吾将上下而求索。

张传良,国家级教练。1975—1980年,在贵州省运动学校做武术教练;1981—1986年,担任贵州省体工大队武术队主教练;1987—2006年,任贵州省拳击队主教练;2000—2006年,担任贵州省体工大队副大队长;1993—2003年,他开始担任国家队教练,并分别担任级别主教练和主教练工作;2004年以后他担任国家队总教练。国家体育总局各届领导对他都十分信任,也特别认可他对项目独到的见解和独特的训练理念。所以,把训练管理以及人员分配的重任都交给了他。此时,他开始了从中国人的体质特征出发,用自己独到的手段和方法,不一样的训练负荷、不一样的技术,以及个性和个体化相结合的训练方式,开始完善和提高运动员的技战术水平,并正式推广中国式拳击打法。2006年至2008年,他担任上海体育学院竞校项目中心副主任;2008—2013年,担任上海体育职业学院拳击队主教练,上海拳跆中心主任。其间,他还担任贵州省政协委员、上海中华武术会副会长、上海精武体育总会拳击总教练等社会职务。他享受国务院特殊津贴,立过三次一等功;2004年,获国家体育总局突破奖;荣获2008年中共中央国务院颁发的重大突破奖,五次获得国家体育总局颁发的荣誉奖章,获全国劳动模范、全国"五一劳动奖章"等。2009年,进入国际拳联教练员委员会,同年又被国家体育总局拳跆中心、中国拳击协会授予"拳击训练大师"称号;2010年,他被国际拳击联合会评为全球最佳教练员。2013年退休后,他受聘台湾队执教,全力以赴地推广中国式拳击;2015

年，受聘于美国职业俱乐部担任拳击教练；2017年，他又听从国家的召唤，出任中国拳击协会主席并兼任国家拳击队总教练。2020年，他被亚洲拳击协会聘为教练委员会主席。

尽管记忆的时光悠远，但行走的脉络依然清晰。回忆，并非是对过往的眷恋，而是对岁月充满无限的敬意。

尊严和荣誉——不仅是竞技体育的精神，也是竞技体育的魅力和意义。"每个人都应享有体育运动的可能性，和体育运动带来的快乐，而不受任何形式的歧视，并体现相互理解、友谊、团结和公平竞争的奥林匹克精神。"奥林匹克运动是人类共同的理想，人类共存的模式——守规则、共同竞争、共同进步，奥林匹克更多的是人类精神的追求。奥林匹克精神激励一代又一代体育人，为所从事的项目拼搏奋斗。竞技体育发展到今天，已然成为不同国家，不同文化，不同种族之间的竞赛。今天的竞技体育，早已演变成为一门综合文化学科。所以，竞技体育也是教育的一部分。身体教育不仅能锻炼人的意志品质，还能教育人守规则和通过努力奋斗而取得成功。接受过体育教育的人，才能更好地弘扬并且诠释奥林匹克精神。

张传良创造的"中国式"拳击打法，不仅振兴了中国拳击，也影响了世界。他把拳击项目"直、摆、勾"三个简单的拳法配合步法的移动，组合成各种变化的拳法。中国式拳法彰显出大道至简、变化无穷的项目魅力。因项目历史传承和参与的个体不同，他的训练手段和比赛战术也因此不同。纵观国际拳坛，一直以来都是由俄罗斯式拳击、古巴式拳击等为主的多种风格统领，但他的中国式拳击一经问世，拳击界一片哗然，世界一片惊叹——中国式拳击训练体系充满了辩证法，他把拳击的攻与防、防转攻、左右变架等练到了极致。所以，中国拳击防守严密，进则暴风骤雨，退则快如闪电。中国拳击以灵巧、以速度破力量；以变化、以距离实施攻防转换，并实现全攻全守。他擅于思辨，并把理念和实践融为一体。他是既搞理论，又把理论转变为实践成果最具有代表性的训练大师。中国拳击打法：海盗式，控制对手、快速闪躲、快速进攻，不给对手进攻与反击的机会；强盗式，敢于同时打，同时闪，打中有闪，闪中有打，动就打，靠时机与节奏反复抢攻；斗牛式，在对方疯狂进攻时，通过巧妙的环绕、侧闪、转变、闪避后，抓住对手的漏洞实施打击；侵略式，在有效防守的基础上，通过先动先打、完成对攻、强攻、凶狠搏杀，始终保持高压态势，碾压式强攻。中国拳击打法主要体现在技术全面，特长突出，战术多变，体能超强。所以，他是世界上真正意义的以技术训练、以围绕专项体现技术为核心的训练大师之一。

岁月见证足迹,奋斗铸就辉煌。张传良的中国拳击不仅是中国的,也是世界的。

竞技体育最高的舞台莫过于奥运会,能参加奥运会是致力于竞技体育的人的梦想。1990年亚运会,白崇光获得冠军。这无疑是我国拳击发展的一个重要转折,激励了无数拳击人。1991年苏联解体,吉尔吉斯斯坦、塔吉克斯坦、乌兹别克斯坦、土库曼斯坦等中亚五国进入亚洲。亚洲从此成为世界拳击强洲。作为拳击教练,张传良也心怀梦想,他一步一个脚印坚定地朝着梦想奋进。1993年,他开始担任国家拳击队教练。1998年曼谷亚运会后,他与武警体工大队的李青生带领国家队参加在重庆举办的第八届世界杯拳击赛,中国队获得三枚银牌、三枚铜牌。这个成绩,显然是一个历史性的突破。2003年,在泰国世锦赛上,邹市明首轮击败古巴名将巴特雷米,最终获得银牌,实现了中国拳击世锦赛奖牌零的突破。2004年,在土耳其举办的首届世界大学生拳击锦标赛上,邹市明获得冠军,张志磊获得铜牌,邹市明还获得本次锦标赛最佳风格奖。2004年,邹市明在雅典奥运会上夺得铜牌,实现中国拳击奥运会奖牌零的突破;2005年,绵阳世锦赛,邹市明四分之一决赛,再一次战胜古巴名将巴特雷米,又淘汰了匈牙利名将,夺得男子48 kg级的金牌,实现了中国拳击在世界大赛历史上金牌零的突破。2006年多哈亚运会,邹市明和胡青分别获得48 kg级和60 kg级的金牌,杨波获得51 kg级铜牌,张建艇获得75 kg级铜牌,哈那提·斯拉木获得69 kg级铜牌,时隔16年,实现亚运会金牌再度突破。2007年美国芝加哥世界锦标赛,邹市明夺得48 kg级冠军,李洋夺得57 kg级铜牌,哈那提·斯拉木夺得69 kg级铜牌,尼加提·玉山夺得-91 kg级铜牌,张志磊夺得+91 kg级铜牌,中国夺得一金四铜。邹市明卫冕的同时,中国拳击也实现了小中大级别金牌及奖牌零的突破,中国拳击队获得团体总分前三名。2008年北京奥运会,邹市明获得48 kg级金牌;张小平获得81 kg级金牌;张志磊获得+91 kg级银牌,哈那提·斯拉木获得铜牌;还收获两个第五名。这届奥运会,中国拳击队获得团体总分第一,金牌奖牌榜第一,实现中国拳击奥运会金牌零的突破,大级别奖牌零的突破。2009年世界杯赛,胡青获得银牌。2010年广州亚运会,中国获得五金三银三铜。2011年阿塞拜疆世锦赛,邹市明获得金牌,王玄玄获得铜牌。2012年伦敦奥运会,邹市明蝉联奥运会49 kg级冠军,任灿灿获得女子51 kg级银牌,李金子获得女子75 kg级铜牌。2013年,张传良退休。时隔四年后,他再次回归,2018年世界女子拳击锦标赛,中国女子又夺得四金一银。其中:窦丹获得64 kg级别冠军,李倩获得

75 kg 级别冠军,汪丽娜获得 81 kg 级别冠军,杨晓丽获得＋81 kg 级别冠军,谷红获得 69 kg 级别银牌。2018 年雅加达亚运会,女子拳击共设三个级别,中国女子选手常园和尹军花勇夺 51 kg 和 57 kg 级两枚金牌。男子获得三枚奖牌,分别是 49 kg 级的吴中林,57 kg 级的许国祥,64 kg 级的山俊。为此,中国队获得最佳团队奖。2019 年曼谷亚洲拳击锦标赛,史倩获得 54 kg 级冠军;杨文璐获得 60 kg 级冠军;窦丹获得 64 kg 级冠军;谷红获得 69 kg 级冠军;李倩获得 75 kg 级冠军;杨晓丽获得＋81 kg 级冠军。汪丽娜获得－81 kg 级亚军,常园获得 51 kg 级铜牌。男子胡建关获得 52 kg 级铜牌;买买提图尔孙·琼获得 69 kg 级铜牌。这次比赛,中国队获得六金一银三铜,刷新了亚洲拳击锦标赛最好成绩。2020 年 3 月,亚洲、大洋洲项目东京奥运资格赛,女子 51 kg 级常园,69 kg 级谷红,75 kg 级李倩,男子 52 kg 级胡建关获得金牌。75 kg 级托合塔尔别克·唐拉提汗获得铜牌;81 kg 级陈大祥获得铜牌。张传良带领中国队夺得四金两铜,三个第五名。中国荣膺金牌榜第一名,并获得六张直通东京奥运会入场券。2020 年东京奥运会,中国拳击队谷红、李倩分获银牌;常园获得女子 51 kg 级第 5 名;胡建关、托合塔尔别克·唐拉提汗、陈大祥进入前十六名。

张传良对竞技体育的坚守,不但振兴了中国拳击,也书写并创造了中国拳击历史;同时,他也得到世界拳击同行的认可。他创造的中国式拳击,改写了中国拳击恢复以来一直低迷的现状,使中国拳击走向世界。他的中国式训练体系、"六从六练"科学指导思想,以及"八以训练"原则,无疑强有力地促进和推动了中国拳击的发展,也让中国拳击沿着一个正确的方向走下来——又经过实践和赛场上不断的修正与完善,中国拳击才有不断惊人的突破,才得以走上世界之巅。

张传良的拳击路亦如月光下的行板,闪烁出熠熠的光亮,也释放出精神的光辉。

走出贵州：雄关漫道

生命的高贵在于燃烧——男人的生命除了燃烧，还在于活出精神和骨质。

精神和骨质，无疑是生命的脊梁，也是行走的支点，更是奔向目标的动力。

——题记

1

在中国的版图上，贵州地处西南边陲。

20世纪70年代初，张传良的母亲带着儿女举家从齐齐哈尔迁徙到贵阳，投奔为支援三线建设到贵阳工作的父亲。也就是说，命运让20岁出头的他从寒冷的北方落脚到"天无三日晴，地无三尺平，人无三分银"的贵州。北方的寒冷和风沙凛冽出坚韧的个性，宽阔的胸怀最具包容性。他没有不适，或许他注定是来人间燃烧的命，也或许他注定要把青春热血和汗水洒向边陲。他用生命之火，温暖了亚高原的潮湿和绵延的苍凉；他用执着的坚定，让拳击热烈出熊熊的火焰。这火焰从高原烧到全国，又从中国烧向世界，图腾出东方大美。所以，他的生命不仅燃烧出高贵，也活出精神，活出骨质。

张传良走上了竞技体育的艰难跋涉之路，是机遇，还是宿命？

北方丰沛的水草不仅能养育高贵的丹顶鹤，也能令苍鹰迎风翱翔。浩瀚的大北方宛如一盆炭火，能烧灼人的肌肤，也磨炼了他的意志品质。张传良9岁练习中国武术，16岁学习中国式摔跤。他不仅精通中国武术和摔跤，还对拳击颇有研究,这也源于18岁那年的一场武术和拳击间的较量。18岁,骨骼初长成的他觉得自己很能打。在一次摔跤表演赛后,大家鼓动他和朋友打一场比试比试,也好给崇拜他的伙伴们"打个样儿"。用他自己的话说,就是"显摆显摆"。朋友家是印尼华侨,朋友的哥哥是印尼拳手。其实这位朋友只是跟哥哥学了几下,是一位很初级的拳击练习者。一上手,张传良就挨了一记重拳,情急之下,他忘了早已烂熟于胸的武学招式和套路,手脚并用地一顿胡拼乱打……他声称自己打的是"王八拳"。尽管挽回一点儿颜面,但他还是输得狼狈不堪,也输得不甘心——武术和拳击究竟差异在哪里?为什么自己在武术里能游刃有余,而在拳击面前却败下阵来……他内心深处有好奇也有焦虑。朋友看到他痴迷于西洋拳,正好哥哥也从印尼回国,就引荐他跟随哥哥偷偷地学了几个月拳击。自从学了拳击的一些基础动作,他对搏击更感兴趣,也更加痴迷了,从此就偷偷地开始练习拳击。

　　1953年出生的张传良赶上一个特殊的年代,那时候的教育还是九年一贯制。初中毕业要么上山下乡,要么拿着医院的诊断在家待业。要是能到部队参军或者进工厂当工人,就是时代的佼佼者。那个年代,练武的中国人都热衷于学武术、练摔跤,没人敢在光天化日之下练西洋拳。而且,用西洋拳打架无疑是斗殴,若是被派出所抓住,会以流氓罪论处。在匪夷所思的畸形时代,谁的脑袋上要是戴一顶"流氓"罪的帽子,不能说株连九族,至少也会影响到家庭。张传良上有父母,下有同胞手足。20世纪五六十年代出生的孩子,都以看到父母的笑脸为最高的奖赏。况且,他家教十分严格。母亲总是循循善诱地教导子女要仁义要善良,他上学时就加入了共青团。参加工作后,他又积极地参与"钢花"剧团,演舞蹈,排小品,唱样板戏,演会翻跟头能跳跃的新四军和匪兵他都得心应手。无论是女演员还是男演员的招式,他一看就懂,一学就会。他虽然不是"钢花"剧团的主角,但他却是朋友和工友们心目中的好兄弟、好伙伴、好朋友。不仅因为他善良,有正义感,有想法,还因他乐于助人。工厂里提拔和任用干部都是"老中青"三结合,刚刚20岁出头的他在工作中表现得很突出,所在钢厂的车间就有意培养他担任车间副主任。为此,车间书记还找他谈了话,但母亲知道后坚决不同意。"他还年轻,还需要锻炼,另外,还要去投奔他们远在贵州的父亲。"

　　母亲的坚持断了张传良最初的"仕途"。然而,却成就了中国拳击。

　　贵州的冬天,凉风穿堂,雨水淅沥。无遮无拦的湿冷像一只怪兽,无时无刻地围绕在人们身边。住在贵阳的人家,屋里都有一个烧煤的铁炉子,煤灰和缠绵的雨水相遇,像找寻到了前世的伴侣,瞬间就交融到一起。刺鼻的煤烟味儿,黑黢而又泥泞的路,压得人喘不过气——父母是张传良生命中的第一任老师,无论是在东北老家,还是落脚到多山多雨多湿冷的贵州,母亲都把最好的东西留给客人。母亲勤劳简朴,把一生都奉献给了家庭和孩子。从东北到贵阳,她还把远在山东从小就失去双亲的侄女也接过来抚养,善良的母亲把侄女视为己出地抚养成人。无论生活多么艰苦,无论环境多么糟糕,她的头发总是一丝不乱,衣裳也洗得透亮。圆脸庞上高挺的鼻梁,还有一双月牙似的眼睛。母亲笑起来,像极了慈祥安静的弥勒佛。

张传良不仅遗传了母亲的容貌和不喜张扬的性格,还遗传了父亲的责任感和工作中一丝不苟的工匠精神。

在钢厂工作的父亲,话语不多,脾气也倔强。当他从一位老友的嘴里知道儿子练习武术,并且还很有名气时,他惊愕得没说话。他原本打算让儿子和这位老友练习武术,想不到人家还想跟他的儿子学习。朴实厚道的父亲,对生活没有过多的奢望,只想干好工作,照顾好家庭,儿女们健康长大,成家立业。但他无论如何也没想到,长子传良不仅口碑好,还学有所成。父亲笑了。所谓成功,莫过于儿女勤奋好学,并学有所成。不久,父亲因为疾病,带着对生命的不舍和对家庭的眷顾离开了他们。

天堂里的父亲怎么也想不到,儿子不仅在竞技体育的路上越走越远,还攀上了高峰。

自从张传良在东北老家"战败"后,又学了几个月的拳击,他对搏击的兴趣日益浓厚。他得空就偷偷地练拳击,练散打。在只有收音机的年代,他的一招一式全靠自悟和潜心琢磨。到了贵阳,他先是到工厂工作,后因他出色的武术造诣,出色的武术编排功底,他被从工厂调到贵州省体工大队任武术教练员,当时他是贵州省队最年轻的教练员。一个人最大的幸事,莫过于把爱好干成了职业;一个人最大的苦恼,是不能把职业当成爱好。既然把爱好干成了职业,就需要付出超出常人几倍几十倍的努力。教练员的工作不分星期礼拜,早上6点带运动员出早操,晚上10点查完房,一天的工作才算结束。每周六个工作日,包括节假日天天如此,年年如是。如果哪个运动员身体不舒服,情绪状态不好,教练员连轴转也是常有的事。特别是练武术的运动员,年龄小的只有几岁,大的也不过十几岁,教练员不仅要带着他们训练,还要照顾他们的生活起居。

照顾了大家,就忽略了小家。且不说低微的收入不能和超负荷的工作对等,成家立业的张传良也无法分身照顾小家。他是上有高堂下有妻儿的男人,但他却把身心交给了竞技体育,交给了队员。凡是他带过的队员都熟悉他家。低矮的石棉瓦屋顶、砖木结构的山墙就是他全家的住处。虽然,在贵阳像这样的房子随处可见,然而,他住的房子还有些独特,因为他家房子的一面山墙借助了训练馆的大墙。与高大的训练馆比起来,他家的住屋像一只栖身于高墙下局促不安的鸟。家距离体工大队差不多有6千米的路,他出门进门除了郁郁葱葱的树,就是漫天的繁星,要么就是淅淅沥沥的小雨,还有连绵的大山。儿子张志杰在这幢不起眼儿的小屋里出生,又在这附近上学。由于父母的忙碌,尤其在体工大队做教练员的父亲实在无暇顾及儿子,更无暇关注儿子成长的疼痛——所以,每天送他上学的是一条叫阿龙的狗,接他放学还是这条狗。

阿龙,成了张志杰童年时的伙伴。

张传良对运动员对武术却极其用心。为了武术的招式和套路,他废寝忘食,置身于世外,潜心研究。执教期间,他先后带出了蔡波、李才、刘金丽、冯丽娜、张燕等人。20世纪80年代初期,武术教练潘清福就向他抛了橄榄枝,请他到天津武术队任教。20世纪七八十年代,天津,在任何人的眼里都是大城市。这个邀请无疑是一块跳板,不但能让他走出阴雨连绵的大山,或许还能带出冠军来。然而,心思细腻的他想得更多的是,像刘宝玉这样的好朋友都没有进入天津队执教,自己为什么要去占一席之位呢?当然能与高者为谋,能提高自己武术的境界和对武术的认识,也能为全家为妻儿谋一个好前程……正值壮年的他第一次失眠了,但第二天他还是果断地放弃了这抛来的诱人的橄榄枝。他的理由是:尽管贵州不发达,但这里还有质朴的队员眼巴巴地看着他。他家院子里还有跟他练拳击的孩子,他不能辜负他们。虽然贵州贫穷落后,又不是他的出生地,也不是他的故乡。然而,他已经深深地爱上了这里。从东北到贵州,对他来说就是从故乡到故乡——他有梦想。他心中除了中国武术还有拳击梦,他梦想着有朝一日故乡能发展拳击项目,他能为这个不是他故乡又成为他故乡的地方做点事,也是一种心灵上的慰藉。他最大的梦想是做拳击教练,再带出一批有成绩的拳击队员。当年,他还不敢想带出全国冠军,更不敢奢望世界冠军、奥运冠军。

当时,拳击还是一只张着血盆大口的"猛虎",被中国拒之门外。

拳击之所以被人们视为"暴力运动",缘于20世纪50年代末的那场军运会。当时南京的一名运动员被击倒在拳击台上,后抢救无效而死亡。时任国务院副总理兼体委主任的贺龙把这次"死亡事件"报告给国家领导人。领导人很痛心,我们的战士没有牺牲在战场,却死在拳击台上——当时拳击还被列入第一届全国运动会项目,规程都下发了,但因为这次意外事件,拳击之路就此中断。热爱拳击项目的人从此"魂断蓝桥"。1979 年 12 月,世界著名拳王穆罕默德·阿里应邀来中国访问,邓小平同志接见阿里时指出:"拳击运动也可以是增进中美两国人民的了解和友谊的渠道。"那以后,国人也认识到,拳击所背负的"暴力"恶名是不公平的,它与街头斗殴有着天壤之别。拳击是一项艺术化的搏斗,是体育文化的重要一脉。此后,拳击运动在中国像一块坚冰开始一点儿一点儿地融化。1980 年,国家允许拳击在一定范围内进行试点试验,并为正式恢复拳击做了大量的准备工作。1982 年,当时的国际业余拳击联合会秘书长乔杜里应邀来北京体育学院讲学。他说:"不能设想,一个没有十多亿中国人参加的国际体育组织,能称得上是真正的国际体育组织。"1985—1986 年,两年间阿里又接连访问了中国。国内最具有代表性的南拳王周士彬和北拳王张立德等老一辈拳击人,为中国拳击项目一直在不懈地努力,更重要的也是国情的需要。由此,拳击宛若一股强劲的风,加速解冻中国冰封了 28 年的项目,给热爱拳击的人带来了希望。1985 年底,中央政治局听取国家体委汇报 1990 年亚运会的准备工作,国家体委主任李梦华说,所有亚运会项目除了拳击,都能派队参加亚运会。万里副总理不解地问,拳击为什么不能参加? 李梦华说,国家还没有恢复这项运动。在场听汇报的中央领导当场决定恢复拳击,我们要参加亚运会所有的项目。由此,拳击运动终于走出困了 28 年的囚笼。不久,国家体委就把拳击运动项目,放在国家体委训练竞赛竞技四司。当时分管重竞技的副司长洪林,又把任务交给在四司任正主任科员,担任国家体委拳击办公室副主任的曾群。曾群 1982 年就在训练竞赛竞技四司工作,又有多年的军旅生涯。随着对拳击不断深入了解,他深深地爱上了这个项目。因此,他根据领导的指示起草了拳击恢复的各种文件。这年还在秦皇岛开了一个重要会议,与会人员除了洪林、曾群等国家体委干部,还有上海精武总会号称"东方毒蛇"的郑吉常、周士彬、张立德、陈兴华、王国钧、王守信和一些试点省市的相关人员。会上,大家就拳击恢复后的注意事项,如何去开展,提了一些非常中肯并且十分有建设性的意见。

秦皇岛会议就如号角,奏响了中国拳击前进之歌。

1986 年 3 月,国家体委做出决定,中国正式恢复业余拳击运动,并列入中华人民共和国第七届运动会正式比赛项目。同年 8 月,国家体委就发布了《开展拳击运动的暂行规定》《拳击竞赛管理办法》和《拳击活动的安全防护措施》。虽然拳击项目并没有完全放开,但是从业者和爱好者们还是看到了希望,看到了冉冉升起的曙光。11月,在上海体院举办了首届全国拳击教练员、裁判员学习班。1986年底,在空军体育馆第一次以国家体委的名义举行了全国12支队伍的调赛。当时,北京体院、武警部队、青岛、上海、广东、南京等队伍都参加了此次的调赛。此前,民间也举办过一些比赛,当时国家体委的态度是不支持不反对,但这些比赛不对外公布。空军体育馆调赛前,周士彬、张立德等老一辈拳击人集中了一个星期,讨论国际规则。这次讨论十分激烈,有些老同志不主张用国际规则口令。但以洪林和曾群为代表的国家体委却坚决使用国际规则口令。他们说既然与国际接轨,就要用国际规则。否则日后运动员出去打比赛,都听不懂国际规则的英语口令,岂不是贻笑大方。所以,在空军体育馆的调赛中就采用了国际规则的口令。这次调赛有一批比较好的队员进入国家体委的视野,为1987年正式组建国家集训队奠定了基础。由此,在上海体院举办的这次第一届全国拳击教练员和拳击裁判员培训班,历时一个月。有人称这次拳击培训是"黄埔第一期",这期培训班培养了第一批教练员和裁判人才。

1987年4月,中国拳击协会(CBF)正式成立,5月在南京举办了第一届全国拳击锦标赛。这次比赛赛况空前,曾群还记得当时的情况,当内蒙古运动员一个人入场,所有的人都惊讶不已,不知道他为什么没有教练和领队。后来才知道,这名运动员叫阿斯琴,因为内蒙古没有钱让他来参加比赛,他是自己卖了一匹马来参加的比赛。可是没有教练又如何上场比赛?张立德先生自告奋勇为他当教练员……可见他对拳击的热爱和热情。此前,国际拳联也第一次到中国举办了国际裁判员培训班。国际拳联还委派了巴基斯坦的国际裁判拉什德讲了近半个月的课。南京锦标赛后,就把拳击12个级别的前三名运动员集中到北京崇文体校。由此,中国拳击集训队正式组建。

拳击以昂首阔步的姿态,再次敲响了中国国门。

1987年,对于拳击项目来说是具有划时代意义的一年,中国正式恢复了拳击运动项目。而在张传良的眼里,阳光拨开浓重的积云,山雾化开,清风拂面——他的职业生涯也因此走进了一个新时代。有时候,梦想实现得令人猝不及防。然而,那种幸福感却真实得如同贵州起伏的山脉,令人神思遐想。他是贵州第一个拳击教练员,也是中国拳击恢复后的第一代教练员。这一干就是一辈子,他把一生都无私地奉献给了拳击项目。他与队员在一起的日子,超过了和家人团聚的时间。面对生命中的守护和亲人的呼唤,他在两难的境地下却心无旁骛地"任性"——为此,他反思过,活着究竟是为事业拼搏出至高境界,还是为小家活出平凡幸福——最终,他没有答案。但他内心的疼痛也无以言表,他内心深处的起伏只有自己知道。他何尝不想两全,只是,他既想给理想一个安身之地,又想给守护一个结实的拥抱——然而,生活就是生活。他想念故乡,故乡有雪,有树、有风、有草,抑或那一望无际的草原能给他答案。可是故乡却在远方,他回不去了——他不可能再回到青春,也不可能再回到曾经。生活有时候很吝啬,它不容人做选择。

或许,拳击教练的生涯源于18岁那年的"挨打",也源于他日思夜寐的念想,抑或是命运赋予他的责任和担当。

以贫穷落后而著称的贵州,是中国最早成立拳击运动队之一的省份。这份殊荣,还是他力争来的。1986年以前,拳击不仅带有野蛮的色彩,还是带有资本主义色彩的运动项目。因为,中国是社会主义国家,对资本主义国家搞的那一套嗤之以鼻。所以,拳击的相关资料少之又少。一切从零开始,一切从头抓起——要学的东西太多了,首先他要了解拳击究竟是一个什么样的运动项目,包括训练、规则、比赛、运动营养,还有医生等。要想了解这些,在还没有网络的20世纪80年代,唯一的渠道就是出去学习。国家拳击办公室办的刊物上,刊登了很多翻译过来的文章。特别是俄罗斯一些关于拳击项目和拳击医学方面的文章——每年,拳击办公室都举办学习班和培训班,张传良是最早到上海参加裁判员学习班的拳击人。当时的规定,只有十几个省市作为试点单位可以参加教练员学习班,不在这其中的省市只能参加裁判员学习班。贵州自然不在教练员学习班里。他在学习班当众质问为什么,答案是贵州水平低,打出危险就不好了。他听了之后就笑了,还就此做了发言。试点省市单位不见得就没有低水平的拳手,不是试点的省市也不见得没有高水平的拳手。如果试点单位先开展,就会提高得更快,而不参加的省市岂不是没有提高,日后打起来还不是更加危险……曾群接受了他的建议。张传良曾经还得到过一本苏联《少年走上拳击台》的手抄小书,他如获至宝地边学习边理解——由此,他对拳击也有了一定认识,也从这本书受到很大启发。

就此,《少年走上拳击台》成了他最初的拳击朋友。

张传良觉得中国人就该走一条适合中国人的拳击路。那时候,中国人对金牌的渴望就如蓄势待发的火山,青烟缭绕得令人有流泪的冲动。一个国家、一个民族体育的崛起和抗争,奥运会是窗口也是契机——最难忘的是1984年洛杉矶奥运会,许海峰拿到第一块金牌时举国沸腾。那一刻,他就认识到体育能振奋人心,也能凝聚民族精神。他兴奋得站在体工大队的门口,看着雨后的彩虹露出笑容。心潮澎湃的他,自己都听见了心中潮水的涛声。他太渴望为竞技体育,为拳击做点事儿了。他也知道,既然选择了竞技体育的路,就要朝着目标奋斗。

群山跌宕的贵州,竞技体育在今天也是落后的,包括训练、场馆、硬件设施、科研保障、后勤服务等。省队刚成立那会儿,只有两个教练,一个是从武术转过来的张传良,还有一个是从足球队转过来的欧阳建中。他们把队伍拉起来,第一批是张传良做武术教练时,在他家院子里练习拳击的队员。但仅仅从武术队里选出来和自家院子里训练的队员还不能成为一支队伍,他们就出去招收队员。招收来的队员,一部分是在校的大学生,还有一部分是社会上的闲散人员。那些在公园里练拳、在工厂上班也喜欢练拳的人,只要爱好,身体又符合拳击队员的基本素质,就不遗余力地招收进来。

如果说,人生如一幕戏,那么,张传良的这幕戏注定和贵州的大山一样起伏跌宕。

拳击刚刚恢复,若说缺钱,全国哪个省都一样,大家都站在同一条起跑线上。当时的情况,四川、安徽稍微好一些,贵州是最缺钱的省份。当时的贵州还不只缺钱,人员短缺也最为明显。因为贵州没有省运会,选材的渠道不顺畅也不理想,选进来的队员对拳击的认识远远不够。这时候,他对选材还不敢十分挑剔,尽管他渴望选到好苗子,但如果这个队员不适合练拳击,更适合练篮球、练举重、练中长跑,他放手,只要能从别的项目里练出来,何必耽误运动员呢。运动生命短暂,不能因为教练员的急功近利,而毁掉运动生命短暂的运动员。虽然选择运动员有局限性,但他选人的眼光仍然很毒辣,别人看不上的他偏偏喜欢。有的小孩子爱打架,他喜欢,他说教育归教育,这样的孩子多半脑子灵活;有的小孩子淘气捣蛋,他喜欢;有的小孩子经常惹下"小灾小祸"还能为自己善后,他更喜欢。他说这样的孩子擅长于动脑,用老百姓的话说就是"鬼道"。他相信,"鬼道"的小孩再历练历练就获得智慧了。他经常"跨界"去击剑、举重、羽毛球等队挑选队员。如果他们喜欢练拳击,又有良好的身体素质,还有他们本身对竞技体育对拳击的热爱,就会比新手运动员学得快。他从篮球队员的身上,从羽毛球队员的身上看到他们步法的灵活,从举重队员的身上看到了力量。队伍组建起来,拳套、拳鞋买不起,更别提拳台了。没有场地,他们就到篮球场上训练;没有拳台,他们用木杆钉、用铁管焊简易的拳台;没有拳击鞋,运动员就穿运动鞋、穿胶鞋;没有沙袋,他这个教练员的身体就是沙袋——张传良没被眼前的困难打倒,也没灰心。他说只要精神不倒,困难就会逃跑。他天性幽默乐观。训练硬件可以自己动手,但相关资料却是少之又少,比如裁判规则。拳击训练练什么?怎么练?他总不能把自家院子里的东西,全盘照搬地当作教科书拿来教授队员。

这是不负责任的态度,他不是撞钟的和尚。

贵州省第九届运动会

张传良迷茫,但他在迷茫中坚持。他边带训练边琢磨,为的是拨开迷茫的浓雾寻找光明。南京第一届全国锦标赛,因为他直言力争,果然就不再提试点的省份了。他带的六名队员到南京参加比赛,全部打进了前八。他第一次接受了中央电视台记者孙正平的采访,但他并没有因为队员都进前八而满足,他的目标在远方。离开了远方的故乡,可他的追求,他的目标依然在远方——但是,现实就是现实。因为经济的限制,贵州一直都是竞技体育边缘化的省份。拳击是积分打点的项目,有人的地方就会有交易,所谓的交易除了感情还有利益。即便抛却利益,把感情一碗水端平还有理解和认识上的不同。经济基础决定上层建筑,他所带的队伍虽然成绩好,但上层建筑搞得不好。因为贵州新上任的体委领导把省运会砍掉了,也由此,对竞技体育的投入就更少了。每当国内有赛事时,贵州新上任的领导都说,我们不比奖金,不比待遇,只比奉献精神。我们虽然条件不比别的省队好,但我们也一定要争取金牌……说起来,哪个队伍不想要金牌呢? 毕竟成绩是检验队伍和运动员的试金石。但是,很多时候贫穷也能限制人的志向。还有就是地域的差别,贵州基本都是小级别,因为在贵州很难能招到大级别的运动员。早在20世纪80年代,就有比较权威的调查,贵州人的基本体重都不高,所以,招收的队员都是在63.5 kg以下的级别。张传良就是在这种环境下,在没有雄厚财源支持的贵州,带领一支小级别的队伍冲出大山。穷,有的时候也是一个优势,因为贵州的孩子都想走出大山。所以,他们都有吃苦的精神。但又因为受教育的程度不够,他们在很多问题的认识上也不足,这也需要他这个做教练员的引导和教育。一次又一次地出去参加比赛,他的视野开阔了,思想也更加超前。他像一个饥饿了许久而到处寻找食物的人,脑子里不停地想:贵州拳击究竟该怎么训练? 如何走一条自主之路——他对项目的认识,对教和练的认识始终都走在前面。

思想就如一匹烈马,只有驰骋起来,脚力才能经得起考验。

拳击恢复之初,国内基本都是苏联的训练方法,但不具备规模和体系。张传良有意识地带队参加或观看拳击比赛,他想从中吸取技术和经验。他发现参加国际比赛中国队员上去后就拼打,就冲撞……可是,有的连30秒都坚持不下来,一拳下去就倒地。要是能打满三回合,就是非常好的队员了——他的心隐隐作痛,他不知道中国拳击什么时候能在拳台上打人。他觉得这种情况不能怪运动员,因为当时的训练都是这个方法,教练都在用舶来的训练教学。他觉得中国拳击如果再这样走下去,根本就没有出头之日。要想打出中国人的特色,中国拳击就要求"有",当然主要是有技战术。事实上,此时根本就什么都没有。没有训练体系,没有体能,没有技术,没有变化,没有节奏,更谈不上控制了。

中国拳击与世界差距之大,令全国所有的拳击教练汗颜。

正因为张传良对拳击的认识和努力,贵州拳击队才犹如一匹黑马,小级别的成绩在国内始终名列前茅。但是他觉得还远远不够,要想让拳击项目跻身于世界,教练员就要从我做起。虽然当时受整体拳击水平的影响,但他还是走在前面。与拳击强国比,尽管他还没带出优秀运动员,他也不是世界顶尖的教

练员,但他会朝着顶尖的教练员努力,他要在大框架中力求突破。在拳击十分低迷的时期,所有教练员都在寻求一条"求生"之路,他无非是先行一步,至少在思想上意识到了拳击应该有中国人自己的东西,除了学习和借鉴,还要形成自己的训练体系。

世间不外乎有三种人:哲人、伟人、凡人。卢梭说:哲人思考的恰恰是你百思不解的现实问题;伟人的思想至今仍然深深影响着我们的生活;凡人的散漫和情欲至今让我们感到惊诧。张传良说自己是大山里的小人物。是的,与大山比起来,人都渺小得如一粒尘埃,与大树相比,人不过是一片叶子。可是如果枝头上没有叶子,那么这棵大树就没了生机。生机盎然是因为叶子不屈不挠地挂在枝头上。无疑,他这个小人物愿意做激流,在崎岖的路上从山岩旁穿行……他知道中国拳击不是不想发展,只是还没有找到发展的根本。从1958年停赛到1986年恢复,近30年的时间,与世界的差距就如龟兔赛跑,落下一大截。恢复之后又跟在人家的身后走,请他们所谓的专家和知名教练来教授运动员,来训练运动员。可是,这些专家和知名教练没带出一个像样的运动员,更别提世界前三了。还有就是优秀的运动员,没有机会出去参加比赛。贵州队48 kg级冠军陈春云就从来没参加过一次国际比赛,51 kg级冠军刘杨海也没有进过国家队,更别说打国际比赛了……中国竞技体育为什么上不去?究竟是体制还是人种的问题?两者皆有吧。只要一谈到人种,很多人不但借题发挥,各种声音也接踵而至。怎么比啊?体能、体质都跟人家有很大的差距。张传良不否认存在的体能和体质问题,但他认为找准了训练方法就能打破不足。也就是说,只有在训练上找出路,才是解决问题的根本。作为教练员不能不深思存在的问题,如果热衷于跟在欧美人的身后走,将无法超过他们。唯有提高对项目的认识和理解,才能结合自身条件去训练。只有认真总结分析,确定训练原则和指导思想,才能合理创新。至于体制,总是会在发展的路上不断的变革。

虽然"世上无难事,只怕有心人"是老生常谈,但它却能生出翠绿的新芽。

小人物的思想或许不被人接受,但张传良依然为一棵大树的盎然生机和一树的葱翠而努力。改变不了别人,就把自己当成一片叶子挂在枝头。在烈日当空下晾晒自己,在阳光雨露下丰盈身心。要想改变拳击项目的落后现状,只有"求有,求精,求变,求新"才有出路。也就是说,人有我有,人有我精,人精我变,人变我新——因为我们在改变,人家也在改变。那么,我们只有创新,而且还要走在他们的前面去创新。

虽然,很多时候匍匐也是一种高贵;但是,昂首挺胸才是最终胜者的法宝。

张传良坚信中国人就该走中国拳击之路的最初想法,还是因为南京的那场比赛。从中,他看到了坚持自己训练的想法初见成效,也让他觉察到跟在别人身后练下去练不出自己。即便是照葫芦画瓢地练下去,也培养不出真正的拳手,更别说出成绩了。同时,他也意识到再这么走下去,对拳击项目本身是一种伤害。也就是说,拳击还没活出人形就夭折了。长此以往,中国拳击永远没有出路,也永远登不上最高的拳台。他不仅为拳击项目,更为拳击运动员的命运着想。他认为运动员的成绩不好和教练员息息相关,这或许是他最初拳击思想和训练体系的形成。穷则思变,弱则思强,贫则思创。由此,他走上了一条中国拳击训练和创新之路。

张传良就如沙漠中的行路者,一直埋头于寻找能滋养拳击生长出一湾萋萋绿草的清泉。

贵州体育局也深知自身的薄弱,主管领导大力支持他们。在资金严重紧张的情况下,还调拨资金作为拳击队学习的专用款项。派人出去学习训练,学习裁判规则,学习拳击运动学,学习拳击医学等。贵州体育局的这种做法对拳击项目带动非常快,随即,就有三个地州市,即黔南、遵义、贵阳相继成立了拳击队。尽管这三个地区的条件先天不足,但从上到下的热情高昂,尤其身为省拳击队主教练的张传良,他似乎看到了明媚的春天。红色圣地遵义,中国共产党在这里转折后,成就了今天的中国。遵义,似乎与他有着不解之缘,如果说遵义是他的转折地也不为过,爱徒邹市明就从遵义走来——此后,他们师徒历经何止是九九八十一难,但他们最终携手谱写创造了中国拳击的历史。

拳击就该体现出激情和力量,如果让刚烈的男人喝下一杯兑水的烈酒,还不如送他一把刀。

在张传良的奔走下,虽然拳击台还是他们自己用木杆钉做的,器械也不全,但对于他们这些喜爱拳击运动的人来说,已经很满足了。不久,他们到延吉打青年赛。从贵阳到延吉,要坐三四十个小时的硬座火车,中途还要倒车,而且只有几个座位,队员和教练只能轮班坐,但他们一路上有说有笑。到了延吉,别说迎面扑来的寒冷让他们这些南方人瑟瑟发抖,他们的小腿和双脚也都肿胀得无法穿鞋。然而,对他们来说,能打比赛就有未来,就有希望。

比赛虽然只有输和赢,但是不打比赛如何能检验队伍,如何能在实战中学习和长见识?

张传良的训练体系在训练和比赛中逐步成形,他又开始研究拳击规则和技战术,并把学习和思考得来的理论用到训练的实践中。他坚持个性化训练优先的原则,在队员中选拔出先天条件较好和后天特别努力的队员,他亲自带。其目的就是想训练出"领头羊",带领队员摘掉贵州竞技体育在全国落后的帽子。他做到了,在他的带领下,贵州拳击项目人才层出不穷。1959年,中国举行了第一届全运会,而贵州拳击队从第七届全运会才走上舞台。一直到第十一届,贵州拳击队每一届都有金牌入账。他在贵州成了传奇教练,他训练的运动员成才率非常高。这得益于他独有的一整套对拳击训练的思想和理念,这些理念不是单一的,其中充满了辩证法。他把拳击的理念都融合到训练体系中。他的这套训练体系是从理念到实践为一体,既能看得见又能摸得着。事实也证明,他的训练体系和原则不仅正确,还适合中国人的体质。

张传良最初的拳击教练生涯,奠定了他成为世界一流拳击训练大师的基础。中国第一个世界青年拳击锦标赛第三名,是贵州的刘涛;第一次打国际A级拳击比赛的选手、并获得冠军的是贵州的罗文;第一个打世界大型拳击比赛的是贵州的刘渊,并获得世界杯第三名;第一个拳击世界冠军和奥运冠军是贵州的邹市明。同样也是贵州队员的刘杨海参加第七届全运会,获得贵州首枚全运会拳击51 kg级的金牌。贵州的罗文获得第八届全运会拳击冠军,李明勇获得第九届全运会冠军,邹市明获得第十届、第十一届全运会48 kg和49 kg级别金牌。张传良调到上海后,上海运动员李泉龙获得第十二届全运会冠军,这块金牌也是上海拳击零的突破。张传良非常兴奋,队员的成绩验证了他的训练理念和方法。但他并没有止步,他知道要想让中国拳击走向世界,任重道远。张传良不只把运动员带出了成绩,还把刘杨海等队员带到国家拳击队任男队教练……他从一批又一批队员的成绩中看到了希望,也看到拳击无限的可能性。一定程度上说,他是既有理论知识,又把理论转变为实践成果方面最具代表性的教练。

纵观竞技体育的历史,世界顶尖儿的运动员都是专人带出来,抑或一个专职团队带出来的。张传良坚持作为教练员或者一个教练团队成员,首先要对运动员的个体情况十分了解。针对他们的天赋,以及身体的各项指标来设定训练科目,制订专门的训练计划和只适用于个体并具有独特性的技战术。因为每个人生下来的体质就不一样,直观的无非是高矮胖瘦,但有的人相对速度比较快,有的人则天生力量大。这些肉眼看得见的体征,对于搞运动训练,特

贵州拳击队

别是搞拳击项目的教练员和团队来说,不够恰如其分。因此,教练员有责任有义务把每一个个体分析得更细更准确。个体的力量、个体的速度、个体的柔韧性等,还要了解运动员的家庭,因为父母不仅是运动员最初的教育者,也是他们最初性格形成最直接的因素。如果父母性格狭隘或极端,往往就会影响运动员日后的发展和成绩,也会制约他们的思考,限制他们的高度。还有身体其他各种数据,因为这些指标和数据,是比较综合的体现。通过训练,张传良清楚地意识到,没有速度和相对的协调性,力量是发不出去的。看一个运动员出拳的速度和力量,就能感知到这个运动员是否有发展前途,但是否能练出成绩还要看他们的综合素质。张传良执教期间,对招进来的运动员有很严格的考核。但他始终特别看重运动员的"脑子",也就是聪明和智慧。张传良从小就学武术,又做了多年武术教练,他深知拳击项目在竞技体育中的难度系数和复杂的程度。也就是说,拳击项目是一个野性、灵性、智慧的项目,没有聪明的脑子在比赛场上是打不好拳击的,没有智慧参与是"打不转"拳头的。

    教练员是项目的灵魂,也是项目的主宰者。
    教练员要有崇高的敬业精神和奉献精神。作为运动训练的执行者,身教重于言传,为人师表尤为重要。要严格地要求自己,不断勤

奋地学习,不断地探索创新,不断地修正和完善训练体系。这是教练员的使命和担当。

——张传良如是说

2

只有视野无限广阔,才能保持开放的心态。

创新需要坚持和勇气。因为,创新就意味着走一条前人没有走过的路,创新也意味着很多不确定因素。脚下本没有路,是创新者在荒野中开辟出一条新路。这条新路可能会充满凶险,充满艰难——创新还有被认为是出风头的嫌疑,创新也有被枪打出头鸟的风险。但人生最宝贵的莫过于生命,对那些有思想的人来说,灵魂与生命是同等价值。如果不带着灵魂活着,生命似乎过于苍白。

张传良坚持走项目创新之路。

贵州拳击可谓是从一张白纸开始,从学习到创新,从发展到辉煌的艰难历程,他像一头耕作的牛,始终走在创新的路上。他无法顾及路上的狂风暴雨,他也无法回击那些紧随其后左右摇晃的影子。因为他的身心早已交给了拳击,并不是他意识不到影子的存在,而是他无暇把心思和创新分给无用的人和事。所以,张传良创新的技战术日益求精。队员、家人、朋友都目睹他从一头青丝到白发的整个过程,也历经了他生命中一个又一个艰难的时刻。当然,也与他共同见证了生命的辉煌成就。贵州体工大队医生,与他一起共事几十年的佘宏说,每当看到今天还有教练带二十甚至三十几个队员训练,都会痛心。同时也能感觉到,这个教练员的理念还没有跟上项目的发展。不能与时俱进的教练员,是带不出来优秀运动员的;同时,他也不可能成为伟大而卓越的教练员。

行走的路上,一定会有阴影和阴霾。那么,只有迎着太阳奔跑,阴影才会逃之夭夭,阴霾也会自然消散。

固守只属于凡人,属于拒绝超越自我的人,属于不为自己人生负责、频找借口的人。显然,张传良是敢作敢当、敢想敢为的教练员,因此,他对竞技体育有很独到的认识和见解。中国拳击项目为什么远远落后于世界,差距究竟在哪呢?思考后,他觉得首先要明白差距的局限在哪?人种的差异是谁也不能更改的事实,一如太阳的升起和落下。世界上有黑种人、白种人、黄种人,从表面上看,不外乎是肤色的差别。但是,这三种人从身体的体态、机能、运动素质、血睾酮、生理生化指标等方面,都存在很大的差异。就拿黑种人来说,黑种人的雄激素比白种人平均要高出15％;白种人比黄种人也同样高出这个百分比。相比之下,黄种人比黑种人的差距就更大了。这样差距表现出的结果就是:同样是两个小时大运动量的训练,黑种人三四个小时后就去喝咖啡了,白种人需要六七个小时恢复,黄种人则需要更长的时间。同样受伤,黑种人比白种人恢复得快,黄种人恢复就相对更慢了,包括身体的抵抗能力,也会有一定的差异。所以,中国拳击项目与欧美相比,不管是从对抗能力还是从力量,不管是从速度还是耐力上都存在一定的差距。这是不争也无法回避的事实。也就是说,身体能力在前、技术在后的项目,我们很难出成绩;技术在前、身体能力在后的项目,我们就相对有办法。当然,黄种人也有一些自身的身体优势和自身良好的基因。但是,要想使自身的优势和良好的基因发扬光大,还要有对项目技术的改变和创新。

因为只有改变和创新,才能让自己有更大的自由空间,才能体会到项目带来的快感。

邹市明

从体态上来讲,黑种人头小肩宽臂展长,臀位高腿也长,下肢形成锥子形。所以,从对抗性竞技体育来看,黑种人是运动能力最好的人种。单就拳击项目来说,臂展长就占一定优势,跟腱长、踝关节强,能力和耐力就会好一些,而且不容易受伤。欧洲人的臀位高,而亚洲人的臀位低。所以,黄种人多半腿粗臂展短,相对来说,在对抗性运动上就不占优势。因此教练选人时就有倾向性,一般都是选身高臂展长、速度快、跳得高、短冲能力好、爆发力强、基础力量也好的运动员。有人很注重小腿肌肉的练习,认为小腿的肌肉好就能跑、能弹跳。所以,很多人对小腿肌肉要求非常高。张传良却认为运动不完全靠小腿肌肉,小腿肌肉好不一定就能做到这些。动物里跑得最快的是猎豹、鹿和马等四条腿的动物。那么,能从它们小腿上找到一块肌肉吗?鸵鸟、袋鼠弹跳能力好,奔跑和速度也特别强,它们小腿上更是看不到一块肌肉。确切地说,它们的能力来自臀大肌和髂腰肌,这也彰显了先天的臀大肌和髂腰肌协调配合的优势。还有就是创造能力的差距,因此,他再三强调教练的执教水平决定一个项目的命运。作为教练员,一定要对所从事的项目有深刻的认识、透彻的理解,这样才能把握好项目的发展方向。否则,再苦的训练都是徒劳。

教练员只有掌握了队员本质上的差别,才知道怎么练,才知道如何练。

张传良说:教练员本身就是一本教科书、一本教案,在执教时要不断地完善、修正、发展这本教案。没有哪一位教练员永远最好,永远最对。只能通过不断地摸索,不停地往前走才有可能看到目标。他几十年的执教生涯,总结经验后告诫自己,竞技体育对抗项目是研究、对抗、相克的过程。

这个过程虽然残酷,但也能淬炼出优秀的教练员和运动员。

当一个人想做点什么,只有在茫茫大水中抛下锚,才能找到自己的方位。一定程度上来说,方位能帮助人走出困惑。中国竞技体育很多项目都有着上百年的历史,但个别项目还是在跟着欧美人走,走了很远的路,才发现自己原来穿着一件破烂得不能遮身蔽体的衣裳,除了一身皮囊,连一块遮羞布都没有。这种情况主要是缘于个别教练对项目认识不深,自信不足,缺乏创造。这样说似乎走进一个自我否定的怪圈,实在是不应该。但回过头看,我们还是有自身的优势。比如站上世界最高领奖台的中国运动员,有很多都是我们自己教练带出来的。如:跳高运动员朱建华,跨栏运动员刘翔,还有跳水、乒乓球、举重等很多优势运动项目的运动员。

事实证明,只有自己才能拯救自己,自己才是自己的救世主。

因为中国人知道自身的短板,也知道自己的优势。只有认识到优劣,才能清楚如何去改变、去创新。要想出成绩,就必须有特殊的训练手段,要想赶超世界先进水平，就一定要在项目认识上走在世界的前列。靠感性不能获取可靠的知识和手段，主观臆断也会缺乏正确的认识。亦如跟着别人走，或者让别人来带我们的运动员，永远都是暂时的。有的教练偶尔带出了一次冠军，但并不是名副其实的冠军教练，因为，成就一个冠军要具备很多因素。有的运动员自律性比较高，在训练过程中喜欢动脑子，所以，他就琢磨出适合自己的训练方法。这样的队员教练不操心，只是指点一下就行。还有一种情况，没有针对性的训练，运动员也拿了冠军。这些情况多半是参赛的运动员比较少，或者是新兴的发展项目。但是，这样的冠军就如昙花一现；也如一场大雾，太阳一出来，世界又露出了本来的面目。这样的冠军不能证明教练员的水平，更谈不上教练员对项目的认识。教练员只有在所从事的领域里不断地创新，才能带出真正意义上、并经过无数次大赛考验的冠军。

还有一个不是差异的差异，但是它又像一截枯木一样存在，总是能刺疼眼睛刺伤心——这就是中国运动员的主观能动性、心理素质和意志品质有待于进一步提高。意志品质本身就是一种精神，那么运动员心理稳定主要靠教练员，而不是一味地指望心理医生。心理稳定既是隐性的也是显性的，如果不通过事实，很难看得出来。运动员在训练中往往都是被动的，我们的教练员普遍存在一个问题，就是他让运动员怎么练运动员就要怎么练，不要问为什么。教练让跑5 000米，第二天、第三天还是5 000米，运动员真就不去问为什么，只是一味地执行。这样的运动员可以说是不自立，也就是说，运动员没有自我思考。因为运动员是最了解自己个体情况的，运动员又是项目技术的实施者。所以，训练时就需要审慎的思考。就如行走时只记住了一条柏油马路，难道就不能走一条羊肠小道吗？小道上不只有野花，兴许还会遇上奔跑的野鹿呢。

这不能不说是一种收获，但是这个收获一定会伴随着付出和努力。

成熟自立的运动员，有时候会令教练员看到一个闪光点，也会使教练员有更深入的思考。那么，究竟是教练的脑子比别人差，还是运动员的条件比别人差？这两种说法都不够客观。因为中国教练执教本身有时候也是被动的，也会受到来自各方声音的干扰。一些与训练不搭边的声音会影响、干扰到教练员的思想及训练思路。常理上来说，教练在训练上应该起到主导作用。但是来自其他的声音一多，教练就会无所适从，陷入一种质疑自己的怪圈中。如果职能部门的专家和学者们，甘愿退居到幕后做一个强大的后盾，保障教练员的教学，保障运动员的训练，给教练员一个宽松的执教环境，就能给教练员机会和时间思考创新，同时又能把他们的责任感和使命感充分地调动起来。说到底,只有教练员才更懂得项目的技术和比赛场上的战术。运动员好比成长中的一棵果树,教练员是种植和培育果树的那个使者。当果实即将成熟,教练员以外的过多干预,会使果实过早地破裂或者枯萎。无论何时何地,教练员都要给自己的心灵留一块空间。

因为心灵的空间能促使教练员有独到的见解,也能品尝项目结出的果实是酸还是甜,这样就可以随时给它嫁接或改良。毕竟,教练员的执教水平,才能决定一个项目的命运。张传良说:"教练员是善于学习和总结的人,不是什么人都具备教练的潜质,创造性的思维是优秀教练员所必须具备的能力。同时还要有独立的思考和坚定的信念,要学习别人,但不能让别人左右你的思想。"

如果不能参透竞技体育其中的奥妙,不能解决练和赛之间的矛盾,运动员就很难能练出来。检验理论的标准是实践,只有理论和实践相结合才会对项目有进一步的认识。正应了那句老话:看山是山,看山不是山,看山还是山。如果有10个人来到山脚下,看着眼前的这座山时会因为自身受教育的程度,成长经历,以及个人的情怀等诸多因素,对这座山有不同的想象和理解。但其中一部分人不甘心坐在山脚下看,他们对大山的腹部充满好奇,他们愿意走进山去探索究竟。走进山里的人就会看到人家、耕牛、炊烟、家禽、翠鸟、溪流、野花等。因此,他们的想法就不同了。山究竟是什么?只有深入进去,只有身临其境才知道山不只是一个名称;山上不只有树有草,还有鲜活的生命。

这也关系到运动员对项目本身的认识。如果运动员对项目没有一个很好的认识,只管训练完成,不管为什么,哪怕是错误的,也跟着机械地训练——这样的运动员很难出成绩,反而会练出一身伤病。再回到那座山上,如果一直坐在山脚下,除了能看到山的四季变化,看山还是山。而进去的人不只看到了山里的季节,季节里的生命,还有或焦灼或真挚或虚伪的情感——也就是说,进去看山的人已经到了第三重境界。人,只有亲历,才能懂得爱与被爱的美好。因此,很多运动员只有转型到教练岗位上后,才会有不同的认识。从运动员到教练员不仅是一个角色的转换,也是从被动到主动的一个转换。所以,只有走进深处才会看到理论与实践的差距,才会懂得项目发展的真正需要。所谓的深度和高度,在于身临其境和切身经验。

既然无法丈量生命的长度,那就做一个把握生命厚度的人。

张传良无疑就是一本训练教科书。他对项目的认识来自实践中的总结,来自各种比赛的经验,来自他超强的分析和学习能力,来自他的创新和创造。

他曾经带过两名57 kg级的运动员,他们都特别能拼打,身体素质也好,各方面的条件也比较接近。每次实战或者比赛的成绩,不过是这次你赢我一点儿,下次我赢你一点儿。因此,两人的冠亚军之争总是不分伯仲。后来其中一名队员有伤,萌生了离开队伍出去闯一闯的想法。两年后,他又回来找到教练,他说他还想训练。训练三个月后两个运动员再打,再回来的运动员就明显高了一截。也就是说,闯荡了两年的运动员亦如走进大山深处的人,他对拳击有了全新的认识。作为教练员,张传良深知出去闯荡的运动员技术并没有提高,而那名苦练两年的运动员为什么还不能占上风呢?原因在于后者的自我管理、独立思考、独立训练、独立比赛的能力都有待进一步加强。最关键的还是在对项目理解和认识上,出去两年的运动员学会了自立,他再不会像从前那么硬拼了。他懂得了应该吊开打,控制打,把握节奏,把握时机地打。也就是说他懂得使用战术了……这就是认识上的改变。只有认识上去了,技战术才会进步才会提高。亦如被风吹落的一片叶子,落下来时野草接住了它,叶子才会恍然慨叹,原来世界上不只有树干上摩肩接踵的亲昵,还有能为它伸出臂膀的野草。于是,野草就成了叶子避难的所在,至少叶子不会再被风吹跑。所以说,叶子离开树干流浪未必是坏事,它不仅学会了思考,还体会到了别样风情。很多时候,技能也是被逼出来的。

读万卷书,不如行万里路,但张传良认为"既读万卷书,又行万里路"才会有更大的收获、更高的认识。

针对教练员的创新这个问题,多年前,我们国家就提出了。然而,步子却迈得不大。张传良早就有过总结,他认为创新的途径是认真分析找规律,对比国际找差距,结合实践求创新,努力创造出奇迹。教练员要不断地给自己出题,出难题。只有这样才能逼迫自己创新。如果所带的项目上不去,首先要找出问题:项目是什么?为什么上不去?应该怎么办?竞技体育是什么?拳击是什么?有了题,教练员还要求解。

有始有终,才有归宿。

竞技体育,是不同项目对人体不同肌肉要求的极限突破和超越。项目不同,对人体各项机能指标的要求也有所不同。极限挑战,极限超越,是速度力量灵敏智商和心理等之间的较量。运动员要有柔韧和高度的协调性才不会受伤,有的教练过于强调体能,这没有错,但也不完全正确。事实上,体能是依据项目而定,体能也是依托训练的强度、训练量、训练技术来衡量的。所以,在加强训练肌肉时,不同的肌肉就要用不同的训练手段。因此,体能不能一概而论。

竞技体育如一片森林,森林不可能只有同一个树种。所以,竞技体育有以能力、速度为主的项目;也有以力量、耐力、基础能力为主的项目。只有对项目有深刻的认识,才能决定未来发展的高度。如田径、游泳、水上、冰雪等项目,就要以突破速度,突破耐力来看成功纪录。这样的项目所以成功,最明显的表现就是你强我更强,你快我更快,你高我更高,是以速度和耐力相竞争。再如隔网对抗项目,这类项目要求运动员以全面的身体素质和稳定心理做保障。尤其是以高超的技术、灵敏的步法、多变的战术,去调动身体的极限元素。运动员的意志品质非常重要,场上比耐心,比能力,比不服输的精神。隔网项目最明显的一点,就是你想"打死"我,我说什么也不让你"打死",有时候防守比进攻更重要。就如排球,通过场上各种救球、扑球、移传、拦网等技术手段,去改变场上不利的局面。所以,女排教练员的智慧和运动员永不言败的精神,被称为女排精神。

错过星光,就不会感受到夜晚的璀璨,没有朝阳,万物就失去了生机。所以,星光的璀璨和清晨的朝阳,都是项目成功不可或缺的因素。

中国拳击队

乒乓球、羽毛球、网球等项目,也都是以顽强的意志品质和永不言败的精神而获取比较突出成绩的项目。这些项目的战术变化,临场指挥,尤其是运动员场上突然的变化,以及积极进攻或防守方面的能力都比较强。说到底,竞技场上比的是意志品质和坚决不服输的精神。再就是交手对抗项目,如足球、篮球、橄榄球、曲棍球、摔跤、柔道、跆拳道、拳击等项目,要想成功,不但取决于运动员本身的技术发挥,还取决于运动员对对手的制约、控制、场上应变能力等。交手对抗项目要比其他项目更加复杂,更加严谨,难度也更大。因为交手项目是身体的接触,个人发挥的能力特别重要。集体项目考验身体能力和技术能力、战术变化和团队协作精神。个人项目,更需要对对手的制约和控制能力,比赛的节奏和技战术的变化。因此,项目不同,规律也就自然有很大的不同。亦如树种不同,对阳光和土壤的要求也不会相同。之所以还能生长在同一片土地上,是它们选择了各取所需。

如果只看表象,并一味地去实施所谓的原则或者指导思想,那么就会制约项目的发展。张传良关注的是项目内核,而非表象,他依据项目的本质而非人云亦云。教练员如果没有勇气打破所谓"先进"的训练理念,不能取其精华地自我创造创新,就永远也找不到出路。真正的创造是灵魂和智慧的参与,而非循规蹈矩地照搬照做,也不是简单的些许改变。他的训练之所以不同,缘于他的创造和创新,还有变化和个性化。

一次张传良到青岛讲课,当时课堂上有老崇文门第一批国家运动员,六七位全国冠军。他问,当年你们到国外打比赛是什么状况?一位运动员说,我们根本就打不到人家。他又问,你们是如何训练?运动员说每天跑 5 000 或 10 000 米,抡大锤,打沙袋,不停地对抗——可是去比赛时,就是打不到人家。就连到朝鲜去打比赛,基本上也是全军覆没。要是能打满三回合都已经很不容易,有的队员甚至被打哭……谁都知道朝鲜的大级别、中级别并不是世界最强的队伍,而我们还是打不着人家。他又问,你是打不着人家,还是打不动人家?这两者有很大的差别,从中也会知道你缺的是什么……冠军队员告诉他既打不着也打不动。从朝鲜回来,他们一天三练就改成一天四练了。训练的时间长了,力量和能力对抗的训练就更多了,结果没有任何改变。张传良清楚,这一定是训练上的问题。打不到对手,运动员缺的是技术,打不动对手缺的是专项力量。这种情况教练员就要考虑训练思路和训练体系,不是跑步也不是抡大锤的问题,就算是把轮胎砸破了也不能解决问题,从青岛跑回北京也不能解决问题。

贵州运动员以在场上最能拼,而且从开局到结束体力都相当好而闻名。1987 年,贵州拳击队就被称为一匹黑马。20 世纪 90 年代,中国拳击还处在徘徊期,贵州拳击队就冲了出来。人们的目光都转向了教练,于是,张传良就成为人们口口相传有特殊训练手段的传奇教练。当时国家队领队曾群曾经请他到国家队执教。最终他没去国家队。主要的原因就是当时国家队老教练特别多,发挥不了张传良训练的特长。再者,他与欧阳建中配合得十分默契。欧阳在管理上多一点儿,而他主管训练。与训练比起来,他不在乎名声和地位。他觉得只有不断地创新,才能使自己身心愉悦。

张传良就如一团火,即使没有燃烧,他也时刻为燃烧做准备。

或许是长期的教练生涯,他养成了思考的习惯。在很多项目上,很多运动员二十五六岁是最佳时期,也是最容易出成绩的年龄。而他们却在鼎盛时期,在最佳年龄时不得不含着眼泪离开喜爱的项目,原因就是伤病的困扰。很多运动员都是因为无效的训练、过度训练也就是破坏性的训练,练出了一身伤。所以,教练员要反思,多年的训练练得比国外运动员都苦,比国外运动员训练的时间长,却没有收到好的预想成果,这是教练员不可推卸的责任。教练员要总结失败的教训,如果教练员总结不到位,不如不总结,每次比赛回来汇报不是抱怨天气,就是抱怨运动员的身体出现了问题,千方百计地强调客观理由——这样的教练带不出优秀运动员。张传良做总教练后,提出的第一个要求就是:只为成功找办法,不为失败找借口。并且,在总结的过程中只找你和对手的差距,你和对手的不同,不要总觉得天气对不起你,拳台不适应你——你所遇到的客观因素,其他参赛选手也同样遇到。

张传良到国家队担任总教练时,带队在贵州清镇训练。当时国家体育总局领导到贵州检查工作,领导一到清镇就给教练员出了五道题,还通知了各项目队汇报工作的时间。当时,在清镇基地训练的还有田径和射击等几个项目。张传良没有接到会议通知,更没有拿到题。开会那天,他到机场接拳击部的负责人李频。他还没往回走,就接到贵州体工大队队长彭俊杰的电话。彭队说下午2点开会,听你们汇报。而且领导还给教练出了五道题,现在都1点多了,你还在机场。五个题目啊,人家都准备一个多星期了,你可倒好,人还没回来。他问,什么题啊?我连开会都不知道,更不知道题的事儿。他和彭队从小就在一起,所以说话从不拐弯抹角。原来,基地管理人员没看到他,就没通知他开会。等他飞车从机场赶到宾馆的大厅,才拿到领导出的五道题。会议已经开始了,其他项目队正在汇报。这位领导是众所周知的哲学派领导,他对竞技体育的认识非常透彻,他曾经是击剑运动员,也做过教练,所以他对对抗项目的认识和其他体能类项目很不同。也因此,他对教练员的战术、创新还有智慧的要求比较高。行内人都知道,他与教练员谈话不超过10句,就知道这个教练员的执教水平。

如果说生活中的秘密都隐藏起来,哲学或许是一把钥匙,它能直抵秘密的内核。

张传良匆忙地找到位置坐下,会议要求每人发言15到20分钟。有个项目队刚汇报一半,领导就示意停。他说你们是冠军队,世界级的冠军队伍,但是你们对项目的理解和认识并不深刻……领导直接点名张传良汇报。张传良先是从运动员的伤病谈起,他说:运动员受伤有两种,一是疲劳,二是训练不得当。同时也会因为运动员对项目的认识模糊……作为教练员就应该想在运动员之前。领导问:很多项目都出早操,我听说只有拳击队不出早操。为什么?他说:关于早操问题,不能一概而论。拳击队在贵州不出早操有三种情况:第一种情况是南北的差异。我老家是东北的齐齐哈尔,因为东北的地理环境和生活习惯,讲究日落而息日出而作。后来,我来到贵州才发现,贵州、广东等一些地方,小孩子生下来都是晚上十一二点钟才睡觉。所以,南北方作息时间有很大的差别。那么就算晚上10点睡觉,早上6点大多数人还没睡醒,早操给他们带来的只有疲劳。第二种情况,科学数据表明,无论是男孩还是女孩,早上5点到7点是血睾酮和血色素生成的最佳时期。那么,却因为出早操人为地去破坏它,不是明智之举。第三种情况,这也是一个很明显的情况,贵州不同于北京,早上6点天还没亮,太阳还没出来,没有光合作用,树木和植物二氧化碳含量还比较高……对于拳击项目来说,早操解决不了实际问题,但是却会影响一上午的训练。早操的疲惫还没有恢复,运动员精力不充沛,训练馆里的训练就都是无效的。因为精力不足,不但完成不了规范动作,动力定型也完成不好,反而恍恍惚惚地也会导致受伤……如果换一个地方训练,比如在热带地区,早操也可以作为一堂专门的训练课,再把下午的训练课往后推迟到四点,中间休息时间延长,这样的效果也很好。

领导说,那你对训练怎么看?张传良说,凡是运动员都全力地训练,练出了很多伤病,还没有出成绩,运动生命就结束了,这种情况令人痛心。我还是坚持练得苦不如练得对,练得多不如练得到位。因为练得不对,就是无效训练,甚至是破坏性训练。项目训练创新要找准突破口,对抗类项目的特点大致相同,但具体项目间还存在差异。竞技拳击比赛是强度连续积累的过程,所以,平时的训练强度就要大于比赛的强度,拳击项目不是大运动量的积累,而是运动强度和运动质量的积累。交手对抗类项目中,与欧美选手交手对抗时,我们国家的选手缺少的不只是体能、速度、力量,更重要的是弥补他们技术的提高与战术变化，这些是战胜对手的关键。在这一点上，要靠教练员的技术创新，运动员的战术变化，教练员对运动员的合理指挥……领导感慨地说：中国拳击一定不会只局限于第三名，因为中国出来一个张传良。我相信不久的将来就会有一个新的突破。

只要说起训练，张传良就如奔流不息的河水，跳跃的水珠透出斑斓的光晕。

美国记者伊文·欧斯勒这样描述他：张教练整洁而英俊，像许多他那个年龄的中国人一样剪一个刷把头并把它染成黑色，他几乎没有交谈的嗜好，但如果你问起拳击的话题时，他的眼中立即放出光来，并开始长篇大论起来。他在提高中国拳击方面做的工作比其他人要多很多，但他是那样地不喜欢引人注目，以至于有时会发现在他的队员站到领奖台上时，他正在更衣室打盹儿。通常张是不拘于条条框框的，至少有些领导不喜欢他，一个与他相识多年的教练说："他决不会去迎合有碍拳击训练发展的人和事，哪怕是他的领导。"

伊文·欧斯勒的阐述虽然有些偏颇，但在对项目的训练和认识上，张传良会毫不让步地坚持己见。

如果想法不能被采纳，抑或不被接受，那么即便是在大庭广众之下说出来，也只是一种独白，或者是苍白的自言自语。然而，很多领导不仅独具慧眼，还都是赏识人才的有识之士，所以，张传良的发言才能直抒胸臆并被采纳。

"三从一大"训练原则是我们国家从 20 世纪 60 年代初就开始执行的训练原则，它给竞技体育带来很多精彩内容，给很多体育项目带出了成绩，也带来了辉煌。中国女排就是在"三从一大"训练原则的指导下一次又一次夺得奖牌的。但是，随着时代的发展，竞技体育也在进步，项目的个体差异就凸显出来。因此，有些项目还要在"三从一大"训练原则的基础上，找到更适合自身项目发展的关键点。只有直抵项目的内核，才能找到项目发展的方向。

张传良执教后，拳击项目在遵循"三从一大"训练原则的同时，他又从项目的特点出发，把自己的思想和训练手段也融入其中。他坚持不同的项目、不同的训练量、不同的强度，都要区别对待。随着对项目的不断认识，不断地深入和细化，又通过实践，他在"三从一大"基础上，又总结出"六从六练"的训练指导思想。即：持久耐力等项目，从难从严，从体能出发，大运动量训练；速度力量等项目，从严从难从专项出发，高强度训练；技术协调表演类等项目，从严从难从技术出发,高质量地训练;集体球类对抗项目,从严从难,从战术出发,高智商地训练;单项个人等项目,从严从难,从个性出发,不同手段训练;对抗交手等项目,从严从难,从对手出发,全面技术地训练。因为项目不同,要求就不同。在对项目探索创新的过程中,他的内心既是孤独的也是丰富的。

创新需要认识,丰富是张传良对创造最恰当的表达。

体育也遵循着发展规律,隔行如隔山,想象、表象和现象之间有很大差异。在上海首届高峰论坛上,张传良曾经举过一个例子,美国人曾经用高科技手段,对拳击手和眼镜蛇进行速度的测试。结果表明:拳击队员出拳的速度比眼镜蛇的速度还要快五

师徒

分之二。这么快的速度,防守队员应该是躲不过的。大家都知道十二码点球射门都是靠预判,从大脑到神经末梢最少也需要 0.02 秒,也就是说高速下身体是反应不过来的。理论家说只要进攻,对方就会陷入挨打的局面。张传良说,错。捕蛇人之所以能抓住蛇,并不是因为他的反应快,是因为捕蛇人对蛇的习性和攻击距离非常了解。这说明距离是可以控制速度的,速度可以破坏力量。所以,如果教练员对所带的项目没有深刻的理解和认识,就会制约项目的发展。拳击的速度、力量可以被距离和时机所控制,时机和距离以及专项综合能力才是拳击项目取胜的关键。中国拳手要想赶超世界,要从速度、时机训练入手,如何抓住即将到来的时机也很关键。

正是因为他对竞技体育有透彻的认识,才提出了"六从六练"。"六从六练"不仅适合项目,还有利于项目的发展——创新是生命的一种享受,但播种的初衷除了精神欲望,还有思想的参与。

"六从六练"如游动的蝌蚪,充分地释放了生命的活力。

竞技体育发展到今天,已经成为各国文化、不同学科、各种知识、智慧高低的高度汇总。竞技体育就像一本百科全书,永远也写不完读不尽。竞技体育处处充满哲学,充满智慧。世界上有很多奖项,包括最伟大的诺贝尔奖,没有哪一个奖项能与竞技体育相提并论。因

为只有竞技体育可以站在世界最高领奖台上奏国歌升国旗。

竞技体育不仅能给人们带来无限激情和强大震撼,还能展示国家风貌和人民的精神面貌。

——张传良如是说

3

狂妄不羁的人常常自诩是命运的主宰,而谦卑低调的人却感谢命运的眷顾。他们既不会高估"命运的重拳",也不会低看"命运的虚拳"。他们与命运和解,并与命运做朋友。张传良不仅是训练大师,还是选才的智者。拳击一共 12 个级别,在贵州执教期间,他只能招 6 个级别,分别是 48 kg、51 kg、54 kg、57 kg、60 kg、63.5 kg。之所以只招这 6 个级别,除了地域还受名额限制,在贵州选大级别队员也找不到。在没有省运会的贵州,选才和训练的艰难不言自明。但正是在这块土壤中,才使贵州小级别的成绩从拳击恢复的那天开始,一直就名列前茅。不可否认的是:邹市明能打出来也有前三拨师兄们的"垫场"。因为他是小级别中的第四批队员,他是贵州最能拼打的五六个队员中的代表之一。

在中国历史上,遵义如一座丰碑屹立在中国人的心中。史上称遵义是中国共产党的转折点,也是中国革命走向成功的转折点,因而形成了独特的红色文化。邹市明是土生土长的遵义人,或许是遵义这块不平凡又充满灵性的红色圣地,给他注入了不平凡的特质。邹市明质朴、聪明、骁勇、锐气,正是他身上这些独特的气质吸引了独具慧眼的张传良。如果说按照他的选才标准,邹市明的力量不足,臂展也不够长,但这个运动员身上的其他品质如同一束光,不仅吸引了他,还打动了他。

邹市明在《拳力以赴》一书中说,17 岁,是他拳击训练生涯中的一个十字路口,是原地后退,还是进步向前?前途攸关。一个热爱拳击的热血少年,在与各种力量和关系的交手中,虽然没有成名于街头,也开始有了随波逐流的苗头。这一年,邹市明从遵义到地区体校复读一年。等待省队选拔的他,青春期逆反再加上看不到前途,他浮躁得像一匹野马,在操场上挥舞着拳头,他焦虑得也像困在笼子里的一头野兽——他不知道,他的命运即将出现转机。他也没想到,那个拯救他走出浮躁和焦虑的恩师正朝他走来——开学没多久,几个陌生人悄悄出现在操场上。有人小声地议论,说省队的总教练来地区选队员了。谁打得好,谁就能去省队。荷尔蒙正盛的少年们,正是勇于表现自己的年龄。那天的阳光格外强烈,山风也从没有过的温情——训练场上,犹如角斗场,少年们都使出浑身解数对攻。噼里啪啦的击打声,洋溢着青春气息的喊叫声在山谷中回荡……邹市明是打得最起劲的那个少年,他想这可能是他最后一次打拳。如果不能去省队,他或许就按照父母的希望,学一门养家糊口的手艺,比如司机,再好一点就像父亲一样,到工厂当一名技术员。然后讨个老婆,再然后就过上父母过的日子……他奋力地出拳,奋力地击打。他没想到,正是因为他这种带着愤怒,抑或是带着豪情的击打,为他的人生迎来了转机。当邹市明接到通知时,一位长着一双笑眼,容光焕发,走路带风的教练看着他微笑——这个人就是他一生的恩师——张传良。

在贵州体育界,张传良是传奇人物。就是这位传奇人物,把已然走到颓废边缘的少年,拉回到竞技体育的轨道上。这一走,邹市明就再没回头。在小级别中,他的力量最小,身体素质也不是最好,他也比一般的运动员体力恢复得慢。但他是最能打,最有竞争力的运动员。选拔邹市明时,还有教练提出异议,说他胆子小,这样的运动员成不了大器。但张传良坚持,他说这个孩子特别灵,也就是说灵活、灵气、灵性,内心还有野性。他找邹市明谈,说胆子小跟心理素质不是一回事儿,艺高人胆大,你胆小是聪明的胆小,这是优点。再说,你何必跟人家拼?为什么要跟人家拼?要躲过对手的锋芒之后再去拼他,这才有意义,这也是聪明和智慧的表现。就如毛泽东同志的游击战术,打得了就打,打不了就跑。当然了,所谓的跑不是做逃兵,而是寻找时机再打——邹市明如醍醐灌顶,他像一只张嘴等食吃的小鸟,张老师就是那个"哺食"的人。邹市明没让恩师失望,没让中国拳迷们失望——他走出贵州就一次又一次地突破历史,创造历史。

或许,这就是邹市明内心野性的表现。

竞技体育不外乎由两部分组成:一部分是训练,一部分是竞赛。训练是为了竞赛,竞赛是为了检验训练。

中国拳击恢复之初,都是本着"走出去,请进来"的思路。为了提高运动员的技战术水平,国家队及部分省队想了很多办法,如聘请世界上最高水平的功勋外教。结果,中国拳击没有太大改变。20年来,只有一位运动员获得过世界比赛第八名。进入20世纪90年代,国门大开,令中国拳击人耳目一新的是俄罗斯和古巴拳击。20世纪60年代,古巴拳击运动在苏联拳击专家的指导和帮助下,拳击项目不断地发展和壮大。原因是他们在学习和借鉴了俄罗斯训练体系的基础上,极大地发挥了自身的条件,比如他们与生俱来的身体条件。古巴人的肌肉群是呈线条似的,这样更利于速度。他们创新的打法也比俄罗斯完善,因此成就了古巴拳击独特的打法。古巴除了具备俄罗斯拳击体系的许多优秀特征外,还形成了独特的古巴特点,他们的技术更多地反映拉美人自由浪漫的风格,比赛中表现为步法移动更快、更飘逸,技术发挥得更好、更自如、更顺畅,像一首乐曲。

因此,古巴成为近五届奥运会的金牌大户。

张传良的目标就是要训练出中国的拳王。中国没有拳王,在世界拳台上就永无立足之地。但他绝不会照搬照用外来的东西,而是去其糟粕、取其精华,加以创造地为己所用。他从拳击项目的规则出发,从项目的实战出发。在培养训练邹市明时,他尤其注重速度和力量的训练,也着力解决邹市明技术的全面性。他认为中国拳击的出路,速度是取胜的关键。与欧美人相比,中国运动员的先天条件,如能力和力量与他们就有一定的差异,这也是人种的差异。这种差异是事实存在,也是直观可见的——但也有人不认可这个差异,争论时言之凿凿地说,自己家就曾经养过一条特别能咬架的土狗,一条凶狠的狼狗都被这条土狗咬得遍体鳞伤。当时没找到藏獒,要是有的话,一定让这条土狗与藏獒比试一下——张传良说动物可能会有这样的个例,人也会有。但就人种来说,这种个例不是普遍现象。毕竟世界上百年来黄种人只出了一个帕奎奥。也就是说,欧洲人有差的,亚洲人也有强的。所以,招收运动员一定要选材。

用事实和科学数据说话,人种的差异无须争辩。

运动员,特别是拳击运动员,最难的就是训练。训练才能看出教练员有几斤几两重,就如老百姓所说的:能水儿。首先,教练员要学会与运动员沟通,沟通的过程中还要调动运动员的积极性,并且要营造一个较好的训练气氛。沟通就如一座桥,桥头的两端是彼此的心。有了桥就有了通向彼此心灵的路,有了路才能懂得彼此。只有这样,教练员才能随时发现,也能随时看到运动员的长处和短处,教练员才知道如何去施教。施教不是灌输,而是让运动员从心里接受。有的运动员性格内向,有的性格外向,所以,教练员还要做运动员的朋友,让运动员的苦,有地方诉;难,有人依靠。如果说运动员心中藏着一粒种子,那么教练就是担水施肥的那个农人;如果运动员心中有一垛干柴,教练员就是一颗火种,干柴烈火才能让狼烟直冲云霄——拳击看似是个人的项目,实际上是教练员和运动员同心协力才能完成目标的项目。

力量训练

从心灵到心灵需要桥,从眼睛到眼睛需要凝视。凝视中的万千言语,除了爱还是爱。

张传良就是一位释放爱的使者,他把运动员都当成自己的孩子。对一个优秀的拳击手来说,邹市明除了臂展比身高短了1厘米以外,还有力量不够的遗憾。在张传良的教练生涯中,对邹市明的训练就是一个课题,选题也是他一直以来思考的问题:中国人如何战胜欧美拳手。所以,从一开始,他的训练就是要把邹市明打造成世界级的优秀拳手。如果把邹市明比喻成一座雕塑,那么张传良就是伟大的雕塑家。虽然邹市明不是他的"独生子",但他却从他"毛坯"时就开始雕塑,每一刀下去都饱含着深情。邹市明的训练是张传良最精彩、最严谨、最具科学性,也是最成功的例子之一。他一直认为,训练是一门科学,是一个非常专业化的体系。拳击运动员没有十年八年努力是不会取得成就的,这其中还包括个性化的训练。如果方向错了,运动员不但没有好成绩,也取得不了好成绩,运动生命也会如一堵被雨水泡坍塌的土墙,就此再也立不起来了。在他看来,这无疑是一种"犯罪",也是一种无情的扼杀。

青山遮不住,毕竟东流去。张传良似乎洞悉了这个少年的内心,他坚信少年的内心深处一定藏着一个坚强的自己。

张传良深知个性化训练的重要性，当然，训练以外还包括管理和正确的疏导。在他看来，管理和正确的疏导也是训练的一部分。一个优秀运动员，没有一个正确并且积极向上的人生观，很难突破自己。尤其当一个运动员取得成绩时，如果不能认清自己，就会滑下去，也会走偏。所以，带邹市明之初，张传良就严肃地问，他想不想当一名真正的拳击手？邹市明心花怒放地点头。他又接着问，怎么才能当优秀的拳击手？当了优秀拳击手又如何做人……对于一个少年来说，邹市明可能只想打拳，只想把自己的拳头练硬，把对手击倒在拳台上——他觉得能KO对手，就是最好的拳击手。在来省拳击队以前，他都是耗尽体能地练如何对抗，如何挨打，还没有人告诉他怎么做一名优秀的拳手，更别说将来做一个怎样的人。张传良说，当你日后成为一个真正的优秀拳手后，要为别人的成功而高兴和欢呼，别去嫉妒别人的成功，更别去嘲笑别人的失败。不要带着个人的情绪去评论别人，也不要有一点儿成绩就沾沾自喜，跑到别人面前炫耀自己。还要学会尊重对手，学会自重和努力。但是，做一个优秀的拳手首先要学会不挨打。不然的话，你拳头还没有练出来，脑子就被打坏了……邹市明听得目瞪口呆。他不知道打拳还有这么多道理。

即便是日后，邹市明成了"拳王邹"，"张爸爸"的话也一直铭刻于心。

张传良不盲目地跟风，也不会贸然地把哪一个体系生搬硬套过来，更不会无端地崇拜。就如人家穿在身上的衣服好看，但换到你身上就未必好看。因为这件衣裳不合你的身材，不合你的气质，所以，怎么看都别扭。欧美人天生力量就非常好，亚洲人要想追上他们，要想在拳台上战胜他们，不是一个简单的问题。他要给邹市明量身定做一套"衣裳"，让他穿着这身"衣裳"走出中国，走向世界。训练之初，张传良有时候一天都不说一句话。夜晚，人回家了，他心还在训练场，脑子也一刻不停地转。他知道要想让邹市明攻守全面，首先要提高邹市明对拳击项目的认识和理解，提高他的综合能力，也就是速度、节奏、力量、对抗能力、心理和技战术的变化。如何提高他的速度呢？张传良在训练馆里苦思冥想，一次又一次地出拳，双脚也前后左右地移动。邹市明为什么要这么练？因为邹市明本身速度就快，再加上熟练的技术和步法的协调配合就会更快。那么如何熟练？只有不停地训练，才能达到熟练。

要想有"猴子戏虎"的勇气，就得有猴子一样的灵敏、协调和主动攻击、瞬间离开的能力。他决心把邹市明练成"戏虎"的勇士。

针对邹市明的体质、性格等特点，张传良以竞技体育的规律和变化为基准点，从站架、进攻、防守、反击、迎击、速度、力度、连续性、机动性、多样性、预判、距离、节奏、移动、佯攻、突击、左右换架、耐力、心理、意志力等开始训练。也就是说根基牢固了，邹市明才能承受住未来的重力。张传良的训练也不是一成不变，他还重视游戏训练、快乐训练、无伤害训练、快拳慢练、慢拳快练等方式和方法，使枯燥机械性基本功训练变成愉快的、充满趣味性的运动训练。又通过"摸、拍、打"的技术训练，使邹市明的步法在移动中防守，在进攻中形成肌肉的记忆，并间歇性、分段式、台阶式上强度。

训练的目的，就是让邹市明身体各部位在运动中协调，并达到身心合一。

武术里有一句话叫唯快不破。邹市明本身的速度就比较快，但张传良认为要想成为世界顶尖拳手，还需要更快。在他看来提高击打速度有两部分：一是在保证击打效果的前提下，尽量缩短拳手到对手身体靶位的运动轨迹。看过帕奎奥比赛的人都对他出拳和发力的印象深刻，因为他深受泰拳的影响，他出拳动作非常小，这样出拳的运动轨迹就短，从而提高了速度。再利用身体和腿的转动击打，拳就凶中带狠了。拳击动作是全身协调的过程，这需要反复千万次的训练，越熟悉越快。这需要练习之前的编排，亦如武术中的套路编排，又像电影中的武打设计。但这种编排来自大量拳击比赛的现场观摩和图像解析的总结与思考。

武术是中华民族体育文化，就如柔道是日本体育文化，跆拳道是韩国文化一样。张传良从小就练武术，中华武术的魂魄早就成为他身体的一部分。武术运动员的速度不是长时间的积累，而是短时间的爆发。爆发过程中就形成一个无氧的过程，这对运动员的身体素质是有要求的。训练邹市明时，他结合武术的特点制订了速度训练计划。邹市明训练速度时都是在8秒以内出拳，因为8秒以内的快速出拳不会产生乳酸堆积，乳酸刚要堆积人就放松了。放松后再去做，会有很好的效果。在给邹市明编排组合拳时，就因为他既有速度，又有流畅的步法，所以他的组合拳比一般运动员的组合拳有效果。要一个组合一个组合地练，练两遍就不做了，不过是花架子。一个技术反复练，就形成了肌肉记忆，这就是手段。

交手对抗类项目竞技水平的差异在于低水平运动员比能力，主要是速度力量之间的较量；中水平运动员比节奏，主要表现为控制节奏，把握节奏和破坏节奏；高水平运动员比时机，通过距离和节奏的变化，为进攻创造最佳时机。主要表现在低水平等待时机，中水平寻找时机，高水平创造时机。最高水平比的是运动员的智商和教练思想。教练员要明白，对抗项目的运动员体能练到极限程度后，就要转为专项训练，也就是说一般体能是专项体能的载体，专项体能是技术的载体,只要有了全面的技术,才能合理地运用战术。要想让邹市明成为世界优秀拳手,师父的训练可谓是全方位的。为加强高强度练习技术动作的正确和完整性,只有做好一般体能的铺垫,才能更好地进行专项强度练习。首先,安排一般身体素质练习进行过渡。一是"往返跑"训练。10米冲刺,慢速跑回,以此类推,20米、30米交替进行。10米、20米、30米为一组,做20组。练习距离虽短,却能提高下肢爆发力。二是800米—600米—500米—400米—300米—200米—100米—50米×2强度间歇跑,通过这项练习使肌体对运动强度建立更好的适应,为后续专项体能训练奠定基础。在一般身体素质练习的基础上,逐渐提高训练的专项化水平,将训练过渡至高强度专项素质练习。

"实心球推墙"训练。把一个3公斤左右的实心球放在手上,不停地往墙上推,前后滑步,前手直拳做15～30个,后手直拳做15～30个。勾拳练习时,两侧滑步,每一侧重复15～30个。"老牛拉车"训练。把一根带子拴到邹市明的腰上,后面的运动员拖着带子拼命地往后拖,30米距离对抗做四组到六组……美国人这样形容邹市明的这项训练,一架没有轮子的车,上面又装满石头,他拉着车在崎岖的路上走,可是崎岖没有阻挡他的脚步。这项训练极大地增加了训练的难度和强度,也锻炼了他的意志品质,还增强了他的身体机能。"腹肌对抗"练习,目的是为增强他腹肌的抗打击能力。

为了进一步提高邹市明专项化水平,在原有分项练习的基础上,张传良又通过间歇循环训练将滚翻、收腹跳、腹肌、背肌、滑步、快速出拳六项编为一组,每项10秒,六项内容交替进行共持续1分钟。这个训练的强度比较大,三组过后,心率每10秒33次～36次。10秒钟六项循环下来就是1分钟,同样20秒六项循环下来就是2分钟,30秒六项力量循环下来就是3分钟。此项是有氧训练。另外,专项能力练习为比赛提供了直接的动力。哑铃空击、强度沙包、强度手靶等练习旨在提高运动员高强度保持的能力。邹市明凭借过硬的意志品质,在高强度保持方面表现得极为优秀,他具备整场比赛持续进攻与防守的能力。每一项训练,师父对他要求都很严格,如击打腹部,对方退时击打没有点,但迎击就会上点。而且邹市明击打腹部的迎击是经过专门训练的,上来打,退则不打。他的出拳都是寸劲,是顶出去。出去比赛时,很多外国人都问,为什么他在场上的体能如此好?由于他的快,外媒给邹市明的技术风格起了一个绰号"海盗式"。这也是他在奥运会和世锦赛及世界顶级赛事上多次获得"最佳技术风格奖"的主要原因。说起这个奖的意义要比冠军头衔更有意义。范围是在所有顶级大赛的级别冠军中评选出一名，由国际技术官员（ITO）投票产生。在这个评选中，拳击不只是一项运动、一种文化，还升华成为艺术。邹市明的拳击艺术征服了世界，在中国拳击史上获取该奖项也是第一次。邹市明是获得奥运会拳击冠军的中国第一人，获得世界拳击锦标赛冠军的中国第一人，获得世界顶级赛事中"最佳技术风格奖"的中国第一人。

邹市明向世界证明了中国人有能力、有技术、有智慧在奥运会的舞台上和外国人同台竞技，同台竞争。

张传良此时的训练理念，已然达到世界级优秀教练的水准。就如邹市明的每一项训练都是张传良独特的创造和创新，如节奏训练中的前进后退，左撤右撤，虽然都是距离，但对手的拳一到，邹市明马上就回手。也就是说离对手越近，他回击的拳就越快。有时候看似是一张纸的距离，但就是打不到他，又会挨他一拳。他的拳一出来，就能意识到对手的闪躲，他自己在闪躲中又能出拳击中对手，速度快得惊人……邹市明是轻量级的运动员，但他的心理的强大却是重量级。他睡眠一直不好，但他哪怕一晚只睡了两小时，比赛场上仍然能把他所有的技术发挥出来。这就是他长年努力和坚持的结果。

只要一直向前，生命就会有惊喜。惊喜不仅有光的力量，还有和煦的温暖。

师徒俩总是有很深入的探讨，关于拳击，关于人生。师父说：拳击如人生，人生如拳击，两强相争勇者胜，是盲目；两勇相争智者胜，是聪明；两智相争韧者胜，是品质；两韧相争悟者胜，是境界。师父还教育他，做任何训练只能多而不能少，比如做30个俯卧撑，绝不能做29个。因为你原谅自己一次，下次就会对自己放松。更重要的不仅是比赛，面对未来的工作和责任，都要有始有终，这样，才是一个人人格魅力和素养的体现。邹市明在训练中从不说"不"，哪怕师父叫他半夜起来训练，他也不会有一句怨言，并且会认真地完成训练。他的距离、时机、节奏、速度、控制能力超强，虽然他的身体素质不是最好，但是专项的能力特别好，比如说空击、沙袋、800次双摇都是一次性完成，用时也不过是7分多钟。手靶的熟练程度也非常好，他可以做任何一个动作，如交叉和各种舞蹈式的练习。正所谓练得好，不如练得对。脚下有了速度，手臂和双脚不仅灵活还协调。训练就像一把利剑，不但能斩断捆住手脚和身躯的藤蔓，还能带来新的生机。邹市明快得像一只猫，敏捷的同时还有一种很强的攻击性。邹市明是一只凶中带攻击的狸猫。无论是高强度间歇循环训练法，还是专项体能训练方法都十分紧凑合理，并极具创造性。

国家体育总局的几位领导,对张传良的训练都非常欣赏和认同。

张传良说:运动员是教练的一面镜子,运动员的表现折射出的是教练的水平,也能看出教练的风格特点;从运动员场上的技术表现,不难看出教练的精细程度;从运动员的大气,就能看出教练的胸怀;从运动员的认知,就能看到教练的水平;从运动员的高度,就能看到教练的深度;从运动员的态度,就能看到教练的修养。运动员的战术,体现了教练的智慧;运动员的莽撞,暴露了教练的不足;运动员的风格,表现了教练的性格;运动员和谐,教练一定大气;运动员的成绩,是教练员的成功。张传良是一个大智慧的人,他的哲学思想总是不露声色地表现在训练和对矛盾的根本认识上。

手靶训练

20 世纪 80 年代,中国还处于改革开放初期,对外交流极少。但张传良凭借自己的专注和钻研精神,走出了一条适合中国人的拳击之路。当邹市明走向世界拳台时,有人质疑他的拳太轻,但事实上,内行人一看便知他的拳头是有力度且有力量的。他训练的每一个步骤也都非常严谨,基本功扎实。尤其他围绳边角的训练,更是出神入化。

从场上实战和比赛出发,张传良专门创造了一套围绳边角的训练方法。当运动员被逼到围绳边角时,就会运用这个训练很自如地摆脱出来。张传良设计一个固定的场景:当运动员退到围绳边,对手就误以为机会来了,紧逼到围绳边来攻击他。张传良的第二步训练技术，也就是真正的围绳边上的技术。对手进攻会出现判断上的失误，邹市明利用围绳弹性的冲击、侧闪、侧移、后仰等动作摆脱对手的进攻，利用平勾上勾和两侧移动后的反击。他的反击技术十分娴熟漂亮。他的侧和闪看似有形，其实无形，看似套路，其实又在套路之外。这里有师父的思想也有他的理解……邹市明的力量肯定不如同级别的欧美选手。所以要想突破，要想规避力量的不足，首先从近距离开始，这就要求运动员的速度和反应节奏要快得像风。

风掠过时，我们只见树梢的摇动，却不见风的影子。

只有站在拳台上的人，才懂得拳台上四个绳角的危险。面对被绳索围住的拳台，如果没有足够的技术和信心，就会心生恐惧。拳台像一个笼子，围绳边角是危险区域也是死穴。当技战术和体力都跟不上时，拳手们都会远离围绳角，因为后面有一匹张着血盆大口的饿狼穷追不舍。师父告诫邹市明，时刻都保持高度的敏感性，一到绳角要利用假动作以最快的速度转出来，立即进行反击，一秒钟都不要停。但绳边不一样，它也是给对手制造陷阱的机会，到了绳边对手一定出重拳，当对手一动要先打，两侧打，打对手外侧、内侧、交叉等，45度角摆脱，然后再接组合拳反击。邹市明十分刻苦，脑子还好使，只要师父教他的动作，他很快就领会，也做得十分到位。拳击场上千变万化，要想熟练就得不断地训练。并且还要适应个体，更要严谨严密还要有科学性。由此，师父给邹市明穿上了一件"战袍"，这件战袍就是他的尺寸，别人不适用也无法复制。佘宏给张老师的这项训练方法命名为"绳边绳角训练"。佘宏说，所有拳击教练员都知道，拳击的常规训练没有这些科目，这是张老师的创新之一。所以，张传良带过的运动员如张小平、张志磊、李洋等，还有新生代的运动员如胡建关、胡美益、李倩、谷红、常园等，他们都不怕绳边绳角，而且他们的"绳边绳角"技术与以往比起来更加丰富和精湛。

毋庸置疑，张传良创造了世界拳击训练顶级的技战术。

张传良还善于与非拳击人，如医生、画家、摄影师等不同行业的人聊拳击。他说功夫在圈外，不同的角度、不同的行业看问题就不一样。聊着聊着，就会有灵光出现。一旦问题解决了，他就会找人滔滔不绝地交谈。只要聊拳击，他就如一位赛场的拳手，专注得神采奕奕。前哈萨克斯坦国家队总教练，历任哈萨克斯坦国家青年队主教练、伊拉克国家队主教练，培养出了阿塔耶夫、萨尔谢克巴耶夫两位冠军，现任新疆拳击队外籍教练丹米尔说："邹市明的打法是张主席为他量身打造的，就适合他。"

把不可能的事儿琢磨透了，就变成了可能。只要心中有目标，只要朝着目标走时的脚步坚定，一切皆有可能。

张传良对拳击技战术的创新，很多是受中国武术、散打、摔跤的招式启发，并加以创造为拳击项目所用。于是，他又开始训练邹市明的步法。步法要从最基础练起，行进间的步法训练就有20多种，加上跳绳、跳伸、半蹲跳、收腹跳、高抬腿等，邹市明踝关节的力量和速度的承受力明显增加⋯⋯为了邹市明的训练，他从来没有星期天。周末体工大队安静，训练不会被打扰。他就叫上佘宏和邹市明，三个人一到训练馆，就尝试他的"抓地训练"方法。这个训练说起来容易，训练起来非常辛苦。枯燥不说，还要付出强大的体力。正值青春年少的邹市明，每天都在训练馆里，汗水流水般地往下淌也从不叫一声苦，可见他内心的坚持有多么强烈。他在《拳力以赴》中说，因为训练，他的脚生满疣状赘生物，必须到专业医院去治疗，才能正常训练。张老师和佘宏对邹市明的这一症状非常不解，后来他们才找到原因。只要训练，他的双脚就在汗水里浸泡着，长此以往，就会滋生真菌。他脚上的疣状赘生物是真菌感染所致。

所谓脚下好，还是看速度。只要脚下有了速度，进退就自如。

张传良的技术训练、身体训练和战术训练都十分有建树，也有他独特的方式和方法。他的训练总是在人们的意料之外，却在个体和项目的需要之中。体能训练是所有竞技体育项目的核心，但不是所有项目都一样，如田径、游泳、乒乓球、排球。体能训练的手段基本相同，而拳击的体能训练又要充分地考虑到项目的特点。张老师对体能训练也有独到的见解，他的体能训练都是依据拳击项目本身的需要制定的。技战术训练是一个项目比较高级也比较复杂的训练，不是优秀的教练员，缺乏智慧的教练员，对拳击项目没有深入研究的教练员，很难能做到恰如其分地训练。距离太近发不出力量，太远打不到。张传良就用摔跤的元素破坏距离，用胸口去靠，贴近对手的胸口。头碰头时容易受伤，但他的训练都是错开头，这个方法还在规则之内。还有拳台上运动员的贴靠，贴靠太深或者时间长都属于犯规，裁判员会过来干预。还有，外国选手天生力量比中国运动员好，与他们贴靠时，如果重心不稳，有力量也使不出来。他又借鉴中国摔跤的一些动作，专门教邹市明如何贴靠，如何贴对方不犯规。他认为贴靠是战术也是技术，最重要的动作是手臂不能弯，不能产生直观的贴靠现象，这样会给裁判造成犯规的印象。当你发现对方还有力量时就像摔跤似的转，这叫泄力。身体转动时，要像一根直立的木棍，不打弯地左转右转。

这种转法,对方有力气也使不上……在他的教授下,邹市明对拳击的认识和理解日渐提高。在赢拳的情况下破坏距离,双方贴靠,让对手得不到发挥;在输点的情况下,他永远不会给对方机会贴靠,也不会给对方贴靠的距离。

拖力带训练

邹市明的技术风格防守带进攻,进攻带防守,都是师父长期手靶和身体做靶训练的结果。所谓的攻中有守,守中有攻,就是他用移动的脚步和身体进行防守。这种侧向移动,同时用手臂和拳头进行进攻。对手以为他很被动的时候,他脚下在防守,拳头还能出其不意地攻击到对手……张传良对邹市明的训练是全方位的,所以,拳台上的邹市明总是占有主动权,也打得游刃有余。邹市明经常做些假动作诱导对手,他还有一个45度角击打技术。在场上比赛,如果站在对手45度角,对手的另一只手就用不上,如果左侧打出来,左侧头部和腹部就是空档。这时候时机就来了,出拳时,对手肯定会下意识地防守头部,第二拳就击打腹部。他有一个至今都无人超越的技术,就是眼睛看东,拳头出去时却是向西。还有两次闪躲再出拳的技术……国家拳跆中心主任、分管拳击项目的常建平只要谈起这对师徒,欣赏之情溢于言表,他说:张传良一到训练场就心无旁骛。邹市明训练得非常苦,但看他训练就是一种享受。常建平曾经问过邹市明,累不累?他点头说,累,但也是一种享受。他的技术风格深得世界拳击高手的赞赏,也令一些对手头痛。一位美国拳手与邹市明交手后,在网上回答记者采访时说:他太快了。像闪电,像风,你还没有想到时,他拳就到了。防守都做不到，更别说进攻了，连躲避都来不及……邹市明这座完美的"雕塑"，每一刀都经过师父的精雕细刻和打磨。

佘宏亲身经历张传良的训练，他感慨地说：张老师对邹市明的训练非常独特，像好莱坞大片一样精彩。只可惜张老师这些发明创造没有被传承下来，是损失也是遗憾。如果，中国拳击教练员都像他这样"因人而异"创造性地训练，中国拳击或许早在20年前就独占世界鳌头了。邹市明这个奥运冠军，并不是花重金培养出来的，他与普通运动员一样训练，因为贵州并没有特殊津贴可以给他。直到后来，他都成为世界冠军了，状况才有所改变。他的成功，除了毅力还有坚持，因为师徒俩的心中只有目标。情怀，是一种内在的品质；目标，是力量的催生剂。

行走在竞技体育路上的张传良，伟大而又平凡。伟大在于他对项目的专注和贡献，平凡在于他对生活的无求和简单。

经过三五个月的训练，邹市明速度和力量明显地上来了。但是师父并不满足，他说我们在改变，人家也在改变。中国人与欧美人除了力量，还有运动员主动参与训练和对项目认识及理解的差距。他说：我们必须走自己的路，还要走在前面。跟着别人走，永远上不去，这就要求我们提高自身对项目的认识和理解，创造出属于自己独特的拳法，才有希望拿到世界和奥运会冠军。带邹市明的前期，他都是自己拿手靶、穿胸靶。他用拳套打邹市明，邹市明躲过再往他身上打。邹市明的很多技术，都是在他身上练出来的。国际上常规训练一般都是打手靶，但他的手靶有位置有方向。如邹市明打对手什么地方，头部还分正面、侧面、上面、下面。为了抓一个腹部的击打，他穿一个散打的胸靶，为了让邹市明必须打到他身体特定的部位，他还把击打的部位故意露出来。为了头部侧面和腹部连续击打，有几次，他被爱徒的拳头打得蹲在地上半天起不来……邹市明的拳头都是打在恩师的身上，他就是爱徒移动的沙袋，行走的靶位。

邹市明的个性化训练非常见成效，几个冠军师兄都打不了他。别看他力量不大，但是速度弥补了他的力量。速度快有两种：第一个是反应快，因为速度快不过反应，说到底是节奏的问题。有的运动员把拳头放在下颌处出去，而有的运动员则是往后拉10厘米再出拳。后10厘米，再打10厘米，速度再快也延误了10厘米。这就需要没有预兆的时机动作，这个时机的把控，对手很难防备。速度快了，动作才能如影相随，在对手还没有意识到，动作就出去了。

距离的训练也要在速度的基础上,邹市明出拳数秒都是在摄像机的镜头前。主要是练他的高度协调,各种组合的变化,然后再练发力。训练过程中,师父强调要先流畅后发力。摄像机是一位忠实的记录者,镜头下,邹市明的中心距离打完撤回来还不是很好,那就有针对性地训练。这期间,他的训练也跟原来不一样,师父对他的训练除了速度还有距离。控制的距离,一打一撤回来,一打一撤再回来;闪躲距离,是远近是上下和两侧⋯⋯不停地做,不停地练,做千遍就成为真正的手段。邹市明拳感特别好,他出拳的速度亦如光下的影子,师父谆谆告诫爱徒,手是两扇门,全靠脚打人。脚下一定要好,只有脚下好对手才上不来。脚下好的话,你能打对手,对手打不到你,你还能退得出来。他的技战术完全是量身打造出来的,师父既是设计师也是裁剪师,还是缝纫师。

当师徒俩走到国际拳台上时,中国震惊了,世界也震惊了。

张传良训练时心思敏锐,邹市明说,什么都瞒不过师父。师父通过手靶就知道他的状态。有一次,手靶训练课一结束,他就对科研教练臧广悦说,邹市明今天不对头,不在状态。毕业于沈阳体育学院运动人体科学专业的臧广悦,从2002年起作为国家拳击队科研教练,参与了拳击项目的四届世锦赛、三届奥运会和两届亚运会,他见证了中国拳击一步步地登上奥运会单项排名第一的历程。他在张传良身边历练长大,同时他又像一个记事本,记录了张老师不同时期不同的训练模式。臧广悦疑惑地问:张老师,这些天市明的晨脉、血项都很好,哪里不对呢?张传良摇头,说不对就是不对,肯定不对。臧广悦猜想张老师可能是心急了,或许这次判断有误。邹市明每天都在训练馆,有时候他只打两下手靶,张老师就停下来,问他,昨晚干啥了?几点睡的?邹市明从不说谎,他就如实地向师父交代。可是这次,张老师怎么这么肯定他有问题呢?对于他身体各项指标的监控,臧广悦心里有数。但张老师说的邹市明的不对头,臧广悦百思不解。训练后,他与邹市明闲聊,市明说这两天睡不着觉,昨晚吃两片褪黑素也睡得不好⋯⋯臧广悦恍然大悟,他跑去问张老师,您是怎么发现的?

"打手靶的点没有往常准。"张传良对细节的感受,堪称大师级。

1998年国家队在延庆训练,邹市明差点与恩师分道扬镳。一天,突然有一位八一队领队感激地对张传良说,张老师你交流给我们的三个队员条件都太好了。他愣住了,反问:什么时候给你们三个队员?我怎么不知道?对方也怔了一下,才细说出原委。他这才知道邹市明和另外两个队员被交流了出去。交流,在当时来说是一件比较普遍也是正常的事情,因为当时的赛制是双积分……张传良急了,他操起电话给贵州领导打过去:我不同意交流,让他们赶紧回来——他坚信自己能把他们带出来。他曾经带过一个队员,半年就拿到全国冠军。很多运动员都练八年才出来。如果把自己精心培养的运动员交流出去,让他们再去练上几年,岂不是害了队员,也枉费了自己的心血。他不想让贵州拳击半途而废,更不想让中国拳击打法永远在路上。他对拳击可谓是倾尽全力,他把拳击每一个环节每一个步骤,六个方位,几十个动作组合,用12345678就组编了。他创造拳击步法的变换,无法用语言来描述。曾是北京什刹海体校校长,现任全国体育运动学校联合会秘书长的李贵成说:传良能把拳击步法编出"小品"来——如果说它是一首旋律也会有局限性,因为他的中国拳击除了步法还有角度的变换。如果非要赋予中国拳击打法一个比喻,那就只有音符能担当了。

世间最妙不可言,最能碰触到人的内心,打动灵魂的只有跳跃的音符。

张传良是一位时刻准备为拳击项目燃烧的教练员。1986年中国拳击恢复以来,从未有运动员打进世锦赛前三名,奥运会更没有成绩。在竞技体育的项目中,拳击是落后项目,排在摔跤之后。2003年的世锦赛,邹市明第一次参加世界大赛获得亚军,在这之前中国还没有队员打进过决赛。2004年,雅典奥运会获得铜牌,这是中国拳击项目奖牌历史性的突破。国家体育总局崔大林局长曾感慨地说,中国拳击终于可以"打人"了。

坚守内心,是对生命的表达;坚持目标,是对拳击最高规格的敬畏。

张传良对拳击的思考一直没停。如果说邹市明是一位伟大的拳击手,张传良就是一位伟大的设计师。这对大山里走出来的"小人物",他们用"拳头"向世人宣告,中国人也能打拳。所谓的智慧都是从实践中来,实践宛若一条河流,涓涓不息的水中蕴藏着无限的智慧。当时,专心打造邹市明还有另外一个原因,张传良也曾几次到国家队执教。国家队的训练计划都是大家坐在一起七嘴八舌争论出来的,有的教练说要以跑步为重点,今天跑10 000米,明天跑5 000米,后天跑3 000米,耐力就跑出来了;有的教练说,要从体能抓起,比如力量,每天都要有器械训练,而且都是大力量……而张传良认为训练计划要经过分析,经过论证,还要针对运动员的个人特点和个体的差异。如果训练不经过分析,不经过论证,没有针对个体情况的训练不是明智之举,也不是成熟教练员该有的行为。他了解自己,训练方面他做不到让步。无论什么场合,他都会直言不讳地把训练的观点和想法提出来,这样势必会遭到部分人的质疑和反对。他不想让自己成为众矢之的,更不想因此而浪费时间。他想完成自己的训练计划,完善中国拳击打法的训练体系。他只要一想起中国拳击所处的地位,且不说心疼还从心里不服气。早些时候,拳击教练带队员出去打比赛都背着几条白毛巾,外国拳手若是抽到中国运动员,还没上拳台,他们就已经开始庆祝了。这个场景令所有的拳击人心碎。所以,他不去国家队是想实现自己的训练理想和目标。当然,在拳击项目起步比较晚的国家,要想实现个人的理想一定会有很大的难度。但是,所谓的难度还在于坚持的程度。当一个人置身于利益和名声之外时,就什么都放下了。人生的路在于不断放下,只有放下才能轻装前行。中国拳击打法的每一步发展都浸透着张传良的心血。如果说中国拳击还有不够完善的地方,那么在后来的胡美益和其他运动员的身上,得到了进一步的改善、进一步的提升和弥补。也就是说,中国拳击一直在前行。

正是张传良的坚持,才成就了他和邹市明一生的情缘,实现了拳击项目的理想,也实现了师徒共同的目标。

> 要想成功地做好一件事情,靠的是不懈努力和坚持。所谓的聪明智慧是悟出来的,不是学出来的。没有文凭的聪明人不比有文凭的人少,社会需要的是人才,而不是文凭。不应该对那些有能力做事儿的人,用条条框框加以限制。总为自己的虚荣心和欲望找借口,夸夸其谈的人终将被社会淘汰。时代在进步,竞技体育也在不断地进步,从事竞技体育的人就要有开拓进取的精神,紧跟时代步伐并全身心地投入所从事的项目中。
>
> 拳击项目要想赢得比赛,要想改变劣势,只有从精细的技术和多变的战术中寻找出路。
>
> ——张传良如是说

4

"一个人的性格就是他的命运。"古希腊哲人赫拉克利特早就告诉人们了。但是,谁的生命能重来?如果能重来,张传良还会把拳击当作生命的全部吗?还会把拳击融进血液吗?他把自己给了拳击,可活着还有生活,生活中还有很多其他精彩内容。如果把自己深陷到某一个领域里,是对生命的辜负,也是对生活的辜负,或者说是对情感的辜负。世间没有完人,张传良也不是完人。面对喧嚣的杂音,他也有过挣扎有过灰心。挣扎和灰心不是来自他所从事的拳击项目,而是来自影响制约阻挡项目发展的因素。然而,他的挣扎不过是扔掉几大本关于训练的日记,他的灰心不过是扔掉摞起来几尺厚的教案——因为,他只想做一个拳击教练员,不想听任何杂音,他就想全心全意地训练。但是,挣扎也好,灰心也罢,只要谈起拳击,只要回到拳击,他就像变了一个人。

中国拳击打法让中国拳击走向了世界,也影响了世界,张传良功不可没。正如他的爱徒邹市明说,张老师是一面旗帜。张传良却说,为中国拳击拼搏奋斗的不只是他一个人。这面鲜红的大旗,都是从业者的汗水和心血染成。荣誉不属于他一个人,是中国拳击人的荣誉。为了项目的发展,贡献和付出的也不只是他一个人,从曾群、张大成、韦迪、常建平、沈志刚、李频等,还有那些在背后默默付出的人,只是没被更多的人看到罢了。因为他们把拳击视为灵魂和精神家园,他们像一个乞讨者,虔诚地栖居于拳击的脚下……他们是真正的既不争名,也不图利的奉献者。

拳击人不会忘记他们,历史也不会忘记他们。

曾经,拳击被视为一项危险的项目。拳击是对人体伤害特别大的一项体育项目的声音也此起彼伏——于是,也有强烈的声音要把拳击逐出奥运会。但是,乔杜里执政期间做了很多工作,他不仅把拳击留在奥运会,还出台了多项重要举措。如改变规则,又把每一个回合的时间缩短,这样能充分地保证运动员的体能。头盔的薄厚,扣子的位置,拳套的重量……当然,所有的改变都是基于之前的调查。虽然 KO 还是决定最终的胜利,但是打点和击倒都得 1 分起到了导向作用。就是说,规则和器械的改变,降低了运动员受伤的概率,事故也明显地降低了。规则和要求都写进运动员手册,手册上记录运动员每一场比赛的结果、体检情况以及裁判对运动员的评估。规则中规定,如果运动员头部遭到重击,强制休息,不太严重数八,头部遭遇重击的拳手至少要停止训练和比赛四周的时间。

乔杜里还把医生引进到拳击项目中,也是他对拳击最重要的贡献之一。国际上通常称医生为拳台医生,拳台医生从日常训练开始,不但参与指导训练,还参与运动员体能训练,运动员受重击以后的康复以及伤病的治疗,还包括营养膳食的制定,拳台上容易引起伤害的分析等。在世界范围内,有为数不少的医生一生都兼职做"拳台医生",有的医生一辈子都甘愿做拳台医生。说到底,是因为对这个项目的热爱。拳击项目让医生参加制定规则,参加制裁是人道的,也是人性的。医生下的结论任何人都不能推翻。医生的权力、医生的建议是最终的裁决。医生走进拳击确保了运动员的身体安全。如果偏离了人身安全方向,竞技体育就失去了意义。有医生参与的竞技体育项目,是奥林匹克精神的体现,也是人道主义精神的体现。正是这一系列的措施,才使拳击项目不断发展,并得以在世界范围内普及。

乔杜里说,医生是拳台上尊贵的客人。

曾任国际拳联技术官员、国家队医科组组长的佘宏,从1986年一直到2013年张传良退休,他们像一对形影不离的手足兄弟,甚至比兄弟在一起的时间还要长。作为中国的拳台医生,佘宏不仅深深地热爱着这份职业,他还是一位有文学素养的拳台医生。所以,他又是性情中人。他目睹了张传良中国拳击技战术由粗到细、由浅到深的发展过程。佘宏见证了他的拳击之路,见证了他一路走来的艰难。张传良也见证了佘宏的贡献、付出、无奈,和他对运动医学的严谨及执着——因此,张传良内心深处翻滚的波浪,常常撞击得胸口疼。佘宏原本是学临床的,他发现仅仅在医学院学的知识还远远不够,不能满足拳台上的需要。于是,他提出了出去培训的请求。

人贵在认识自己。只有认识自己才能让生命更加精彩。精彩的人生也是对个体生命的尊重。

佘宏　刘渊　张传良　邹市明

1988年,佘宏向体工队提出申请,他说我是学临床医学的,对竞技体育医学相关知识掌握得还远远不够,他想在有可能的情况下出去进修。申请报告递交上去，佘宏有点恍惚，他不知道自己这么做是不是会招来别人的讥笑。在此之前，贵州还没有人提出来出去进修，更何况又是针对拳击项目。他甚至希望领导不要批，尽管拳击已经是正式体育项目，但因为拳击穿了太久的资本主义色彩的"衣裳"，短时间人们还不能适应。中国人还不能把拳击视为像乒乓球、篮球、排球、水上、冰上等项目的同类——佘宏忐忑不安地把想进修的事儿与张传良说了。张老师说，佘宏你有眼光，进修是好事儿，就算你对其他项目没信心，也要对拳击项目的发展有信心啊。你出去好好学，将来一定能用得着。

在两个优秀独立人格的男人间，他们的交往就如两壶不同年代的酒，相互由衷地赏识和尊敬。

张传良的一番话，如同一束光，驱散了佘宏心中的迷雾。虽然资金紧张，但领导还是批了。佘宏背上背包，揣着介绍信，信心满满地朝着"圣殿"义无反顾地走了。抛家舍业地从大山深处走出来，对于一个成年男人来说需要勇气，再把学业的内容学深学透更需要毅力。能到北体大进修，对佘宏来说，就如一个拳手登上奥运会的拳台，他从内心深处都洋溢着自豪感。来到北体，佘宏看什么都新鲜，看什么都想学。但他还记着自己是为体育而来，为运动而来，为运动医学而来——于是，他有针对性地选择了运动营养和运动损伤方面的书籍。他用了一个月的时间，认真地读完了《什么叫拳击学》。他从这本书上学到了运动员容易出现哪些损伤，如何损伤，损伤后如何处理等很多方面的知识，他兴奋得像在森林中寻觅到一块蘑菇地，不停地往篮子里装。佘宏只要一有空闲就坐在图书馆里阅读，查阅，记笔记。随着阅读的拓展，他认识到制约中国拳击项目发展的，除了恢复得比较晚和训练体系以外，还有诸多因素。首要因素除了人种还有遗传基因，还与饮食习惯、睡眠都有很直接的关联。以亚洲运动员为例，打一场12回合的比赛，欧美和古巴运动员一晚上就恢复过来，而亚洲的运动员两天还没走出疲劳期。用老百姓的话说，就是缓不过劲。除了血睾酮天生分泌的优势外，还有他们的饮食结构。欧美运动员多半以牛羊肉和鱼蛋白为主，并且摄入量大。再看中国运动员的饮食结构，通常是以大米为主，这对消耗大、血睾酮分泌又偏低的运动员来说，是一个非常大的亏欠。另外，我们国家运动员的营养膳食搞得也不好。就以邹市明为例，他都成为世界冠军了，还从来没有吃过营养品。佘宏很感慨，他说邹市明绝对是运动员的楷模，他全面的技术都是在训练场上磨炼和比赛场上摔打总结出来的。

佘宏把在学校进修的每一分每一秒都利用上,他找到负责进修生的老师,这位女老师慈祥而又温和。她说,你就跟着学吧。佘宏清楚,北体大的很多老师都不太重视来进修的学生。这也难怪,北体大的生源都是从全国各地考进来的优秀生。且不说自己的年龄,单就进修的身份就不是正规军。转念又一想,学习与年龄无关,只要肯学什么时候都不晚,他不想荒废这难得的进修机会。学习的时间有限,他的脑袋要腾出一大块地方,准备装运动医学。佘宏再次主动找到负责进修生的女老师,他说,我是从贵州来的,贵州是一个很穷很穷的地方。现在,贵州有的地方吃饭还成问题,单位能给我批下这笔学习经费,实在太不容易了。我是真真正正想学点东西回去,而不是只想拿到北体大进修的文凭回去进个职称,当个官什么的。我就是来学习的……他还诚恳地向老师汇报了贵州竞技体育落后和拳击开展的情况。在他倾诉的过程中,老师一直很认真地听。

如果一个人坚忍不拔地向高峰攀登,相信他总有一天会到达目的地。

每个人的人生轨道不尽相同,但是行走的过程中只要带着真诚和谦逊,就会得到他人的认可和帮助。如今,几十年过去了,佘宏从来没忘记这位慈祥而又温和的女老师。她不仅是一位非常有良知的老师,还是一位十分负责的老师。听完他话她非常感动,她说,难得还有你这种从基层来进修的学生,求知欲望这么强。这样吧,我知道你的情况了,你礼拜一或礼拜二过来找我,我帮你安排好。佘宏等不到星期二,他星期一就去了。他想好了,如果老师没安排好,他就站在老师办公室的门外等。

没想到的是,老师已经帮他协调并且安排好了。老师还为他专门安排了科目,其中一门科目是运动生物化学,由冯美云老师带他。冯美云老师是我国著名的教授、博导,毕业于北京大学,后来担任北京市体育局副局长。佘宏还表达了想学运动营养的诉求。因为这两个学科息息相关,负责进修生工作的女老师又给他做了安排,也指派老师带他。学了八个月,佘宏从运动生物化学的课本上,学到了如何拉动三羧酸循环,以及糖、脂肪、蛋白质、水在运动的过程中是如何代谢,又是如何互相转换。事实证明,这些知识对竞技体育来说非常重要。运动营养,佘宏是向北体专门搞运动营养的老师学习,一位是伊木清,另一位老师叫周丽丽,他们是我国非常著名的运动营养学教授。伊老师带他从最基础的东西开始学,还带他搞运动营养调查。调查运动员到底应该吃什么,应该怎样吃,通过紧张而有序的学习,佘宏不仅学到了相关知识,运动营养学科也成为他的一个优势。

学海无涯,学无止境,对一个学子来说,是那么意境深远。

在北体大期间,佘宏还读了美国当时的职业网球女选手,以自己的亲身经历写的一本书,题目是《以吃制胜》,英文为 Eat to Win。这本书对佘宏的影响非常大,他认为女网球手说得非常有道理。人,本身就是动物。运动员实际上就是一个练,也就是说训练。还有一个就是通过吃来补充,补充身体需要的营养。那么,补充了营养,又如何合理地运用营养呢?这就需要细致地分析,因为运动员从事什么项目,运动员的训练计划,运动员练的是力量还是速度,根据具体项目和训练的具体情况,才能具体补充什么,还有多补充什么,少摄入什么。一个是练,一个是吃,看起来很简单,却是一门严谨的科学。佘宏有一年跟队到意大利训练,在意大利的国家体育训练中心,看到他们餐饮时,他和张老师都非常有感触,他们的运动营养精细到针对每一个运动员。摆放在运动员的盘子里有水果、酸奶、鸡蛋、沙拉。鸡腿或者牛肉都是按照个体所需搭配好。而且,常年一日三餐都是按需搭配。

日常生活中,不过是五谷杂粮,猪牛羊鱼等。可是应该怎么吃,吃哪一个部位都是有讲究的。我们平常百姓都认为鸡是好东西。国人常规的吃法除了清炖就是红烧,当然现在还有油炸。其实要想获得充分的营养,这么吃不仅浪费还不合理。那么,老百姓也知道吃鸡能补充蛋白质。但是,如果吃得不合理,蛋白质就会丧失或流失。国外运动员吃鸡只吃两个部位,一个是鸡腿,另一个是鸡胸脯。当然,这也与他们的生活条件有关。然而,通过学习和调研,佘宏发现,国外运动营养非常科学。一只鸡只吃两个部位,这实在是有悖于中国人的生活习惯,也不符合国人节俭的生活理念。说起来,也确实是一种浪费。都是鸡肉,为啥不把整只鸡都吃掉?那样获取的营养岂不是更高?事实上,国外的吃法是非常具有科学性的。因为鸡的这两个部位蛋白质最高,对增加肌肉也很有好处。中国是体育大国,要想成为体育强国,运动营养的科学性非常关键;恰恰相反,我们国家的运动营养方面非常薄弱,这些看起来很简单的道理,我们却做得不好。运动营养这一块不仅没被重视,水平还很低。即便是抓了一阵子,也是花了很多钱却经不起推敲,还没达到预期效果。这就是中国竞技体育的现状,要想成为体育强国,只有从细微之处着手,运动营养是不可或缺的学科。

北体大进修期间的营养调查做完以后,佘宏急于想把科学数据运用到实际中。他回到贵州后,在领导的支持下,他把运动营养纳入日常工作中。他把理论数据和调查后的数据结合起来,他还需要从实践中总结出具有科学性的数据。当然,在一支经济落后的队伍里实施运动营养科研,不仅需要人力物力还要有财力。尤其运动营养不能单一地只靠医生,还有食堂的管理人员和厨师。这首先就需要提高他们对运动营养的认识和理解,只有认识了,只有理解了,行动才能跟上。事实证明,运动营养对运动项目的影响很大,不仅能影响运动项目的成绩,也能制约竞技体育项目的发展。既然学到了就要用,哪怕是在条件不允许的情况下,也要想办法实施。余宏身体力行地去做,鸡,只买鸡腿和鸡胸脯肉,其他的部位都不要,猪肉尽量不吃,吃牛肉和鱼。选用食材的大方向有了,还有更细的问题。这就必须有厨师和管理人员的配合,不可能把厨师和管理人员也派出去学习,只有他来培训。运动营养,厨师也是一个关键环节,过度烹饪或者烹饪不当,好的食材也失去了作用。随意采购食材,还存在安全性的风险。吃鱼塘里的鱼没有意义,因为鱼塘里养殖的鱼都是饲料喂大的。鱼长了很多油,脂肪高不说,饲料的安全性也无法保证。这也关乎兴奋剂的防控。特别是他成为国家拳击队教练团队的一员时,他对邹市明的营养和饮食,就把控得极其严格。2008 年前后,邹市明每天吃什么,喝什么,多吃什么,补充什么,还有防止兴奋剂的问题,他都事无巨细地监控。看似不起眼儿的小事,但是非常重要。

余宏关于运动损伤的知识,主要是来源于北医三院。北医三院是国家著名的运动损伤的发源地,最初的时候,是由苏联培训了五六位教师。北医三院有两位非常著名的专家,其中一位叫曲绵域,另一位叫田得祥。这两位教授给他留下了非常深刻的印象,业务上,他们都是国内绝对的一流高手;人品上,他们又堪称知识分子中的楷模。他每每遇到运动损伤,都会向他们请教学习。北体大进修,余宏不能说自己脱胎换骨,但他已然成为一名合格的拳台医生。所以,他不仅和张老师是一对默契十足的搭档,也成了国家拳击队非常重要的一员大将。后来,余宏成为国际拳联国际技术官员(AIBA ITO)。国际拳联是国际最权威最专业的拳击赛事组织,承担奥运会及其系列赛事的组织推广工作;他成为亚拳联医务委员会委员(ASBC MC);又做了四年亚洲 AIBA 医务官;2019 年他又被评为 AIBA 最佳医务官;他有幸与世界上非常专业、非常敬业的有识之士和技术官员们一起工作,是他一生的财富。看到接送的车辆上贴着自己的名字,他还没有那么激动,因为名字从他出生就跟随着他,或许他早已熟视无睹。但当他看到"中国"两个字时,瞬间就泪湿眼眶。具有强烈事业心的男人,真正的力量是不张扬的,真正的进取也无须表白,但一定体现在

某一个领域里。

内在的坚毅和内心的质朴无须炫耀,会如月光下的露珠一样晶莹剔透。站在光芒里的人,自然而然地散发出光芒。

龙以慧毕业于成都体院,专业学武术,毕业后到贵州大学任教。但他对拳击格外喜欢,所以他成了团队的一员。龙以慧是国家队的科研教练,他也是中国为数不多的把声像分析纳入科研计划的教练之一。龙以慧把拳击视为生命,他对拳击付出了全部的爱。他在团队里兢兢业业,不仅记录了一段时间拳击的发展,还记录中国拳击走过的路程。

龙以慧把自己活成了拳击,把拳击当成了自己。

对男人来说,脚下的路有很多条。比如事业的成功,生活中的应酬,酒桌上的肆意,情感上的洒脱……因为时代使生命有多种可能性。精彩纷呈的世界,给予生活诸多的可能和想象。然而,龙以慧却痴迷于拳击。他屏蔽了生命的热烈,屏蔽了生命的享受。关于拳击,他写了很多篇论文,关于拳击,他还做了很多个专项研究——可是,他的论文没有发表,他的选题研究没有下文。不是他不用心,不是他不够努力——是经费问题,是身体问题,也有世故的缘由。

这或许是命运和天意,因为哲学家早就一语成谶。

但是,谁又能否定龙以慧对拳击的心,对拳击的热爱呢?第一次到国家队报到,他不仅坐火车,还背着家里仅有的一台台式电脑。每晚别人都睡了,只有他不睡觉,专心地帮邹市明做技术分析。邹市明第一次获得世界锦标赛冠军,他刚从拳台下来,龙以慧就把邹市明扛起来,围着赛场跑了一圈。观众或许根本就没看清他的相貌,观众也不会知道他是谁。只看见一面鲜艳的五星红旗迎风飘荡——当队员拿到全国冠军,龙以慧又肩披一面国旗在贵阳的华西马路上奔跑,行人无不驻足。行人的眼眶里有理解,有泪水,有欣慰,有热烈,有欣赏,有冷漠,有不屑——可他不管,他也不会在意生活中的点点风雨,他只是在宣泄内心对拳击的那份热爱,那份无以言表的炽烈——有人说,他是因为学了武术,热爱了拳击才如痴如醉。

拳击原本是龙以慧的一部分。此后,拳击就成了他生命的全部。

难道是竞技体育害了他,还是他宁愿委身于竞技体育,拂去心头嘈杂,享受这份只有他懂得的境界来修炼自己?龙以慧是张传良的学生,佘宏是龙以慧的老友,不见面时佘宏会惦记龙以慧,惦记他的身体,惦记他的精神状态,惦记他所有的一切。佘宏一直生活在贵阳,隔三岔五,佘宏就会抽出时间到龙以慧任教的大学去看他。佘宏走近他时,他正认真地教学生们拳击。那一刻,世界静寂得如同回到了远古时代,那一刻,佘宏被他的沉迷击中——龙以慧宁静成一汪无波无浪的水,仿佛喧嚣早已不复存在,仿佛这个世界从来没有过伤害。

佘宏盯着龙以慧,龙以慧沉醉于拳击。近在咫尺的相望,却成了最远的距离。

龙以慧在大学里教拳击,回家还是沉迷于拳击。他的房间里没有多余的摆设,墙上挂满他和原国际拳联主席吴经国,他和邹市明,他和拳击圈朋友们的相片;还有他获得各种与拳击相关的证书奖牌奖杯……如今,相片早已成为存放于手机或电脑相册里的电子文档,人们也早已把目光转向荣誉或者奖牌奖杯背后的东西了。而他却把相片镶到相框里,把证书奖牌奖杯放在触目可及的地方,除了爱还有什么呢。而且,他的这份爱毋庸置疑,他的这份爱无法用等价衡量。

龙以慧　张传良　刘杨海

如果把拳击比作一场润雨,龙以慧就是雨打梨花深闭门,他在门里忘了青春,误了生命。龙以慧对拳击执着得令人流泪,痴迷得让人心疼。这就是一个项目成功的代价,也是一代人为项目奋斗的写照。愿龙以慧的心门里,除了拳击没有悲凉。能在拳击里活一场快乐,也不枉一场鲜活的生命。若是拳击有魂,就给他一个宁静的港湾。毕竟,这是他活着的唯一依托。

　　拳台医生不仅是拳台上的贵宾,还是项目发展的参与者和执行者。拳击是对人体综合能力要求最高的一项运动,所以,好的拳台医生和科研教练是项目发展的重要保证。

——张传良如是说

5

　　热爱是对生命最好的回馈,坚守是对生命最直接的表达。感恩生命,感谢遇见。

　　现任贵州拳击队总教练刘杨海,他说自己是张传良老师的一个"试验品",但他这个试验品非常成功。他说要不是看了一场电影,要不是那场电影恰好是《少林寺》,自己这一生就不会与拳击结缘,就不会以拳击为业。电影《少林寺》上映时,刘杨海已经从技校毕业到工厂工作了。但他一发不可收地爱上了打拳,武术老师极力把他推荐到张传良的门下,所以,他是在张老师家院子里练拳击的队员之一。当时的拳击还不被世人认可,他就白天上班,晚上到张老师家练习拳击。在拳击还没有走进大众视野,还被认为是野蛮粗野运动项目时,拳击训练还都处于业余训练的状态。而且,训练的器械也十分简陋。六个队员只有一个沙袋,沙袋里是货真价实的沙子。刘杨海说那叫一个硬,硬得刺骨。拳套也是猪鬃的,更别说一双像样的运动鞋了。但是,那时候的张老师就开始了"间歇强度训练"。也就是说训练的初始,他就非常注重强度,他就认识到了强度对拳击的作用。1986年10月,拳击迎来了解放,迎来了朝阳——因此,在张老师家院子里练习拳击的刘杨海、陈春云、杨光安、梁峰、徐彬,还有来自安顺云马机械厂的陈耀伟等队员,自然而然地跟随张老师到贵州体工队开始了训练。

　　青春之歌本该始于十六七岁,或许那个年代的人们刚从"票据时代"走出来,人们还无暇关注青春。但走进体工队的队员就有了青春的姿态,因为他们朝着理想和目标奔走——刘杨海家境殷实,技校毕业直接进了工厂。可是,在报社做记者的父亲,在医院做医生的母亲都不赞成他练习拳击。父亲更是想把儿子调到报社工作,他觉得充满文化氛围的岗位才更适合儿子,才会更有发展。但刘杨海却痴迷于拳击,如果"痴"是一种病的话,世间所有痴迷于所从事的行业并有建树的人,都是"患者"。刘杨海并没有遂父母的心愿,他决心跟随恩师把拳击事业进行到底。虽然第一批队员选材上有局限性,但张老师训练之初,就告诫队员要保存实力再打别人,保存自己的实力才是取胜的关键。张老师善于学习,善于思考,他还极其了解运动员的心理。他经常教导运动员可以输拳,但不可以输人。只要你走上竞技体育这条路,就要有不服输的精神,就要有超出常人的毅力和素质。竞技体育来不得半点虚假,成绩说明一切。作为落后贫穷贵州的运动员,只能用成绩说话。

拳击恢复之初,各种比赛频繁,一般上半年是锦标赛,下半年就打冠军赛。1991年,在沈阳举办的锦标赛,刘杨海和马佳对阵某队选手,但他们却被判输。同年,重庆举办冠军赛,刘杨海和马佳又与这两名队员相遇。上场前,张老师分别给他们布置技战术。他让刘杨海以"压迫式"的打法打这场比赛,他说,如果不把对手压下去,干干净净地打下去,你就很难打出来。我们只有用悬殊的比分让裁判心服口服,我们贵州队员只能用技术说话……恩师的每一句话都是命令,刘杨海就是一名战士。赛场上,他把恩师的技战术坚决贯彻下去,第一回合他就全力进攻,打得对手手都抬不起来。那场比赛,他和队友马佳不仅赢得胜利还赢得了尊严。

疾风知劲草,岁寒见后凋。

1993年第七届全运会,刘杨海代表贵州队再次出征。赛场上,他战胜一个又一个对手,挺进决赛争夺冠军。之前,他已经获得三次全国冠军。但第一场他与山东队51 kg级的队员相遇,刘杨海一直压着对方打,三个回合后,在优势悬殊的情况下裁判判对方获胜……刘杨海沮丧,教练组也十分不服。张老师执教生涯中第一次申诉,而且胜诉。此后,刘杨海一场接一场地打出气势。拳击是积点打分的项目,难免有"人情"分,难免有主观认识偏见,但张传良用严谨的工匠精神兢兢业业地对待事业,他用行动向不合规则的人和事宣战。

刘杨海这块51 kg级的金牌虽然来之不易,但他的夺冠彰显出贵州拳击队的实力,也检验了张老师的训练。一块金牌并不重,但它的精神鼓舞却无法估量。因为这块金牌,体工大队燃放的鞭炮声驱逐了山城的雾气,雾气如祥云般漫游天际。如果没有刘杨海这块全运会金牌,会有贵州拳击的日益壮大吗?会有日后张传良的中国式拳击训练体系吗?

生活经验告诉我们,每一个事件的发生,都会是后续故事的伏笔。

如今,做了教练的刘杨海,仍然不忘恩师"我们贵州的运动员只能用成绩说话"的教导。在当运动员期间,刘杨海不幸患上了乙肝。医生说,不能再搞

刘杨海　邹市明　张传良　赵彧　常勇

体育了,这是跟随你一辈子的病。父母也说不要练了,乙肝病人怕累。但他还是不想放弃,他觉得自己还有很长的路要走,他的拳击梦才刚刚开始。他心里还打鼓,他不知道张老师会如何说,他也不知道恩师能不能"待见"他。当他怀着忐忑的心情回到队里时,张老师什么也没说,但他还是从训练计划的调整看出了恩师的用心。刘杨海又开始了训练。不知道是师徒俩锲而不舍的精神感动了上天,还是上天怜悯师徒俩的精神,一段时间后,他的病痊愈而且还产生了抗体。

拳击虽然起源于英国的贵族,但后来却演变为"穷人"的体育项目,可能穷人更热衷于用"拳头"砸烂禁锢命运坚硬的外壳。再者,拳击项目有一个沙袋就能训练,不像高尔夫、马术、击剑等一些贵族项目。所以,拳击才出了阿里、帕奎奥、梅威瑟这样伟大的贫民拳王。从1986年中国拳击项目恢复,一直到1996年,中国的拳击水平还非常低,直到张传良的出现,直到他被国家队重用,直到邹市明走进大众视野,中国拳击才改变了现状。中国拳击终于可以与世界高水平选手同台竞技,并得到了认可。刘杨海说,没有谁比他们这些学生更了解和理解师父了。师父带着他的弟子们,扛起了中国拳击奋起的大旗。可师父从没有意识到自己走到世界顶尖的位置,但是师父做到了。这就是师父成功的根本。尽管恩师离开了贵州,但他的精神还如一盏灯,激励他的学生们一步一个脚印地行走。刘杨海说,随着中国拳击打法日臻成熟,恩师的声名也远播世界。他的中国拳击的打法震惊了世界，也影响了世界。刘杨海以及后来的刘渊、刘涛、罗文、李明勇、何天翔、陈春云等，他们都是进攻型打法，他们也没辜负恩师的希望，凭着"拳头"一个个地冲出贵州，并把拳击事业进行到底。如今做了贵州拳击队总教练的刘杨海，一直延续并且传承恩师的训练理念和他执着的专注，还有他与人为善的谦和以及他的工匠精神。

2013年，恩师退休了。执教于贵州拳击队的刘杨海调到国家拳击队任教。执教期间，每天面对盲目的大运动量训练，他心里焦急，也焦虑。训练结束后，他就给队员加课，打手靶，打移动靶，控制节奏、距离、时间差和掌握场上应对的各种技战术。为此，他还遭到了批评……2017年，恩师回归拳击队。刘杨海说，看到今天国家拳击队的进步，他兴奋不已，他说中国拳击又有了希望。回顾运动生涯，他仍然无悔当年走过的路。他至今还能走在拳击的路上，除了自身的热爱还深受恩师的影响。

既然登上了拳击这条大船，就要拿出"海盗式"的勇气。

精神取向能支配人生的路。积极向上的精神取向还能把握路途中的方向，但有时，命运之神会站在半路，故意让行路者遭遇生活中的坎坷。因此，这场较量就是一场搏斗，双方都用尽力气。

刘渊是张传良带的第三批队员，黑瘦精干的他也是邹市明的师哥。1993年，刘渊还在毕节运输公司子弟学校读初中，一次体育课上，体育教师周元祥慧眼识人，他发现刘渊在拳击方面具有很高的天赋。周老师是一个热诚并极具责任感的老师。那个年代，像周老师这样的教师比比皆是。所以，刘渊是有福气的学生。周元祥将刘渊引荐给了毕节地区体校拳击队的教练蒋林，年仅14岁的刘渊开始了拳击之路。同在拳击队训练的有40多名队员，老队员对他不屑一顾，有的甚至公开问他，你长得这么瘦小也能进拳击队，是不是走后门来的？刘渊倔强地瞪着一双炯炯有神的眼睛不说话。然而，训练一开始，他就进入一种痴狂的状态。无论是体能训练，还是对抗训练都十分刻苦，并出类拔萃。

天赋是拳击手的优势，那么，坚韧是拳击手走下去的支撑。

刘渊的训练不分时间，只要训练馆里有人影晃动，只要听见训练馆里的喊叫声，那一定是他。傍晚，队员们的训练结束了，他一个人还在训练。他要是不把教练教的各种动作，练到烂熟于胸就不会善罢甘休。很快，他的进步让嘲笑他的人刮目相看。他瘦小的身材也长出强壮肌肉，力量也练了出来。1995

年,在一群拳击队员中,刘渊第一个进入师父张传良的视野。由此,他向世界拳台顶峰攀登之路也拉开了帷幕。刘渊从地区到省拳击队又到国家队,就如一条跃龙门的鲤鱼,一连气地跳到拳击竞技的最高平台。

　　刘渊像一头初出茅庐的小马驹,训练时流淌下来的汗水都洋溢着乳香。师父专门为他打造一套适合他的训练计划,边练边讲,在哪个环节上速度可以被吃掉,在哪个环节上能化解对方的力量……师父特别注重规避队员受伤,为了不增加刘渊的伤病,他还通过羽毛球的训练,加固他跟腱和腰部的力量。通过踢足球,训练他的步法,提高他对抗和奔跑能力。师父还特别为他设计拳击的动作,告诉他击打时如何获得力量和速度……跟着师父训练不到半年,刘渊的进步飞快。他跃跃欲试地想要出去打一场比赛,但师父告诫他,眼光不要局限于贵州,也不要局限于中国。要向世界顶尖的拳手学习,向欧美的拳王学习。刘渊懵懂地点头,在网络和信息还不发达的20世纪90年代,师父的眼光就瞄准了世界。

　　即便是现在做了教练,刘渊想起过往的一切依然觉得不可思议。

　　在跟随师父之前,由于训练量大,刘渊在练深蹲时腰部受伤,而且伤势严重。师父了解了刘渊的情况后,训练时带他练后手直拳,为的是找腿和膝盖的发力点。师父说,你腰有伤,尽量减轻腰部的负担,用手臂做支撑用腿发力……如果没有平时训练的亲力亲为,没有对项目深刻的认识和理解,师父就不会深谙其中的原理。刘渊不善言辞,但他知道,师父把全身心交给了竞技体育,交给了队员。队员都像他的儿子,无论是他们训练时的思路,还是身体出现状况,师父都了然于胸。

　　跟随师父后,刘渊再也没有受过伤。

　　20世纪90年代初,中国拳击大多的练法都是"舶来"的洋货,而这时,张传良就已经开始注重训练的科学性了,他的训练体系日渐成熟。他的训练开始逐步地走向个性化。他注重找符合项目训练需要的方式和方法,他说只有根据运动员不同体质能力、素质的差异,进行针对性的计划和训练,才能达到训练的目的。邹市明就是一本个性训练的教科书。

　　贵州没有太多闲钱投入给竞技体育项目,很多项目的教练打退堂鼓,不少运动员也丧失了信心。但张传良不甘心,他认为只要拳击人坚持下去,早晚有一天,拳击项目就一定能出成绩能出人才。那时候的拳击项目亦如荒废多年的土地,那么艰难的情况下,他都带着队伍一锹一镐地开垦。如今,这块土地已经开始生发出绿意,土壤也在逐步改善,不能再次撂荒。他在例会上给大家鼓劲,他说:发展一个项目都要经历波折,因为波折是发展的必然现象。优秀运动员都不断努力,不流汗水、没有超出常人的付出是不会出成绩的——张传良针对欧美运动员的直线进攻、直线防守的打法和他们像野兽般富有冲击力的特点,又一次陷入深深的思考中……那时候,他还没有能力用科学手段把人体的各种数值精确测算出来。但是,他觉得以中国人先天的一些特点,或许以步法环绕来打更适合中国人。所以,一定程度上来说,刘渊是受益者。师父从他们身上确证了,自己步法环绕的思路没有错。而且张传良的这一思路早于中国拳击,早于世界拳击 10～15 年。

张传良的心从没与拳击有半分游离,在他看来游离也是一种背叛。

沉寂有时候会顺势而僵,但在沉寂中思考就能爆发出火花。大山深处,张传良爆发出的火花点燃了中国拳击,并把这把火烧向全世界。当年,他带着队员走出大山时,队员心里都憋着一股劲,他们要做猛虎,而不做"技穷"的"黔驴"。刘渊从 48 kg 级一直打到 57 kg 级。他是 51 kg 和 54 kg 级的全国锦标赛冠军;中国拳王电视大奖赛 57 kg 级的拳王。1998 年,他参加第八届世界杯,获得 48 kg 级第三名。这是中国拳击,在世界三大赛事上的第一块奖牌。

理想是一个人的根基。只有根基扎稳了,才有动力。否则,不是堕落就是坍塌。

鲜活的生命因堕落因坍塌而失去活力,那就只能作为觅食腐肉鸟嘴里的一口食物罢了。刘渊要鲜活,要活力。1998 年,张传良带队出访朝鲜。朝鲜有一位选手是 1996 年亚特兰大奥运会冠军。有奥运冠军坐镇,朝鲜的拳手颐指气使地看着来自中国的拳手。而且,与他们打友谊赛时,朝鲜起用的都是二三线选手。刘渊不服气——他第一个上场,一个回合下来,朝鲜的运动员就紧张了,他们觉得灵活闪躲的刘渊,像一只在枝杈上跳跃的猴子。几个回合后,朝鲜选手对他们就刮目相看。

朝鲜的世界冠军上场了,刘渊战胜了他。

朝鲜之行,弟子们喜气洋洋。因为,刘渊不仅打败了朝鲜的奥运冠军,还把他们的嚣张气焰打了下去。他用拳头告诉朋友,早晚有一天,五星红旗会为我们而升起。师父虽然为队员积极向上的信心而欣慰,但他不会怂恿或者助长队员的骄傲情绪。他说:记住,以后我们还会有比赛有出访,但无论我们到哪里,都要带着良好的心态。但凡比赛都会有输赢,怨天尤人是无能的表现。

赢了哈哈笑,甚至讥讽对手,输了就找各种理由,抱怨裁判抱怨场地,抱怨对手不按规则打,抱怨对手的挑衅,是不可取的。——赛场就是战场,什么事都有可能发生。有本事把他的挑衅化为动力,KO 对手。他又语重心长地说,遇到困难是好事,困难能锻炼人的意志品质。没有磕碰,没有挫折如何成长。人家对我们白眼,说明我们的拳头还不够硬……刘渊和后来进队的邹市明是练得最勤奋、练得最苦的运动员。每当谈到运动员时期的往事,刘渊脸上的诚恳令人动容,亦如他坚决地强调,是"师父"——不是"师傅"。从他强调"师父"时的急切和坚持中,他感恩的心意用任何语言形容都显得轻飘。

善,即是一个人的品德,也是一个人的品行。刘渊具备优秀的品德。所以,他的善发自内心。刘渊倔强,训练中他会因为拳出得不到位,出拳的速度和力量不够而反复地练。练得汗水横飞,黝黑的脸膛红得像炉膛里烧透的炭。正因为他的执着和苦练,他接触拳击刚刚五年就被师父带到了国家队,又拿到奥运会的入场券。

智利著名诗人巴勃鲁·聂鲁达说:当华美的叶片落尽,生命的脉络才历历可见。

2001 年,由于密集的比赛和训练,师父怕刘渊腰伤复发,劝他休息一年。可他坚持不休息,他觉得自己能扛得住。训练馆是他的阵地,拳台是他的竞技场。他就是在一场场的竞技中,才发现自己生命的脉络原来是那么清晰得历历在目。就连身体流淌的血液都带着"拳击"的呼啸声——2001 年 11 月 11 日,在第九届全运会上,刘渊誓要拿一块全运会金牌,他要为自己的拳击事业谱写诗篇。他要用实力为父母为家乡的父老争光,他要用金牌报答师父——刘渊太在意这块金牌了,就像觊觎吃一块烫嘴的山芋一样。比赛时,他一路过关斩将打进决赛。决赛时他和杨相中相遇,由于他太注重比赛的结果,也或许是造化弄人,结果他痛失金牌。师父没说一句责难的话,相反,还拍着他的肩膀安慰他,拳台上哪有常胜的拳手,只要能从输的状态里走出来就行,只要从跌倒中爬起来继续打就是好样的。银牌也是最好的礼物。有时候,竞技体育不在于输赢,在于一种精神。这种精神会指引你一辈子,无论将来从事什么职业,这种精神都会是一盏灯,为你照亮前方的路。

刘渊想哭,但他让热辣辣的泪水倒流回去,转身投入训练中。他要在失败中总结经验,像师父说的那样,在逆境中站起来,他要给师父为他点亮的这盏精神之灯加油,他要做的是让灯火永远跳跃。他很快就从全运

刘渊

会失利的阴影里走出来，以饱满的状态和精湛的技战术，迎接2004年雅典奥运会。

对于拳击运动员来说，前面永远有一座大山，只有奋力地一步一步地向上攀登——山峰永远在远方。但刘渊不怕，他知道只有站上峰顶的人，才有资格俯瞰群山之巅。刘渊的汗水和伤病的疼痛，除了他自己就只有师父知道。练了这么多年，他就想到奥运会的拳台上一显身手，为自己争光，为师父争光，为父母争光，为国争光。所以，刘渊练得异常辛苦，又因为来自自身和外界的压力，他似乎有些招架不住。他只能把时间交给训练馆，把自己交给训练。只有每天与训练对话，他的心绪才能平稳。知徒莫如师父。为了缓解心情，也怕他练伤了，更怕他压抑自己，师父有意无意地跟他说笑话，拉家常。训练间隙，师父就算是不说话，充满爱意和欣赏的目光也跟随着他。

刘渊何尝不理解师父，但他拙于表达。其实，他心里炽烈得如一团火，只是面色凝重。

2004年，师父第一次带队参加奥运会，师弟邹市明也走向世界舞台。刘渊能在强手如林中拿到奥运会入场券，已是十分不易。早在这年的3月，在广州举行的雅典奥运会亚洲区拳击资格赛中，刘渊一路高歌猛进。3月23日最后一场比赛中，他击败亚洲拳击强国印度的选手，为中国队拿到第一张资格赛入场券。他多年的坚持和梦想，终于实现了。他心中既有忐忑，也有兴奋。出生于普通家庭的他，是父母的骄傲。刘渊的父亲是毕节地区兽防站一名兽医，为维持家庭生计，母亲做点小本生意。刘渊从小做事就认真，不仅能吃苦耐劳，而且很孝顺。五个儿女中，他是最勤快最能干的一个。儿子能练拳击能打出成绩又一路打进奥运会，对于朴实的父母来说，他们心中的喜悦和骄傲无从表达。他们的心跟随着儿子一起跳动，他们的目光一刻都不舍得离开电视机。只为能听到拳击比赛的消息，只为能看到拳台上儿子的身影。

心灵的愉悦能点燃精神的愉悦。心灵和精神的愉悦，也能慰藉灵魂。

2004年8月17日，刘渊参加54 kg级的比赛。他蓄势待发地在拳台下活动着腿脚，可命运却在他身后露出狰狞的笑，只是不到最后一刻他还不知道罢了。造化弄人，命运使然，第一场他就与古巴两届世界冠军黎贡多相遇。黎贡多是一位天才拳击运动员，他指间距长，站立时双手过膝，像极了猿猴。这是一场注定的相遇，也是一场注定的博弈。腰伤，再加上第一次参加奥运会，没经验的刘渊最终以多点输掉比赛，无缘16强。命运再次与这条生长在大山深处的硬汉，开了一个天大的玩笑。刘渊抱憾走下奥运会的拳台。能参加奥运会，无论是在心理上，还是在状态上，他都认真地准备了。但对手实力确实强，拳击这个项目只要你技不如人，哪怕差距只是那么一点点儿，也是一个不小的距离。哪怕金牌只与你一指之隔，它也不属于你——赛后，刘渊与父亲通话时，他黝黑却棱角分明的脸颊只是抽动了几下。然而，当他看到台下等着他的师父时，情绪突然爆发，眼眶里盈动的泪水冲下来和汗水相聚。刘渊抱住师父，他一肚子的委屈都在这一抱中传达给了师父。师父也落泪了，刘渊是他所有弟子中练得最苦的队员之一。他是最理解刘渊的人，而此时，什么语言都无法诠释他的心情。除了紧紧地给他一个拥抱，他又能做什么呢。

如果说，女人的泪是水，那么男人的泪就是从心头滴下的血。鲜血不仅浸泡了男人的血性，也淬炼了他们的刚性。

这个刻苦的拳手，擦干泪水后给师父一个闪着泪光的笑。要不是师父对他的培养，对他的栽培，他这个普通人家的孩子就没有机会走上拳台，更不可能走上奥运会的拳台。刘渊还是庆幸自己能参加奥运会，因为参加奥运会的拳手竞技水平都比国内的选手高，比亚洲的选手高。虽然自己发挥出了平时训练的水平，但遗憾的是抽签运气不好，第一场就遇上了世界强手，不仅阻止了他夺牌的路，也没能让他多打几场。说到底，还是自己不够强。

生命的路有很多种走法，有的走出了意境，有的拼搏了一生，却没打碎命运带来的枷锁。

拳头终归是在训练和比赛中练出来的,可是生活就是生活,很多时候,生活的媚俗远远地超过现实的想象。回国后,来自各方面的质疑和谩骂像雨后的野草,铺天盖地疯长起来。对于整日征战在训练馆和拳台上的刘渊来说有些猝不及防,他一下子被突如其来的舆论打得垂头丧气,有相当长的时间都处于萎靡的状态下。关键的时候师父就是一堵墙,是一棵大树,他不但能为徒弟遮风挡雨,他还用心引领着爱徒们走出困境。至今,刘渊都感谢师父,没有师父,自己或许就如一棵被炸雷击中的树,永久地倒伏下去了。

张传良对刘渊说,谁说你就不能输,你输得有理有据。你输了,也有我的责任。竞技项目的输赢,关键还在于教练员。

因为拳击,生命已经足够丰富。丰富的生命还要有意义,所谓的意义还需要自己不断努力——他又是以前那个两眼炯炯有神的刘渊了。接下来他又打了十运会。然而,上天仿佛给他施了魔咒,半决赛上遭遇马运浩,他只拿了一块铜牌……回首拳击路,虽然几次比赛有人为的因素,但师父教导他说:有人的地方就有黑白,我们要欢欢喜喜地赢,高高兴兴地输,一身轻松地回家——这并不是妥协,是为了迎接下一次比赛。只要把下一次比赛打得更好,赛场上打出所学所练和对拳击文化的认识,我们就是赢家。竞技体育虽然看的是结果,但是这其中还有结果以外的东西。比如精湛技术的展示,克敌战术的使用,个人的谈吐和素养等。

自古英雄多磨难,刘渊这个悲情英雄的磨难催人泪下。

经历了拳击运动的洗礼,40岁出头的刘渊,棱角分明的脸上被岁月磨砺出痕迹,眼神儿笃定而坚毅。由此,刘渊的生命又进入另一个季节。现任贵州拳击队执行教练的刘渊,又成了当年的师父,他从没忘记师父赋予的那盏精神之灯。只要谈起师父,他坚毅的眼神儿里就游动着水滴,这水滴闪着熠熠的亮,犹如黑暗中的星光——言谈中,他嘴角还不时地抽动,他说师父虽然不是生身父亲,可师父却培养教育了他。师父就是父亲,而且是一生的父亲。走下竞技拳台的刘渊,又把认真担当负责的性格给予了他的队员。刘渊说,年轻的师父像一棵参天大树,为他们遮阴避凉,教他们打拳,教他们如何做人。如今的师父是一棵韧劲十足的藤,还时时地为他们这些已经走到工作岗位上的徒弟们操心,经常给他们输送拳击最新的理念和他对项目高境界的认识。

风雨后,刘渊也认识到,一个人只要彻悟生命的意义,就不会在得意或者沮丧时迷失方向。

千万别把运气当成能力。拳击认识是有层次感的,文化和境界是拳击项目的精髓。也就是说,运动员是需要一个台阶一个台阶地往上走的精神,才能参透项目其中的奥秘和精髓。再者,拳击运动是勇敢者的运动,又是绅士运动。既能打,又能搏,既能攻,又能守,才能使拳击大放异彩。优秀的拳击选手不管是训练,还是比赛都要有韧劲,拳击运动员都要有很强的进攻欲望和侵略性。

——张传良如是说

6

　　如果一棵树没有扎好根,那它就很难长成一棵参天大树;如果一个人的路走错了,那他的生命就将要历尽磨难。调整方向不仅需要决心,还要有毅力和运气。然而,当这些经历完成后,心就会生出欢喜,随之而来的是灵魂的洗礼。生命有了欢喜,灵魂得到洗礼,人生不但有了意义,生命也会不同凡响。

　　刘强驻留在生命岔道路口时,他像一只孤独的麋鹿,忧伤地张望着来路,他不知道自己是否走错了,他也不知道自己究竟做错了什么,以至于被驱逐到荒芜的野地。就在他立于生命的关口,绝望地向深处凝望时,恩师张传良来了。他无疑是刘强的领航者,他不但给迷茫者以光明,还带他走上正轨。恩师身上除了表率和品德,还有与生俱来的人格魅力。也就是说,刘强这棵小树还小时,就有了一块沃土。

　　人格就如一张名片,上面不仅写着身份,还写着良心和责任。

　　张传良说小孩子之所以逆反,有时候是在坚持真理。至少,是他认为的真理。或许他坚持的真理被一枚硬壳包裹,因为成年人没有看到核儿。所以,成年人就习惯性地认为,他的所谓真理有失水准。然而,当成年人砸开硬壳时,他的真理不仅有血有肉,可能还会鲜血淋漓。当真相出现在眼前时,清流就会涌来,清风就会扑面,精神就会爽快。

　　而偏见和傲慢,就如沦丧人性的凶手,不仅残害生命,也能扼杀理想。

　　1982年出生于重工业城市沈阳的刘强,1997年进入市体校学拳击。15岁,还是懵懂少年,他就带着一股别样的风采。2000年,他考上了沈阳体育学院。18岁的热血青年,身体里流淌的血都如喷薄的钢花,不仅有亮度还有热度。滴出的血能点燃荒原上的碱蓬草,脊梁上的汗珠也能穿透礁石——可是年轻的刘强却过早地品尝了坎坷的滋味,这或许是成为真正拳手的必经之路。

他到了正规院校,却没有教练带,每天只是跟老队员打一通,练练手。他焦虑得像一匹关在笼子里的小狼,慢慢地就成了一头愤怒的小狼。沈阳体育学院是多少莘莘学子的梦想,可他的拳击梦却在这里几经波澜,也就是说,他的梦游离于校园内外。刘强是嗅着钢水铁渣儿的味道长大的孩子,这或许注定了他性格的刚烈和叛逆。然而,刚烈和叛逆也是走向成功的一个必定因素。因为,只有经过淬火的钢才能成为好钢,只有经过拳台上的洗礼才能成为好拳手,只有名师的引导才能历练"成人"。拳手,就是这样炼成的。

终于,刘强迎来了一次展示自己的机会。

2001年,刘强作为年龄最小的队员参加了第九届全运会。他一路拼打,拿到了参加九运会的入场券。只可惜,他没有打出来。回到学院,刘强更加迷茫了。来到正规学院,他就没系统地练过拳击。如果每天只是跟在老队员的身后练练手,这不是他的追求,这样的训练也练不出真正的拳手来。他要做泰森似的拳手,梅威瑟是他永远的偶像。可他又能怎么办呢?读大学,是80后普遍的选择,再说,自己已经走进大学的校门了。如果不完成学业,如何对得起含辛茹苦的父母——尽管迷茫,尽管焦躁,尽管有反思,但他还是按部就班地到训练馆。训练馆成了他挥霍迷茫的场地,器械成了他发泄怒气的对象。

终于有一天,刘强拨开迷茫的浓雾见到蓝天。他犹如一只苍鹰,扇动还不够丰满的羽翼,振翅飞向拳台。

2002年,刘强这个不被看好,也可以说是"不被待见"的学生,很偶然地参加了在福建漳州举办的全国青年拳击大赛,并在大赛中一举夺魁。又因为青年大赛的冠亚军可以直接参加冠军赛,这个倔强的东北小子又夺得冠军赛的亚军。所以,2002年底他入选国家队,备战2004年雅典奥运会。他说,入选国家队已经是很幸运的事儿了,能在张传良老师的教导下训练,简直就是生命中的大幸。2004年底在四川长寿举办的冠军赛,他在恩师的指导下,一路打进决赛赢得第一次冠军。刘强感恩幸福降临他头上,感恩自己能有入选国家队的机会。

运气有时候就在拐角处。刘强很幸运地在拐角处遇到了幸运。

逆风而行的刘强果然走进了一个港湾,这个港湾除了拳击的训练,没有一丝杂芜。既不需要讨好谁,也不用去思考他这个年龄本不该思考的人情世故。张老师纯净得像一片碧蓝的海水,他把拳击视为生命,他对运动员就像对自己的孩子。所有跟着他训练的运动员都能全心全意地训练,脑子里除了拳击还是拳击。每天，寝室食堂训练馆，三点一线的生活令他走路都是一溜小跑。唯一令他心里紧张的是与师兄弟们比起来，他觉得自己技术差了一大截。因为很多师兄弟，一开始就都师从张传良。他们的技战术虽然都各成体系，但都是张老师亲手为他们打造的。刘强似乎有点焦急，幸运的是张老师并没丢下他，而是手把手地教他，还针对他的身体条件和打法特点，制订只适合他的训练计划。刘强像一只充盈的气球，脸上挂着笑，精神饱满。只要一到训练场，他就像一匹奔跑的猎豹，和师兄弟们一丝不苟地完成张老师制定的训练科目。为此，他的技术水平进步得飞快，对拳击项目的领悟，对竞技体育的认识也都上了一个新高度。2004年雅典奥运会结束后，他参加了2005年的全运会，全运会上他又获得一枚银牌。

刘强捧着沉甸甸的奖牌，又回到了母校沈阳体育学院。

刘强怎么也没想到，他这个有了诸多成绩的学生并没有被认可，被接纳。迎接他的却是一盆冷水，各种质疑声像涨潮的大水迎面扑来。有人质疑他的成绩不过是浮云，不过是偶然的运气……他蒙了，夜深人静，他无助地在学院操场上久久地徘徊。他没有流泪也没有抱怨，他只是怀念在恩师身边时的日子——恩师带着邹市明从大山深处走向世界。恩师的中国拳击打法，得到世界拳击界的认可和赞誉。可自己却不能像邹市明和师兄弟们那样，时时地跟在恩师的身边。刘强苦闷，他仰望天空，丝丝缕缕的浮云如同风中的经幡，耳边传来窸窣的响声也如转动的经筒。他心里只有拳击，他愿意与拳击相伴……倔强的刘强没有拿到毕业证，心像撕碎般地疼——尽管，自己深爱着母校，深爱着母校的一草一木。然而，他却感受到了寒冷。那晚，他一夜未眠，第二天，他背起双肩包走出了沈阳体院。那个时代，北漂已经不是什么新鲜的事儿。但是搞竞技体育的人北漂，恐怕刘强还是第一人。而且，他还不想做漂游的浮萍，他不想把生命最好的时光浪费了。拳击就是命，活着不能没有拳击。背着行囊的刘强直接来到北京武警体工大队，他把简历递了上去。当时接待他的是李青生，他是一个正直且爱惜人才的体育人，刘强又是张传良和他曾经带过的队员，也拿到了诸多成绩。就这样，刘强如愿以偿地穿上了军装。这一穿就是10年。日后，刘强很为自己当初的选择拍手叫好。他觉得青春就得奋斗，只有奋斗的青春才不会有遗憾。

缘分，有时候很难说清楚。亦如刘强和恩师张传良。在武警体工大队期间，他又跟随张老师训练。这时期，张老师的训练理念又有所不同了。也就是说,越发精进了。跟在恩师身边,刘强只需要一门心思地训练。只要把训练课上好,把自己的生活管理好,其他的事儿都是恩师操心。无论是拳击的技战术,还是竞技体育的意义,张老师都如父亲般地给予队员们耐心地指导。刘强茅塞顿开,他认识到,磨难就是生命本来的模样。

刘强由衷地感谢生活,感谢磨难。

刘强

2011年,刘强又进入国家队,跟随张老师备战伦敦奥运会。从贵州到海南几经辗转,但他无比快乐。他在训练中成熟了,成熟的不仅是拳击技战术,还有他的思想。世锦赛,刘强打进16强。他不仅成为伦敦奥运会选手,还打进了奥运会的16强。如今已经走上重要工作岗位的他,每当想起跟在恩师身边训练的时候,都会感慨地说,"张爸爸"不仅教他打拳还教他如何做人。刘强说,在他的拳击生涯中,没有恩师就没有自己的今天。再回顾当年,他说无论是自己的叛逆,还是世道不公,对他来说都是一笔财富,自己也因为这笔财富成了"富翁"。因为有恩师的教授,他成了人生的赢家。

恩师改变了他的命运。

北方一望无际的草原上,常常会出现一棵枝权肆无忌惮旁逸斜出的树,这样的树多半是榆树。因为只有榆树籽才能乘风飞翔。生长在草原上的树就显得孤零,枝权上再吊着无数只穿着"黑色绸缎"的乌鸦,那么这棵树的枝头就缀满了滴里嘟噜的黑果子,尤其是两棵相向而生的榆树,更是令人啧啧称叹。人们就称这样的两棵树为情人树。

李洋和张小平就如草原上的两棵相向而生的树,只不过他俩一个来自江苏徐州,一个来自内蒙古。之所以说他们是相向而生的两棵树,因为他们来自不同的地域,却都是张传良带出来的弟子,他们同出师门。虽然,他们都有各自的经历,但张老师就如一片漫无边际的草原,他的草原上生长着很多种树。

草原上不只有刘杨海、刘渊、邹市明、刘涛、江利、张志磊、胡青、刘强、李洋和张小平等,他们都是他这片草原上相向而生又是不同树种的树。他们虽然不是一个级别,但他们一起训练,一起比赛,所以他们经常在一起,交流训练时的苦和比赛时的心得。

李洋对苦和乐自有一番独到的感受。他把训练的苦和乐与生活结合起来,他说训练的苦和乐就是生活中的苦与乐。苦与乐不但有量的差别,还有质的不同。苦与乐不仅取决于自己生活中的遭遇和环境,对于一个把生命感受视为最宝贵财富的运动员来说,快乐和痛苦都是人生财富。因为无论是快乐还是痛苦,都会给予生命无限的启迪。

所以,人生的成功要比事业成功更广阔,更丰富。

李洋1981年5月出生于江苏徐州睢宁,现居住在北京。他获得过2007年北京市十大杰出青年提名以及2008年国务院授予的个人贡献奖。他曾获得两届全运会冠军、泰王杯世界冠军、美国芝加哥世锦赛铜牌、北京29届奥运会第五名。转行当拳击教练员,他又被评为国际一星教练员。2017—2018年,李洋担任国家女子拳击队执行教练。现任美国华人拳击协会副主席,拳尊体育创始人兼CEO,专注从事拳击运动二十五载有余。回顾走过来的路,李洋总是感慨万千,他说自己的拳击路就如一部编年史,他1995年在江苏徐州跟随拳击启蒙老师刘年武练习拳击,1996年到北京拳击队跟随张广平和司建占两位老师继续练习拳击,2000年又转到汤尔民老师旗下习练。2004年,他有幸跟随张传良老师练习拳击。能做张老师的弟子,李洋说还要感谢什刹海体校校长李贵成。

2004年似乎是李洋人生一个分界点。之前,李洋在北京队。此时已经练了11年拳击的李洋,全国最好成绩是锦标赛第五名,再往上突破就遭遇了瓶颈。为此,什刹海体校请来了韩国专家,请来蒙古国教练,还请来乌兹别克斯坦著名教练布拉托,专门带他和另外一个队员,他们训练得非常苦,但依然没有突破。此时,又面临2005年的全运会,李洋苦闷得萌生了退役的想法,因为,他没有信心再打下去。他想,好吧,既然运动员生涯走不动了,换条路闯一闯。这个想法像一只不安分的鸟,在他心头上下蹿动,搅得他心神不安。他是家里的长子,家庭条件不好,妹妹还要完成大学学业。好男儿在理想和担当面前,当然是选择后者。因为理想关乎自己,但担当却关乎家人。他心里挚爱着拳击,如果让他离开拳击,他心里不仅不舍,更多的还是痛苦。但他不断地给自己心理暗示，经历过拳台上角逐的拳手，狂风暴雨面前都要扛得住。他再一次对自己说，退役吧，"拳台不爱我，是我们缘分浅，拳台不爱我，是我无能……"校长李贵成和书记王肇兴找到李洋，说你先别急着退役啊，现在退役太可惜了，你去传良那儿吧，或许他有办法。于是，由北京拳击队领队邹军牵线，李贵成和王肇兴搭桥，把李洋送到张传良的门下。

2004年，是李洋的转折年，也是他与张传良老师开始认识的一年。这一年是他痛苦的一年，也是他快乐的一年。李洋说，要知道恩师能出现在他的生命中，他宁愿再苦10年。因为，张老师根据他个人的特点"设计"了他的拳击生涯，把他送上了泰王杯，送上了奥运会。恩师用他手中极具魔幻的笔，在他人生最关键时期，也是他运动生涯的最困难时期，画了一幅最精彩最绚烂的图画。李洋说，他跟随张老师后，人生分为三个阶段。运动员期间，他打了奥运会；教练员期间，他做了国家女子拳击队执行教练；现在又因为爱好和不菲的成绩，做了竞技体育产业。他人生三个华丽转身都与恩师相关，都离不开恩师的帮助和指点。走过了一条充满荆棘充满绿意的路，他才懂得人生不只是打拳。恩师除了教他打拳，还教会了他处世的方法，更重要的是，还教会了他如何做人。

生命最大的快慰，莫过于在岔路口徘徊时有人拉一把。而且，还把他带上一条充满积极向上，充满豪迈旷达的路。

从北京到贵州，李洋肯定不适应。从训练到生活，他更不适应。他在心里骂自己，觉得自己真是不行了。在北京练不出来，到贵州还是练不出来。不行的话，自己就回老家，忘了拳击吧。但他又怕辜负了送他来贵州的什刹海体校的领导，他碍于情面隐忍着无法启齿。仔细想想，生活还能坚持，只是训练让他极其不适应。训练中，他只要一出手就发力，就拼打，他连比他级别低的51 kg级贵州籍运动员刘涛都打不了。

张老师毫不留情地叫停，让他站到旁边看。

训练结束后，张老师语重心长地对他讲，你首先要认识再理解。你训练的目的是什么？是比赛。拳击的精髓是打人，又不被人打，战胜对手取得胜利。那么，就需要各种技术的防守。进攻也是需要各种方式的进攻，也就是说，需要基本功的提升。最重要的是要明白什么时候该出手，什么时候不该打……三个月，对于一个从城市来到大山里的李洋来说，可以说是一个蜕变。恩师的谆谆教导让他明白了很多道理，他慢慢地学会了最大限度限制对手优势的发挥，再把自己的优势发挥出来。李洋说，贵州的三个月，他的拳法可能没有太大变化,可是他对拳击的认识和理解却提高了。所以,再训练时状态就完全不一样了。李洋惊叹,三个月,恩师就把他变了一个人。三个月后,队里到安徽参加比赛。比赛时,李洋再次遇到内蒙古的老对手。两人都是拼打型队员,以前一交手就拼得你死我活,拼得精疲力竭,结果也不过是你赢我一两点,我赢你一两点。在来贵州之前,他们刚打过一场比赛。李洋是从赛场上下来,背着行李就到了贵州——或许是天赐机缘,或者是上天给他一个认识自己找回自信的机遇,抑或是回报他对拳击的热爱和一份赤诚。拳台上,李洋以16∶2的大比分战胜了对手。兴奋之余,李洋对恩师说,我好像学会了比赛,也学会了怎么去打比赛……张传良笑着说:"在比赛场上能充分地发挥出技术,就是好队员;能限制对手优势得不到正常的发挥,才是优秀选手。但是,你赢了那么多还冲上去给对手送了两点——学吧,还有很多东西要学。"

再回到贵州,李洋觉得贵州真好。就连整日缭绕着雾气的山峦,都美不胜收。

李洋

2005年的全运会在南京举行,李洋战胜了所有的对手拿到了他拳击生涯中第一块全运会金牌,爆出了那届全运会比赛最大的冷门,至今都被传为佳话。11年啊,11年对生命来说不算长,可是对一个从事竞技体育的运动员来说,11年比黄金还珍贵。毕竟,运动员的运动生涯是短暂的。全运会对每个运动员来说,都是一个台阶。只有走上全运会的拳台,只有在全运会上有成绩才能被业内承认,才能证明你的实力。毕竟全运会最难打。李洋的夺冠,成为拳击界的佳话。尔后,李洋终于成为一名国家拳击队运动员,他穿上国服的那天,兴奋得一夜未眠。但他知道,没有恩师就没有自己。确切地说,他的运动生命是恩师帮他延长的。

李洋如一匹奔驰的战马,嘶鸣着腾飞起来。

全运会、世锦赛、泰王杯、奥运会入场券——李洋驰骋到一片浩瀚无际的草原上。2006年,张老师带领国家拳击队到欧洲参加拉练赛,用他的话说,边训练边比赛,以训练促进比赛。所以,在欧洲的三个多月,每天上午训练,下午打比赛。张老师的训练理念在竞技体育的项目中都是一个大突破,也是一个大冲击。一般情况下,下午比赛,上午都不练,但是张老师坚持他的训练理念和方法。训练中,也有的教练请假,说下午比赛,上午让运动员调整一下。只有李洋和邹市明都是上午训练下午比赛,有时候训练还有很大的强度。但李洋和邹市明场场都赢得比赛。打到最后,他们也没有休息一场。张老师说,竞赛是训练的延续。回到国内,他们又参加了拳王赛,并都获得冠军。事实证明和验证,恩师的训练理念和教学方法正确且有效。

竞技体育,是以最终结果为依据。

2008年奥运会,中国的目标是保一争二。这期间的李洋完全打开了,作为拳击运动员,能够参加奥运会已经很荣幸了。恩师部署邹市明作为保金运动员,李洋和新疆的哈那提·斯拉木作为冲金的运动员。这是一个最好的时代,这也是一个最坏的时代。所谓好和坏,其实就在个人的坚持和放弃。

坚持就赢得了时代,放弃就输了时代。

回顾2008年奥运会,虽然冲金没能成功,但是,李洋还是学到了很多东西。他说,人生有遗憾才有动力,人生不完美才是完美。因为在遗憾中,在不完美里找到了自己提升的空间。他觉得奥运会期间,如果像芝加哥世锦赛那样没有顾虑,放开打就有可能进入决赛。就因为在场上有了诸多想法,才没能打进决赛。心态——有时候,人的心态能决定人生。李洋深有感触地说,人生会有很多遭际,但能在生命中留下痕迹的人不多。恩师就如他人生航标上的一盏灯,不仅照亮了他运动员的生命,也照亮了他的未来。

2013年,从运动员退役后的李洋,做了北京女子拳击队教练。2017年他又入选国家拳击女队,担任了执行教练。他说,在执教方面,张老师又教授他如何做一名合格的教练。恩师传授了他很多教学理念,教他如何为人师表,如何设身处地的站在运动员的角度思考问题。2019 年,李洋又转型做了拳击的推广。其实早在 2014 年,他就创办了拳击俱乐部,针对的是大众培训,青少年和女子防身术的一些白领课程。2019 年开始,他又做拳王争霸赛等赛事,都取得了成功。李洋说,自己是幸运的,一路走来遇到那么多帮助他的人。他说,张老师就是他的父亲,他给予了他运动生命和未来的事业。

传承恩师的精神,李洋将为中国拳击奋斗不止,不忘初心。

拳击是竞技体育项目,但当一个拳击手能阅读项目并且从灵魂深处与它产生共鸣时,不得不说这是生命不可企及的快感。也就是说,拳击手和拳击不仅和谐还达到了高潮的境界。这种境界只有苦练多年并且和拳击朝夕相处的拳击手,才能享受到那种来自大自然的声音。这种大自然的声音使拳击手获得无法言说的快乐,亦如他站在最高领奖台上时的幸福。

而且这种和谐共鸣的高潮,令运动员终生难忘。

出生于内蒙古锡林浩特市的张小平于 1998 年 4 月开始练习拳击,那时他年仅 16 岁,师从朝鲁巴特尔。练了四年后,2002 年他进入国家队,给备战 2004 年雅典奥运会的哈达巴特尔做陪练。他第一次与张老师见面时,这个初出茅庐的内蒙古拳手局促不安,紧张的心里还有诸多疑问。他不知道国家队是什么样子,他也不知道那位神一样的大师是不是凶神恶煞,大师会不会因为他来自内蒙古草原而不待见他,队友会不会因为他没见过世面而嘲笑他——他几乎没怎么走出过锡林浩特。但他毕竟练习了四年的拳击,充满血性的项目练就了他的精神,也铸就他坚毅的品格。从小感受着浩瀚草原上的劲风长大,他还见识了看似安静祥和,却有着狼一样性格的草原的另一面,他有胆量在草原上驰骋,却在国家拳击队,在张老师面前怯步——尽管他不停地给自己打气。但后来,他如何回忆也想不起他是怎么走进训练馆,怎么走到张老师面前的。

当一张安静慈祥而又面带微笑的脸孔看他时,所有的紧张和疑问亦如草原上的叫天子倏地飞走了。张老师根本就不像有些教练那般严厉,更没有传说中的霸道。他情不自禁并且发自内心地笑了,他觉得岁月是如此这般美好。没有过多的言语,直接就进入训练。训练时,张小平又紧张了。张老师教授的拳击打法,他从来没有接触过,完全是一种新鲜的训练方式。几天下来,张小平身体特别疲惫,可是他还特别想练。训练时总感觉时间过得飞快,尽管累得都不想吃饭,但他还是跃跃欲试地期待下一次的训练。在没来国家队之前,他也看过其他教练的训练,觉得很枯燥很乏味,运动员提不起来兴趣,被动地挨时间,盼着下课。而张老师的每堂课、每一场训练都能让运动员兴奋起来,都会觉得时间过得很快。训练场上也学到很多东西,还能迅速地找到方向,大家总会不自觉地思考,自己缺少什么?知道了自己的短板,就会自然而然地弥补技术上的缺失。

2003年的春节前夕,几名新疆队拳手入选国家队,其中有一名与张小平一个级别的老运动员叫热合曼,他是非常优秀的拳击运动员还是全国冠军,热合曼的打法非常凶狠,击倒率特别高,人称"重炮手"。拳击运动员一提起热合曼,竖大拇指的同时也恐惧。张小平每逢跟他实战都会挨很多重拳,心里不仅有了阴影,也背上了包袱。之前,张老师带他训练也是有针对性的。实战之前,张小平虽然没说什么,但张老师早就看出了问题。休息的间隙,张老师利用短短的一分钟时间,简明扼要地给他做了技术指导,也做了心理的疏导。再上台时,张小平就按照张老师的指导打……最终,他赢下了全国著名冠军热合曼。热合曼非常惊讶,他觉得一个这么年轻的后辈怎么能够打赢他?在场下观看的教练也都摇着头感叹,不可思议,不可思议——那次实战,是非常成功的一次实战教学。

实战过后,张小平自己做了很深刻和全面的总结。为什么能赢下技术全面、经验丰富的热合曼?当然是张老师之前针对性的训练,和场上给予他的点拨及指导,让他技术上有了提升;同时,自己在心理和心态方面,也有了大幅度的提升和自信。张老师不放过赛场上的每一个细节,而且,他对运动员的每一次出拳都过目不忘。不仅能迅速地捕捉到哪怕一个很微小的细节,也能通过运动员脸上的表情看出问题。拳台上,正是这样一个又一个微小的细节决定胜负。

张传良既能随风潜入,也能润物无声。

教练生涯,使得他了解了很多教练员和运动员,包括世界上优秀的教练员和运动员,他们的面部表情透露出内心的世界。他很快就能捕捉到每一个细微的表情,抑或是不经意的一个动作。每当一个年轻的运动员遇上冠军而且还是重拳的对手时,心理就会产生紧张的情绪,或者说是害怕。所以,就会导致技术不能正常发挥。在赛场上,张老师非常淡定地让张小平心理放松,他说你年轻,速度比他快,又适时地给张小平的技术做了一些微调。

然而,这对初出茅庐的张小平来说,那一场实战令他记忆终生,也使他对技术和对拳击的认识提高了一大截。

在拳击项目中，81 kg 级是大级别，它的对抗性，还有拳的重量都是比较高的。当时，中国运动员的这种体质，不是特别适合相对猛烈的对抗和强对抗。因此，张老师在技术方面，针对张小平反应比较快的风格和特点，设计制定了一套适合他身高臂长的技术打法。主要就是以腰部的左右躲闪，躯干的前后左右躲闪动作，在躲闪中寻找时机，寻找反击的机会。同时，还能打出蝇量级的技战术。可以说，张老师是按照张小平个人的特点和风格，制定的技战术，在他日后的拳击生涯中受益非常大。

张小平的胸怀宽了，眼界也宽了。

在拳击界有一种不成文的说法，就是学拳击，首先要学会挨打。很多教练员在教学中，都向队员传授灌输这个理念。可张老师完全否认了这个说法，他说挨打不是什么好事儿，学拳击，就要在不挨打中去寻找打别人的战机，寻找反击的时机——张老师给张小平量身打造的打法，就是先不挨打，再去打别人的战术。他还特别注重运动员的心理建设，张小平也从中受益。在国家队时，有些领导和教练都觉得张小平的心理有问题，因为每逢大赛时，他都发挥不出来。关键时候，他发挥不出应有的技战术和训练时的水平。就拿美国芝加哥的世锦赛来说，关键一场奥运会入场券的比赛，他输了。

张小平跌入低谷，一时间他找不到前行的方向了，他想放弃拳击。

从美国回到北京第一次总结会上，一位领导在会上点名批评张小平心理素质差，心理不过关……领导刚说到一半，张老师站起来言之凿凿地否认了领导的说法。当时别说张小平吃惊，也令在场所有的参会者惊讶，很少有对运动员爱护和保护到如此地步的教练员。张传良说：队员出了问题，不是队员的问题，是我这个教练的问题。我认为没有笨蛋的运动员，只有笨蛋的教练。这话听起来粗糙，但也说明问题。张传良接着说：我是他们的教练，我知道队员没有心理问题，这是技术问题。也有他们对项目认识，对技术理解的差距。说到底还是我这个教练的问题……他就是这样，为了运动员，再大的领导他都不去奉承，为了运动员他宁可自己背包袱，也要让运动员轻松地训练轻松地打比赛。对他有一定了解的人都知道，他不会平白无故，也不会没有原则地对运动员加以肯定或否定，他一定是看到了别人没看到，或者是误读了的特质。

张小平非常自责，也十分内疚，他不应该在困难面前畏惧，更不应该在困难面前逃避。张小平感动也激动，他不过是一名拳击手。在中国，像他这样的运动员多了去了，他何德何能让张老师这般信任？张小平内心不住地翻腾，眼眶也一阵阵发热……张老师的爱护是一种激励也是一种鞭策,同时也给了他强大的信心,他想,如果再给自己一次比赛的机会,一定要用实力证明,也一定要以成绩来回报张老师。虽然是一次很常规的总结会,但对张小平来说,却成了他生命重要的转折点。

蜕变,往往就在一个机遇、一个瞬间。

就这样,张小平在不被看好的情况下拿到了奥运会入场券,他全身心地投入 2008 年北京奥运会的备战中。训练中,张老师又有意为他融入新的理念,在他腰部躲闪的技术上又加强了腰部的力量,使他在遭遇比较强劲的对手重击时,力量能跟上。因为在中大级别中,世界级的优秀选手对抗能力都特别强,拳也非常重。张老师又针对这个级别的特点,在技术上有了提升,战术上也有了改变。中国运动员不可能跟欧美选手硬碰硬,硬对抗。也就是说,如何发挥自身的优势,避开对方的特点。

很多教练员都是以量取胜,优秀教练员更是十分注重训练量。在这种高强度大运动量的训练下,运动员的身体和心理都非常容易疲劳,短时间内又恢复不过来。这种训练势必给运动员造成厌倦或者逆反的心理,也会造成很多伤病。严重的伤病会终止运动员的运动生涯。张老师的训练理念和风格迥然不同,他的每一场训练,都会充分地调动运动员的积极性,使运动员主动地完成和理解训练的内容。每一堂训练课,运动员都能用心地去执行。同时,每次训练完,运动员还会主动加练。张小平也是这样。但是张老师每次看到他们加练时,都会劝说他们回去休息,他说只有休息好,才能很好地完成消化理解这堂训练,才能有体力完成下一次的训练。

业内人都说,张传良可以把一个运动员从 60 分带到 100 分。

张小平就是在这种宽松的训练中一步一步地成长成熟起来。2007 年,朝鲁教练带张小平参加了欧洲国际 A 级赛—91kg 级别的比赛,他战胜了所有欧洲选手获得冠军。这次比赛对他来说有着非凡的意义,不仅极大地增强了他的信心,也给参加 2008 年北京奥运会奠定了坚实的基础。张小平很感慨,他说:张老师常跟他们讲木桶效应。一只木桶能装多少水,取决于木桶最短的那块木板,如果一只木桶想盛满水,必须所有木板都一样齐整且无破损。如果这只木桶的木板有一块不齐整或者有破洞,木桶就无法盛满水。运动员也是同样道理,如果你的技战术有短板,台上一定会遭到对手的攻击。所有的拳击手都知道攻击你的短板才能战胜你……张老师不只在训练当中为每个运动员制定独特的技术和战术,他的心理疏导也是别具一格。

拳 心

　　2008 年的 8 月,北京成为世界焦点。比赛的第一天,张小平的对手是一位来自突尼斯的选手。这名选手是非洲冠军,他和张小平可谓是棋逢对手。可那场比赛,张小平却打得不如人意。虽然战胜了对手,但没有打出高水平运动员的精彩。第二场比赛,他对阵俄罗斯选手。俄罗斯人的名字都很长,而且很拗口。张小平甚至都叫不出他的名字,但是他的成绩却是不容小觑。这位选手获得过两届欧锦赛金牌和世锦赛银牌,北京奥运会上,他也是 81 kg 级别夺冠呼声最高的运动员。

　　命运会在某一时刻露出笑脸。磕磕绊绊地打进决赛的张小平,很为自己第一场的表现难过,就连俄罗斯拳击协会主席见到拳跆中心主任常建平时,都讥讽地说,你们那个选手打的叫什么拳击?但张老师告诉张小平,把过去的包袱放下,笑到最后才是赢家。第一场比赛后,张传良反复认真地研究了对手的打法,带张小平训练也更具针对性。俄罗斯选手就是冲着金牌来的,所以,张小平除了要有技术还要有针对性战术。张小平上场后,很快就 0 比 2 落后。但他内心坚持着张老师和教练组制定的"以弱制强,先扰后战"的战术,顶住了对手的进攻。场上,他牢记着不让自己挨重拳,不丢分,最后一回合再发力——张小平最终以 8 比 2 拿下比赛。这个比赛结果,给俄罗斯队当头一棒。他们非常愤怒,并把愤怒的情绪发泄给了裁判,提出了申诉。直到看了比赛录像,他们才撤诉。

　　事实上,张小平毫无争议地战胜了俄罗斯选手。

张小平

这块奥运会金牌，是命运对张小平对拳击的坚持和努力的一个回报，更是对张传良的回报。张小平从奥运会赛场走下来，他不仅对世界报以微笑，还对命运也报以灿烂的微笑。张小平至今还是没能离开拳击。因为拳击给予他生命的热情和动力。他觉得带着这份动力生活，总是能感受到阳光的温度，这个温度就如张老师的微笑，能让他看到远方……

训练就是把思考的想法和设计方式传导给运动员，并使他们在训练和比赛场上表现出来。训练的方法简单易懂，这一切都源于对训练和比赛时的观察，进而进行思考和剖析。无论是训练还是比赛，教练员要看到别人看不到的东西。事实上，那些东西并不难发现，而且很有用。哪怕发现和总结的东西被质疑被诟病，但只要适合运动员，并能使他们打出成绩，走向世界，一切都将云淡风轻。

没有哪一个教练员的创新之路是一马平川，即便是穿行在沼泽泥潭里，教练员也要不忘根本。毕竟创新才能使项目发展。

——张传良如是说

7

贵阳是一座山城，可她却像羞涩的少女，经年被一层或薄或厚的雾笼罩。缥缈的雾有时候如一层轻薄的面纱，使得这座群山环绕的城市充满想象的魅力。

江利是地地道道的贵阳人，或许缘于这座城市对他的影响，他对世界充满了想象，亦如他对生命的好奇。很小的时候他就挚爱拳击，他觉得打拳真好，可以打坏人，可以帮助好人。尽管父母都是普通工人，但他们非常支持儿子。父母觉得，小孩子就应该在摔打中成长。上天青睐有理想有追求的小孩，上天也会把机会留给有准备的人。机缘巧合，出生于1980年的江利，还是14岁的初中生就到市体校开始练习拳击。江利的目标很明确，他的目光盯上了省比赛，他想在拳台上展示少年的风采。

少年强，则中国强。江利喜欢这句话。

江利如愿以偿地参加了省比赛，他夺得第一名。省比赛的成绩虽然不能说明一切，但是成绩可以提升信心，也能鼓舞士气，成绩也能开辟前行的路。所以，江利就成了受益者。因为他的成绩，他有幸成了张传良的弟子。2003

年,他又跟着张老师到国家队训练,开启了学习张老师中国拳击打法的征程。起初,江利觉得张老师的中国拳击打法非常新颖好玩,实用,能打人,自己还不挨打。也就是说,他是冲着"好玩"才练拳的。只要认真,好玩也能成为一种动力。这期间,江利开始参加各种比赛,他从张老师那里学到的技术就成了他的撒手锏,他获得全国青年赛冠军,全国锦标赛和冠军赛也都有好成绩。

一个人最大的快乐是拥有梦想,最大的欣慰是实现梦想。当梦想变成现实,他的人生就有了色彩。于五彩斑斓中,走进下一场的人生。

江利　张喜燕　李金子与恩师

一直打到 2006 年,江利已过了而立之年,是给运动员的生命画一个符号的时候了。于是,他选择退役。每个运动员退役都面临工作的选择,然而,拳击就在路上等着江利。江利的人生注定与拳击相伴而行——因为恩师张传良的颈椎寰枢关节半脱位,颈椎横韧带陈旧性断裂,经医生检查后会诊,他颈椎损伤原因可能是少年练武术时腾空落地头朝下造成的。如果再遇到头部向前暴力撞击,有可能会高位截瘫或者死亡。2006 年大部分骨科专家建议他立即手术固定,防止意外发生。但是,张老师坚持不手术。他说正是备战北京奥运会的关键时期,没有时间手术更没有时间术后恢复。后来,北医三院的曲绵域教授才勉强地点头,说可以缓缓,但是要严防头部撞击。尤其不能再给运动员拿手靶,即便是坐车也要防止急刹车。如果继续拿手靶穿胸靶,如果颈椎韧带松弛,两节颈椎错动就会直接压迫脊髓。稍不注意头被撞了,或者被击打就会产生错位,将会危及生命。由此,他不能再给邹市明拿手靶了。

把毕生都献给竞技体育事业的恩师,对生活要求极简单。他对吃喝没要求,对穿戴也不讲究。他长年带队外训,带队打比赛,他的生活除了训练场就是比赛场。时差,训练,比赛,如河水一样的流淌。只要一到训练馆,他既是教练员又是运动员。只要训练结束的哨声不响,他就不会休息。长期的奔波和劳累,再加上即将到来的北京奥运会,他的身体每况愈下……他开始失眠,继而引发原发性的高血压。队医每天都鼓励他放松心情,不得已时也会给他开些口服药。还有他颈椎的问题,医生严肃地告诫他注意事项,可是一回到训练场,他就忘了医生的话。以至于团队的人都看管他,不许他拿手靶,也不许他穿胸靶,更不许他开车。只要张老师拿手靶,邹市明和其他队员就会跑过来,强行拿下恩师的手靶。

一个人只要认真地思考活着的意义,无论是否得到自己所要的结果,至少对自己的当下和未来进行了一番规划。

由此,也能增加思想的宽度和厚度。

命运再次安排江利与恩师同行,他被选到国家队,做邹市明的手靶教练。如果说江利是一根接力棒,不如说他是恩师的传承人。

2006年的10月,邹市明夺得多哈亚运会的冠军。这届亚运会,60 kg级的胡青也拿了一块金牌。多哈亚运会之后,就进入冬训,备战2007年的世界锦标赛。江利作为国家队的助理教练被写进教练组的大名单中,能到国家队工作,他感恩的同时也意识到了肩上的责任,他毕竟才刚刚卸下运动员的身份。三个多月的冬训,江利从教练员的角度再来看张老师的训练体系,他从思想和认识上有了翻天覆地的变化。拳击不仅打人而自己也不挨打,拳击还能带着旋律,拳击还有生命的存在……他的思路一下子就开阔了,他对拳击的认识又提高了一大块。

冬训期间,张老师的训练技术都是围绕着不挨打还要打人的理念展开的。这给江利的触动很大,他怎么也没想到,打人和不挨打之间,竟然有这么多的技术。拳击运动员只有悟出项目的本质,才能把握出拳的主动权。但他的认识和理解还达不到张老师要求的高度。理论与实践的距离,除了要过桥还要涉水。这也是对拳击技术解构和建构的过程。

江利记得十分清楚,一次他给邹市明拿手靶训练。张老师看了以后,就指出他的距离和反应等不足之处。但是,当时以他对拳击的认识和理解,对于恩师的要求还需要消化一些时日。江利有些急,张老师却说,你先按照自己的理解做就行。虽然,张老师没有批评他,但那以后,江利就潜心地琢磨起来。为了早日到达技术的彼岸,他主动在理论和实践中建桥铺路。他找张老师请教,和邹市明沟通交流,反过来向邹市明学习,如何把控技术的关键点,如何去做才能达到最佳效果……张老师手把手地教江利,有时候他做得不好,恩师就接过手靶亲自给他示范,边做边讲解距离手靶怎么做,远距离、中距离、近距离手靶怎么做;还有进攻手靶、后退手靶、左右两侧移动加变向手靶,以及重拳和强度手靶、技术手靶等诸多细节和技术要领,逐一讲解逐一示范……张老师说手靶是技术也是艺术,拿手靶的力量,给予的大小,速度的快慢,拿手靶的变化和接靶的时机,以及拿手靶的靶位等细节,都能体现出手靶教练的基本功和能力。不要小看手靶教练,手靶也是项目发展的关键环节。

手靶训练是拳击技术训练过程中很重要的一个环节,邹市明的很多技术是通过手靶训练的方式实现的。张老师带邹市明训练手靶时,常常把周围的人看得目瞪口呆。速度、击打的角度、击打的身体部位、时机条件都是完美的结合,堪称一绝。很多国外国家级教练的手靶训练,不会轻易示人。当发现有人看时,就马上中止训练。张老师却把他的手靶技术毫无保留地传给了江利,可见他对弟子的信任。

一个人体会到收获的快乐,如果没有机会展示笑容,那他的收获就失去了意义。

于是,手靶就成了江利的陪伴者。经过张老师的悉心指导,他开始逐渐认识并理解手靶技术的要领。反复地学习,反复地训练,他的手靶越来越好。2007年,备战世界锦标赛期间,他认为自己各方面都有了一个质的飞跃。无论是对拳击的认识和理解,还是对技战术的把控,包括对人生的态度。恩师有意无意间,给江利补了人生中重要的一堂课。

当时在国家队跟随张老师训练的运动员除了邹市明,还有杨波、李洋、胡青、麦麦提·图尔孙琼、哈拉提·斯拉木、张小平、张志磊、尼加提·玉山等。江利既是训练的执行者,也是训练者。因为张老师的技战术总是在变化,还有运动员的个体特点不同,他训练方法和技术也不同。运动员一出手,他就了解运动员技术的特点,他就会因人而异地制订训练计划。张老师对世界拳击各时期的形势也了若指掌。世界拳击不过两大派系:以古巴为代表的左右环绕的风格特点为一大派系;以俄罗斯为代表的直进直退直线进攻的风格为另一派系。正是因为他认识到世界拳击的特点,他才意识到中国人必须以灵、巧、快、变、控的优势来化解对手的攻击。所以,中国式打法是以前后移动,左右环绕和左右角度变向的击打模式另成一派系。他还把拳击的打法和风格做了几个分类。分别为:技术全面型、进攻型、防守反击型、拼打型和重拳型。

因此,在平时的训练中,针对这两大派系和五种类型,他制订了详细和周密的技术训练方案。

从而,江利更进一步提高了对拳击的认识。张老师的技术训练有很多方法,包括距离练习、闪躲练习、后退练习、左右两侧移动、变向练习等。同时,也包括了远、中、近的训练。江利的手靶训练当然也是中国拳击打法中的一部分。这套手靶的训练,也是张老师独创的一种训练方法。通过手靶可以判断三个距离的感觉,可以体会节奏和时机的把握,还有速度的快慢,以及出拳的力度。最为重要的一点就是通过手靶练习,可以培养运动员的训练意识,动作定型。因此,他又把手靶练习做了几个分类。分别为技术手靶、进攻手靶、后退手靶、左右两侧移动手靶、中远距离手靶、近距离手靶、速度手靶、重拳手靶、强度手靶等,还通过手靶练习运动员的协调性。因此,每个运动员通过手靶的训练,再到对抗中去体会技术动作。所以,运动员都有非常大的进步。在手靶练习上,张老师也与其他教练有很大的不同。有的教练的手靶就是手靶,为打而打,没有什么技术可言,也没有节奏和强度。

手靶会因为变幻莫测有一种奇妙的美感,这种美既给拳击项目增添了艺术感,也增加了手靶训练的趣味性。

备战期间,张老师提出训练强度一定要大于比赛强度的理念。所以,在很多专项体能训练上都是有针对性的。就以邹市明为例,20~30秒高强度手靶训练,他的最高心率每10秒/38次。江利接手靶,每10秒也是三十六七次的频率。因此,整个周期的训练,在张老师的要求下,精湛的技术不断重复再重复。在这种高强度的训练模拟下,中国拳击又找到一个突破口。

因此,在芝加哥世锦赛上,中国拳击队如东升的旭日,照亮了世界。

2007年,对江利来说是划时代的一年。他懂得了只有不断地学习,才能进步。运动员需要学习,教练员也需要不断学习。张老师就是他们的榜样,他对拳击的认识和理解不仅与时俱进,还带有开拓性。承载着中国人的奥运梦将在2008年实现,江利还是以国家队助理教练的身份参与其中。当时,所有国家队的教练员、运动员、领队和医生,以及所有的后勤保障人员都情绪饱满。所有人都铆足了劲,都想在家门口树形象扬国威。奥运会之前,拳击队在北京的奥体中心冬训。这次冬训分了三个阶段,训练计划精细且周密。张老师说,

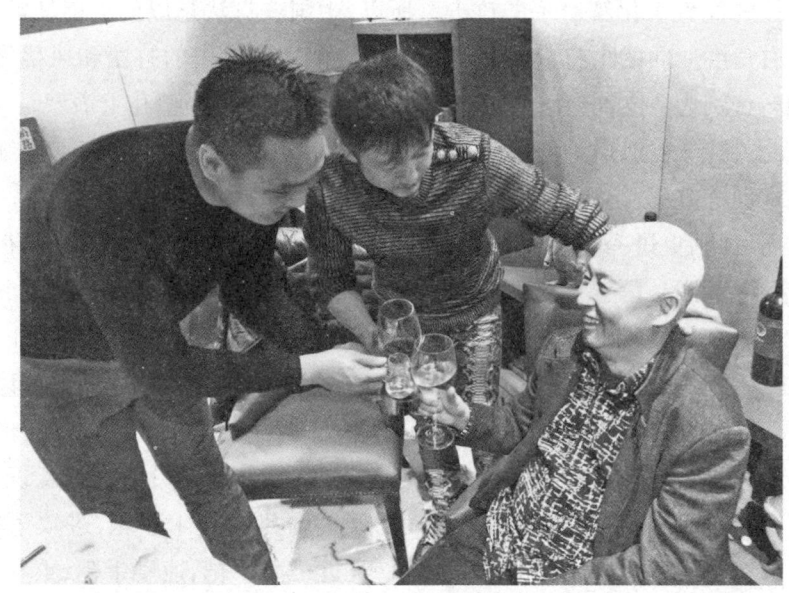

张小平、邹市明感谢恩师

通过冬训把运动员的身体素质和体能储备,练得最好练得最充分。那个备战周期,所有的训练计划都是按照他的思路和计划安排。每天的训练都不同,技术训练就是通过手靶练习到两个人的对抗,直到实战中的熟练运用。精细化重复的训练技术,目的就是让运动员熟悉并理解技术的动作,熟能生巧后,形成一个条件反射和反应。接下来的训练又是根据他创造的平行站架,左右45度角的技战术打法;再就是以赛代练。

　　这个冬天,北京前所未有地冷,而且还下起了大雪。这对江利来说,既有新鲜感也有无限的喜悦。雪,对于生长在贵州的他来说,是新奇的也是美丽的。张老师说,瑞雪兆丰年,看来,2008年将是中国年。2008年3月,队里出访波兰国际邀请赛。比赛中,邹市明把张老师创造的技术发挥得无懈可击,没有悬念地拿下了51 kg级的冠军。邹市明一直是打48 kg级,但在所有非正式的邀请赛,他打的都是51 kg级别。张老师自有他的想法和安排,首先不用控制体重,虽然他的体重一直都在48 kg和49 kg左右。其次,邹市明在51 kg级别的世界排名也是第一位。这期间的大级别运动员更是取得飞跃的进步,+91公斤级的张志磊,在这次波兰邀请赛中,以压倒性的优势战胜了俄罗斯奥运会一号种子选手,获得冠军。张志磊的这枚金牌,是中国在世界级国际比赛中获得的第一枚大级别金牌。张志磊走下拳台时非常激动,他动情地感激张老师对他的帮助和教导。

如果说,拳击技术的变化如千军万马,张传良就是指挥千军万马的元帅。他对如何训练技术,如何使用战术从来都是胸有成竹。

跟随在恩师身边多年的江利,深有感触地说,张主席的训练模式和训练理念就是不同。他是通过多种方法和手段来提高运动员的竞技水平。他的训练总是在不断变化,如训练量和训练间歇强度的大小,控制和把握,训练的时间段,持续规划和计划,都是以阶段性依次进行。北京奥运会书写进历史,也是一个里程碑。里程碑彰显了拳击走过的峥嵘岁月,凝聚着张传良的心血,也镌刻了运动员们的刻苦和努力。2012年伦敦奥运会备战时期,江利跟在恩师身边。他说恩师就是一本书,这本书足够他研读一生。

有人说江利是中国第一靶。他说:中国第一靶属于恩师。

人生的美妙在于丰富多彩,还在于趣味盎然。胡青不仅好奇心强,还对生活充满信心。小时候学中国象棋,他很喜欢在棋盘上斗智斗勇。然而,每个人的人生路似乎早就规划好了,路就在脚下。改变胡青命运的路就在他学完中国象棋,回学校上课的路上。那天,他和几个学象棋的同伴有说有笑,一路谈天说地地走着。几个大孩子截住他们,把胡青身上仅有的50元钱抢走了……那是2000年底,胡青还是一个又瘦又小的初中生。他万分委屈,他不想学象棋了,他要练一个让自己壮起来的项目。

拳击就在胡青的人生路上出现了,他仿佛来到一块开阔地,这块地任凭他挥舞着拳头呐喊。

胡青清楚地记得2001年2月27日,这个他走进拳击的日子,他终生都不会忘。胡青向父亲保证,练拳击就是想把自己练得强壮起来。开明的父母点头应允。父母没有想到,他自己也没有想到,他练着练着就痴迷了。中专毕业,学校让他参加省运会。省运会上,胡青拿了冠军。他自己很高兴,但是父母很惊讶。他们没想到,儿子竟然能为自己挣个吃饭的碗。回到家,父亲说中专毕业可以了,又有省运会冠军的头衔,当个体育老师,既体面又能养活一家人。胡青蹙着眉头,他觉得自己的拳击生涯才刚刚开始,怎么在父亲那里就结束了呢?再说,他的喜悦还没与他们分享呢——他想可能是自己不懂大人的世界。就在这时,安徽体工大队打来电话,让他到省里继续练拳击。父亲觉得在家门口当体育老师比练拳好,打拳有啥好呢,万一哪天被打坏了咋办?再

说,老师这个工作可是铁饭碗啊。胡青一夜没睡。饭桌上,他和父母说,还是要继续练拳。要是练不出来练不好,也不会拖累父母。到时候就到合肥开出租车,养活自己,也能养活一家人。

母亲无奈地点了头。父亲的头点得有点勉强,而且还透着怀疑。

胡青清楚,父母不相信他能打出名气。1986年出生的胡青,2002年9月进了安徽省队。2004年是他的幸运年,全运会前,他的领导刘晓辉找到国家队总教练张传良说,这个队员各方面条件都不错,请张总看看。胡青高高大大的个头,臂展又长。张传良赞许地点头,说在60 kg级别里,这样的条件不错。胡青跟着张老师练一段时间后,就到法国比赛。他第一次见识到国外的拳手,人家外国人的拳打得可真流畅啊。外国拳手点燃了胡青的青春激情,青春的火光烧红半边天,也灼疼了他的心,他觉得自己练得还不够狠。于是,他以青春的热血,带着青春的朝气全情地投入训练中。

2005年的第十届全运会,胡青夺得60 kg级冠军。19岁的胡青是全运会历史上年龄最小的冠军,一直到今天,他仍然保持着全运会60 kg级别最年轻的冠军纪录。2006年,胡青正式跟随张传良老师训练。年底,胡青参加多哈亚运会获得60 kg级冠军。以前与张老师的训练基本是碎片式的,而从2006年以后,他就系统地开始了学习张老师中国拳击的打法。他的进步可以说是迅猛的,他在技战术上的进步令队友刮目相看,特别是脚下移动和上肢的灵活性。对拳击的理解,更令他自己感到兴奋。刚练拳击那会儿,他深受俄罗斯打法的影响,都是直来直去地打。跟随张老师训练后,他两边和围绳边的技战术都细化了……训练是艰苦的,任何一名优秀运动员都不会凭空成功的,任何一名运动员的成绩都是靠自己打拼出来的。胡青在训练脚下步法移动时,一上午脚底板就起了血泡。一天下来,就磨出七个血泡。回到宿舍,他把血泡挑开,把鲜红的血水放出去——第二天再接着训练,瘪了的血泡上又磨出了血泡……胡青说,疼痛的记忆像无数根针扎在心上——然而,他对拳击的理解却开了一扇窗。什么是拳击?拳击应该怎么打?在拳台上如何保护自己?张老师总是用简单易懂的生活语言,说出拳击深刻的奥妙。他说拳击就是我打人,人打不到我,拳击就是寻找机会打别人,而我不挨打——还有,在拳台上情愿把自己累死,也不要被别人打死。

胡青太懂得累的滋味。拳台上,运动员有时候累得实在招架不住,就会被动地想打死我吧,打死我也不想动了……张老师朴素的语言,朴素的训练理念,朴素的情怀改变了胡青,也改变了他对拳击的理解。张老师就是把拳击深奥的理念说得通俗易懂。虽然训练艰苦,但胡青一开始的拳击路可谓是一帆风顺。然而,生命中会有很多波折——跟随张老师系统地训练了一年后,2007年,中国拳击队到意大利、芬兰、阿塞拜疆等国家打邀请赛。胡青在意大利和芬兰的比赛,一场没败。但在阿塞拜疆打比赛时,他和白冰冰遭遇东道主的选手。晚饭后,两人窃窃私语地商量,都说阿塞拜疆选手强,意大利队员都打不了他们。如果明天他们搞我们怎么办?两人对视一眼,异口同声地说,明天上场就跟他拼了,KO他。第二天,胡青带着KO对手的气势上场了。其实,胡青不是拼打型选手,而是一个吊打型选手。第一回合打完,他问张老师输几点。张老师说别管输几点,好好打比赛,打你的技术,打你的特点就行。那场比赛胡青的记忆最深刻,他至少挨了四场比赛的拳。因为他从头拼到尾,这正中对手下怀,对手就是一个拼打型选手。张老师很严肃地批评他,打疯了的胡青根本就没听进去。张老师气急了,问他为什么要拼。胡青说,昨晚我们就讲好了KO他——比赛的结果,胡青输了,他的队友也被KO了。胡青中远距离非常好。所谓的中远距离就是他能打着对手,而对手打不到他。胡青的身高是1.83米,而他的臂展却是1.86米,但他用拼打给自己换来一场失败。事过多年,胡青评高级教练员职称时,张老师还说起这事儿。他说不听话、意气用事是赛场上不成熟的表现。

胡青感慨地说,都怪自己年轻气盛,失败是经验的学费。

出访克罗地亚的第一场比赛,胡青脚受伤了。受伤后,他又踩了裁判的脚。但胡青还觉得有意思,因为裁判是个老者,长得像极了憨豆先生。张老师当时建议他不要再比赛了,好好养伤,回国还要打亚洲锦标赛。但是,带他的教练让他坚持打,还让他打出安徽人的气势。尽管张老师极力反对,但是本省的教练员让打,他又想打,张老师就不好再坚持。胡青也争气,一路打进决赛,但脚肿得像一只大象脚。赛后,每天不停地涂药——决赛时,他再次遭遇东道主选手。一上场,他打个前手直拳,裁判判他开掌犯规。第一回合打了一分钟,张老师就扔出了白毛巾。这个比赛怎么打?不打了。张老师扔毛巾是为保护他,也是对不公平最直接的抗议。胡青捡起毛巾大喊,张老师,我要跟他干。张老师厉声喊道,下来,不打——胡青还是第一次见到张老师这么生气。

对手还是理智并且礼节性地抱住胡青,用手势向他道歉。

拳击看似是一项凶残激烈的运动,其实是一个非常绅士的项目。拳击文化、运动员的素养都体现在项目中。胡青在状态最好时脚腕受伤。回国后,伤势就更严重了。世锦赛也没有打好,这对胡青来说,是一个不小的打击。他自责自己没听张老师的话,但他生性好强,他觉得竞技体育就是考验人的毅力,考验人的品质。邹市明是运动员的榜样,连年过半百的张老师也跟运动员一样倒时差,而且还承担着运动员的训练和各种管理。白天带运动员训练,随时做运动员的思想工作;晚上,除了开会还要针对每一个运动员的情况,制订适合他们的训练计划……胡青觉得不能辜负张老师对自己的期望。

张传良特别喜欢胡青,他说:80后的孩子像他这样吃苦的不多见。或许是自己运气不错,教授的学生都是敢于并勇于吃苦的队员。所以,他觉得很是欣慰,自己的付出没有白费。2007年,胡青参加亚洲区选拔赛获得冠军,不久,世锦赛失利。他对自己很失望,他觉得对不起恩师。因为奥运会在北京举办,他幸运地得到了一张外卡。伤病再加上一直以来的征战,不用打比赛了,他就想好好地歇歇。胡青毫无忌惮地吃喝,高声地唱歌。那段日子,他彻底地放纵自己,经年的自律让他有一种放纵后的快乐。烈酒达到一定的浓度,瞬间就点燃心底的大火,胡青把音乐放到最大声,在音乐声中放声大哭——泪水对一个拳手来说,比烈酒还浓烈。那种热辣的咸涩,既能清洗人心头的结垢,也能成为拳手的动力。

胡青

2008年的奥运会,注定是胡青的一道坎。还有一个星期的时间,他就被告知要参加测试赛。因为张老师不要外卡,他说要凭能力拿到奥运会资格。胡青要在一个星期之内降四五公斤体重,他彻底崩溃了。他推开房门,把自己扔到床上,望着天花板想到自残,究竟残哪儿呢?他在心里嘀咕,胳膊腿不能受伤,实在不行舍一根脚趾……他沉浸于各种自残的想象中。运动员太苦了,不仅面临来自各方面的压力,还有来自自身的压力。对拳击运动员来说,减体重是永远的课题。体重就像一个魔鬼,时时地跟着他们。比赛前运动员即使渴,即使饿得睡不着觉也不能吃喝。睡着了,做梦都在喝水。有的运动员真就在睡梦中喝了水,结果第二天早上还要拼命地减重。教练员索性就在屋里看着,既不允许运动员出门,也防止他们在睡梦中喝水。有时候渴得实在受不了,教练员就用矿泉水瓶盖倒一点儿,沾沾他们干裂的嘴唇……拳击项目,每一场比赛前都要称重。胡青想,等有一天离开该死的拳击,去一个深山老林,一座房子一台电脑,自己种地自己烧饭谁也不见。究竟是在逃避拳击,逃避压力,还是逃脱这个世界——胡青自己都说不清楚。

运动员的压力幽深得像一口看不到底儿的井,这是人所共知的事实。

手机信息的铃声吓得胡青一激灵。是张老师发来的信息,他说没有过不去的坎,也没有过不去的火焰山——胡青瞬间泪流满面。胡青没有回复,他也没有能力回复。胡青接到张老师的电话时,情绪犹如冲破堤坝的大水……这些年跟在恩师身边,恩师给予运动员的不仅是父亲般的关怀,还有师长的风范。张老师总是在他们的关键时刻,在运动员需要时来到身边。2006年亚运会决赛时,胡青对战蒙古选手,这名选手是雅典奥运会亚军。蒙古选手都非常能拼,一上场就从头拼到尾。前三回合,胡青占了非常大的优势,他心里清楚,他是赢在身高和技术上,但能力不如对手。前三回合赢了对手17点,但在最后一个回合真的没有体力了。中场休息时,张老师严厉地对他说,以你胡青的技术,你宁愿累死也不能被他打死,把自己累得趴在地上也不能被他打到一拳。当时,他累得都想弃权了,他在心里说,打死都不想动了……恩师的话让他"满血复活"了,他咬牙坚持,最终赢对手15点。没有恩师,胡青不可能从2005年打到2012年,蝉联全国锦标赛60 kg级的冠军。胡青想起张老师在他绝望时发来的信息,在他走投无路时的电话——他再一次地潸然泪下。

一路走来,经历了风雨,也见识了雨后的彩虹。情绪不过是一个结,打开这个结后还会一往无前地走。胡青终于站起来了,他坚持住了。有恩师领路,胡青没有理由不坚持,更没有理由颓废。他凭借实力打出一张通往第29届奥运会的通行证。胡青格外珍惜这张通往世界拳击顶峰的卡,一个运动员能有几次参加奥运会的机会。对人生来说,有时候走的路是否正确,成败可能就在路口的那一步。如果坚定地走下去,无论荆棘还是坎坷都能开拓出一条通往成功的路。如果胆怯抑或犹豫,也就只有停留在原地或者走向另一条路。对于拳击运动员来说,成败可能就在那微不足道的一个点数。

北京奥运会在十几亿中国人的期盼中来了,关键场的比赛,胡青对阵法国选手。在他领先1点的情况下,与对手贴靠时,胡青不理智地把对手摔倒,结果裁判罚他2点……他最终遗憾地获得60 kg级的第五名。与奖牌无缘,他懊恼地不说一句话。张老师又一次来到他身边,他说,能站在奥运会的赛场是所有运动员的梦想,能成为奥运选手你就实现了梦想。张老师的语气一如既往地温和。那一刻,胡青沉重的心瞬间就轻松了。如果没有张老师针对性的训练,没有张老师的悉心教导,他又怎么能在奥运会的赛场上向全世界展示中国拳击呢。尽管没有拿到奖牌是他的遗憾,但是能在恩师的教导下成长,拳击的路无憾,生命也无憾。

2008年奥运会,常建平握着他的手说,胡青啊,你受委屈了。2010年亚运会也成了胡青的魔咒。拳台上,他刚赢了1点,裁判就判罚他2点。最终,他以1点之差输了。常主任再次双手握住他,胡青啊,你命不太好。虽然是玩笑话,却也道尽了他的心酸。

北京奥运会之后,世界前八名的选手参加世界杯比赛。那次世界杯在俄罗斯的莫斯科举办,决赛时,胡青与东道主拳手遭遇,他以2点之差获得了亚军,可惜也遗憾。2011年,胡青肩膀脱臼,脚腕骨裂,他萌生了要退役的念头。可是,还有十二届全运会。作为运动员,每一次比赛都是一次成长,都是一次历练,他不会放弃任何一次历练和成长的机会。第十二届全运会,他获得了第三名。2013年,胡青退役了。他做了四年省领队,又接手安徽女子拳击队。2018年的冠军赛,他带的队员史倩获得冠军,突破了安徽省历史纪录。第二年,史倩升了一个级别,在54 kg级别获得一块金牌。2019年亚锦赛又获得54 kg级别的冠军。从运动员到领队到教练员,胡青初心不改。他觉得拳击不仅是他的精神支柱,还是他的生命源泉。只有走在拳击的路上,他的心才踏实。

胡青感谢张传良主席对他的教导,感谢张主席对他的指导。他说:人生最大的幸福就是有恩师领路,并把路走得充满光辉。

我做教练35年,始终执着地热爱着拳击这一职业。教练员既是教师,是指导,又是陪练。既是父亲,是兄长,又是运动员最好的朋友,也是最有责任心的管理人员。师者要有表率,长者要有德行。表率和德行如同领航的灯光——行驶的小船才能找到航行的方向。对于十几二十多岁的孩子来说,他们需要一个标杆似的领航者。有时候,教练员要比运动员的父母还要有责任心,因为教练员的肩上担负着双重的责任。除了他们父母的希望,还有为国家争光的重任。

——张传良如是说

8

选择了竞技体育,就等于选择了一条崎岖的山路。通往山巅的路总是怪石林立,荒草丛生——穿行其中的人既要耐得住寂寞,也要内心强大。张传良执教之路看似平坦,其实荆棘丛生。

20世纪90年代末,国家队集训时正赶上"泰王杯"比赛。说起"泰王杯",它的规格比较高。"泰王杯"既是泰国的一个窗口,也是泰国的一个品牌,王室成员经常到现场观看比赛。当时国家队有一名队员在57 kg级决赛时,对阵泰国选手,两个人的比赛成绩非常接近,比赛过程中平了是对手赢1点,输了也是对手赢1点——又是裁判在作祟,他们偏向于东道主。随着当的一声锣响,比赛结束了,这名运动员输了1点。

张传良对这个结果非常沮丧也有点恼火,刚下来,国家队的一名领队质问他,你是怎么指挥的?他本来就一肚子火,教练员和队员谁不想赢啊?练了一春又一冬,就是想在拳台上检验……一怒之下,他说我不去国家队了,回贵州。他说到做到,这是他的性格也是他的行事作风。

张传良不去国家队很令人恼火,后来国家队集训名单上还有他,可他还是坚持不去。为此,贵州只好派了另一名教练员。不去国家队,他可以按照自己的思路训练,这在一个集体中是很难实现的。那次集训,贵州去了八个队员,都是全国冠军。剩下两个队员,一个是后来获得九运会冠军的李明勇,一个是邹市明。他后来回忆说,要不是"泰王杯",要不是工作人员的质问,就没有后来的邹市明。

或许是上天给他创造了这个机会,他专心地带李明勇和邹市明。就在李明勇要交流给安徽时,就有领导说这个队员没成绩就不交流了,怕不能为安徽作贡献。张传良说,你信我不?对方毫不迟疑地说,信,张老师从不说假话,判断又十分准确。张传良说有几个48 kg级的冠军在国家队,但李明勇也具备冠军的实力,因为这段时间他的训练成绩是直线往上走……湖北队的朱晓军正好带队在贵阳训练,他说把这个队员给我们吧,别去安徽了。于是,李明勇在没有交流费,没有运动员津贴和补助的情况下,代表湖北队拿了第九届全运会冠军。

没去国家队执教的张传良,带领贵州队,在九运会上取得了一金一银一铜,和两个第五名的好成绩。

竞技体育的神圣不容玷污,但是有人的地方就一定会有人为的操作。所以,运动员很多时候还是活在裁判的阴影里,再加一些人为的因素,也会制约运动员的发展。张传良把李明勇交流出去的目的只有一个,让他拿到成绩。每个运动员取得的成绩都是流血流汗练出来的,他不想因为自身耿直的性格影响队员的发展,他要在力所能及的情况下,给运动员一条光明的出路。

竞技体育的魅力在于它的残酷性,和它的不确定性。

张传良不仅用脑子训练,用智慧指挥比赛,他还是一个性格耿直坚持真理的教练员。在没有省运会的贵州,他带领拳击队取得 42 块金牌。在他任教期间,贵州拳击队每届全运会都取得冠军,也是这个项目每届全运会都取得金牌的唯一队伍。可想而知,他付出了怎样的努力,队员训练又是何等的辛苦。1987 年,他第一次带队出去比赛,六个队员穿着六件不一样的衣裳,有的队员还穿着黄胶鞋。就连 15 年后享誉世界的邹市明,也要自己花上 10 块钱请盲人按摩。他都是世界冠军了,才吃过一瓶金施尔康,因为贵州没有营养费……张传良说人只有经历磨炼,才能进步。艰难和困苦就如樊笼,艰难和困苦增加了他创新和突破的勇气,也是奠定他训练逐步走向完善的因素。当被樊笼困住手脚时,人才有胆识才有魄力想办法冲出去——所以,他感谢走过的每一步路,他感谢一路上每一位帮助他的人;他也感谢,那些质疑挖苦抑或背后别有心机设置障碍的人。

在中国革命的历史上,遵义是伟大而又关键的转折地——后来,邹市明与恩师成为中国拳击革命的领路人,这或许是巧合,也或许是命运赋予他们的使命。从 2003 年至 2012 年,每逢世界大赛前,师徒俩必去革命圣地——遵义会议旧址。他们不仅从先烈的革命精神中汲取革命的勇气和信心,还要请一枚毛主席像章。这也是邹市明在拳台上面对世界列强时内心强大的原因之一。一辈子都在做教练员的张传良,他再明白不过,在竞赛场上运动员除了技战术还需要太多的条件,稳定的情绪也是制胜的关键因素。他十分注重运动员的心理变化,平日的训练中,他总是有意无意中给予他们心理上的支持。

说起毛主席像章,还有很多奇妙的趣事。

2003年,世锦赛前夕正逢党的生日,拳跆管理中心组织运动员到遵义参观学习。邹市明是遵义人,遵义又是红色根据地,张老师开玩笑地说:遵义是我们党转折的地方,我们拳击也要在党转折的地方转折一下。那次参观学习,拳跆中心拳击部部长沈志刚也去了,他对中国历史比较精通,也十分感兴趣。就是在那次参观学习的过程中,第一次给邹市明请了毛主席像章。这也是张传良第一次带邹市明参加泰国世锦赛,果然,邹市明戴着毛主席像章一路高歌猛进,先是击败了古巴的巴特雷米,又淘汰了菲律宾名将哈里,尽管最后输给欧洲冠军俄罗斯的卡察科夫,但虽败犹荣。他勇夺48 kg级亚军,实现了中国拳击在世锦赛历史上奖牌零的突破。

此后,每逢世界大赛,他们都到遵义请一枚毛主席像章。

雅典奥运会,邹市明打到第三回合,当时邹市明正对战巴特雷米并赢了6点,这可是奥运会的四分之一决赛,当教练组讨论战局的那一会儿,邹市明已经变成了输点。这一输,邹市明就疯狂地追,他把巴特雷米逼到围绳边上,对手已经很被动了。就在他势在必得时,巴特雷米突然跪到地上,比赛无法进行,裁判喊stop后,又把他们拉到场上重新打,但时间到了。邹市明不可挽回地败了。巴特雷米对拳击的认识,对规则的了解非常透彻,他很好地利用了拳击规则。

赛后,张传良说不能说人家赖,只能说人家比我们更好更灵活地运用了规则。

这次失败对张传良的打击是巨大的,因为这期间的邹市明状态最佳,也是他技战术水平巅峰时刻。到乌兰巴托比赛,走之前,贵州大雨引发了山洪。师徒俩无法到遵义去请毛主席像章,即便是坐汽车,时间也来不及。

乌兰巴托的比赛,邹市明一路打进决赛。冠军争夺的那场比赛,对手是东道主选手,水平也非常高。就在第二回合快结束时,邹市明一个后手直拳把对手击倒,裁判上来数八……场上的观众,都是抱着来看蒙古选手击败世界冠军的心态,而蒙古选手却被击倒。台下的观众炸了,结冰的矿泉水瓶、毛巾、装着水泥碎块的塑料袋一股脑地砸向拳台。看来观众早有准备……所有的人都蒙了,裁判也蒙了,都不知道发生了什么情况。为了安抚众怒,邹市明被判输。

哈那提的那场比赛也值得记忆,他也是对阵蒙古选手。这名选手平时的训练与哈那提的技术差了一大截。但在比赛中。他打得比训练时好，结果哈那提输了比赛。但他的教练阿布力克木和几个教练都认为是哈那提赢了，阿布力克木说，这比赛没法打了，裁判也不公平——其他教练也纷纷说哈那提被裁判"做"了。张传良一直没说话，客观地看比赛场上的问题，有的运动员确实是裁判给"赢"的；有的运动员也确实是裁判给"输"的；还有的运动员也极力地为输掉的比赛找理由，无端地指责裁判。裁判"做"运动员的事不是没有，但就哈那提的这场比赛，他不认为裁判有问题。午饭还没吃，他就拿着笔记本找到时任拳跆中心副主任的崔富国，他说"崔主任，我们一场场看，你来做裁判我来数点。第一回合哈那提赢了3点，第二回合，第三回合，最后数下来，哈那提输了3点……"当他们把结果公布后，在场的教练员都不说话了。一位教练员打破沉默，他说还是张总有经验。张传良没有说话，但他坚信录像不会骗人。还有，这场比赛臧广悦负责录像，广悦的技术特别娴熟，比赛锣声一响，录像机的镜头就对着分数。分数又都是公开的。张传良说，场下哈那提确实比对手的技术好，把对手击倒也没问题。但是场上比赛就不是那么回事儿，运动员超水平发挥也是常有的事——这场比赛，哈那提一直在进攻，看上去得势但不得点。

什么是竞技体育？自从做了教练，张传良就无数次地问过自己。通过训练和比赛的实践，他说："竞技体育是不同项目对人身体素质与技能要求的极限挑战和突破。是人与人之间耐力、速度、力量、灵敏和智慧的较量。胜者表现为体能更强、心理更稳定、技术更全面、战术更多变。"

邹市明全面的技术，是所有拳击运动员学习的榜样，他不想打对手时，对手基本打不到他。拳击项目的本质，处处充满灵性，处处充满野性，处处充满险恶，处处充满陷阱。聪明的队员要学会给对手挖坑，战术有一次性，也有变化性的。邹市明很少有一次性的战术，而其他队员基本都有过一次性的战术。

在国际比赛场上，只要张传良往拳台边上一站，观众就会议论纷纷，说那个白头发的教练员打的是脑子，用的是智慧。

2007年，张传良看出邹市明特别累。还有两个月就要到美国芝加哥打世锦赛了，他做出调整的决定。在大赛来临之际很少有人敢做这样的调整，但他敢。亦如他当年再回国家队，他与领导谈话时就笑着说：我当总教练，给我总教练的权力，训练多长时间不要管我，练与不练不要管我，怎么练不要管我——其他的事都由领导说了算。比如人员、名额、到哪里去比赛都由领导定。崔富国就说,到烟台调整吧,那边的拳台沙袋都准备好了。常建平接过话茬儿,说他好像不是这个意思。张传良笑了,说这段时间训练得非常紧张,非常辛苦。我要做的调整是远离拳台,远离训练场,远离领导——大家都笑了起来。于是,李频和张传良带着邹市明和几名重点队员,开始了一场重走红军路的赛前调整。时任四川体育局领导高亚翔等全程陪同,他们从雅安到铁索桥,到爱国主义教育基地,每天早上出操一小时,训练一小时,然后就开始走。

  调整就如生命的加油站。这次调整的效果非常好,芝加哥世锦赛运动员打疯了,邹市明最多一场打了20比1结束比赛。当时的国际拳联主席吴经国亲自为他颁奖。所以说,大赛前调整不但是一种魄力,还是一种人文关怀,也是一种释放运动员压力,舒缓他们心情的手段。这就是张传良,睿智清醒,不屈不挠。这期间,邹市明打了几场国际比赛,在波兰比赛时还拿了双向奖。邹市明的信心是在拳台上建设起来的,这也缘于他技战术水平的日益提高。如果说,雅典奥运会是他竞技状态的巅峰时刻,此后,他的技战术水平提升幅度慢了,但他对拳击的认识却提高了,控制能力强了也丰富了。他身体的每一处都有拳,他的拳里每一处都有自己。邹市明与拳击和谐共处,合二为一。

  师徒俩尽管历经磨难,但练出了真经。

  志气就如基石。在万马齐喑中振臂呐喊,在万众瞩目叱咤风云时,不只要有志气还要有胆识。在淡泊中坚守,在沸腾时沉默,在名利场外甘于寂寞和清贫,抑或是不为所动,这种志气才动人心魄。臧广悦清楚地记得,2008年北京的冬天出奇地寒冷,运动员都穿着军大衣出早操,领导安排臧广悦每周进行两次抽血,周一和周四早晨测血常规、睾酮、皮质醇、肌酸激酶和尿素氮,这几个指标分别是:血色素看基础营养状态,睾酮看身体恢复水平,肌酸激酶是判断训练强度,尿素氮是判断训练量等。通过这几个指标来判断运动员的机能状态和水平。

  当时,这些检测方法还很新颖,都在接受和学习的过程中。

  在武警体工队训练时,李青生请来北体大一位知名专家来队上讲课,李青生就让臧广悦把队员检测的结果拿给专家看。专家说他对这个项目不是很懂,但是感觉CK值不达标,建议他们调整训练计划。臧广悦把专家的建议汇报给张老师,他听后没说话。第二天正好是周四,臧广悦早上做了常规的检测,CK值也出来了。张老师带队员在早操期间上了一堂力量循环练习。那堂课做了一些平常不太做的力量训练。训练课结束后,他让臧广悦再检测CK值。检测的结果,指标一下子提高了四五百。张老师看了之后,说:这个数值符合专家的要求,达到了专家说的刺激强度。但是,对拳击运动员又意味着什么?他沉吟了一下又说,我今天的训练都是错误的,不是拳击需要的力量,是无效的训练,甚至是破坏性的训练。检测这个指标的高低,只能说明肌体情况,并不能说明对错。练错了,CK值反而会更高,今天的这个训练量不是拳击项目的参考值。

只有不断实践,不断创新,不断超越,才能使中国拳击不断完善。

1998年备战第八届世界杯,李青生、阿斯琴、张传良带队到延庆集训。延庆是个小县城,寂静而又偏僻。

李青生是青海人,出生于军人家庭,父亲是部队的干部。军人家庭的孩子从小就比较严谨,青生还特别好学,而且很有个性。李青生早期是乒乓球运动员,1986年,他们在第一届裁判员培训班相识,后来李青生到武警做教练,但是裁判的工作还是相对重一些。这次延庆集训,他们开始一起工作。当时分三个组,张传良负责小级别,李青生负责中级别,阿斯琴负责大级别的训练。训练之初,三个级别都分开练。在一次会议上,李青生提出三个级别都由张传良来带。由此,张传良带训练,阿斯琴协助他训练。李青生主要抓管理、党建、队伍建设等。张传良制订好训练计划,征求他们的意见时,他们都说你负责训练。他们对张传良特别信任,虽然他的训练总是独树一帜,但适合个体,训练也十分有效。这次集训的强度比较大,而且还有一些要求。

训练之余,队员们在寂静的延庆街头租借录像带打发时间。很快,街上的录像带就都看完了。教练员偶尔也在休息日回北京,李青生就请教练去他家里吃饭。李青生的夫人不仅贤惠、厚道、善良,还做得一手好菜,大家都称呼她"汤司令"。张传良十分了解运动员,周末他值班,就批准家在北京、在北体和武警的运动员回家。他说给你们假,回北体看看。所有的教练员和运动员无不欢欣鼓舞。一次周六,李青生请他到家里吃饭,他们俩刚走进武警体工大队的院里,李青生突然说前面两个背影好像是咱们的队员。张传良说就是咱们的队员。李青生说,他们怎么回来了?张传良说,周末他们怎么就不能回来。李青生对队员要求极其严格,完全是部队的管理。李青生说,那怎么行?张传良问他,是我值班还是你值班?我值班我说了算,你不要管。

李青生笑了,无奈地摇摇头。

张传良自有想法。延庆偏僻,其实武警体工队也在北京的郊区,距离市区也很远。但是运动员回来之后,跟队友或朋友吃顿饭,放松一下。晚上住一宿,第二天再归队,生龙活虎地开始新一周的训练,多好啊。他与李青生的性格虽然迥然不同,但他们性格互补。张传良说:尽管青生严谨,对工作也极其负责,但他直爽不固执……这届世界杯在重庆举办,国家队获得三银三铜的历史突破。此后,从世界杯到世锦赛,他们的配合不仅和谐,赛场上也取得骄人的成绩。

时任国家体育总局竞技管理中心主任的韦迪特别高兴,他说第八届世界杯传良这个历史突破要好好宣传一下。但张传良却对韦主任说,我不喜欢宣传,另外,我个人觉得自己对拳击技战术和对拳击认识还有待提高……他不是故作谦虚,这是他内心深处最真实的想法。尽管队员们在比赛中拿到了成绩,但运动员付出的代价太大了。新疆队员阿不都西库尔·米吉提在台上表现骁勇,但他下来时说,张老师,我的腿都快断了,也不敢停,一停下来就挨拳——虽然取得了成绩,但张传良看到了中国拳击技术与世界的差距。当时以能打著称的贵州队和武警队,与世界拳击技术比起来也无法走到台面。

只有痛,才能有改变。只有被人打疼,才能有强烈的反思。世界杯后,张传良对训练又有了新的思考。

同年,张传良带队出访朝鲜,当时有刘渊,还有 54 kg 级的周光明和天津、江西、安徽等省队的几名队员。双方队员交换礼物后,气氛虽然友好,但从朝鲜教练员的眼神儿里,就能看出他十分瞧不起中国拳击。早在 1987 年,中国拳击刚恢复之初,国家队第一次走出国门到平壤参加国际邀请赛,12 个级别的 12 名运动员全部在第一轮败下阵来,而且很惨。只有两个 91 kg 和 +91 kg 级别的铜牌,还是被对方打败后因为参加人数少,才获得并列铜牌。所以,当他带队出访朝鲜时,境遇可想而知。朝鲜教练员介绍说,我们是朝鲜的二队。张传良说,我们这次是来向你们学习的,你们是一支非常硬朗非常有作战能力,意志品质也特别过硬的队伍。我们是中国的三队……之前,所有出访朝鲜的中国拳击队没有任何人赢过,而且还被打得很惨。在朝鲜队蔑视的眼光下,学习开始了。当时,一般对练都是九个回合的实战。张传良向队员交代,实战时如果遇到小级别就玩命地打,遇到大级别,技术能力比较强的队员就要保护好自己,以训练和学习为主。不要受伤,不挨拳,不能被人打倒。我们的目的就是提高技术,先看一看他们到底怎么打……朝鲜经济条件差,他们的拳套又薄又小又硬。周光明是国内 54 kg 级的优秀运动员,在国内很能打,是左撇子,也非常灵活。但是他顶不住朝鲜选手的拳,被击倒。张传良就让刘渊上,刘渊一

连击倒两个朝鲜队员——训练结束后,朝鲜的教练让队员向刘渊学习,说他是他们队员学习的榜样。能看出来,这时候朝鲜教练的态度非常诚恳。他怎么也没想到,一个中国小队员能击倒他们两个队员。

刘渊不仅拳头硬,还是一个个性鲜明、又有极其不服输冲劲的拳击运动员。

最后一天中朝对抗赛。周光明对手的级别明显比他大,因为称重时朝方不让中方看。后来才知道对手是 60 kg 级下来的队员,了解了情况也不可能退下来,只能往上顶。之前,他们有过交手,他们之间的差距也一目了然。张传良对周光明说,这场比赛我们要赢。他了解朝鲜这个队员非常有闯劲,而且个性也很强。他说你上去就打前手直拳,吊着打,后手尽量不发,偶尔打一次,你退着打,绕着打……可想而知,这个比赛的场面比较难看。第二回合,周光明问张老师怎么打。他说,你还这样打,还要表现出有点畏惧的样子——但周光明说,张老师我能打。他说,不行,按照我说的打。这时候场上已经有了一些嘘声,开场,周光明前手一打一个格挡,再加上他是左撇子,对手也没办法;打到一分半钟时,对方把手放下来,傲慢地走到周光明面前。张传良喊,不要打,绕开。时间到了。最后一个回合,周光明看着张传良,他摆手没让周光明说话。张传良说记住,这个回合我们要赢他,上场裁判一喊开始,你就占住中场。他一上,你能打几拳就打几拳,打三个反复。因为周光明的连贯拳和组合拳非常好。果然,一开场,周光明上去就是砰砰两拳,撤过来再打两拳,再撤过来又打两拳……一下子就把朝鲜选手打蒙了,全场的观众也被他打蒙了。场上静了一会儿,喊叫声突然就响起来。周光明大比分赢了,朝鲜教练看不懂了,这个队员怎么像换了一个人?

90 kg 级的郭勇双身体素质特别好,但组合拳相对弱一些。朝鲜大级别也不是特别好,赛前,他给郭勇双布置战术,说前手拳一打,对方只要往后一撤,你一刻也不要停就进攻,没有防守也进攻。因为朝鲜队员不像古巴运动员,退着打两侧打。这个队员有一个致命的弱点,只会直线进攻和拼打,其他不会。郭勇双一上去,他就往后退。张传良就喊:"进攻,进攻——"郭勇双再上去,朝鲜队员就只有招架之功,没有防守之力。只要对方进攻,郭勇双就绕到他两侧打——比赛赢了。朝鲜队员认为中国人不可能赢他们,张传良带着运动员用行动给朝鲜队员上了一课。

朝鲜教练的脸色十分难看,他说张传良是世界上最狡猾的教练。

无论是有针对性的训练,还是用了一次性战术,运动员都从中学到了东

比赛归来

西,锻炼了意志,也提升了自信心。李贵成这样总结张传良的中国拳击,他说,传良把进攻和防守淋漓尽致地用到拳击的对抗中去。他把中国武术,特别是太极拳的四两拨千斤等一些理念,融会贯通到拳击中。拳击的核心问题就是进攻和防守。进攻,我能打到你;防守,对方打不到我。他聪明好学,正因为他有了学识,所以他又很智慧。更重要的是他把"天人一体,形神相依"的哲学思想引用到拳击的对抗中,有效地用己之长,避己之短。张传良是传奇教练的说法很中肯,他能从大山深处走出来,而且走得铿锵有力,不是传奇是什么呢?

张传良说,他赶上了一个特殊的时代,虽然没有那么多书读,但他却饱经历练;他也赶上了一个好时代,追随着时代的变迁和进步,学到了很多东西。所以,他才能从大山深处走出来。能有今天的成绩是时代赋予他的机会,也是时代赋予他初心使命。然而,不是所有的拼搏和努力都能被世人认可,这需要时间和过程,也需要历史的印证。

张传良的执教经历又怎么可能一帆风顺呢?

且不说拳击这个项目在中国本来就命运多舛,就他这种仗义执言的性格也一定遇到各种波折。早年,他带贵州队到渭南参加比赛,并获得三个冠军。回到贵州,训练馆却变成了娱乐场所。这令他心灰意冷,他愤怒地盯着"歌舞升平"的训练馆,恨不能一拳把屋顶砸塌。一只大鸟带着一群嗷嗷待哺的小鸟出去觅食,但归来时,巢却被占了——愤怒之余,他也理解,在猛烈"下海"的大潮中，很多人都被呛得找不着方向了，也因为拳击还看不到前途。但他放不下拳击，在拳击这个项目上，他就像一匹草原上奔跑的马，四处游说争取。争取的过程中，他体会到了太多的辛酸和世态炎凉。但是，他坚持。唯一的目的就是想让拳击有一个光明的前程，让练习拳击的运动员有一条出路。运动生命非常短暂，作为教练员不能眼睁睁地看着他们运动生命的消失。他的职业不允许他这样做，他的良心也不允许他这样做。那样的话，他将一辈子都谴责自己。虽然这种劳心劳力的奔波令他疲惫至极，但他还是坚持，亦如他对美好生命的坚持。他觉得，竞技体育的发展需要太多的东西，比如政府职能部门的支持和协调，科学的指导等。纵观竞技体育发达的欧美国家，他们崇尚科学、运用科学、尊重科学的态度值得我们学习和借鉴。科学地指导竞技体育，才是体育大国强国应有的态度。

体育比赛不仅是比赛的双方，还有一个重要的环节就是裁判。比赛的输赢很多时候完全取决于裁判，裁判就像执法部门，是项目赛事中重要的组成部分。很多国人也把聪明才智都用在投机取巧上，为了出成绩，有人就会在裁判身上打主意，私下通融，把裁判当成贵宾，巧立名目以各种名义给他们发津贴。赢了比赛，给裁判发奖金等。有了成绩，不只运动员可以有奖金，分房子涨工资，教练员也有相应的奖励。所以，有些人都削尖脑袋去做乌七八糟的事儿……虽然全世界都会有各种畸形的现象，但是都会遭到唾弃。很多国家都用各种措施制约作弊现象的发生，我们国家的竞技体育随着社会的发展而发展，也会随着发展出现各种漏洞或者黑暗。竞技体育如果缺少公正，不讲规则就失去了它本身的意义。

因此，所有从事竞技体育的人有责任有义务维护一方净土。

张传良就是在各种制度还不算健全，规则还不够完善，人们对竞技体育认识还没有达到一个高度的状态下，凭着一身的刚正不阿，带领贵州拳击队冲出贵州。特别是20世纪80年代末90年代初，在拳击还没有走进大众视野时，他带领的贵州拳击队就渐入佳境。全运会冠军，全国前几名的成绩也有了。与兄弟省区比起来，贵州队成绩也比较突出。但是还不够出类拔萃，贵州首要任务是要培养裁判，成绩还应该更好。对手也会跟他说，贵州那么穷，拿了成绩也发不出奖金，更别说待遇了。把冠军让出来吧，不用费心费力还能拿到钱，何乐而不为。但他坚持自己，他说贵州是穷，奖金也不高，但还是要打。不打是对竞技体育精神的玷污，是不尊重竞技体育。利益是一条深不可测的深渊，很多"英雄"都沦陷了。

张传良不是英雄,也不是先知,他只是坚持初心。否则,他就不能成为后来的英雄,也没有今天的张传良。

生命是一条漫长的旅途,旅途中就要学会在逆境中生存,在曲折的路上奔跑,在挫折中涅槃。甚至他把自己陷入一片讨伐声中。他又一次地意识到,搞竞技体育太痛苦了,要想做成点事儿太难了,即便全身心地投入其中,也会有质疑的声音。他迷惘了,他累了,他想放弃,或者换一个地方生活——他向组织诚恳地表述了自己想要离开贵州的心声,外省也有很多单位要调他,然而,他不是一个普通的教练员,他是张传良。他常自诩自己是来自大山里的小人物。他说小人物就要有小人物的姿态,学习是小人物永远的必修课。可他在别人眼里,是"小人物",也是"大人物"。在利益面前,他就该是小人物,但在困难面前就该是大人物。小人物要"让",大人物要"担"。由此,为他的去留贵州省有关部门还专门开了一次会议,会上有两种意见,一种意见是张传良既然有好的去处,就让他走;另一种意见是,张传良是难得的人才,作为贵州省不仅要向其他省市一样广纳人才,还要留住人才,贵州为什么把人才拱手让人……与张传良一起共事的同事不仅了解张传良的品行,还了解他的性格。他就是简单透明的一个人,他就是一心想把拳击项目搞上去,就是想给队员带出成绩的教练员——很多同事都率先表明自己的态度。他们说:对于拳击这个项目来说,张老师是有功之臣,他组建成立了拳击队,带着队员四处征战,为了工作他几乎没有休息日。他是真正地把全身心都用在工作上的人。他上有高堂下有妻儿,却把全部精力都用在项目的发展上,何况他确确实实是人才……张传良没走,他继续带领贵州拳击队,而且全心全意。生命中有太多的不舍,太多的牵绊。令他魂牵梦绕的还是拳击,他训练队员人拳合一,其实,他才是真正地与拳击合一的教练员。

从贵州拳击队成立至今,由张传良及弟子们培养出来的拳击运动员,获得的各级别世界和全国冠军无以计数。所有经过他训练的运动员,成才率和得奖率都是国内最高的。相对其他省市来说,贵州的竞技体育是落后的,唯有拳击这个项目人才层出不穷,一步步地走向辉煌,以至于,每年的全国锦标赛和每一届全运会上都有骄人的成绩。究其原因,是张传良把中国武学文化的精髓都运用到拳击中,他把中国武术和西洋拳完美地结合在一起,创造出独特的中国拳击。它的移动反击式风格,不仅令世界拳坛震惊,还深深地影响了哈萨克斯坦、意大利等国家的拳击风格。他的贡献在于,他为亚洲人找到了突破长期被欧美雄霸的运动项目的一条出路,他向世界证明了亚洲人也能在拳击项目中占有一席之地。这是他对世界拳击的贡献。

张传良是拳击人的骄傲,是中国人的骄傲。

在路上

贵阳有一位著名画家尹光中先生,据说他早年画了一棵从岩石缝隙中长出来的树。这幅画题为《春总是春》。这棵从岩石缝隙中长出来的树,仍有一树葳蕤的绿叶,一树繁盛的花。虽然笔者没能目睹到画作,但是于想象中,这棵从岩石缝隙中长出来的树,一定历尽艰辛万苦——有人把张传良比喻成那棵《春总是春》的树。他秉性如贵州的岩石,而坚毅刚强的性格却如那棵从岩石缝中生长出来的树。给他一点儿春风,给他一点儿春雨,他就能发芽绽放。他把生命中最好的时光给了贵州,把一生奉献给了竞技体育,把全部的心血无私地给了运动员,却把艰难苦痛和无奈藏在内心深处,留给了自己。训练结束,当运动员都像小鸟似的归巢,他回到房间。迎面扑过来的除了一室的空寂,还有床头那束透出些许孤独的光亮。夜晚是他书写自己的道场,夜晚也是他静思的课堂——他敞开心扉温暖夜晚,为的是给自己营造温暖。当星光探进窗口的夜半时分,他孤独地舔舐内心深处泅泅渗血的伤口,那伤口里有对亲人的爱和愧疚,有对拳击的爱和不舍。当爱到极致,心头怎会不滴血,脸上怎会没有泪痕。但他犹如夜晚的烛火,燃成灰烬,也初心不改地行走于训练馆和比赛场。

因为,现实是塑造世界和人最强大的力量。

多年之后,张传良还是离开了贵州。佘宏骑着自行车到车站送他,他们四目相对竟是泪眼。张传良说我已经50多岁了,这里有我的朋友我的家人,可我却要走了。佘宏泪眼迷蒙地望着他:"张老师,走吧。那里有房子等着你,那里有工作等着嫂子,那里有学校等着儿女——知道你不看重这些,但是总归要给家人一个交代。如果要是早年就做生意,如果要是早年就出去,今天或许就不会为生活的琐事发愁了……"佘宏想起当年送他的一幕,他仍然感慨得不能自持。他说,拳击就像一首歌:我因为它流泪,它也给我安慰。当我想起拳击的时候,总会莫名地哭泣…… 这几句话道尽他对拳击和对张传良的感情。

张传良讲过"黔驴技穷"故事。但他这头甘为竞技体育做"驴"的人,不是因为技穷,而是因为高超的技艺和德行才离开黔。

每个人的一生中,在特定的某段时间里,都注定会与孤独相伴。然而,孤独并非都是无奈,孤独有时候是机遇,有时候是灵感的生发地,有时候是创造的最佳契机;孤独是上帝给予我们的机会,让我们好好静下心来认真地思考生命,思考生活,思考活着——孤独也是人生的一道风景。

因为,人生很多思想的精华都与孤独为伴,都是在孤独中产生的……

——张传良如是说

走向世界：奋发为雄

　　生命的丰富在于行走——而男人在行走时，面对纵横交错的路还在于坚定和担当。坚定是品质，担当是格局。只有具备品质和格局的人才能向宽处行，向高处走。

　　即便是逆流，即便是毁灭，精神也不能被打败。

——题记

1

　　生命的过程本就是一场远行，尽管行走的方式不同，有的行走平凡，而有的行走注定是一场神圣的仪式。尽管仪式里充满艰辛，充满困苦，充满疑惑，充满无奈——然而，有担当的男人不会在艰辛面前低头，有风骨的男人更不会在困难面前却步。张传良的行走不但顶礼了生命，也膜拜了拳击。他给生命最好的回答就是——百折不改初衷，百折不忘初心。

　　国际拳联成立于 1924 年，英文翻译为——AIBA。拳击运动在世界范围内推广，国际拳联功不可没。在 20 世纪七八十年代，国际上很多团体，如英美的医药学会和一些民间的医学组织团体，也包括奥运会层面的一些医药团体，他们一直在谈论一个问题。拳击这项运动是否符合奥林匹克精神，是否将这个项目列为奥运会项目……一时间，争论四起，众说纷纭，莫衷一是。争论的喧嚣声像浮在空中的尘埃，一波落地一波又起。争论的焦点多半是观念上、道德上和认识上的不同。拳击与其他运动项目不一样，以往的比赛中出现过死亡案例。所以，医学学会的声音主要是从医学和人体的角度出发，其他有识之士又从道德的角度出发,他们觉得拳击是野蛮运动,不符合奥林匹克精神。

乔杜里担任国际拳联主席后,做了大量的工作。其间,他还做了很多改革和创新。拳击原来是三分钟三个回合,改成两分钟四个回合,裁判的规则也以积累点数计胜负。乔杜里不鼓励重击,因为他是巴基斯坦人,他在制定规则时,或多或少地考虑到了亚洲人种的自身条件。他把拳击最轻量级的比赛定为48 kg级,这一规定明显是参照了亚洲人的身材。最终,女子拳击手也如愿地走上了拳台。无论是奥运会,还是世界锦标赛,包括洲际的综合性运动会,拳击都是争夺异常激烈的竞技体育项目。

乔杜里是一个有情怀的拳击运动执掌者。

拳击项目也用事实向人们展开一幅画卷——它深情款款地告诉人们,人类应该用心去抚摸世界,然后再去把握世界和世界中的事物。事实上,拳击项目走了一条曲折的路,如同一个个体生命的一生,但是,赋予拳击项目的无论是平坦还是曲折,都是人为的。同时又不能不说,曲折也是项目发展的必经之路。从20世纪80年代末期到90年代前期,中国拳击经历还是比较曲折的。那时候的中国拳击就如一个"幼童",突然置身到一片广袤的沙漠中,孤独无助。这个"幼童"不知道自己的亲人在哪里? 更不知道有多少不是亲人的人正躲在暗处看他大哭,看他徘徊的窘态,甚至设置障碍令他"惨死"于行走的途中。中国拳击要想登上大舞台,与世界高手同台竞技,创新是出路。创新一定要研究拳击项目规则和制胜的根本要素,不创新出一条适合中国人体质的拳击训练体系,不研究出一种中国人独创的拳击打法,中国拳击在世界上就没有立足之地。

最后,人们总是回到离他最近的经验世界。

中国拳击在1988年武汉国际邀请赛上,通过考试第一次有了自己的国际裁判,还第一次使用了国内生产的拳击台。这得益于曾群带队到平壤比赛时,用尺子量了人家拳击台的尺寸还拍了照片,国内厂家照葫芦画瓢生产出了器材。这次邀请赛,也是第一次打出成绩、名次。为了给队员锻炼的机会,当时派出了红蓝黄三个队,比赛明显比1987年平壤比赛稍微好一些,主要是知道了差距在哪儿。从朝鲜回来,为了能在亚运会上取得好成绩,中国队就确定了"狠拼重快"的战术风格。也请了曾任排球总教练的邓若曾做拳击队的顾问。其间还提出了向女排学习,也把"狠拼重快"的口号挂到墙上。1988年汉城奥运会派出两名队员参赛后,1990年北京亚运会,中国拳击凭借家门口的天时地利人和,一举夺得了一金五银一铜的好成绩。然而,这次的成绩犹如雨后的彩虹，人们还来不及品咂，胜利的果实就干瘪于寒霜中，也如风中的炊烟一样袅袅地散去了。此后长达十几年，中国拳击在亚运会、世锦赛、奥运会等国际大赛中都颗粒无收。喜爱拳击的人心凉了，觉得拳击这个项目没有希望，拳击或许真的不适合中国人。一直对拳击质疑的人也发声了，他们说中国人打打小球还差不多，对于足球、篮球、摔跤、拳击等强对抗项目，对于这些难度系数高的项目根本就不行。国内比赛没看头，国际比赛不忍看。因为国际比赛基本就没中国人什么事儿。中国拳击运动员只要一到国际赛场，还没等亮相就早早地被淘汰出局。出去打比赛，花了不少钱，结果挨一顿揍回来。有的拳手任凭教练喊破嗓子也不敢出拳，曾经惨败的经验告诉他，不出拳都会露出空档挨拳头；如果出拳，对手的重拳就会如落下的冰雹砸下来。场上的运动员消极地等着教练扔白毛巾，或是等着裁判中止比赛。很多退役的老运动员讲起当年比赛时的情形都无奈地摇头，中国拳击运动员不敢和国外选手对抗，且不说他们拳头的力度，单就他们身体的冲撞力就扛不住。比赛时做得最多的动作就是搂抱，打过比赛的运动员们称这是给"对手检查身体"。一位老运动员讲过一个故事：一次比赛，一位运动员在拳台上被击倒，但他的教练认为他还有能力继续打，就大喊："站起来，快站起来——"可这位倒地的拳手最终也没站起来。回来后，他跟队友说："我又不傻，站起来还得被打倒。"拳迷们感叹，即便是输也要输出气势呀，哪怕多输几场。

  只有轻装行走，才能体会到快乐。行走是一切的开始——由此，每一个脚窝才会有热度。

  张传良认为拳击教练员有义务有责任引领项目闯出一条路，如果教练员没有责任感和使命感，那就无从谈项目发展。随着他对拳击不断地钻研，他越来越觉得拳击不仅是一项运动项目，还是一门学科，因为它内涵博大精深。虽然拳击比赛一个回合只有短短的两三分钟，但它却是对人体对大脑一个极致的考验。有着多年拳击教练经验的他，深有感触地说：我不敢说对武术有多深刻的认识，对拳击有多么透彻的理解，因为它们一个是中华民族的瑰宝、完美的东方体育运动；一个是欧洲的体育灵魂、西方完美的搏击项目。虽然它们之间没有必然的因果关系，却有千丝万缕的联系。两者都具有挑战性，同样给这个世界带来无限精彩。如果在我们生活中少了中华武术，就少了色彩和梦想；如果没有搏击，就少了激情和震撼。

  优秀的教练员最大的成功来源于对项目的认识，教练员的高度决定运动员的成绩。张传良善于学习他人之长，通过各种渠道很好地吸收各个流派的优点。所以,他执教时站的高度就不一样。针对欧美拳击运动员具有前后紧逼强攻、良好的情绪和节奏控制能力等特点,他带队员时就从灵活和多变处着手,为的是避锋芒抓反击。他崇尚灵,在灵的基础上注重实效性。把控时机,重视距离上的控制。无论是场上的战术,还是场下的训练,他随时都变。有人说他的最高境界就是敢"变",他之所以有胆量"变",是因为他胸有成竹,他对自己的执教方法有信心,对队员也充分信任。可他自己却认为,如果把全部精力放在一件事上,无论这件事多么艰难,都经不住天天琢磨,日日研究。当攻克了艰难,心灵就放逐到一个更开阔的世界。这个世界不但有广袤的空间,还有美丽的奇花异草。

  人生在世,相伴就是因缘。他能与拳击相遇相伴,也是一场最美好的邂逅。

  纵观世界拳击比赛,张传良有自己独到的见解。在这个项目中,进攻型、拼打型、重拳型的运动员获得冠军的反而不多;相反,奥运会冠军大多是防守反击型的运动员。所以,他认为世界上没有进攻大师,只有防守大师。因为进攻大师往往都败给了防守大师,而防守大师的运动寿命相对来说也比较长,所以,合理性会更好。拳击的速度可以破坏力量,速度、力量又可以被距离和时机所控制,时机和距离以及专项综合能力,才是技术提高的关键。竞技体育中越简单的项目,对技术要求越高,也越有精细化的要求,如标枪、举重、铁饼等。拳击对技术全面性的要求,更是又胜一筹。每个拳击运动员,在场上都会遇到不同类型的选手,拼打型是最基础也是水平最低的类型;进攻型是在拼打型的基础上,有进有退有防守。针对重拳型、全面型、技术反击型等,运动员都有自己的技术手段,否则很难阻止对手发挥,抑或是战胜对手。拳击运动员很多都是相克,甲可以打乙,乙可以打丙,丙可以打甲。有的进攻型选手打甲不行,但能打乙,甲又能打丙。因此,对拳击的认识就十分重要。优秀运动员必须具备全面的技术水平和突出的个人特点才能赢取胜利,或者赢得比赛场上的主动权。这种看似枯燥又像绕口令似的叙述,透视出他对项目认知的高度。

  生命不仅需要色彩和艺术,还需要感性和理性;生命既需要思想和智慧,更需要幽默和趣味。

  漆黑的夜空像一张大网,繁星争相闪烁,人们无法寻找出哪颗星宿最亮。因为有的星宿喜欢独行,它的光芒或许在某一个最暗的时刻才释放出来,到达我们眼睛时,它已然烧穿了整个夜空。

张传良不仅是训练大师、防守大师,他还是临场指挥大师。他运用战术时不露痕迹,看似天马行空又似行云流水,其实都是经过他的深思熟虑。他临场指挥以不变应万变,以万变应不变而著称。因为他对项目的特点、本质、规律和发展趋势都熟稔于心。他最大的特点就是以运动员的个体差异,给予得当并且能激发出运动员豪气的指导。他懂得大赛前如何调动运动员,他对队员说,拳台上就是一场战争,指挥员教会你使用各种武器。但在战场上,你要随着场上的变化适时调整使用武器。不能因为使用某一种武器娴熟就一用到底,因为战场上瞬间就会发生变化。深得他真传的弟子们都说,师父能做到画龙点睛,擅长于捅破"窗户纸"。师父一眼就能看出他们需要什么,还能给他们最新鲜的东西。尽管天天跟在师父身边训练,但永远不知道他会给你怎样的惊喜。成功的规律是艰苦条件下的坚持和创造,而不是优越条件下的敷衍和懈怠。生活,怀着真诚和童心;事业,永远带着认真和严谨。像这样充满慧心的人,是智者。

张传良知道只有与生活与人生和解,才能更好地解决事业中存在的问题。

2008 年,他在队里设计了一堂既是实战又是训练的教学课。队员李洋和杨波是这堂训练教学课的主角,实战的设定是有时限的,或许是开局一分钟,或许是结束前 30 秒,也或许是中间的一分钟。规则是以点数取胜,开局就设定李洋输 3 点,杨波赢 3 点,以比赛结束前最后一分钟为时限。在这一分钟的时限里,李洋把 3 点打回来,又赢了 3 点。他马上叫停问杨波:在围绳边角撤开后,你为什么要对攻?你看到有时机的拳,在没有把握的情况下不一定要进攻。原因,你是胜者。他讲了有三五分钟,教学练习重新开始。设定的条件与前面一样,但在这一分钟里,李洋不但 1 点没有打回来,反而输了 1 点。杨波在短短的几分钟内,技术上不会有提高,但是在认识上却有了很大提高。所以说技术是生命,只有全面的技术才能合理地运用战术。没有技术就控制不了场上的局面,就掌握不了场上的主动权。没有技术,也不可能合理地运用战术。拳击项目的战术是为胜利者准备的,失败者只有进攻没有战术可言。

创新是手段,也是根本,运用战术对教练员是莫大的考验。北京体育大学的校长说,张传良是智多星,然而他的智慧和胆量都是从实践中来的。

拳击项目,如果没有全面的技术就谈不上战术的应用。合理地运用战术,可以把握比赛的命运。拳击又与其他项目有所不同,它的战术是胜者的法宝。场上,明显占据上风的运动员,他的技战术就是正确的。如果输了比赛的运动员不进攻,赢的选手对项目稍微有点理解也不会去进攻。后者不进攻,就不会露出破绽。随着时间的流逝,最后胜利方还是他。只有处于下风的一方,才想全力地打回来,也只有这样才会有取胜的可能。就如屋檐下的麻雀,无论怎样叽叽喳喳地叫,只要不飞出窝就没有凶险。因为,伺机吞噬麻雀的蛇还不具备蹿向屋檐的能力。

多哈亚运会,杨波对阵菲律宾选手,大概赢了三四点。场上一分钟休息时,张传良指导杨波,再上场不要打正规拳,胡乱打,越乱越好,但要锁定胜利。因为杨波的技术高于对手,他完全可以控制。杨波是一个非常聪明的运动员,平时与张老师交流得也多。果然,杨波一上场就一通胡抡,场面非常难看,更没什么技术可言。杨波的教练董廷江没说话,另一位教练不解地看着他问,张总,这也太难看了。张传良说记住,我们先不要管过程,这场比赛要的是结果。我们不是打职业赛,不用吸引人眼球也不要想收视率。拳击比赛,运动员最少要打五场,后面各种情况都可能发生,因为下一场是韩国的世界冠军。我们的目的,是给对手设一个陷阱,赢得下一场比赛的胜利。

距离比赛还有三天时间,他和董廷江带着杨波针对韩国选手的特点训练。董廷江也是非常优秀的教练员。上场前,张传良告诉杨波上去就开打,因为韩国教练那天看你和菲律宾选手比赛时,还没看完,两名教练就摇着头走了。他们根本就没把你放在眼里,我们的目的达到了。

杨波对韩国选手的这场比赛精彩无比。他上场就开打,第一回合赢了3点。这时候,韩国教练和运动员慌了,他们想不通,为什么这名中国选手与上一场比赛完全判若两人。场上,他进退自如,拳也打得十分规范。他们恍然大悟,知道上当了,但为时已晚。韩国选手只有进攻,而且他也是一名反击型选手。但是杨波的反击也很好,所以韩国选手越打越输。杨波最终拿下这场比赛。总结会上,张传良说这样的战术只是一次性地运用,它只有一次生命。很多战术只能临时解决一个问题,我们只是碰巧有这个运气罢了。高水平的拳手要靠自身全面的技术和过硬的心理做保障,才能合理地运用战术。不同的运动员,不同时期总会发生一些变化。根据规则和场上裁判的判罚尺度,针对对手的技术变化,教练员和队员都要积极应对。所以运动员的技术,是要不断变化的。因为对手一直看着你,研究你。拳击比赛,运动员都要面临五场比赛,教练员首先要有应对各种困难的心理准备。

情歌,总是为喜欢的人而唱。发自内心的歌声就如山谷里的回响,久久地激荡。

菲律宾世锦赛，也是雅典奥运会资格赛。雷玉平是 81 kg 级的运动员，但是大级别的运动员都不想打第一场，因为第一场实在不好打，有很多强手。恰好雷玉平的签儿第一场轮空了，下一场的印度选手对战俄罗斯选手。当时没有印度选手的资料，谁也不知道印度选手真正的水平。比赛开始，印度选手在场上非常强悍，而且他是中近距离的选手，他的进攻能力和力量非常好。俄罗斯选手是欧洲冠军，他也是一个进攻型选手，两名强悍的选手碰到一起，一定是火光四溅。那场比赛，印度选手把俄罗斯选手三次击倒，最终 TKO 结束比赛。坐在场下的教练员都沉默地低着头，大家都认为雷玉平没希望了，无论是从技术从能力从场上变化，都与印度选手有很大差距。

　　强强对抗，强者归来。张传良内心深处却有另外的想法。

　　菲律宾是以岛著称的国家，景色十分宜人。夜晚的风夹带海水的味道给夜色增添了无限的魅力。征战世界的张传良却从不知道欣赏美景，更别谈品尝美食。若是问他这个国家美不美？他说机场不错。问他美食如何？他说，餐厅里的食物都好吃。到了菲律宾也一样，他没有时间出去赏美景，也没有心情尝美食。夜晚，几个教练又都聚到一起，沈志刚、李青生和武警请的朝鲜教练李迎春，还有雷玉平的教练杨晓强等。他们的话题除了比赛还是比赛。杨晓强说雷玉平明天要对阵的印度选手把俄罗斯选手都打出局了，雷玉平不可能打得了他。看来一点儿希望都没有了，就算他肩膀脱臼了脚崴了，他剩下一只手一只脚，雷玉平也未必能打得了他。他除了技术好，赢了俄罗斯选手后的气势也盛，张总得想想办法，起码我们上去不至于太丢人。张传良始终没说话，他知道雷玉平与对手的差距。但张传良不甘心，他还想拼一拼搏一搏。要说技术全面，当时的队里只有邹市明具备很高的实力水平。但雷玉平这个队员脑瓜非常聪明，还有一点非常重要，他不挨拳的能力特别强。不挨拳，他防守和变化的能力就好……"我要赢下这场比赛。"张传良掷地有声的话，令屋里的人以为他在开玩笑。沉默了好一会儿，大家才相继笑了，说张总这个玩笑开得有点大。他摇摇头，说我既没开玩笑也不是瞎扯，明天见。

　　这个夜晚，在沈志刚和几位教练的眼里，有些暧昧和诡异。

　　张传良发现对手有一个致命的弱点，中远距离不太好。雷玉平的拳也略微有点怪。第二天上场前，他对雷玉平说，你上去就打，打完就走，打完就贴。打完两拳或者打完组合拳之后，就把身体站直向前走路。走路时不要弓腰，不是去抱他，也不要双手抱头……这样的距离就能把他重心破坏掉，让他得不到发挥。他接着又说，对手是重拳型拳手，他速度也相对慢，如果让他堵在围绳

雷玉平

边角的话，危险就大了。你别往旁边撤，尽量占据中间场地。他的重拳你肯定抵不住，那就两侧摆拳，或者击腹……张老师的每一句话，雷玉平都记在心里。一上场，雷玉平打一组就往前走，对手一弓身准备要勾的时候，雷玉平身体就像一棵树。站成一棵树后就往前走路，印度选手的动作很难做出来。对手也急了，他拼尽全力地打，可他刚一动，雷玉平就往前走，对手的重心就被破坏掉。

印度选手越打越急，越急越打不出来。自身优势得不到发挥，他急得像一只愤怒的猎豹，但大势已去。

这场比赛，张传良喊队员的声音比以往都大。他喊什么，雷玉平做什么，而且做得十分到位。首先雷玉平没有大赛的经验，而且这场比赛只能在战术上赢对手。雷玉平是好样的，他把张总布置的战术运用得淋漓尽致。最终，他赢得了这场比赛。印度选手火大了，跳着高地踢拳台，发泄失败的怒气。在总结会上，沈志刚说，传良指挥得太经典了。几十年，都很少遇到这样的情况。

勤奋耕种，一定结硕果。如果张传良没有思考，没有创新，就不会结出这枚坚实饱满的果子。

雅典奥运会，雷玉平的对手是白俄罗斯选手。据说，这名选手的技术水平能力各方面都很强。但他的整个战绩情况没有查到。白俄罗斯选手一上场，张传良就从运动员的眼神儿和教练脸上的表情，再加上教练不停地说要注意这个、注意那个中发现了端倪。这个教练一定非常紧张，以张传良的经验，教练紧张的态度和严肃的表情，自然会传递给运动员，运动员就会不自觉地紧张起来。这是赛前特别忌讳的,也是优秀教练员不该有的表现。张传良对雷玉平讲,对方相当紧张,记住一开局就打,别给对手喘息的机会。雷玉平上场就打,打完就撤,打得对手总是慢半拍。第一回合,雷玉平赢了。中场休息,张传良叮嘱他,千万不能让对手缓过来。对手一旦稳定下来,我们就打不了了。因为对手紧张过度,导致他技术发挥不出来,第二回合、第三回合……雷玉平都是按照张传良的部署打下来。

雷玉平获得雅典奥运会第八名。

拳击这个项目,比技术比战术比心理,更重要的是比教练员的思想,比运动员的智商。教练员对项目理解的深度非常关键,运动员的心理和智商,还有运动员与教练员默契的程度也至关重要。

拳击恢复后的20世纪90年代,中国拳击运动员被打怕了,运动员失去了信心和勇气,更别说激情和野性了。但是,激情也好,野性也罢,都是靠精湛的技战术做支撑。所以,这也是中国拳击长期无法突破的主要因素。教练员和运动员都心灰意冷,觉得前途无望。再加上比赛少,训练水平也不高,很多优秀拳手都丧失了斗志。因此,项目进入了恶性循环。拳击就像一个被"打入冷宫的嫔妃",还没等焕发出勃勃生机就被废黜了。

生命需要内在的力量,事业也需要内在的力量。只有内在的力量才充满光辉,才充满动力。

李洋与恩师

古巴的综合性运动会,就如我们国家的全运会。古巴的拳击水平在世界上首屈一指,古巴举办这次综合运动会时邀请了周边国家,如:墨西哥、牙买加、委内瑞拉等,中国也在被邀请之列。张传良带队去参赛,也是为锻炼队伍。他告诉队员,这不过是一次邀请赛,比赛时不要有压力,尽力打,别受伤。第一场,李洋面对的是古巴的世界冠军。比赛开始,古巴的总教练和主教练都来了。他们是来欣赏比赛,也是来看中国拳手如何惨败,如何被KO的。因为,古巴这名选手虽然是57 kg级别,但身高有一米七八,臂展至少比李洋长出10厘米。显然,李洋的身高和臂展都不占优势。张传良问李洋,你打算怎么打?李洋说,我抱头做摇臂,闪进去近距离跟他打。通过身体的摇闪躲避,一边躲一边进,像泰森那么打。张传良摇摇头说不行,古巴运动员技术全面,他是撤着打,退着打,两侧的摆脱能力特别强。你的力臂跟他都有差距,他臂展长,你臂展短。你往后撤一点儿就跟他一样长了,他也打不到你。他一出拳要上步,你同时也出拳。又是一个同时,你进去,他就退不出去。你离他再远一点儿,他够不着你,你也够不着他。那么,他最怕你不进攻,实际上你不是吊也不是跑,最重要的是他出拳,同时也要进攻,你们就是一个距离。进攻之后你不要停手,组合拳马上连续做。因为你身高没他高,力臂短,相对弧度就小,也容易得手。李洋上场就按照张老师部署的战术打。

果然,对手中近距离发挥不出来,李洋赢下比赛。

古巴人对拳击自信的笑容,宛若一朵镶着金边的黑郁金花。比赛之前,古巴的教练员和运动员,都没想到会丢掉这场比赛,他们没把中国拳击放在眼里,更没把李洋放在眼里。古巴教练特别生气。运动员也十分懊恼,他不停地发脾气。因为他是这个级别的冠军,这场比赛若是拿下来,对他读大学,包括日后的很多待遇都是一个优势。

李洋能拿下这场比赛,是战术的胜利。

乌克兰选手洛马琴科是世界上顶尖的选手。在拳台上,他是李洋的对手,台下,李洋对洛马琴科十分敬重。2007年,美国芝加哥世界拳击锦标赛,李洋的对手就是洛马琴科,他们大分打平,李洋小分输了1点,拿了铜牌。芝加哥这场比赛,张传良意犹未尽。比赛时,李洋仍是按照他的部署不给洛马琴科距离。所以洛马琴科非常焦急,因为他的技术发挥不出来,他就蹲着高去打。两个队员贴在一块。李洋就上去摔,他的力量也不小。洛马琴科经验丰富又特别聪明,李洋一摔,他非常果断地倒地。裁判员就给李洋一个警告。这场比赛,李洋受到两次警告。下场,张传良批评李洋,说要不是你去摔他,不跟他争

就不可能有犯规。裁判一定喊 break,这场比赛就拿下来了。这场比赛,李洋虽然拿了铜牌,但他对拳击的认识和理解有很大的提升。

2008 年北京奥运会,李洋的对手还是洛马琴科,李洋遗憾地获得第五名。

2019 年,阿塞拜疆巴库世界拳击锦标赛,王玄玄与印度选手有一场比赛。那场比赛中,王玄玄的实力远不如对手,但是他还是战胜了对手。这是一场战术的使用,一场战术运用的胜利。比赛前,张传良反反复复地观看对手的录像,大概看了两个多小时,上场后,王玄玄开始攻击对手的弱点,控制他的优势得不到发挥。场上,运动员不仅去控制对手的优势,更重要的是攻他的弱势。两个水平非常高的运动员,比赛可能非常不好看,因为战术的运用。拳击这个项目,技术是技术,战术是战术。如果运动员技术不占优势,走不到下一场;技术不全面,没有突出的特点,也走不到最后。所以,拳击项目要求运动员有全面的技术,然后合理地运用战术,才可以掌控比赛的命运,赢得最后的胜利。

> 所谓的传奇,并非做了哪些惊天动地的大事,而是把一件事当作终生的事业来做。教练员的认识和创新,运动员精湛的技术,不是轻而易举就能得来。如果一定以传奇或伟大来衡量,那也是靠努力靠拼搏和不断进取。犹如一汪水最终成为一片湖,成为一条大河,直至成为一片海。
>
> 大水滔滔,是因为宽阔的心胸能容纳于水。
>
> ——张传良如是说

2

成功是在艰苦的条件下执着和坚守,而不是在优渥环境下的随遇而安。最重要的是要给予自身一种精神上的定力,不管环境如何都坚持不懈地做自己真正想做的事情。生命之所以高贵,是因为活出了品质,有品质的生命才具有意义。如果与张传良说品质谈意义,他一定会说,品质和意义是每个生命不可或缺的,我不否认自己对拳击情有独钟,我的品质或意义也可能都在拳击里。他说得没错,他心里除了装着拳击项目的训练,就是如何创新。通过教练员岗位的磨炼,他的中国拳击打法日臻完善。他特别欣赏古巴拳击,古巴人全面地理解了这个项目,然后用于技术和战术的训练上。古巴人还擅长于研究规则,拳击项目中有一条规则,无论运动员什么原因滑倒,抑或被打倒,就是通常说的身体着地,裁判员都喊 stop。古巴运动员就非常聪明地运用了这个规则,他们防守时,特别是对方攻势凶猛时,来不及躲避就会单腿跪地或故意滑倒假摔。这就给自己一个喘息的机会,千万别小看拳台几秒的喘息,这对拳台上的运动员来说,或许就是一个制胜的机会。

古巴名将巴特雷米曾经就对邹市明使用过这个战术,邹市明为此痛失金牌。但在 2005 年 11 月,在绵阳第十三届世锦赛上的最后几秒钟,古巴拳手巴特雷米冲过来时,邹市明也以其人之道,还治其人之身。一秒钟说来不长,不过是眨眼的瞬间。可是,就这一秒钟,不但能毁掉一个冠军,湮没一个日夜在训练馆拼搏得汗水迸溅的优秀运动员,也能让全世界响起掌声。

许多人认为搞体育的人,都是头脑简单四肢发达。但是当邹市明站在世界拳台上夺冠时,世人都被他的儒雅和有修养的谈吐震惊了。人们从张传良和他的弟子身上不难看出,教练员和运动员如果没有智慧没有素养,不可能成为优秀或者伟大的教练员,也不可能成为优秀或者伟大的运动员。张传良说,做一个优秀的教练员是一门艺术,教练员是运动员成长的导师,如果不以身作则就会上行下效。他对爱徒邹市明说,我们人前不要说练得有多苦,我们也不要讲练得有多难。赛场上的输赢是常事,我们赢了是幸运,赢了是机遇……所以,邹市明站在聚光灯下,从没说过自己有多苦有多难。师徒俩的泪水给了夜晚,夜色也慷慨地做了他们的书写人。书写了他们鲜为人知的眼泪和隐藏在笑容背后的苦痛……张传良可谓是桃李满天下。无论是队员遇到经济上的困难,还是情感上的困惑,他都以长者姿态伸出手。如今,他的弟子们有的做了官员,有的成了儒商,有的还辛勤地工作在竞技体育战线上。但在队员的嘴里,他是教练、是师父、是张大叔、是张爸爸——即便是取得卓越成绩的邹市明,也称他张爸爸。

邹市明曾经三跪恩师张传良。一次是他拿到奥运冠军,一次是在他的婚礼上,一次是在获得世界职业金腰带时。这对叱咤风云的师徒经历了太多的艰辛,所谓出水再看两腿泥,个中的滋味只有师徒俩知道。婚礼上屈膝一跪,令在场所有的亲友动容。"张爸爸"亲和的笑容,如一缕渗透人心的阳光,给婚礼的殿堂增添了无尽的温暖——他希望爱徒以婚姻为起点,担负起家庭的责任,伦敦奥运会再创辉煌。

长空雁鸣月满天,风雨兼程脚下行。

跟随张传良训练的教练员和队员都知道,他的训练是个性化居首,速度优先。如何才能让速度优先呢?首先在选才上,也就是说从源头抓起。他当初选择邹市明是因为邹市明先天的灵和快。后天训练的目的,就是把邹市明个体与生俱来的速度有效地发挥出来。很多人不解,拳击项目为什么要速度呢?又不是短跑和中长跑,又不是球类。他只是笑笑,因为他早就意识到,亚洲运动员要想遏制住欧美运动员的力量,速度是唯一的出路。否则中国拳击无法走向世界。金庸先生笔下的英雄都有独门绝技,否则难以在江湖立身,也难以在江湖行走。张传良的目的也是让弟子们个个身怀绝技,其目标就是为了征战世界拳台。他的训练自成体系。他说要辩证地看训练及各种流派,他不仅练过武术、散打、中国摔跤,还有刀枪等。20岁出头他就担任武术教练,他本人经历过各种流派的洗练。因此,在他脑子里早已有了辩证的观点。从事拳击项目后,他融会贯通,不断地琢磨拳击项目训练的目的,训练的效果。所以,他的训练都是从实战出发,科学地运用。

在2008年奥运会前,国家体育总局组织教练员、科研人员、医生谈"制胜规律"。张传良说所谓的制胜规律,就是要既科学又脚踏实地。通过训练和实战,教练员要清楚运动员到底需要怎样的能力。在训练过程中,他无数次地问过自己,到底什么是拳击?怎么去打拳击?他就如一个堂上审案的判官,不断地从内心深处追问,戴着镣铐枷锁的项目如何才能放开被束缚的手脚?所以,当一个人真心地渴望完成心中的追求时,整个宇宙都会来帮助他。拳击是一个高智商的体育项目,基于这个原则,在选才时一定要选脑子好的运动员。运动员的智商会影响到日后的训练,也会关系到以后的成绩。从人体生理和生化的角度来讲,拳击项目是强度连续积累的过程,进攻是以无氧为主。所以,在没有氧气供应的情况下,运动员还要做出拳的动作,还能打出速度,这种能力的训练,没有高智商的参与是行不通的。或者说,没有脑子就不会达到效果。身体扛得住无氧代谢,反应能力还要高出身体的抵抗,才能成为一名优秀的运动员,这些都是制胜的要素。

不可否认,张传良竞技体育的天赋是过人的。但是,他要不是后天的努力学习,大胆实践,科学运用,也不会走到世界拳击之巅。

2003年曼谷世锦赛,这是他带着邹市明第一次出国参加国际大赛。经过了一年的准备,邹市明跃跃欲试地要印证自己所学所练。作为教练员,张传良虽然相信爱徒的能力,但心里也时不时地敲鼓,尽管准备得很多,比如研究规则,独特的训练方法等。但他还是不知道在世界拳台亮相,会是一个什么状况。亦如从没有登上珠穆朗玛峰,根本就看不到无限风光都在险峰上。运动员自身也是一个关卡,训练得再好的运动员,如果在拳台上没有信心,没有胆量和魄力,所学所练的技战术就发挥不出来。所以,结果谁也不好预测。

张传良心情是复杂的,有信心,也有忐忑。两种情绪交织在一起,非常复杂。

刚走上世界的拳台,邹市明抽的第一支签就是下下签。这支签的主人是古巴拳击队队长——世界冠军巴特雷米。团队所有的人都愣住了,他们都下意识地把目光投向张传良。张传良不动声色地轻蹙一下眉头,他何尝不知道巴特雷米。这次世锦赛不仅对邹市明是一个挑战,对他也是一个巨大的考验。早在1993年的一次亚洲比赛,就有体育官员讲中国拳击要出几块奖牌。一个外国教练说:"不,不,中国要想拿到奖牌,没有10年不可能。"此前,他和邹市明也遇到来自各方面的质疑,有的甚至是抨击。有人信誓旦旦地说,所有的级别都有可能出来,都有可能拿奖牌,就48 kg级别不可能。这个说法是针对贵州的,因为国内48 kg级别基本都是贵州运动员。而且,古巴绝对是世界公认的拳击强国,他们对拳击的认识,对规则的研究和运用,已然到了炉火纯青的地步。鼎盛时期,世锦赛12块金牌,古巴拿走了11块,古巴的拳击相当于中国的乒乓球。他和邹市明能用什么样的技战术,战胜一个把拳击渗透到身体里而且又是世界冠军的古巴拳手呢?当时,中国拳击的现状是能赢一场都很牛,哪怕赢越南,赢老挝。而邹市明刚一出来就遭遇古巴队,还是世界冠军,这对他来说,无疑是一场生死考验。邹市明抽到了"死签",全队人的脸色都凝重得没有一丝笑模样。所有人都灰心了,大家也都做好返程的准备,因为全队的主力队员都相继败下来,只剩他一个队员,还遇上了巴特雷米。空气中都弥漫着必输的味道,邹市明也感知到了,所有人都期盼他不要输得太难看,或者不被对手KO就行。

这场比赛在泰国的曼谷体育馆,台下观众如潮。不可否认,观众都是来看巴特雷米的。巴特雷米在所有到场观众的心中就是英雄,他们的英雄上战场,又是对战中国人,他们都是来看中国拳手是如何像一根稻草倒在拳台上。观众都做好了为他们心目中的英雄欢呼呐喊的准备——初出茅庐的邹市明并不了解巴特雷米,为了给他信心,师父说古巴虽然是拳击强国,但是也有弱队员。你看他臂展很长,这就说明他速度慢。他年岁不大,肯定也没什么经验。我看他就是一个还没长大的孩子——所以,你上场要跟他打速度,打技术,打他个措手不及。再说,哪怕他是一只老虎,你也要有猴子戏虎的气势。邹市明频频点头。但师父知道,这场比赛凶多吉少……常建平问:"传良,你感觉这场比赛

怎么样?"他轻轻地摇了一下头,说:我认为市明已经练得很到位了,如果这场比赛打不出来,我真的就是"黔驴技穷"了。

常建平的眉头也紧锁,观众的呐喊声他充耳不闻。仿佛置身于无人之地,他在看台边上心神不安地踱来踱去。作为主管领导,他多么希望中国拳击能打出士气,打出中国气势——中国拳击沉寂太久了,太需要一场胜利来振奋人心了。巴特雷米上场时,观众都沸腾了。欢呼声、呐喊声、尖叫声,仿佛他已经凯旋——当比赛的锣声响起,喧嚣声一下就静止了,静得像走进一片无人烟的荒野,一片漫无边际的沙漠。比赛第一回合,一般的老队员都要先试探一下对方,两边吊一吊,摸一下对方的距离,找出拳的机会,然后再进行下一次击打。巴特雷米上来打得很轻松,显然,他没把中国小将放在眼里,他的眼神儿也流露出心底的轻视——邹市明牢记着师父的话,世锦赛跟其他赛事不一样,要在最快的时间进入状态,最快的时间了解对手,最快的时间发挥自身能力。第一回合,他发挥了师父平时带他训练的移动反击打法。出拳快,脚下移动块,而且移动方向都是巴特雷米打不到的死角。他赢了6点。佘宏在拳台下录像,他激动地抓住彭俊杰的手说:"彭队,有希望了,有希望了……"因为按照当时乔杜里制定的积分计算,赢六七点非常不容易。第二回合的下半段开始,邹市明改变了策略,打防守反击。拳击的规则中,如果拳手在拳台上八秒钟不出拳,就视为消极。但他在移动中不停地反击,而且击打的部位和速度非常快。显然,巴特雷米没办法了。邹市明脚下移动脱离他击打的距离,方向也不对。巴特雷米急了,组合拳拼命地反扑,他的反扑正中邹市明的下怀。他本来就是反击型的运动员,你越扑他越快,他脚下在地上滑动的速度宛若北方的白毛风,只见一浪又一浪贴着地皮的雪尘,却不见风……训练时,张传良善于逆向思维,他在给邹市明拿手靶时,就以不断向前的压迫式,而邹市明都不停往后退。练久了,步法就灵活了。在躲避对手时,抓住机会迎击,再防守进攻——邹市明就是这样训练出来的。最终,巴特雷米所有的技战术都无效,邹市明拿下了他第一场世界首秀。尽管不是决赛,但他是打败了世界冠军的冠军。

巴特雷米哭了——观众沸腾了。这次的沸腾是为来自中国的无名小将邹市明。

第二天,当他们清晨醒来,迎接中国拳击队的是各大媒体爆炸性的新闻。英文报纸,头版头条刊登了邹市明和巴特雷米的这场比赛,题目是:来自中国的邹市明,成功地阻止了古巴人前进的步伐。佘宏把标题和内容翻译过来,读

邹市明在比赛中

给领导,读给张老师和所有在场的人听。比赛的余温如一场大火后的余烬,再次缭绕着把各大媒体烧沸腾了。各种新闻铺天盖地而来——通栏标题都是中国小将赢了世界冠军巴特雷米。媒体称他是世界上最快的拳手,他脚蹬风火轮横扫世界拳王……面对媒体连篇累牍的报道,张传良却对邹市明说:昨天的那场比赛已经过去了,接下来我们要好好准备下面的比赛。接下来的对手哪个也不比巴特雷米差。邹市明的心一点儿都没乱,接下来的比赛,他都是以大比分赢了下来。决赛时,还是发生了一个意外。邹市明与俄罗斯选手决赛,他明显占上风,却被判输。李青生对决赛的结果十分震怒,他说:裁判搞什么鬼,三名裁判都是同语系,他们把市明给"做"了,我们到手的冠军飞了。常建平也十分不满,乔杜里也非常震怒,当场把三个裁判开除。

尽管遗憾,但正如报纸上报道的那样,邹市明是打败冠军的冠军。

国家体委领导和常建平都抑制不住兴奋,虽然遗憾地只获得一块银牌,但这是中国拳击一次历史性的突破,也是中国拳击走向世界鸣响的第一声礼炮。张传良带着爱徒邹市明终结了古巴长盛不衰的神话,为此,中国拳击也摘掉了落后项目的帽子……比赛结束,彭俊杰下令就在宾馆庆祝。当大家都沉浸在这场来之不易的胜利时,邹市明的目光却在师父的脸上。别看师父在场下,他的每一次出拳,他的每一个滑步都牵动着师父的神经。所以,师父的神经始终都高度地紧绷着,心跳和脉搏不亚于刚打一场比赛的运动员。这些天,师父要么陪他在训练场,要么就在比赛场,他练多少个小时,师父就陪他练多少个小时。队医为他做康复,而师父还要忙着看录像,思考第二天比赛场上迎战的技战术。师父自从带他就开始失眠,为了打曼谷世锦赛,师父一宿也就睡三四个

部署技战术

小时……皓月凌空俯视,邹市明鼻子有些发酸,为了拳击,师父不仅顾不上自己,还放下了一家老小。对于住在贵州大山里的亲人,师父的牵挂和愧疚无以言表。

张传良也心潮起伏,练了这么多年,终于在国际上检验了训练成果。贵州在连续拿了全运会金牌以后,国家体育总局副局长蔡振华豪气地说,中国拳击应该向世界发起冲击了——这在当时像是一句口号,也像一句壮语。可是,最具实力派的蔡振华或许就在张传良身上看到了目标,

在邹市明身上看到了未来。这届世锦赛,师徒俩用行动用成绩给关爱他们的领导、给喜爱他们的拳迷们送上了最好的礼物。

曼谷世锦赛的胜利令国人振奋,为此,常建平接受《人民日报》采访时说:这场比赛的胜利有点像古巴乒乓球运动员,打败了中国乒乓球的世界冠军。因为,中国拳击很弱,比赛场上要是抽签抽到中国运动员,外国运动员都兴高采烈地提前庆祝……了解常建平的人都知道,他父亲是一位老革命,又是管理干部。父亲的言传身教让他学会了很多东西,他自己又善于学习。他还做过五年的机要秘书,他说秘书就是一本无字的书,秘书岗位让他学会了很多东西。所以,当他主管拳击项目后发现很多问题,诸如没有一个好的教练班子,没有突破口,还是大锅饭等。再者拳击恢复的时间短,当时还崇尚"狠拼重快",这无疑是中国人的短板,在这两方面与欧美人没法比。因为是落后项目,领导关心也比较少……他为此做了很多工作。国际奥委会要减掉一个级别,欧美人拥护的呼声如涨潮的海水,因为他们小级别不占优势。他利用执行局委员会委员的身份力排众议,于是在 48 kg 和 51 kg 中间,减掉 48 kg 改成 49 kg 级别。泰国世锦赛决赛,邹市明决赛被判输;2008 年乌兰巴托的比赛,邹市明原本赢了比赛,也被判输。他觉得为运动员营造一个公平公正的比赛环境

十分重要。于是,他在会上据理力争地提出建议,由此,后来的比赛同语系的执裁不能有两位以上。他说领导者就要把握方向,领导者找准项目制胜规律和要素,就是项目成功的捷径。

英雄在曼谷落地,英雄从曼谷出发。

世锦赛如一股强劲的东风,乘着这股风为祖国争光,为奥运助力。2004年的雅典奥运会能不能乘胜追击?张传良肩上的压力又如一座山,又一次检验他个性化训练成果的时刻到了。成果不是写出来的,金牌也不是空口说出来的。从世界的角度来看,拳击比的是综合实力。运动项目在高水平的竞争中,拳击运动员比赛只赢1点,跆拳道只赢1分,百米赛跑只赢0.01秒,游泳只赢0.1秒,球类只赢1个球,跳高只高1厘米,摔跤只赢一个动作……就这么1点或1分的差距,很多队员都长期与冠军无缘。然而,仅从1点或几秒钟,就能看出运动员的综合实力,就能看出教练员对项目的认识和训练的差距……张传良做好了准备,邹市明也做好了准备。可是,老天爷也会发难,因为老天爷知道成大事的人一定要有大胸怀大格局。大胸怀大格局都是经过无数次胜利和失败的锤炼,而不会凭空掉下来。老天爷仿佛是故意考验师徒俩,让他们认识到竞技体育的残酷性。

也或许,老天爷之所以把残酷早早地摆到两个人面前,是因为他们具备担得起重任的能力。

2004年的雅典奥运会,54 kg级的刘渊抽到死签,第一轮就遭遇古巴名将。这位两次赢得世界冠军、最后蝉联了雅典奥运会冠军的古巴拳手,最终以21比7阻止了刘渊的脚步。69 kg级的哈那提·斯拉木,赢下第一轮之后,负于阿塞拜疆选手。75 kg级的哈达巴特尔负于美国选手,也止步于第一轮。81 kg级的雷玉平战胜悉尼奥运会铜牌的乌克兰选手进入八强,在四分之一决赛中负于这届奥运会银牌得主白俄罗斯选手。雅典奥运会,参赛的六位选手获得一块铜牌和一个第五名的成绩。邹市明是铜牌得主,这个成绩令世界刮目相看,也进一步证明了中国拳击正跻身于世界的行列中。

邹市明再次成为媒体的焦点,不是因为他这块铜牌,而是因为他痛失金牌。媒体也大肆渲染,报道说,因为爱徒的失误,教练张传良一夜白头。

回顾这届奥运会的征程,邹市明连续以22比9,31比8,20比12战胜三个对手。在半决赛中却以17比29负于手下败将——古巴的巴特雷米。所谓的世事难料用在这场比赛中一点儿都不为过。比赛中,前两回合他打得得心应手,领先4点,第三回合时他双手放到下边,结果吃了巴特雷米一记重拳,晕了一下,巴特雷米趁机完成了一组漂亮的组合拳……虽然,邹市明这块铜牌还是具有史诗般的辉煌,但是,师徒俩都特别痛心。邹市明自责自己不该疏忽,辜负了师父。他说:23岁,是拳击手最好的年龄。在体能巅峰的年份,我却输掉了一场至关重要的比赛……教练的目光从台上转到台下,再转回来之时,三四秒的时间,对手连上六七点,比分大逆转。不敢相信自己的眼睛,教练又眨了眨眼,把目光盯在大比分牌上。局势变化太突然,教练一只手握着拳,用力地击打另一只手掌,啪啪作响。扼腕叹息。

张传良觉得输掉金牌有诸多因素,他安抚爱徒的同时,却在心里责怪自己。

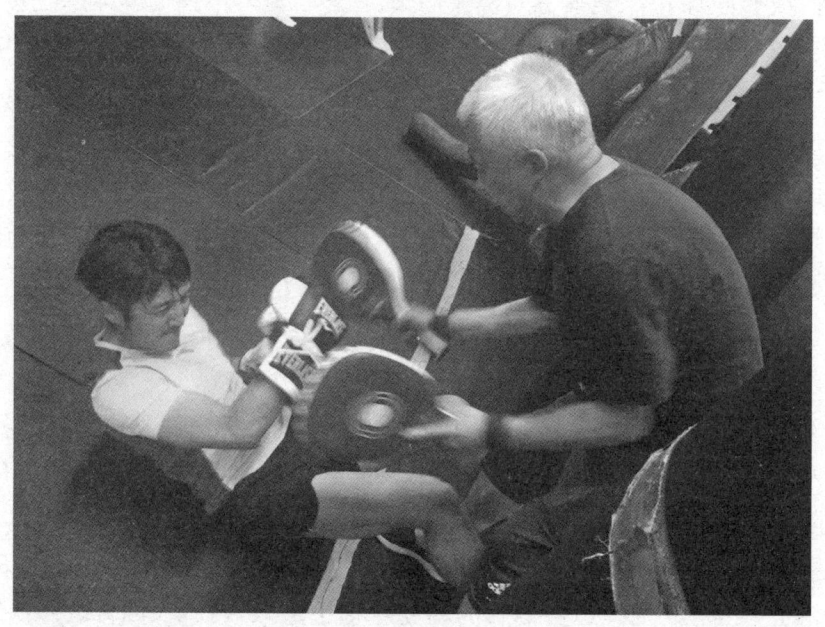

邹市明进行腹肌训练

也许老天故意把困难放在前行的路口,目的是考验张传良,历练邹市明。虽然失败的寒风令他们不寒而栗,但他们依然要向前看——前方才是他们要到达的目的地。以尊严的方式承受失利,以挑战的方式迎接失败,这是一个人内心的坚定。这种坚定不是与生俱来的,而是被苦难锻造出来的。因为这不仅需要信心,更需要迎难而上的胆识。如果一个人心怀目标,那么,失败就是一根鞭子。这根鞭子悬在心头,时时地催促他朝向目标奔跑。为备战北京奥运会,张传良制订了亚运会、世锦赛和奥运会三步走的计划。为此,他连续击打连续积累连续赢得对手的技战术和把控能力的训练,又上一个台阶。

2004年雅典奥运会的失利,促使张传良在拳击的路上越走越远,越走越高。

如果没有雅典的历练,就不会有后来贵州的"29-1"(第29届奥运会获得一块金牌)工程实施纲要。不可否认,贵州人不缺乏勇敢,这可能是地域给予他们独有的特性,也许是贫穷和落后赋予他们的精神。然而仅有勇敢还不够,还要有像张传良这样肯于拼搏、敢于担当、勇于创新的"匠人",还要有像彭俊杰那样对竞技体育有着深厚情感和纯粹情怀的实施者,还要有像原国家体育总局崔大林、段世杰、蔡振华、常建平、沈志刚等诸多领导者,以及项目的参与者。中国拳击发展到今天,我们不该忘记的人有很多。如果把拳击比作一座高楼,那么,他们每个人都是柱石。

因为他们无私地奉献了自己,才使得项目不断发展和壮大。

中国拳击走上了中国特色拳击之路,很多领导者功不可没。张传良能走上世界拳台,常建平、沈志刚是伯乐。他们慧眼识英雄,坚决启用他。常建平是在塞尔维亚的一场比赛上发现了张传良。启用他之前,推荐总教练的名单就有20多人,但张传良却不来——沈志刚这个伯乐,不会放弃一匹前途无量的"千里马"。他和常建平齐心协力,把张传良推上了拳击历史的舞台。

张传良没有辜负初心,他带邹市明参加世锦赛是一个历史性的突破,也是一次历史性的辉煌。

运动训练不只是一种模式,是在实践中不断适应和改变的一个过程。每一个项目的规律和特点都有所不同,别人再精华的思想和再好的训练手段,只要不适合你,就是糟粕。

> 训练不能过于学术化,也不能不切实际。理论家的理论若是都高于教练的训练手段,目标就成了空中楼阁。最重要的是要把运动员自身的潜力和创造力挖掘出来,他们会变得更智慧,更灵活。教练不要总是批评和教育,应该给予运动员足够的信任和鼓励,激发出他们的悟性,就会收到意想不到的效果。
>
> ——张传良如是说

3

这一年的繁花还没来得及看,转眼就迎来了秋风;这一年的秋风还没来得及欣赏,转眼就被冬雨湮灭;这一年的瑞雪还没来得及落下,转眼就消融于云中;这一年的黄历还没来得及翻,时间就走进了逼仄的胡同。教练员和运动员的脚步,不是在训练场就是在比赛场。风花雪月儿女情长,对他们来说是奢侈。

竞技体育的魅力在于它对个体生命的影响,竞技体育对人的教育无须太多语言,一场比赛就够了。就如很多运动员因为一部电影《少林寺》、因为一位偶像而走上竞技体育之路。竞技体育无疑是一场身体与精神的对话,人们对竞技体育的热爱无法用语言形容,也无法从某一个角度单一地诠释。长年征战于世界各地的教练员和运动员,早就习惯于比赛。但仍然还会有很多比赛令人难忘,鞑靼斯坦共和国的那场比赛,就令所有参与者终生难忘。

鞑靼斯坦共和国是俄罗斯联邦主体之一。这里有一场比赛,当飞机落地后,中国拳击队又再次坐上飞机,当轰隆作响的飞机落地后又坐上汽车,还在半路上,迎面开来一辆汽车,直接就把邹市明、哈那提、李洋等队员接去比赛场地。经历了几天的路途颠簸,队员还没来得及调整就称量体重,直接进场参加比赛。比赛刚开始,室外就响起沉闷的嗒嗒嗒嗒声。观众席上有人高喊,"лежать ничком……"一阵骚动,观看比赛的人都趴到座椅的下面。由于语言障碍,观众席上的中国人被突发的状况弄得不知所措,正当他们察看四周想打探到底发生了什么状况时,当地的观众伸手按下他们的脑袋:"лежать ничком——"拳台上的运动员和裁判员也都趴到有遮挡的地方。中国人这才明白,是让他们"趴下"。待到嗒嗒嗒嗒的声响稀落下来,场上的选手又继续比赛,观众们也长吁一口气从座位下抬起头,饶有兴趣地继续观看比赛。

原来,密集的响声是枪声,但当地的观众没因为枪声大作,就错失一场精彩的拳击比赛。当枪声再次响起,观众们又都趴到座位下,枪声响过后比赛继续……邹市明、哈那提、李洋等队员在这次比赛中获得冠军。之前,因为翻译的问题,中国拳击队没有弄清楚具体的比赛地点。比赛结束后,他们才知道这里距车臣不到20千米。

以邹市明为代表的运动员都生长于和平年代,他们没有经历过战争,也从没有亲历过硝烟弥漫的战场,但他们却在枪声大作下完成一场比赛,除了他们对拳击的热爱,还在于他们接受的是竞技体育的教育。竞技体育不仅锤炼了运动员刚毅的品质,也教育了运动员在困难面前的坚持。虽然这场比赛遭到国家体委的警告,参加比赛的运动员和工作人员也都感到后怕,但他们也感受到了人们对拳击的热情,对拳击的热爱。扎根于泥土的竞技体育,即便是炮火也阻挡不了它的图腾之火。

生发于水中的蒲草,以蔓延之势遮盖了大地。而藏于水下的根须,也闪耀出不屈的昂扬。

2003年世锦赛,邹市明打败了巴特雷米。2004年雅典奥运会,巴特雷米却让他与冠军擦肩而过。古巴人止住了他夺冠的脚步。这个惨痛教训,令师徒俩十分难过。这个时候的邹市明正是状态鼎盛时期,这个教训就如当头棒喝,但师父没有气馁。他通过训练和比赛充分地认识到,教练员应该是有远见的设计者,教练员只有认识到项目的规律,训练时才能找到有效的方法。导致不成功重要的因素,就是放弃。张传良说项目技战术的提高无止境,如何在最短的距离,通过动作把力量发出来,从生物学的角度来讲,还需要不断地探索和研究。身体动作的合理性所带来的力量和速度,这又是一个非常具有科学和严谨的训练课题。

一个人为了拳击而忽略了自己,拳击就成了他一个人的宗教。有了宗教,他就成了信仰的门徒。

每个人的路都不平坦,只不过有的人被沼泽沦陷,有的人不甘屈服于苦难。奋力爬上来,他就成了人们眼里的成功人士,抑或是传奇。成功不会平白无故地眷顾谁,成功喜欢耐得住寂寞,并在寂寞中思考而崛起的人,成功还喜欢有勇有谋有坚持的人。由此,师徒俩像两只翱翔的雄鹰,也像草原上奔驰的战马。偶尔,师父还会回过头召唤身后的小马:"快跑,快跑——"只有奔跑,才能驰骋到更广阔更浩瀚的草原。邹市明肩负着师父的嘱托,担负着祖国的重任,接下来的比赛就如雨后的彩虹,一路高奏凯歌。直到《义勇军进行曲》响彻在异国他乡的上空,响彻在中国的上空——豪迈的旋律令张传良震撼,也令他内心翻卷起潮水——他含着泪水的笑容,透着坚毅的力量。

亚洲拳击锦标赛在乌兰巴托举办。邹市明第一次遇到哈萨克斯坦拳手努尔江·加克普夫,这名拳手条件特别好,身高、臂展、抗击打能力、基本功和出拳的标准程度都是首屈一指。比赛前,新疆教练阿布力克木向张传良介绍了这名选手,他说张总,哈萨克斯坦选手的能力,世界上这个级别的选手没人能比得上。他打俄罗斯选手20点赢下比赛,其他选手一半以上都被他KO了,我们根本打不了。市明遇到他很不利，赢不了，输了也太难看……师徒俩对视一眼，用眼神儿说出了彼此内心要说的话。邹市明骨子里的硬朗，内心深处的不屈服，师父了若指掌。邹市明也要在赛场检验自己，比赛是检验训练的唯一手段。多年的训练，师父从一开始就要把他训练成一个全面的拳击手。无论遇到怎样的对手，都要有对策，而对策就是自身全面的技战术——比赛一开打，邹市明就疯狂地进攻。第二回合就把加克普夫压垮了，打了他两个数八。对手虽然没有倒地，但身体摇晃。这场比赛，邹市明从头到尾都是进攻的打法，一改以往的常态……比赛结束，阿布力克木咂着嘴说，这是我看到邹市明最精彩的一场比赛，打得哈萨克斯坦队员连手都抱不住，张大叔了不起。张传良笑了一下，说这个队员根本无法与邹市明相比。董廷江赞许地点头，他感慨地接了一句，说差一大截呢。

此后，努尔江·加克普夫10年内只要遇到邹市明，从没赢过一场。邹市明退役后，他本该也到了退役的年龄，可他没有退役还在坚持打。最终，在没有邹市明的赛场上，加克普夫拿了一次世界冠军。他若是早升一个级别，他的冠军梦或许早就实现了。

邀请赛，邹市明都打51 kg级，在这个级别的比赛中，邹市明一场都没有败过。

邹市明在世界拳击比赛中，都是一路过关斩将。2006年，在巴基斯坦举办的亚洲拳击锦标赛上，冠亚军决赛时，邹市明的对手是巴基斯坦的运动员。比赛时，他明显占上风，但他还是屈居亚军。赛前，他对师父说就想拿这块锦标赛的金牌。赛后，他心情十分落寞。大家都猜测，因为乔杜里是巴基斯坦人，裁判的天平有了倾斜。也就是说，他被裁判"做"了。就在邹市明懊恼时，巴基斯坦运动员被查出兴奋剂，冠军的成绩被取消。

邹市明与恩师情同父子。比赛时拿到了奖金，他跑到恩师面前，说我们拿奖金了。师父说你拿去——但是要记住，我们的目标是奥运会，2008年家门口的奥运会，我们担负着国家的荣誉，担负着拳迷们的期盼——李贵成特别喜欢邹市明。世锦赛回来，他宴请好友张传良和中国拳手们。席间，他说像市明这样的队员太少见了。在这么艰苦的条件下不放弃拳击，一般的运动员做不到。李校长当场送给邹市明一双拳击鞋，邹市明感动得都说不出话了。在贵州，他没有拳击鞋。李贵成的性格豪爽大气，他为中国拳击能走向世界作了很多贡献。国际拳联主席乔杜里来北京，李贵成把乔杜里请到什刹海体校。他在体校和乔杜里入驻宾馆的走廊上,挂满邹市明比赛的照片,他不遗余力地为中国拳击走向世界做宣传。张传良特别感动,早在贵州,他进入省运动学校做武术教练时,毕业于中央美院又是贺龙部下的男子排球队员、先后在省运动学校任训练科长、后又任省体工大队队长的陶景明先生,对他帮助特别大,经常给他讲运动心理、运动生理、强度与量的关系;还教他如何做教练,如何面对队员等。还有省体工大队书记李贵祥,只要他提出的训练方法,李贵祥都大力支持……张传良说,一路走来,得益于国家体育总局副局长崔大林、段世杰、蔡振华,以及韦迪、常建平、崔富国、沈志刚、李频、李正平、岳岩、冯连世等领导的支持。得益于彭俊杰、李贵成、李青生、杨本培、康冈利、高亚翔、邹军等好友和同事的大力帮助。十分怀念在一起工作和合作的日子,合作愉快的同时,也向他们学到了很多东西。感谢贵州体育局,感谢上海体育局,没有他们的支持和帮助,就没有今天的张传良。他感谢生命中所有的知遇之恩。他说:人生最大的幸运莫过于在你困惑时,有人可以交流;无助时,有人可以拉一把;失败时,有人能为你点燃一把火。

回归拳击

2008年北京奥运会,对所有运动员都是一个极大的考验。奥运会是在我们的国土上举办,一定要比出我们的风格、气势、能力和实力,这关乎国家荣誉,也关乎贵州"29-1"的实施纲要。邹市明训练得异常辛苦,双脚脱了无数层皮。旧皮脱掉新皮还没老,训练时那种钻心的疼痛只能咬牙坚持。脱皮的脚底磨得鲜血淋漓,走路都变形了。但是,他的训练没停,而且当时还是板块和强度连续积累的训练模式。强度手靶，800次双摇都是一次性完成。邹市明在师父身边长大，师父陪伴他的岁月，超过了陪伴儿女的时间。但令师父欣慰的是市明从不叫苦，从不说累……每当想起邹市明的训练，师父都心潮起伏。市明是80后，也是家里的独生子。可他却选择了一条艰难陡峭的路，在别人眼里他是成功的运动员，可他受到的磨砺只有张传良这个做教练的知道。他们逆流而行，好在有领导支持，有各省市支持，有科研部门支持，团队更是团结一心无条件地协助。北京奥运会是全国人民极其关注的一次盛会，民族的凝聚力总是在非常时期或者关键时刻凸显。

只有把自己喜欢做的事，想要做的事，做得尽善尽美，做得问心无愧，做得让自己满意，其他就由历史沉淀后评说了。

距离北京奥运会不到一年的时间，时任国际拳联主席吴经国突然把规则作一个大调整。芝加哥世锦赛之前，点数为20点或者KO中止比赛。改变后的规则是在裁判亲眼清晰地看到没有格挡，没有防守的情况下打到对方，而且还有一定重量的拳才能得点。规则一出来，世界震惊了，拳击界也一片哗然。运动员为了得点，都拼命地打重拳。所以，北京奥运会就出现2比3、1比0，甚至还出现了0比0的比赛局面。也就是说，场上得1点非常难。五个裁判要有三个裁判同时看到才能判得点，行内人都摇头感叹，这何其艰难！这个规则的改变不仅导致赛场上的变化，也考验运动员经受突然改变的能力，还考验教练员审时度势和对规则把握的能力。然而，张传良没有改变。此刻世界拳击都在改变。但无论规则如何变，都是万变不离其宗。从来都是打人者赢，被打者输。他坚持不改变。但是，很多声音也都出来了——在这个规则下，中国拳击不可能获胜，邹市明就更不可能了。人们再次提起张传良制订的三步走计划时，说是天方夜谭，不可能完成。

北京奥运会宛若仪态万方的女神，深情款款地飞落到中国大地上。中国沸腾了，世界沸腾了。

拳击比赛开始，古巴和俄罗斯的队员就玩命地打，拼得你死我活。但是打不到明显的身体部位，还是不得点。赛前，张传良给运动员布置战术时就说，我们还是要在点数上增加。一拳没有，两拳没有，三拳一定会有。事实证明，他的这个"不改变"的认识非常重要。如果当时他也去改变，与对手抗衡，可能就不会有两块奥运金牌入账。欧洲运动员身体力量实在太强，一拳出去仿佛打在一堵墙上，甚至会被弹回来。所以，运动员在不挨拳的情况下，就能奋力反击。邹市明进入半决赛，他的心也悬起来。不是担心他的技战术，而是前一天训练时邹市明的头部受伤。如果场上冲撞,震荡后会把刚刚愈合的伤口震裂。血流下来,场上裁判员就会检查,很可能取消比赛资格。赛前,他想了一个办法,在他头盔顶端紧紧地缝了一沓医用纱布,正好压在伤口处。即使出血也会被纱布吸收,不至于流血过度而被终止比赛。但他心里还是不安,万一,万一呢——上场前,张传良给邹市明说了三个"千万":千万不要跟对手对攻;千万不要让对手撞到你;千万别做或者少做摇臂动作。邹市明这场比赛打得异常艰难。对战的选手是法国运动员,预赛时邹市明赢他19点。但这场比赛,邹市明是带伤上阵。半决赛要是打不进去,金牌就如天上的云,说不定飘到哪儿去了。比赛还有最后十几秒钟,邹市明还是2比3落后,这个点怎么打也上不去——所有在场的人都屏住了呼吸,大家都把这块金牌寄托到他身上,也唯有他具备这个级别的实力。如果在四分之一决赛时被淘汰出局,别说在场的人接受不了,就是拳迷们也不能接受。大家都屏住呼吸,紧张地盯着拳台;相反,这时的张传良倒是非常镇静,他说市明稳住,逼住他,同时打反击——邹市明就是邹市明,师父的声音虽然不大,但他听得一清二楚。他抓住一个瞬间,啪啪啪就是三个重拳,法国选手被击倒,裁判给对方数八。邹市明上了1点,3比3平。欧洲运动员也是人,也禁不住连续的击打,遭遇击打一样会倒地。

　　师父知道邹市明小分赢得非常多,于是,他做了一个手势让他两边走一走。比赛的锣声恰在此时响了,邹市明拿下了这场比赛,进入半决赛。早已习惯了比赛场上锣声的张传良,他觉得这次的锣声无比悦耳,犹如流淌的溪水,也宛如月光下的琴声。因为到三天后的比赛,邹市明头上的伤就无大碍了。

　　邹市明连续进攻能力特别强也特别好,看着他是移动的打法,实际上就是"斗牛式"的打法。虽然移动着打,但没有脱离对方。一撤就出拳,一撤又出拳,先打再反击。一旦输了点,他一定会想办法打回来。说到底,他是用高强度的节奏和高负荷的运转,打破对手的呼吸节奏——反复进攻,反复,再反复,对手刚呼吸一半,又反复,欧美选手适应不了。邹市明高强度快节奏的打法,也体现了中国运动员负荷训练的正确性,体现了运动员技术、反击、速度、灵活和斗智斗勇的综合能力。邹市明无疑是拼搏的典范。拼搏是一句口号,也是一种精神,但不是训练手段。只有拼搏的精神,而没有拼搏的实质内容,拼搏就完全是一句"空话"。张传良曾经与邹市明也与队员们讲过,你们在场上拼什么?拼速度,拼力量,拼耐力,拼能力——那么搏什么?搏技术,搏距离,搏时机,搏应变能力,搏节奏变化——所以,只有拼搏精神还不行,一定要有拼搏手段才能赢得比赛的胜利。

带邹市明训练中

规则的改变，极其考验教练员的思想和智慧。作为教练员，智慧和战略思想至关重要。

中国拳击打法训练的每一步，张传良都有计划有针对性。他又十分注重运动员的能力速度和力量的训练，并练到极致。练到一定程度后，就转到专项训练，只有专项训练能帮助运动员提高技术，也是赢得比赛的保障。他还有一个重要的训练手段，就是图像解析。以邹市明为例，他的每一场比赛都无死角地录下来。每场比赛后，回到住处的第一件事就是看录像。不仅邹市明看，团队所有人都要看。特别是打得不好或者打得不够完美的比赛，不但要看还要总结分析。优秀的运动员不是一天练成的，每一个运动员都有先天的东西，也有后天的努力和培养。张传良深谙其中的原因和道理，他说：一个只懂得享受胜利，而不懂得总结经验和教训，尤其面临困境不努力的教练员，就不会有创新。赛场上，永远都充满了未知和变数。教练员不但要提前做好技战术的布置，临场指挥时还要依据场上的变化做出判断。

张传良深知，很多时候，人力难为，战胜自己谈何容易。但是，作为运动员就得付出超出常人的努力，才能战胜自己。从事教练员的职业以来，他不但亲手安排队员们的生活，还竭尽所能地照顾他们。给他们思想足够的空间，也就是说自由的空间，让队员不断地迸发出新的思维火花。让队员心情愉悦地训练，他们才能很好地理解技战术的要领，才能创造性地训练，才能有效地发挥自身潜在的能力。他绝对不会让运动员带着情绪带着心结，背着包袱带着疑问训练。他总是用最朴素的语言，讲出最深刻的道理。包括他对拳击技战术的讲解，就算不懂拳击的外行，都能听得兴致盎然。他的表述能力超群，他的拳击思想以及对拳击的认识，不仅在他脑子里，还在他的身体里，拳击就如他的一个本能。对于拳击这个项目，他说如果看不见项目的细节，就等于什么都没看见，就等于长一颗空洞的心和空洞的大脑。那么，概念也是空洞的。每个人都长一双眼睛，可眼睛看见的东西却不一样。有的人一眼就能洞穿表面直至深处。于是，就看到了目标。心中拥有了目标，前行就有了路，由此，哲学与宗教就参与其中。

　　哲学促使人辩证思考，宗教告诫人虔诚丈量。

　　天才，不能不工作；天才，也不能代替劳动。要发展和利用才华，必须长时间地学习勤奋地工作。人越有天才，他所面临的工作任务就越复杂，就越重要。"莫愁前路无知己，天下谁人不识君。"张传良是一位智者，他不仅在困难中自我救赎，也毫不吝啬地救世。因为，他心中的信仰从未失落，也从未陷入凡尘的困境。现任国家乒乓球协会副主席高亚翔，说传良是中国体育界教练员中的大师级人物。他所带的运动员从全国比赛到全运会，从世锦赛到奥运会，不仅邹市明是他的代表作，还有很多运动员都经过他的雕琢。而且他带的贵州运动员，在中国拳台上也都是成绩斐然。所有经过他训练的运动员，成才率成功率是最高的。无论是在中国还是世界，他都是以真正技术训练为核心，然后再围绕技术体现以技术为核心的训练大师……中国拳击打法和风格的形成，是他对世界拳击的贡献。因为，他充分地把辩证法运用到拳击训练中。国家体育总局科学研究所所长冯连世对张传良的中国拳击十分推崇，他在成功教练员应该具备的重要品质的课件中，深刻地解析了张传良执教中的优秀品质，他说张传良不仅有团队合作意识，还善于总结与反思；他不但具有创新能力，还有引领、实践项目特点的研究及专项训练理论创新的能力；他不但能准确地把握项目的制胜因素，还能结合运动员实际情况，坚持"六从六练"原则和"八以指导"思想……张传良坚信，只有坚定信念才是行走的根本。

人性的本质既能在生活中体现,也能于职业中呈现。而职业中呈现的人性光辉更加耀眼,也更能鼓舞人。

竞技体育不仅靠精神支撑,它还是心理素质、经验、力量、速度、技术的一个综合体现。2004年,世界大学生锦标赛后,在一次总结分析奥运会级别梳理的会议上,张传良提出了"一大一小"冲击世界冠军的想法。此时,他已经掌握了中国拳击的节奏。锦标赛时他又看到了大级别的机遇,与欧美人相比,我们的身体条件的确有一定的差距。但是他也发现,大级别比较容易突破。首先参加的人数比较少,有的比赛仅抽签,或打一场比赛就能进入前八名。邹市明无疑是中国拳击小级别标志性的人物,而大级别还是空白。于是,张志磊就进入了他的视线,训练和比赛时,张传良也有意无意地对他进行了一个简单的测试。这个队员本身条件不错,协调性也比较好。但很多人提出异议,说张志磊只会打左右直拳。练了八年拳击,组合拳运用得还不够熟练,不敢打勾摆拳。而且,比赛中还不够自信,台上迎拳时常常闭眼睛。技术不全面的大级别运动员如何能带出来?打个全运会冠军还勉强,打世界冠军打奥运会岂不是白日做梦……沈志刚再次挺身支持他,他说张总既然提出来,就一定有办法。会后,常建平不无担忧地问,张志磊能行吗?他可是大级别。张传良点头,说这个运动员技术上是有一些不足,但这就是需要教练解决的问题。说他胆子小,是因为他的技术不全面,又因为他两米多的身高。所以在台上他不知道怎么去躲避和防守,只能靠左右直拳去打……提高张志磊的能力需要几个步骤,三个月练速度,三个月练节奏,三个月练时机,三个月练体能素质、能力力量和专项素质。改变张志磊需要一年的时间,但我们没有那么多时间,而且训练的整体计划还不能破坏,这四项训练有三项不跟着计划走。速度并不是让他去打人,勾摆拳还要学会,组合拳也要做出来,还要做得十分流畅。一个星期做两次,一次10分钟。八秒以内的空击练习,解决他速度协调的问题。在不影响大计划训练的前提下,每周两三次每次10分

张志磊

钟。要想解决运动员的问题,只有菜单式地列出来,单元式地解决。速度能解决他很多不足,邹市明带他做,虽然他俩不是一个级别,但市明快,能加强张志磊的协调和流畅性。正常训练照样跟,为他制订的训练计划每次只做 10 分钟、15 分钟、20 分钟……为把张志磊训练成全面型的队员,只有走个性化训练之路,才是他成功的出路。张传良的观点和训练目的都很明确,小级别能做到的,大级别也能做到。张志磊还需要一位与他身材身高相匹配的手靶教练。曾经的全国冠军,北京亚运会+91 kg 级亚军,身高以及个人条件都非常不错的赵德岭教练是最佳人选——常建平支持张传良。在常建平的协调下,赵德岭来了,三个陪练也来了。

对于训练,张传良不仅勇于创新,敢于创新,他还有独特且全面的思考。

说起中国拳击打法,国内很多人都走进了误区。认为"不挨打"是全部,其实不然,就连邹市明的移动打法也只是其中的一种。中国拳击打法进攻无死角,在别人认为没有角度进攻时,恰恰能打出意想不到的拳。张传良早期带的队员大多都是进攻型打法,但是他们的技术全面。进攻型的运动员如果技术不全面,场上就会受到限制。所以,严谨、严密,也是中国拳击打法的一部分。

赵德岭当时十分忐忑,给张志磊做手靶教练,这对他来说是一个极大的考验。赵德岭对张总教练的训练比较了解,他不仅注重个性化训练,还会以运动员的个体为主导方针,他的训练又以变化多端而著称。特别是他的个性化训练体系非常独特,他的训练不是一成不变的。赵德岭对张传良的手靶训练有一定的了解,他手靶的距离、强度、进退像是"游击战",既有出其不意的创造,又有情理之中的创新。自己能否跟上他的节奏,对他训练的理念能不能理解吃透……张传良看出赵德岭的心思,说德岭你没问题,你是一名优秀的运动员,又做了多年的教练,我相信你。经受过竞技体育考验的人,心中永远都有一股激流涌动。这股激流有时候暗藏于礁石的缝隙中伺机而动,当风势来临,激流就会喷薄而出——要想让运动员进步,手靶教练就要先把自己练好。下了训练场地,赵德岭还给自己加课,教练做不出来,运动员又怎么能做出来? 赵德岭既懂得运动员,又有做教练员的经验。每一次训练后,他都认真地总结并诚恳地和运动员探讨,他也把不解的问题拿出来请教张总。赵德岭说,每次与张总交流,都是一次学习的过程。张传良对拳击的认识,对拳击文化的理解深入到项目的本质……备战周期,赵德岭体重减了近 20 kg。赵德岭说,手靶教练员是执行教练给运动员做技术性的训练,根据对手的情况有针对性地训练。手靶比沙袋更真实,有距离有控制有调整。张总的手靶训练又比较细腻,技术手靶、强度手靶、距离手靶、力量手靶,特别是强度手靶。赵德岭的心率与运动员的心率几乎一样。所以,手靶教练亦如运动员的伙伴,也是运动员的对手。因此,手靶教练十分关键,位置、距离、节奏做不好,就不能成为名优秀的手靶教练员,也不能成就运动员。

落红不是无情物,化作春泥更护花。

意大利训练期间合影

尽管退役多年,但是多年的拳击教练员生涯,让赵德岭更知道运动员的甘苦。张志磊的进步非常明显,芝加哥世锦赛后,他从拳台上下来时眼眶盈动着泪水,他感慨地说:"没有张老师,就没有我的今天。"此时张志磊的直摆勾动作完全自如,包括防守技能也有了极大的提高。确切地说,他的综合能力提高了一大截。芝加哥世锦赛,张志磊拿到了北京奥运会入场券。第29届北京奥运会上,他获得91 kg级别银牌。后来转战到职业赛场的张志磊,依然是一名悍将,职业赛场上也是捷报频传。

赵德岭说,张总是运动员的福星,也是困难的克星。无论哪个运动员,他一眼就能看出长短板,一眼就能看出运动员的问题所在。所以,他的每一步训练都是有针对性的,都是有效的。正是张老师先进的训练体系,才使张志磊成为中国拳击重量级标杆式的人物。

张传良对待项目不仅有态度还有高度,他以风吹雪,以水酿酒,以执着成就事业。

竞技体育的比赛,是思想是品质是品格也是境界的表现。不同程度的运动员,比赛中表现出的风格也不尽相同。境界不同,对体育项目的认识自然也不一样。竞技体育是一项神圣的艺术,我们要好好地去保护。要学习体育精神,学习体育的思想和品质,而不是在没有认识什么是竞技体育时,就盲目地评价和批评,这样就玷污了竞技体育本身的纯洁和神圣。

——张传良如是说

4

拳击不仅能激荡人心,还能给予人们精神力量,一路走来,它高昂地唱出一曲悲壮之歌。所到之处,拳击给人们传播了不屈的精神之光。回到中国的拳击像一盏灯,从历史的隧道里燎原出灿烂的光,在拳击人的心头点燃了一把大火。喜爱拳击的人宁愿做一只飞蛾,义无反顾地迎着熊熊燃烧的大火——涅槃重生。张传良迎着火光走去,他燃烧了自己,照亮了前方,也影响了世界。他走出了一条闪着光芒的拳击之路,他在《对训练创新的几点思考》中,详细地分析了中国体育和世界拳击。他对项目分类的再认识,对训练理论的再认识,对教练职业的再认识,对管理和训练到对项目的再认识,尤其对"三从一大"的再解读,不仅令同行刮目相看,也令对竞技体育有深刻认识的有识之士震惊。他又在"六从六练"的原则基础上,创造了"八以训练"指导思想。从中,他不仅诠释出了拳击的灵魂,也找到了项目的脊梁和项目的支撑。

如果说"六从六练"原则是云,那么"八以训练"指导思想就是鸟。云俯首看鸟,鸟仰脸望云。鸟愿为一朵云展翅,云愿为一只鸟搭桥。伟大的诗人泰戈尔早就以诗的方式阐述了哲学家们追求的和谐和统一,因此,所有的疏离和距离都消融于阳光下,消融于繁花里。

于是,水融进水中。

张传良的训练原则和指导思想也如云朵和飞鸟,比翼齐飞。

以技术为生命。训练运动员掌握全面的技术,没有技术,再大的运动量,再大的力量,再好的体能,和再好的心态都无用。没有全面的技术也谈不上战术的运用。合理的战术运用可以掌控比赛的命运。拳击的战术是为胜者准备的,败者没有战术可言。以速度为灵魂。速度是竞技体育的核心,中国拳击只有在"快"字上下功夫,通过快速度和快节奏才能与世界强国抗衡。以距离、时间差为突破口。距离控制得好可以掌握场上的主动权,时间差把握得好就能改变正常的拳击规律。慢可以打快,轻可以打重,短可以打长,矮可以打高,把握好时机,可以改变破坏不同节奏的打法。以心理、意志品质为保障。心理因素差的队员不能确保很好地完成比赛,在训练中心情好坏,决定每一次训练课的质量。心理稳定,意志品质顽强的运动员能打硬仗。以体能为载体。体能训练是力量和专项训练的载体,是比赛的基础。因此,拳击体能训练应紧紧围绕场上时间的需要来进行。以控制来把握。谁控制好场上比赛的节奏,谁就能掌握场上比赛的主动。根据五种不同选手的打法,以及场上的变化来控制把握。那么,正常的运动员能发挥平时训练的百分之七十就是成熟运动员。如果能控制住对方,让对手百分之七十的优势得不到正常发挥,那就是一名优秀的运动员,如何控制把握好对手的每一个环节非常重要。以创新求发展。中国拳击走向世界必须走自己的创新之路,要有自己独特的风格和特点,才能在比赛中取得胜利。以赢得比赛为目标,是所有训练的最高目标。

  有了理论体系,实践就有了根基。

  拳击项目是以综合技术为主、全面能力为辅的力量与技术对抗的项目。拳击是快速力量的体现,是智能技能体能间的较量。亦如竞技体育讲金牌,法律就讲证据,但张传良的训练思路是过程的正义性大于结果的正义性,他把过程设计得极其科学和严谨;同时,他又把武术进攻和防守的战略战术,很完美地进行了升华和融合。所以,他才能带出全运会冠军、世界冠军、奥运会冠军。突破历史靠的是能力和实力,而不是靠口号或者媒体的宣传。

  张传良一辈子都在从事竞技体育,面对项目,他不是单一地阐述某一个问题,而是对项目技术战术全面理解后的总结。

  每一堂训练课流淌的汗水,都是运动员生命的写照;每一场比赛的胜败,都是对运动员的一次检验。再回到 2003 年泰国曼谷世锦赛,邹市明走向国际拳台的首秀,就上演了一场惊心动魄的争夺之战。初出茅庐的邹市明,可谓完美地诠释了师父教授他的各种技战术。第一场比赛,他就淘汰了古巴世界冠军巴特雷米,一路杀进决赛,虽然只获得银牌,但他把移动反击的打法发挥得淋漓尽致。这场比赛成功的意义,远远地高于结果本身。这场比赛的胜利是向世界宣告,中国拳击经过挣扎,经过革命——已然崛起。尽管张传良的工匠精神,在国内可能还不被一些人认知,但是世界拳击人认可他。他是训练的奇才,他的训练理念是智慧和思想的结晶。

只有不停地行走，不断地研究和钻研，才能使项目日益发展，才能让那些热爱竞技体育的人看到希望，看到阳光。

教学训练

2003年12月，亚洲锦标赛，这场比赛也是雅典奥运会的选拔赛。邹市明经历了严峻的考验，因为他刚刚打了世界锦标赛，还沉浸于没能拿到冠军的失落里。这次比赛是在菲律宾的巴拉旺岛举行。巴拉旺岛是一个美丽的岛屿，这里有世界闻名的普林塞萨地下河，这一地下河又被评为世界上最美的自然奇观之一。团队的人来到巴拉旺岛心情自然是十分愉悦，虽然不能亲临景点观景，但多年的征战也见到了成绩。这时候的邹市明还很年轻，比赛经验还不成熟，但是他的拳击技术已经引起很多国家的关注。团队的人自然会为能来到这么美的岛屿打比赛，而心旷神怡，深吸一口空气，都觉得无比通畅。一场场打下来，邹市明一路过关斩将令团队所有成员欢欣鼓舞。但是决赛时，他的对手是巴基斯坦拳手。这名选手像个还没长大的小孩，没什么名气，成绩也是平平。可就是这场决赛，邹市明在领先的情况下被判输。所有的人都愕然地盯着拳台，心里也都明白这里有场外因素干扰。可是结果就是结果，无法更改。

一年参加两次国际比赛，两场都打出水平，却被判输，邹市明十分委屈，他从心里不能接受。师父说一名优秀的运动员，要经得起挫折，挫折也是历练。只有经得起各种历练的运动员才能走到高处。打点积分的体育项目，有时候会因为各种原因不那么公平，运动员会受委屈，可总得站起来面对下一场比赛。或许下一场比赛的境遇比这场还严峻，但是只要你做好了准备，谁都不能击垮你……师父的话虽然句句在理，可邹市明的情绪还是调动不起来。佘宏十分理解，他知道这对师徒都有完美情结。张老师遇到事情喜欢一个人独自扛着，徒弟遇到不顺时总想要个究竟，总要找出症结。

　　赛后的第二天，团队就从菲律宾登机回国。返程时，团队在香港转机，正好有空暇时间。佘宏就对邹市明说不要伤心了，今天陪你去看看香港，顺便在这个购物天堂买点东西。邹市明强打精神笑了笑。佘宏特别喜欢邹市明，且不说他的成绩和他永不言败的精神，他还有一颗纯净和纯朴的心。无论多么优秀的运动员，前提都要先做人，做好人。看他闷闷不乐的样子，佘宏心里也不好受。他们乘地铁到了维多利亚湾，旁边刚好有一个运动鞋专卖场。他说，市明你不是要买一双阿迪达斯的运动鞋吗？我们进去看看，没准儿有你喜欢的样式。一个20多岁的男导购接待了他们。为了逗邹市明笑，佘宏向导购介绍说，这是邹市明，是我们的英雄，曼谷世锦赛……那个小导购兴奋得一个劲地咂嘴，他说想不到，真想不到，您能到我们店里来买鞋。导购单腿跪地要帮他试鞋，邹市明噌地站起来，他把导购也拽起来。可那个小导购说啥都不起来，执拗地要单腿跪着给他试鞋。他说在电视上看过邹市明的比赛，邹市明在他心目中就是英雄，他很高兴能有机会为英雄试鞋。邹市明十分不好意思，很难为情地接受了小导购的服务。他买了一双可心又可脚的运动鞋，高高兴兴地回到住地。路上，佘宏半开玩笑地说：看见没，你不光是我们心目中的英雄，也是香港人民心目中的英雄。所以啊，要像张老师说的那样，尽力做好自己该做的能做的，就是对自己和对他人的尊重。

　　虽然只是买一双运动鞋，但是，邹市明从中学到了拳台以外的很多东西。

　　2004年初，又是在泰国曼谷的比赛。泰国已经连续四五十年举办"泰王杯"了，"泰王杯"是国际拳击A级比赛。每年都有很多国家的优秀运动员参加"泰王杯"比赛，应该说泰国也把"泰王杯"当作他们国家的一个窗口，以这扇窗口来宣传他们的国家。"泰王杯"也是世界拳击者向往的圣地，还被称为"小世锦赛"。拳击手都想在"泰王杯"的比赛场上决一雌雄。这一年，邹市明被邀请参加"泰王杯"的比赛。邹市明在"泰王杯"的几场比赛，都堪称经典。

泰国有一名与邹市明同一个级别的运动员,译音为班农。班农不仅是当时泰国最优秀的拳手之一,也是世界著名拳手。第一场比赛,邹市明抽签就遇到了班农,这场比赛可谓是一场遭遇战。当时很多皇室成员都来看这场比赛,王子也来到比赛现场。一上台,班农挑衅的眼神儿和手势足以说明他对邹市明的蔑视。但是,邹市明丝毫没有受到影响,他不慌不忙地跳上拳台,还与现场的观众友好地做着手势。第一回合,邹市明打的是移动反击战术。出拳带风,凶狠稳健,一个假动作,一个后手直拳,再一个假动作,又一个后手直拳,连续七个后手直拳,凶狠的落点都打到班农的头上。裁判员开始读秒,班农举手示意还能打,邹市明冲过去又是一记重拳,班农被 KO……这场比赛打得干净利落漂亮。观众响起掌声,邹市明向观众行礼致意。赛后,一位美国仲裁拉住佘宏问,这个中国运动员打得太好了,太好了,他的教练是古巴人还是俄罗斯人?佘宏看了一眼美国仲裁,自豪地说,他是我们中国人,是我们中国的教练,他叫张传良,邹市明就是他一手教出来的。

这次比赛,邹市明还淘汰了美国黑人选手劳希·艾伦,这名运动员天赋异禀,九岁就获得美国金手套奖。很多业内人都看好他,他也给大家留下了非常深刻的印象。前两场,他都是大比分赢下比赛。尽管与邹市明的对阵中,劳希·艾伦输了比赛,但他一点儿不沮丧。下场后背起背包,吹着口哨悠然地走了。后来,劳希·艾伦和他的教练接受采访,他说邹市明太优秀了,出拳太快了,我根本就打不着他……美国《纽约客》杂志记者伊文·欧斯勒只身来到中国。两年的时间里,无论邹市明在哪座城市比赛,他的身影就出现在哪里。世锦赛结束后,他这样写道:"他的队友一直待在餐馆外面,看橱窗里的商品,而邹找了一个空桌子坐下,打开一份中文报纸,浏览着标题,几乎没有感兴趣的内容。他的鼻梁有些肿胀,青紫,那是几个小时前的一场比赛留下的。他仍旧穿着红黄相间的运动衫队服,背上用金色丝线绣着'CHINA'。在他的左胸上戴着一枚毛泽东头像的铜像章——那是他的教练张传良(他称呼为张老师或者张爸爸)送给他的礼物。经过八天的比赛之后,邹市明的脸颊凹下去了,笑时带着倦意。'我饿!'他用中文说道。

"邹现在可以饱餐一顿了。他赢得了今天比赛的胜利,获得了他的第二个世界锦标赛冠军,巩固了他作为中国历史上第一位被认为是奥运会金牌有力争夺者的拳击手的地位。而仅在几年以前,很难想象一个中国拳击手能够取得如此的成绩。拳击项目被禁止了几十年,因为在毛泽东时代的政府认为它过于暴力和过于西方化。直到 1986 年,体育当局做了一个计算:

拳击项目有12个级别,因而可以提供几十个获得奖牌的机会,之后才恢复了这项运动。这对于一个一直把争夺奥运会奖牌作为国家头等大事的政府来说意味深长,在中国准备举办北京2008年夏季奥运会的时候,这种信念从来没有像今天这样的强烈。中国的拳击官员给他们的目标起了一个名字:金牌零的突破。

"'我们在2008年奥运会上的目标很明确:一枚金牌。'中国拳击协会主席常建平告诉我说。当北京的媒体询问拳击队总教练张传良先生,事情的前景如何。他回答道:'整个国家拳击队只有一人真正能够有能力获得这个轻量级别的金牌——邹市明。'

"邹市明静静地从热身区走向拳击台,宣告员结结巴巴地念出他的名字('市明邹!'),场内一阵有礼貌地喝彩。他钻过围绳,在他的拳台角一侧,站着身穿一件带钩标志(耐克)的汗衫的教练——张老师。张老师看上去不怎么起眼,以至于像是一位近距离观赏的观众。张教练在1986年转项到拳击项目,在那以前他是武术教练,在拳击他获得了最高级别的教练员称号……邹转身向张隔着围绳做长时间的拥抱,他的拳套围绕着老人的头。在与张老师相处了十几年之后,邹提到他的时候多过提到父母。'我们像父亲和儿子——'邹说道。拥抱是一个赛前仪式。'他使我平静。'……"

两年的时间,伊文·欧斯勒像一只跋涉飞翔的鸥鸟,他的文笔像一支长矛,既挑开坚硬的盾,也刺穿这对师徒内心深处的柔软。

师徒赛前的拥抱

当一个人站在阳光下,就成了透明人,也成了靶子。所有的明枪暗箭都会朝你射来,因为只有战胜你,才能光芒四射。

2004年,在雅典奥运会四分之一比赛时,邹市明的对手,还是古巴选手巴特雷米。巴特雷米是享誉世界的优秀拳手,但邹市明也是用拳头打进了世界。邹市明凭着全面的技术,尤其他的绳边技术,一次又一次地战胜世界优秀选手。这些技术不仅是他的撒手锏,也是他独有的技术。可以说是天下无敌。上场后,两人打得很胶着,但邹市明稍占上风。打到中场,邹市明有意把巴特雷米引到绳边,巴特雷米仿佛也中计地跟他往绳边打。邹市明看准了时机,打了一套绳边的组合拳,可巴特雷米回击了一套组合拳。巴特雷米是有备而战,也就是说古巴人研究了邹市明的绳边技术。比赛结束后,张传良带着团队反复地看了录像。巴特雷米躲过邹市明组合拳之后,就抓住了他。师父带着邹市明长期练习的这套组合拳,已经动力定型了。这套组合拳的速度非常之快,而对方在他的组合拳结束以后,打中了邹市明的下颌。邹市明在拳台上开始摇晃,而台上的裁判并没有中止比赛,或者数八。邹市明就是邹市明,他在很短时间就恢复过来。这场比赛,邹市明虽然输了,但他依然是英雄。

师父非常痛心,此时的邹市明已经具备了夺冠的实力。他自责的同时也意识到,好事常常穿着灾祸的彩衣来到我们身旁,因为坏事是一个心胸狭窄又容不了天下的"好事者"。

2005年,是邹市明运动生命中的一个关键年份。这一年,拳击世锦赛在中国绵阳举办。美丽的绵阳似乎对这对来自大山深处的师徒非常钟情,绵阳是这对师徒的圣地,也可以说是他们的福地。邹市明一场一场打下来,进入四分之一比赛,他又面对老对手巴特雷米。人与人之间的缘分,上天早就注定了。尽管巴特雷米与邹市明生长在不同的国度,可是他们注定在拳台上相逢,注定是拳台上的对手,也注定他们之间英雄般地惺惺相惜。最后一个回合,邹市明赢点。就在最后几秒钟,巴特雷米向邹市明扑过来。巴特雷米蓄势冲过来一定是组合拳,连续多拳就可能打平,甚至还会反超。在生活中,几秒钟不过是眨几下眼睛,不过是走两步路。然而,师父不会把几秒钟送给对手,也不会让这几秒钟给爱徒留下疼痛。台下的观众也似乎感受到了台上的剑拔弩张,他们都屏住呼吸睁大了双眼地盯着拳台。偌大的比赛场安静得连虫鸣声,都被紧张的空气窒息了。巴特雷米像一匹凶狠的恶狼,瞬间冲到面前——

"趴下——"

邹市明毫不犹豫地单腿下蹲,身体趴在拳台上。师徒俩仿佛是一个人,配合得天衣无缝。裁判搞不清发生了什么情况,"stop——"后,又重新开始。就在这一刻,比赛结束的锣也当的一声响了。全场的观众爆发出雷鸣般的掌声……事后,师父说,他本来是想喊:蹲下。情急之下,喊错了。为了迎接这次世锦赛,新装修的绵阳体育馆大气宽阔,整洁明亮。邹市明手中的国旗宛若一只燃烧的火把,在场上跳跃着火光。

　　经久不息的掌声,犹如涨潮的海水咆哮出压抑了许久的涛声。

　　多年以后,邹市明说张爸爸的那声喊,仍不时地在他耳边回荡。那以后,无论是场上还是场下,无论是遇到委屈还是辉煌时刻,他耳边都会想起张爸爸那声喊。尽管声音不大,却充满坚定和力量。2005年绵阳世锦赛,到2007年芝加哥世锦赛,邹市明两度夺冠。芝加哥世锦赛,中国拳击队奖牌数名列前茅,北京奥运会综合排名再次获得世界第一。这足以说明,中国拳击努力方向的正确性,训练原则和指导思想的正确性。取得的成绩不仅令拳迷们欢呼鼓舞,也得到世界同行的认可。历练和磨炼是人生一堂必修课,任谁都躲不过。但是,会有人就此沉沦,也会有人因此奋起。或许,每个生命来到世间都各有使命,冥冥之中都在自觉不自觉地承载着命运赋予的责任和义务。张传良一路走来,训练大师是他的使命和担当,邹市明生来就注定是一位享誉世界的拳击手。绵阳体育馆不仅记录了邹市明世锦赛的战绩,这座豪气的体育馆还在自然灾害降临人间时,屹立不倒。它用宽阔的胸怀接纳了那些无家可归的人。地震无情,人间有暖。

　　命运不仅属于生命,大自然也有命和运。

　　绵阳世锦赛在观众的欢呼和掌声中落下帷幕。张传良带着邹市明,带着团队又把目光瞄向了2008年北京奥运会。新一轮的训练又开始了。按照国家队的计划安排,2006—2007年的上半年,基本上都在国外训练。阿西西位于意大利翁布里亚大区佩鲁贾省,坐落于苏巴修山西侧的山脊上,四周被葱翠的绿野环绕,国家拳击队在这座城市与意大利国家拳击队一起训练。意大利国家拳击队的队员有的是警察,有的是现役军人,还有的是职员。国家队训练馆不是太豪华,但训练的器械非常合理。主教练名字的译音与苹果相近,他对训练也十分严格。休息间歇,"苹果"先生说,意大利国家队就是缺钱啊,没有办法。只有临到奥运会,用协会的方式临时集训,把人员抽调上来集中训练。中国公开赛后,意大利教练接受采访时,他一把拉过张传良,说张先生才是世界大牌教练。意大利拳击深受他的影响,原来都是勇猛顽强的进攻,后来也学会了退着打。意大利拳击队特别想到中国来训练,目的就是想学习他的训练理念和方法。

世界是现实的,世界也是诚恳的。只有项目的技战术和成就都达到高度,世界才会认可。

意大利训练结束,国家队就转到古巴,与古巴队合练一到两个月。对于高水平的运动员来讲,与世界拳击强国队员训练交流,这对积累国际大赛的经验尤为重要。

号称美国后院的古巴,是一个美丽并且资源丰富的国家。有明媚的阳光,有清澈的大海,有白沙和海滩。古巴就像镶嵌在海岸线上的一块晶莹剔透的翡翠,古巴的自然风光使这个享有"加勒比明珠"美誉的岛国成为世界一流的旅游和疗养胜地。走在街上,虽然马路坑洼不平,但十分干净。街道两旁的房子虽然很破旧,路两旁的大树却粗壮葱茏,树枝上挂满艳丽的花朵,空气温润宜人。深深地吸一口,从喉咙到肺部通透得像吸了氧。当地的老百姓对中国人非常友好,中国商品在古巴的商业街上随处可见,就连中国拳击队租赁的车都是宇通客车。当地的老百姓只要看见中国人就主动攀谈,说你们中国发展得可真好,你们的生活真幸福……走在古巴的街道上,从教练员到运动员都为自己是中国人而骄傲和自豪。

一到古巴,大家都陶醉在这个看上去不富裕,却美丽洁净的国家。当中国运动员看到古巴队训练的环境时,不禁哑然一惊。中国运动员怎么也没想到,在拳击项目发达的古巴,他们训练的环境却十分艰苦,训练条件也简陋。拳台是用绳子围成的,他们说,运动员训练时需要空间感,在绳子围成的拳台里训练,运动员就会有感觉。古巴队训练分三大块:大级别,力度;中级别,技术;小级别,灵活。古巴队还做墙靶训练,一拳打下去非常硬。佘宏也跟队训练,思考了几年后,他觉得墙靶有道理。医学上称"顺应性改变"。所以,古巴运动员的拳头都非常硬,如果胸口上挨了一拳,会影响呼吸。古巴运动员还有一个特长,他们专打对手的二头肌,当运动员用勾拳时,不一定打头部,而迎击二头肌,这样力量就会翻倍。二头肌遭遇击打是非常有效的,无论是勾拳还是摆拳,都要用二头肌。然而,当看到古巴人对拳击的热爱和对拳击的认识时,队员们都竖起大拇指。在此之前,他们不知道古巴拳击运动员,是在这样的环境里训练出来的。这对中国队员触动很大,因此,队员们都十分投入。

邹市明感慨地说:自己没有理由不刻苦训练。

萨加拉是古巴拳击之父,也是全世界水平和成就最高的教练员之一。古巴人对拳击训练也保护得非常严格,不允许他到外国讲学。萨加拉的《我和我的拳击学校》一书,是用西班牙文撰写的。萨加拉非常谦和,对工作一丝不苟,对运动员对医生也都特别关照。所有人对他都毕恭毕敬。古巴曾是西班牙的殖民地,他们的官方语言也是西班牙语。古巴人对拳击的热爱令所有人感动,但古巴人天生身体条件也是我们可望而不可即的。张传良说,就连门口擦皮鞋的古巴人,肌肉线条都清晰可见。我们就算是天天训练,也很难练出这样的肌肉线条。

与古巴教练合影

与古巴队一起训练,古巴 48 kg 和 51 kg 两个级别六名运动员,都打不过邹市明。阿布力克木竖起大拇指说,张大叔,邹市明真牛,他打古巴运动员都这么轻松。但是,邹市明却在与古巴队的训练中受伤。古巴有一名队员叫黎贡多,他是一位非常优秀的选手,在世界各种大赛上从来没失手过。黎贡多堪称天才运动员,他的纪录还没人能打破。邹市明是 48 kg 级的运动员,如果平时不控制体重的话也就 50 kg 多一点。而黎贡多打比赛的级别是 54 kg,他吃饱喝足可能就是 60 kg 了。若是普通人,相差 10 公斤左右可能不会太明显,可是对于拳击项目来说,体重相差三五公斤,出拳的速度和力量都有相当大的差别。黎贡多的速度非常快,特别是脚下的速度。邹市明也快,但他打得很聪明。训练中,邹市明往后撤了一下,他以为脱离了击打距离,可对方像一条蹿出洞的眼镜蛇,在邹市明没有防备的情况下甩了一下胳膊。这一甩,抽打到邹市明的面部,致使邹市明眼角处受伤。佘宏跑过去问他有事儿没有。邹市明说面部和牙齿都没知觉。佘宏的心突地一悸,他想坏了,应该是伤到神经了。这一夜,佘宏几乎没睡,他不知道休息了一夜的邹市明会是什么状态,他又无数次地安慰自己,兴许睡一宿觉就好了。没知觉只是暂时的一个假象,天一亮,太阳一出来就什么都好了……昨天黎贡多无意中甩的胳膊,也像一缕烟似的过去了。佘宏真想让漆黑的夜色把昨天发生的事故湮灭,如果真是那样就好了。

那场训练犹如一条毒蛇,缠得所有人都快要窒息。

张传良常说,对于拳击项目来说,即便是最常见的崴脚也是事故。如果他当时不去看别的队员实战,就不会发生这样的事故——团队人员都在床上辗转着盼来了天亮,佘宏急不可待地去看邹市明,可他的症状一点儿都没有改变。他说要不是用手摸,都不知道自己还长着脸,还长着牙齿。佘宏又给邹市明做了检查,他担心的事儿终于被证实了。黎贡多这一甩,正好打在邹市明面部神经上。人体下颌骨的地方有一个神经孔,正好这个区域被打中了,他的这根神经受伤了。佘宏急了,如果他这根神经不能治愈,这对备战2008年奥运会的国家拳击队来说,不是一个一般的事故,而是一个无法挽回的大事故。佘宏一刻都不敢耽误,他带着邹市明找到古巴队队医,说无论如何都要帮这个忙。古巴队的队医非常纯朴,用了一整天的时间,帮忙联系哈瓦那当地的医院。医生非常敬业,详细了解了情况后,又仔细地给邹市明做了检查。然后,给他注射了针剂。第二天,佘宏带着他又来到医院想再打一针。医院对这两位从中国来的客人非常重视,可惜,整个城市再也找不到这个药了。医生告诉佘宏,这个药是从法国进口的。佘宏的火一下子窜到头顶,他真想马上飞回国。好在,在古巴的训练也结束了。还没动身,佘宏就与张老师商量,把电话直接打到北京,请国家体育总局体育科学研究所的相关领导,与北医三院的专家取得联系。落地北京,他们没有回住地,而是直接到了北医三院。检查的结果,邹市明的面部神经受损,医院采取了相应治疗措施,才得以恢复。

这个平常而又简单的训练,团队的人只要一提起来就唏嘘不已。张传良更是为这件事恼火,他再三强调,这种事故发生不得。

2008年奥运会前,波兰在一个传统的节日里搞了一个传统的拳击比赛。而且这次比赛邀请的都是欧洲选手,亚洲只邀请了中国。邀请的运动员也都是奥运会出线的选手,这次比赛打得异常激烈。邹市明、张志磊都获得冠军。比赛前,张传良对邹市明提出了要求,他说这次打51 kg级别,上场就进攻。不要退,也不要打移动反击,只打进攻,打强攻,打硬攻,锻炼一下。邹市明打了四场比赛,最后的对手是俄罗斯拳手。俄罗斯队对这场比赛非常重视,他们去了七名教练员。场上,邹市明从头到尾都是进攻,但俄罗斯选手也不退。邹市

与美国职业拳击手合影

明的进攻还绕着打,打两拳绕一下,再打两拳——瞬间,他们就打到了围绳边。对方一逼他,他一个晃步绕出来,转手就是一记重拳,又是一记重拳,裁判就给对方读秒……波兰的比赛,邹市明自始至终都是进攻的打法。为此,他获得了波兰传统比赛的"敢斗奖"。

张志磊对阵的是欧洲选手,开始,他还没有完全放开,出拳也不够果断。场下,张老师给他布置了技战术,第二个回合,他一个摆拳扫到对手的眼眶。张志磊的拳比较重,对手跟跟跄跄地站不住了,裁判读秒。这场比赛,张志磊完全发挥了张老师布置的技术打法,没做任何防守,上去后又是两记重拳。对手教练扔了毛巾……据说这名选手视网膜受伤了,奥运会都没有参加。但张志磊通过这次比赛,极大地增强了自信心。

这次比赛,中国队获得一大一小两个级别的冠军。

实践者需要总结经验,理论需要实践证明。没有实践总结的理论不一定是真理,这样总结出来的理论也只是一支"空枪",只有装上子弹才是真家伙……在实践面前经不住考验,不能落地的理论在实践面前不堪一击。检验理论的标准是实践,检验实践的标准是成功,没有人能随便成功。

——张传良如是说

5

张传良是燃烧的火种,他把热情和温暖都给了竞技体育,给了运动员。在他眼里拳击充满神性,这种神性不但能激发出他的灵性,也能让他的生命时时有灵光闪现。所谓的灵性,就是他对项目的理解和创新。

2005年,邹市明在世界拳击锦标赛夺冠,2007年以后,他的技战术和比赛的能力深深地影响着世界拳坛,也赢得了裁判的广泛认可。2009年,邹市明因结婚,向组织申请不参加在米兰举行的世锦赛。2011年,阿塞拜疆的巴库世锦赛,他再次夺得冠军,并拿到2012年伦敦奥运会入场券。他参加四届锦标赛,拿了三块金牌,一块银牌。八年保持一场不败,这在世界拳击历史上也是难得一见的成绩。由此,中国拳击得到国人广泛的关注,也受到世界的认可。

张传良的努力和付出是常人无法想象的,他和邹市明不仅肩负着为国争光的重任,还肩负走出一条中国人自己拳击之路的重任。他们心里承受的压力更是常人想象不到,也是无法忍受的。他们之所以走下来,是因为他们心中有一个目标,那就是要让世界认识中国人的拳头。邹市明练得苦,练得累,也练得快意。因为,恩师时时都会给他新鲜的东西。

心怀远大目标的人,心中一定有"惊雷"。

邹市明的伤病除了教练知道,再就是教练组成员知道。作为拳台医生的余宏,只要提起邹市明的训练和邹市明对拳击的坚持,泪水就在他的眼眶中滚动。余宏说,邹市明从不把身体上的一些小伤小痛放在心上。但血尿的问题一直困扰着邹市明,作为拳台医生的余宏不敢有半点疏忽,他对邹市明的身体比对自己身体还熟悉。他每天都对邹市明的血尿进行监测,监测两个星期,但血尿如同一块盘踞在海水里的顽石。要想找出根本原因,只能根据不间断监测的数值找对应的治疗方法。监测期间,余宏发现运动量不大的时候,也就是训练负荷不大就没有潜血。在大赛之前,运动量和训练强度都上了,潜血就出来了。

只有大赛前才加大训练强度,这也是张传良训练的方法。他一直强调板块训练，尤其对邹市明，只有在大赛前才会上强度，这也是他根据多年项目训练摸索出来的宝贵经验。总局领导崔大林经常来队里，一边看训练一边听汇报，他对张传良的训练非常认可。凡是看过他训练的人，都称赞他是世界顶级的教练。

关于邹市明的血尿，张传良非常头痛。他思考了许久，是不是训练强度有问题？他为此还与臧广悦交流过。臧广悦说：对于运动员身体的各项指标，特别是邹市明的身体指标，我心里最有数。只有强度手靶训练时，有些运动员会出现蛋白尿，但是第二天早上就恢复到正常水平。这就说明您的训练强度安排得非常合理，非常科学，因为检测的数值就是依据。也就是说，这种血尿是生理性的，而不是病理性的。市明的血尿是不是肾结石来的呢？张传良想起2005年，他带邹市明到阿塞拜疆打"乔杜里"杯的邀请赛。有一场比赛，邹市明腰疼得脸煞白，工作人员都吓哭了。他当即决定不打了，送邹市明去医院。检查的结果，肾结石。难道还是肾结石？张传良又找到佘宏，说邹市明训练强度一下来效果就达不到。特别是他的组合拳，一直是高速运行，没有高强度的训练怎么能行呢。血尿这事儿，还是得交给你们医生解决，而且要尽快解决。无论是肾结石还是训练强度，先要查找出原因，找出病因，再对症治疗。

说起血尿的问题，应该是竞技体育中普遍的现象。就算是比较个体的现象，医生也要想办法攻破这个难题……佘宏理解张传良，他既不想让爱徒受血尿的困扰，也不想让血尿的问题影响到他的训练，更不想让血尿影响到邹市明的日后生活。但是，所有竞技体育项目，不会有现成的训练和伤病具体解决问题答案。出现问题就是推动医生和教练在现实中思考，在实践中不断探索。所以，问题不过是一种游戏的假象，答案一定深藏其中。

不能降强度，又要解决邹市明的血尿，这是张老师提出来的要求，也是佘宏这个拳台医生所要面临并且要解决的难题。于是，佘宏遍访名医。然而，寻访下来，包括北医三院著名的专家，都没有很好解决血尿的办法。专家说，运动性血尿非常顽固。血尿像一只记性好的小鸟，只要一有风吹草动，就回到给予它温暖的窝里。佘宏又找外国医生帮忙，所谓的外国医生不过是资料和文献，他把自己关在图书馆一条一条地查阅。功夫不负有心人，他终于在美国医学学会的一本杂志上，找到几篇关于运动血尿的论文。他花了三天时间，仔细地研读了论文。外国医生对这种情况有比较详细的调查，所谓运动血尿，都是在进行高强度训练时候才出现，不单是拳击运动员，马拉松运动员和田径运动员，都有运动血尿的问题。为此，外国医生做了多个项目的调查，凡是高强度的训练,很多运动员就会有血尿。原因是高强度的训练时,血液对肾脏的冲击,因为在人体的血管里,肾脏动脉占的血流量比较大。肾脏主要负责代谢人体的废物,所以肾脏的血管比较粗。肾脏又是人体的主要器官。运动强度大了以后,心脏的血流量也会加速,就会导致血管的压力增强。这样,对肾小球就会产生轻度的破坏。对运动性血尿没有更好的办法,只能减轻运动量。但训练又需要 10 秒 36 次心跳的强度,如果没有这个训练强度就达不到目的。

佘宏长嘘了一口气。从外国医生的调查结果来看,血尿首先是一种比较常见的运动性损伤,其次血尿不是一个很严重的病。但佘宏还是要找到解决的办法,他提出如果长期都有运动血尿,肾脏肯定会发生变化,国内专家非常认同他的看法。他又找到国内著名的肾内专家,专家一听说是为拳击队员解决血尿的问题,又是邹市明,他说西医恐怕没有太好的方法,他帮忙找了一位德高望重的老中医。老中医给他开了一个处方:虫草配老鸭炖煮,但必须是三年以上的鸭子。

邹市明是世界知名的体育明星,美国人早就注意到他了。只要邹市明到美国打比赛,美国都是顶级的电视台出面接机,保障他的生活。所以,给邹市明看病的专家也有压力,他说这是我们的国宝啊。

一个人成功的背后,一定站着一群人,或者一个团队。否则他无法登上顶峰。

中医不愧是中华民族的瑰宝,三年以上的老鸭肉呈粉红色。于是,佘宏和来自福建体育局负责生化指标监测的归予恒老师,每天轮流给邹市明炖虫草老鸭。吃了一段时间后,果然有了很大的改善。佘宏不仅为自己攻克"运动血尿"而高兴,还为邹市明高兴。毕竟长期的运动血尿,像个恶魔似的困扰着他。2007 年,备战美国芝加哥世锦赛期间,邹市明每天都吃虫草炖老鸭。佘宏委托司务长到市场去找三年的老鸭。后来,他们干脆就自己养。去芝加哥打比赛时,就把鸭肉切成小块,放在随身带的冰桶里,一路漂洋过海到美国。然后,每天都给他熬虫草老鸭汤。佘宏说当时一点儿都不觉得辛苦,而且看到邹市明生龙活虎地出现在训练场上,出现在比赛场上,心里都有一种自豪和成就感。

无私的奉献,是一个团队的保障。只有团结协作,才能建功立业。

跟腱腱围炎,也犹如一条影子始终伴随着邹市明。佘宏为他的这个病伤透了脑筋。张传良也知道跟腱腱围炎的危害性,跟腱断裂或者跟腱撕裂的前因就是腱围炎。当邹市明从国家队回来时,张传良就发现了他得了腱围炎。

教学训练

为此,还让他休养一段时间,但他右腿腱围炎一直都没能痊愈。训练时,张老师还是为邹市明的跟腱担心,生怕有闪失。为此,他要求佘宏,如果不能治愈也必须控制住。佘宏每天都提心吊胆,特别是进行强度训练,还有高强度手靶训练,他的心就悬在嗓子眼儿。怎么办呢?佘宏想了很多办法,都不能很好地解决。无奈之下,他又到北医三院找田德祥医生和曲绵域大夫,当时要是在窗口挂他们的号需要排三个月的时间。可他们给邹市明看病非常用心,像唠家常。后来,佘宏从资料上看到,两位资深专家都有在运动队做队医的经验,他们太了解运动员的伤病了。专家说要想治愈腱围炎的可能性不大,特别是运动员训练期间,唯一的办法就是控制病情,不让它向严重的方向发展。这又给佘宏出了一道难题,他为此翻阅了很多医学书,又加上他多年以来从事运动医学的经验,他决定用功能支持带。于是,佘宏每天坚持为邹市明打功能带。不管邹市明是训练,还是上场比赛,佘宏都亲自给他打带子。支持带都是从日本进口的,弹性比较大。邹市明也是一个有心的运动员,慢慢地自己也学会了缠带子。从北京奥运会,一直到伦敦奥运会,这个带子从没离开过邹市明的右腿。北京奥运会,他夺冠后,教练和团队所有的成员都长出一口气。

佘宏悬着的心也落了回去。

2012年,拳击队在海口冬训结束,邹市明的腱围炎又时不时发作,虽然不太影响训练,但因为之前腱围炎的原因跑步很少,担心他接下来训练时的有氧能力,保障不了强度和恢复。由此,张传良的训练也有了改变。训练时空击和沙袋让邹市明用左手做，换架后，他后脚就变成前脚。张传良还从中深受启发，他又创造了换架技术。创造了新技术的同时，张传良依然到处找提高邹市明有氧训练能力的方法。终于了解了在安徽体科所，有一个康复中心能帮助到他。于是，张传良找到了体科所的魏所长说明了情况。原来，这个所里有一台意大利进口的太空跑步机，通过气体把身体的重量减轻，最多可以只剩下百分之二十。在这种重量下，全身都能活动开，还能快跑。当时李金子也存在跑步问题，正好带她和邹市明一并训练和恢复。他们到了康复中心后，半天训练半天康复。康复中心除了这台太空跑步机还有睡眠室、牵引室、肩关节诊断治疗室等，张老师带邹市明和李金子，在体科所进行了一系列有氧的康复训练。邹市明的腱围炎、肩关节炎都有明显的好转。李金子的伤病，也在安徽体科所得到了很好的治疗。张传良对训练要求不只是技战术，他也不允许运动员受伤。他说无论是大伤还是小伤，都是事故。然而，训练总会有意想不到的事故发生。

北京奥运会，邹市明还是受伤了。

雅典奥运会后，张传良就提出了"零失误零事故"。可是，北京奥运会期间依然有小插曲。邹市明头上的伤就是事故，尽管这个事故后来成了故事，但张传良每每想起来还是唏嘘感叹。他说：训练中任何一个闪失都是事故，必须避免。2008年奥运会四分之一比赛的前一天，邹市明在武警基地训练。57 kg级的刘强给邹市明做陪练，刘强的体重基本都在60 kg上下。就在邹市明做一个摇闪的动作时，刘强胳膊肘往下落，正好把邹市明额头上方百会穴下边的地方打开一条口子。血哗的一下流出来，刺眼得像一股红色的溪流。张老师一下子愣住了。第二天就要开始比赛了。奥林匹克的比赛与职业比赛不同，运动员任何部位受伤，第二天早上体检都过不去。比赛中，拳击手如果被打后出血，裁判员都要用脱脂棉擦，如果擦三下还流血，如果血流成线状，马上就取消或中止比赛。奥林匹克不允许拳台上有残酷的场面。在场的人也都吓傻了，给邹市明做手靶的江利吓哭了，刘强也愣住了。怎么办？有人迅速拿冰袋冷敷，冷敷了10多分钟，血止住了。但不能缝针，头发也不能剪，明早体检时如果被发现，不等进场就会被取消比赛资格。

伤口很大，这是非常可怕的一个事故。

张传良很少急，但这次他急得出一身冷汗。他突然想起一件事儿，在他们没来之前，他一个"好事儿"的学生，找一个精通周易八卦的能人，据说这个人预测水平非常高，又是博士。他说邹市明命中注定没有这块金牌，他拿金牌太难了,拿银牌铜牌都没问题。但张老师命中有一块金牌,这块金牌会落到别的运动员身上。听了这话,他不相信,他说这是不可能的事情。除了邹市明没有人能拿这块金牌……不容他再想下去,他掏出电话打给了佘宏,焦急地说你赶紧过来,市明头受伤了。

接到电话,佘宏从房间一路跑到训练场。检查后,头上果然撞开一条差不多有3厘米的口子。创口非常新鲜,流出来的血把头发粘成了绺,创口的边上已然结了暗红色的血痂。佘宏对拳击规则和伤病的规定都十分了解,也有很深的研究。邹市明这次意外受伤,他就充分地发挥了自己的优势。佘宏细心地给邹市明清创、消毒,重要的是不能感染。邹市明四年多的训练,团队四年多没日没夜的付出和辛苦,不能因为脑袋上的一个口子就化为泡影。佘宏再次想起张老师讲的百分之百和百分之一的理论。张老师经常不厌其烦地说,好多事情都是因为百分之一没做好,结果做好了的百分之九十九都成了泡影。所以,细节决定成败,是永恒的真理。

细节犹如一棵大树的叶子,如果叶子长得不好,那就说明这棵树的根部生病了。

晚饭前,佘宏给邹市明处理了伤口;晚饭后,他又给邹市明的伤口消毒。邹市明累得眼睛都睁不开,佘宏说从现在开始,你哪儿都不能去,就在床上躺着睡觉。他还把邹市明脑袋上缠着的纱布拆开,搭在邹市明头上。他对邹市明说,你睡你的,不用管我。我就在你房间的门外,两个小时进来给你消一次毒。为了缓解邹市明的情绪,他说我处理创口既不会影响你做美梦,也不会打扰到你睡觉。

佘宏知道,天一亮,邹市明就要去称体重,做体检。

那晚,佘宏一直在邹市明房间门口徘徊。他紧张得一点儿困意都没有,如果伤口红肿,感染,化脓,那这四年多的努力全白费了。那一晚,他眼前除了邹市明的伤口,就是张老师一头如霜的白发和他因为整夜失眠而红肿的眼睛。谁的压力再大也大不过这师徒俩。这一夜,佘宏情绪泛滥得波涛汹涌……如果不走进训练馆,根本就看不到运动员汗水飞溅,如果不到比赛现场心就不会揪着疼。邹市明噼里啪啦飞溅的汗水像流星,也像溅到瓦片上的雨滴。张老师因为压力和劳累,身体也大不如从前,血压血糖都出了问题,颈椎的问题更是严重……佘宏每隔两个小时,就给邹市明处理一次伤口,分秒不差。或许,老天听到佘宏内心的祈祷,邹市明不但争气,就连他脑袋上的伤口也争气。一夜的时间，3厘米长的口子竟然奇迹般地结痂了——第二天早上体检时，他给邹市明最后消了一次毒，然后做了一个小得像黄豆粒似的包扎。邹市明又用发胶把头发做了一个造型，才走出屋门。佘宏把他送到电梯口，看着他上了电梯，当电梯门关上的那一刻，他的心再一次悬起来——拳击比赛每天都要过称重和体检的关口，如果被体检医生发现就无法参加比赛了。今天过了体检，这几天他的创口不会有变化吧？佘宏在电梯口来回地踱步，他心神不安地等邹市明。拳击项目中，头皮裂伤是非常严重的问题，如果处理不好，有感染或者红肿的迹象，拳击规则规定不允许参赛。

邹市明意外受伤，绝不能让国外的对手和国内的队员知道。为此，李青生下令，邹市明受伤要严格保密。大赛期间，一点儿风吹草动都会影响到其他队员的情绪。跟在张传良身边工作了这么多年，佘宏不仅深知他的个性，更知道他爱护每一个队员，他不允许队员承受不该承受的东西，更不能给他们带来负面的影响，天大的事儿他都一个人顶。佘宏既是团队的一员，又和张传良一起工作了几十年，他怎么能不了解张传良。

一夜未眠的佘宏，焦虑而又惆怅。如果，邹市明因为头皮裂伤，不能参加比赛，张传良和团队成员如何面对支持他们的领导，如何向热爱他们的广大拳迷交代？他们又如何承受这样的打击……当电梯门再次开启，邹市明笑呵呵地出现了。佘宏冲上去问，市明，怎么样？邹市明冲他打了一个胜利的手势。

那一刻，从没有过的疲倦感袭来，佘宏差点瘫坐在地上。

事后，佘宏向领导汇报了此事，得到了领导的高度赞扬。他自己也觉得干得漂亮。备战北京奥运会期间，为了让邹市明适应奥运会比赛，团队的十几个人就如同一个人，就是希望中国能在拳击这个项目上，突破获得一块奥运会的金牌。所有人都把希望寄托到邹市明的身上，他也是突破金牌的希望。

邹市明的个性与师父还真有些像。张传良常自嘲糊涂，爱丢三落四，有时候也不太细心。张传良开玩笑地说，有啥师父就有啥徒弟，邹市明更是个糊涂蛋，比我还糊涂。外训或者比赛出发时，他总是问邹市明，护照带了吗？身份证带了吗？邹市明眨巴着眼睛，然后拍一下衣兜，带了，带了。进安检时，他掏出证件时傻眼了——他沮丧地发现兜里的小本子是运动员手册，护照打在行李里托运了。师兄弟们都知道，邹市明生活中粗心，但在比赛时却特别注重细节，还有就是师父的大小事宜，他都记在心里。无论走到哪儿，他总是抢着帮师父拿行李，他知道师父有很严重的颈椎病，外训或者比赛，他和队友总是不忘给师父带着颈椎枕。每一次打比赛,时间都安排得特别紧,而邹市明的每一次比赛,都是从第一场打到最后一场。别说去看街景,就连走出去喝杯饮料的时间都没有。一次在美国机场候机,张传良突然发现行李箱没了。他就问行李哪儿去了。邹市明拎过一只行李箱,说行李在这儿呢。张传良摇头,说这不是我的行李箱,拿错了。邹市明点头说,是您的。原来,他看师父的行李箱旧了,就在机场买了一只行李托箱,还把原来箱子里东西又如数地装了进去。张传良眼眶有点发热,带运动员确实辛苦操心,但是有这些孩子的关心,心里总是很温暖。出去比赛,队员们争抢着照顾他,倒杯热水,递上药丸……

与刘鹏局长合影

有段时间,邹市明的训练总是不尽如人意。张老师看在眼里,急在心上。他知道市明的压力太大了,如何才能帮助他释放压力呢?一次训练完,他没有解散队伍,而是把邹市明叫到队伍的前面,他说:"你今天练的是什么东西?你还是世界冠军?什么狗屁冠军?我们这个团队陪了你四五年,四五年啊,大家与你一起流汗流泪,每个人都兢兢业业地做着哪怕是一件小事儿。你告诉我,你对得起谁?你觉得自己很委屈,是吧——去,去拳台后面哭一场。"全队的人都愣住了,邹市明转身跑到拳台后面放声恸哭——在爱徒的哭声中,张老师想起这些年他和市明走过的路,噙着泪花的眼眶瞬间就红了。市明承受了他这个年龄本不该承受的压力,他选择了一条艰难曲折的路,但他一直在坚持。张传良全身发抖……哭过后，邹市明跑回来抱住师父："爸爸，您不要生气，您一定要注意身体。我错了，是我错了，是我错了……"团队十几个人把师徒俩围在中间。邹市明满脸泪水地说："我以后再也不会了，再也不会了。一定好好训练，您放心，以后绝对不会，绝对不会……"这是张传良第一次也是唯一与爱徒发火。事后，他并没有就此放下，他给邹市明的女朋友打了电话："莹颖你来一趟。"冉莹颖忧伤地说："张爸爸，我和市明说好了，三个月不见面。"

"什么三个月，你马上过来陪他两天。他压力太大了，只有你能安慰他。"

这就是教练，这就是师父，这就是父亲。

无论是训练，还是比赛，如果出拳不与拳和，拳不与心和，拳不与脚和，攻防脱节，就难以形成自己独特的风格，就不可能成为一名优秀的拳击手。

张传良和邹市明的故事在一代又一代的运动员中传颂，张传良既把邹市明当作运动员来管理，也把他当作孩子来教育，还把他当作儿子来照顾。张传良没有因为邹市明是优秀运动员就放纵他，相反，他对他要求更严格；张传良没有因为邹市明有了成绩，就当他是一棵摇钱树，即便是有人出重金买邹市明的冠军，张传良也不为所动。他经常说的一句话就是，我们不要被金钱和利益束缚住手脚。那样的话，别说你违背了竞技体育的宗旨，也无法在这个圈中立足，更无法长久地走下去。

什么样的师父培养什么样的徒弟。邹市明是里程碑式的运动员，他拒绝美国著名经纪人唐·金重金的邀请，他又打了四年，夺得伦敦奥运会冠军。当他退役进入职业拳击时，他还是选择了经纪人罗奇。其实，唐·金早就注意到了邹市明，北京奥运会，邹市明每一场比赛，唐·金都悄无声息地坐在观众席上。邹市明比赛结束，他站起来就走。可邹市明更看重罗奇先生崇高的拳击精神，罗奇亲手把一个裹着报纸在天桥下避风遮雨的流浪汉——帕奎奥培养成名震世界的一代拳王。师父张传良带着他创造了中国拳击历史，他们让中国拳击走向了世界，让中国拳击在世界有了话语权。他们师徒俩为拳击而生，就要活出拳击的竞技精神，活出生命该有的样子。

一个心中有目标有崇高追求的人，在顺境中，他总会回头看来路的艰辛和坚持；逆境中，他也会无数次地点燃自己，并不断升华。

> 无私是一种境界，奉献是一种品格。只有无私才能超越自我，只有奉献才能到达彼岸。所谓的成功并不能从天上掉下来，老天不会平白无故送人礼物。成功是被血汗滋养起来的，否则成功就会枯死

于摇篮。与其他行业相比，竞技体育的残酷性似乎更为明显。然而，也只有这样的成功才更显英雄本色。

——张传良如是说

6

醉里挑灯看剑，梦回吹角连营。八百里分麾下炙，五十弦翻塞外声……辛弃疾这首词写得荡气回肠，把爱国情怀也表述得淋漓尽致。自古以来血染疆场的征战，都是在表述捍卫。而拳击的征战也是一种精神表达。

爱国是一种情怀，全世界的人种都一样。尤其体育赛事，各种爱国情怀表现得更为浓烈。

无论在国外哪一场比赛，主办方只要介绍邹市明，观众的掌声都热烈如潮。但是比赛一打起来，就能明显感觉到观众的爱国情绪。然而，经历了无数次大赛历练的邹市明已然成熟了。他再也不会被观众席上的"爱国"热潮所影响，因为他深深地懂得，如果人民没有爱国情怀，那么这个国家就不值得世人尊重。所以，在拳台上，即便是落后，他也不慌不乱，也不沮丧。他会一点儿一点儿地打回来，即使遭遇不公的判罚，他也没有一句抱怨，更不会摔拳套，或做一些不礼貌的手势等。

法国的一次邀请赛，举办场地在法国的科西嘉岛，这个岛是被世人称为"战神""无挡之军"的法兰西第一帝国缔造者拿破仑·波拿巴的故乡。邹市明就在这个美丽并富有历史意义的岛上打了一场精彩的比赛，这场比赛是应该记录在他拳击生涯的史册上的。

这次邀请赛，除了中国，主办方还邀请了其他几个国家。主办方在科西嘉岛的广场上修建了一个非常大的帐篷，从外观看上去比较简单，但是设施却十分完善。法国人天生浪漫，他们对生活永远都抱着遐想，所以，观众都是自发来看比赛的。因此，帐篷里座无虚席。决赛这天，邹市明对战法国 51 kg 级别名将——2001 年欧锦赛冠军。但他与邹市明完全不是一个风格，邹市明是典型的亚洲人体质，而这名选手具备欧洲运动员的特点，出拳硬朗，凶狠，体能也比较充沛。比赛一开始，观众席上出现热烈的"爱国"热潮，邹市明怎么打都很难上点。然而，经历了无数次大赛的他，没有被观众席上的"爱国"热潮影响，他开始改变战术，对攻不能得点，就躲过对手出拳，然后再找机会反击。一拳一拳地打，抓住空隙打了几个非常漂亮的反击拳，落点也打得十分清晰、准确。

但是，依然不上点。就在最后一回合的几十秒，邹市明对这位法国名将发动了一场狂风暴雨的进攻。这几十秒的进攻中，邹市明以微弱的点数胜出。但他仍然平静而儒雅地接受了现实……其实，场上的状况早有端倪，在比赛前称重体检时，有的队员体重超出 2 公斤，法国医生都笑着说 OK。而到了邹市明这里，医生却晃着脑袋说，"市明邹，NO"。说起来，法国人就是想拿到这块 51 kg 级的金牌，所以，他们都百般地刁难邹市明。没办法，师父只能带着他跑步，目的就是把他超出体重的 0.2 kg 跑下去……裁判最终被邹市明场上的魅力征服了，观众被他的品德征服了。比赛结束时，看台上，全体观众站起来给他鼓掌。那一刻，作为教练的张传良也非常欣慰。邹市明之所以能成为一个了不起的拳击运动员，除了他对拳击的认识和精湛的拳击技战术以外，还有他谦虚谨慎和不骄不躁的品德。这场邀请赛虽然险胜，但毫无疑问，他是世界上最优秀的选手。竞技体育用它特有的魅力，征服了人类，邹市明用自己的素养征服了骄傲的法国人。邹市明还在麦迪逊广场打过比赛，他的成就太耀眼了。在拳击项目上，他完全奠定了自己的风格和特点。

训练

通过一场场大赛的各种历练，邹市明仿佛翻越一座座高山，接下来的拳击之路，他就如畅游于湖水中的鱼。

2007 年，最重要的比赛莫过于在芝加哥举办的锦标赛了。经历过这次世锦赛的教练员和运动员都说，这届世锦赛是办得最好的一次大赛。只要一提起外国人，我们很多国人都会说他们古板，他们天生就缺少幽默的细胞。可是，芝加哥这座城市不但具备浪漫情怀，这届世锦赛还有很强的设计感。坐落于芝加哥境内的密西根扎雪，是一座十分美丽的城市，密歇根湖又称密执安湖，在北美洲五大湖中面积居第三位，它也是五大湖中唯一属于美国的湖泊。密歇根湖美不胜收，湖水清澈，天鹅悠闲地游走。作为这次大赛的主办地，芝加哥很有创意。开幕式别具一格地让各个队打着自己国家的国旗，选出几个队员到大街上游行，走的距离也就在二三百米。可就是这二三百米的距离，世锦赛的火就把这座城市燃烧起来。就连马路边上一些七八十岁看热闹的老太太，嘴里都喊喊地喊着，做着出拳的动作。在美国，人们除了钟爱篮球，其次就是拳击。不用花钱，世锦赛的气氛就史无前例地热烈起来。能把世锦赛办得如此有特色，也只有芝加哥。而主办方并没有把气氛局限于白天，他们要热烈，还要沸腾。夜晚一来，城市的霓虹闪出暧昧迷离的光晕，坐落于密歇根湖畔的希尔顿大酒店，各个房间的灯光有的开着，有的关着，却又是一个奇特的景观。灯光打出的是 2007 芝加哥世锦赛，还有 AIBA 的标志。漂亮、震撼、艺术——芝加哥的创意可谓是既省了钱，又达到了营造氛围的目的。芝加哥像一个魔方宝盒，向全世界人民展现了它本身魅力的同时，也展现它独创的意境和浪漫情怀。

美国人天生就具有不服输的精神，面对充满无限可能的拳击世锦赛，他们如何能错过。芝加哥世锦赛堪称样板，密西根大学的体育馆无论是建筑还是音响都是一流。开幕式上，市长讲话，动漫视频简单而又有趣，大屏幕与赛场同步，播音十分专业。比赛开始以后，还专门介绍了裁判员，整个赛事期间，规范、透明、公正、有趣。每一个细节都抓得特别好。闭幕式上请来阿里、霍利菲尔德颁奖，当坐在轮椅上的阿里进入会场时，万人体育馆用经久不息的掌声向英雄致敬。

这就是竞技体育本该有的姿态。

芝加哥世锦赛，参加的人数是历史上最多的一次，仅邹市明 48 kg 级别就有 60 多名运动员角逐。这届世锦赛也是 2008 年北京奥运会的资格选拔赛。所以，争夺异常激烈。这时候的邹市明与 2003 年和 2005 年时相比，他更成熟了，击打应变的能力已然到了炉火纯青的地步。他的技战术达到了世界顶尖选手的水平，他能应对各种类型的运动员。他打了五场比赛，场场精彩，而且，每一场比赛的风格和战术都不同。第一轮与委内瑞拉的选手对阵，这名选手看上去不起眼,打得却非常"鬼道",但第二回合就被邹市明击倒数八。邹市明赢下了这场比赛。

《纽约时报》记者这样描述邹市明与罗马尼亚选手康斯坦丁·帕拉斯切夫的比赛:"开赛的铃声响了,帕拉斯切夫冲上来,他的双拳放在头部两侧,身体保持欧洲选手特有的站立姿势。他体能充沛且极富攻击性,轰出来的刺拳迫使邹在拳台中沿着齐腰高的围绳后蹬后退,邹沿着拳台中做顺时针移动。这一场,邹几乎没出什么拳。第一回合结束,帕拉斯切夫3∶2领先。邹回到拳台角,张老师与他轻声地说着什么……第二回合铃声响起,邹突然跃向前,奋力地打出左右组合拳,比分扳平。他较前放开了拳击姿势,身体在他像皮球一样的双腿上弹动,他交叉着双腿做剪刀样的前后移动。他的第一回合似乎只是一个热身,他围着帕拉斯切夫转动,间或急速轻击一组组合拳并打出迎击拳。帕拉斯切夫以身体为轴心转动并进行徒劳的摇臂,这一回合他没有得分,同样的事情又发生在接下来的两个回合中。邹像一只愤怒的麻雀,有时把拳放得很低,甚至低于他的腰,像一幅阿里的漫画……最终,他以15∶3赢得比赛。"

芝加哥世锦赛的每一场,邹市明都打得酣畅淋漓。赢点后就防守,防守反击也是他的特点,很多运动员下场后就摔拳套、踢围绳,因为他们有力气打不出来。他们找不到打他的办法。美国选手亚内斯出身于拳击家族,他的父亲、伯伯、叔叔都是他的教练,他日常也专门针对邹市明进行训练。亚内斯的实力非常强,也是48 kg级别夺冠呼声最高的选手。但他败给了菲律宾选手哈里·塔纳莫。在48 kg级别中,塔纳莫战绩显赫。2001年和2003年世锦赛两度夺得了季军。芝加哥世锦赛,他也是一路过关斩将。

但在冠亚军决赛时,塔纳莫不敌邹市明。

这场决赛,邹市明从始至终都用了近战的打法,逼着他打,打得干净利落,打得他一点办法都没有,打得他心服口服……所有级别奖项颁发后,全场"最佳技术奖"颁发给了邹市明。当师父听到"china—市明—邹"时,他鼻子一酸,眼眶有些湿润。在他心里"最佳技术奖"比爱徒的冠军重要,因为冠军有11个,但技术奖只有一个。这是世界拳击对爱徒的拳击技术、对他拳击风格的认可。

芝加哥世锦赛是每天在赛场的时间最长,也是张传良最累的一次比赛。前三天都是上午11点开始比赛,打到凌晨。三天后,下午2点比赛,还是打到凌晨,每个队员打比赛他都得上场,研究对手,布置战术。张志磊比赛后,回到住处已经是午夜12点多了,张传良又带着他看了四场录像。每天早上张传良还要带队员出操,因为比赛前的例会占去了训练时间。会议一结束,他就带队员匆匆地赶到比赛场……芝加哥世锦赛,邹市明的每一场比赛,泰森、霍利菲尔德都到场观看。美国媒体形容拳王阿里像一只蝴蝶,在拳台上飞来飞去……他们又把这些溢美之词都用到邹市明的身上。闭幕式后,中国教练员和运动员都走不出体育馆了,不仅当地华侨把他们紧紧围住,其他国家的拳迷也蜂拥而至。此前,世界上有很多国家只是听说过中国,在他们心目中,中国人都是穿着长衫,脑袋后都拖着一条辫子的孔乙己形象。所以,他们对眼前的中国人很好奇。他们不仅没穿长衫没有辫子,还能打出次蝇量级冠军……一对华侨夫妻,祖上早年就去了美国,他们是生活在美国的第三代中国人,汉语说得很不利落。他们来看邹市明的比赛,可他们看不懂,但他们说只要看到中国人身影,听到中国人的声音心里就有一种由衷的亲切。他们感叹地说,原来我们中国人这么优秀。一个在酒店里打工的服务员,他抱住邹市明说什么都要给他1 000美元。他激动地说,你给我们华侨出了一口气,你是我们的榜样……芝加哥的媒体,大报小报都在报道赛事,并称邹市明是世界最优秀的拳击运动员。媒体报道罗马尼亚的运动员时说,罗马尼亚人面对邹市明只打了三回合空气。邹市明的脚下移动是世界第一,没人能超过他。《纽约时报》大篇幅地报道了邹市明海盗式的打法,还预测了2008年北京奥运会100个好看的看点,其中第一位是姚明,第二位是邹市明,第三位是滕海滨。

2007年芝加哥世锦赛,中国拳击队拿了一金四铜,两个第五名,总分打进世界前三。邹市明轰动了芝加哥,也轰动了美国。崔大林特别高兴,他说,我们国歌带着五星红旗,一只"大星星"带着四只"小星星"决战了美国。

芝加哥世锦赛,邹市明被世界认识。也正是这届世锦赛,全世界都认识了中国拳击,认识了带他的白头发教练。从2007年世锦赛开始,每逢世界大赛,人们都不禁会问,邹来了没有?邹来了没有——邹市明不但获得冠军,他也用拳头征服了世界。所到之处,当地的华侨都说,我们的邹市明太了不起了,他长了我们华侨的士气。我们这些祖祖辈辈生活在国外的华侨,长年看人白眼儿,受人欺负。今天,终于看到中国人也能打了,我们再也不是东亚病夫了,中国人的拳头硬……芝加哥世锦赛以后,邹市明被世界公认是男子轻量级最优秀的选手。意大利队的弗朗西斯科老师,几次在国际比赛前和法国的教练打赌,他说,2008年北京奥运会的冠军应该是中国邹,这块金牌属于邹,他的技术是全世界最好的。中国拳击队在意大利训练的时候,他就对邹市明有一定的了解，他对邹市明的打法，对张传良的训练非常认可。意大利队的＋91 kg级队员，也是北京奥运会冠军，还有一个91 kg级的运动员，都是受到张传良技术风格的影响，拿到了世界冠军。

芝加哥备战

　　创新犹如一脉河流，不仅涓涓流向中国，也流向世界。有识之士都欣然地接受有建设性的创新。

　　2008年北京奥运会，中国拳击准备好了，张传良准备好了，邹市明也准备好了。然而，仍会有很多想不到的插曲。我们生活的时代是如此贫穷，又如此富有；时而过于苛求，时而过于宽容，时而又过于不公。这也难怪，社会是由人组成，而人心的复杂，很多时候令我们始料不及。由此，赞誉和质疑像一对双胞胎兄弟，总是结伴而来。奥运会前，国外人研究中国，目的是打败中国；而国内的少数人呢，质疑里还带着攻击。不仅攻击邹市明，还攻击他的教练张传良——说他们在奥运会怎么能夺冠。奥运会啊，世界高手云集，凭着他们那三脚猫，怎么能打出来呢？不给中国人丢脸就不错了……师徒俩不理会，也没时间理会，他们把全部的心思都用到训练上，用在备战奥运会上。

　　人与人之间的交集是命运也是缘分，即便是对手，也是上天注定的。

邹市明与法国选手诺尔迪纳·乌巴利的八分之一比赛，可谓是惊心动魄。法国这名非常优秀并且具备欧洲运动员特点的拳手，是欧锦赛 51 kg 级别的亚军。而邹市明打法全面，是典型的亚洲人体质。美国芝加哥世锦赛，邹市明和他相遇，以 21∶4 战胜了这位法国名将。奥运会，诺尔迪纳·乌巴利显然有备而来。邹市明当时头上还有伤，上场前，张老师再三叮嘱他，不能与对手冲撞。比赛开始，第一个回合，邹市明落后诺尔迪纳·乌巴利 2 点，第二个回合还没有赢点。一直打到第四个回合，大屏幕还显示他是输点。如果被法国人挡在八分之一外，别说夺金连拿牌的机会都没有了。团队发现这场比赛根本就没有公正性，即便是不懂拳击的人都能看出来，邹市明不断清晰地击打对手的有效部位，但就是不上点。照这么裁下去，邹市明必输无疑。张传良看在眼里，急在心上，但他不能表现出来，他是团队的主心骨，他也是团队的主事人。团队有人恶声恶气地说，这比赛怎么打？他冲团队人员摆了一下手，轻声地说了一句笑话："天还没黑。"他相信邹市明也一定清楚，他被裁判"黑了"。他也了解邹市明，虽然他头上有伤但他不会就这么认输，不会让诺尔迪纳·乌巴利把他挡在决赛的门外。第四个回合最后一分钟，张传良双手两侧摊开，他仰头望了一眼天，轻声地说，你是输点——尽管教练的声音不大，但邹市明突然像一只苏醒的狮子吼了一声，他在最后 20 秒发动了一场狂风暴雨般的进攻。他没给对手留一点儿喘息的时间，也没给对手留下哪怕一秒钟的间歇，连续击打四五拳。诺尔迪纳·乌巴利显然跟不上他的节奏，下颌挨了一拳重击被击倒，他被打晕了。场裁果断地喊了一声 stop，他伸出手指用他那极具磁性的声音数了起来，One、two、three……这次进攻，邹市明至少上三四点，但是屏幕上显示只上了 1 点，他与诺尔迪纳·乌巴利 3∶3 打平。在等待仲裁时，全场观众都站了起来，万人体育馆一片寂静，寂静得连呼吸都屏住了，空气似乎也凝固了……五位仲裁毫无争议地判邹市明赢点。全场观众一片唏嘘声后瘫坐在座位上，顷刻间，欢呼和呐喊声又如同涨潮的涛声，响彻体育馆。

2008 年 8 月 24 日，奥运会最后一个比赛日。中国代表团完成了 49 枚金牌，99 枚奖牌。能否实现 50 枚金牌就落到中国拳击队的身上了。决赛，邹市明的对手是来自蒙古的塞尔丹巴。塞尔丹巴成了北京奥运会赛场上的一匹黑马，他技术娴熟，打法顽强，尤其擅长绞杀。在前几场的比赛中，他贴身缠斗的打法先后将美国名将亚涅斯和实力强悍的古巴选手埃尔南德斯淘汰出局。塞尔丹巴曾凭借主场的优势，在亚锦赛上击败过邹市明。但在 2007 年的世锦赛上，邹市明首轮就将他淘汰。从前几场的比赛来看，塞尔丹巴的技术能力又有了提高,这得益于蒙古拳击队请了俄罗斯教练,所以整体技术水平进步了一大块。特别是在半决赛中,从赛尔丹巴击败古巴选手的场面就能看出端倪。

带邹市明训练中

塞尔丹巴出场,蒙古拳迷们高举旗帜整齐而有节奏地呐喊,场面丝毫不逊主场的中国观众。这个蒙古拳手像他的祖先一样,拳风充满狼性,凶猛而狡猾。比赛开始,邹市明依然是快速地移动寻找机会,塞尔丹巴显然是有备而来,他不急于出拳,但邹市明以一记有效的快攻命中,以 1 比 0 领先第一回合。第二回合,塞尔丹巴明显想模仿给邹市明制造麻烦的法国选手的打法,把比赛拖到最后一个回合。但是邹市明没给他机会,中国拳击为了这一天等了 22 年,而邹市明用四年等来这一天。四年的时间里,他把自己磨成一把钢刀,就是想到世界拳击台上试试刀锋。从世锦赛到奥运会,从奖牌零突破到金牌零突破,他和师父走了一条充满坎坷的路,他们用血肉之躯披荆斩棘地开辟出一条中国拳击之路。过去的每一天每一夜,他们师徒俩都是为拳击而战,为拳击而活。从世锦赛到奥运会,从奖牌零突破到金牌零突破,邹市明一人包揽,他的每一拳都在创造历史。这个赛场上最轻体重的男人,打出拳击界最重的拳头。他之所以能成为一个了不起的拳击运动员,除了他对拳击的认识和精湛的拳击技战术以外,还有他的拳心和拳意。

"拳力以赴",是他对挚爱项目的报答。

北京工人体育馆拳击赛场上,张传良和邹市明再一次走进全世界的视野。他们不负众望,邹市明为中国体育代表团夺得第 50 块金牌,张小平又为中国队夺得了第 51 块金牌。这一小一大两个级别的金牌,是中国拳击项目奥运会历史上的一个里程碑。邹市明本人也成了全国冠军、亚运会冠军、世锦赛冠军和奥运会冠军,实现了拳击生涯大满贯的目标。

张传良的"三步走"计划也如一面大旗迎风招展。

北京奥运会,当邹市明夺得冠军时,镜头却没有捕捉到教练,没有找到师父。就在大家都为寻找张老师而焦急时,邹市明却跑到后场的一个角落里。他知道,他的教练一定在一个安静的所在,师父不想把自己曝光在镜头之下,师父实在是太累了。荣誉和金钱对师父来说轻飘得像一片云,但在他心里,拳击是最重的。此时,师父的目标完成了,他能长长地嘘一口气了。经过四五年日夜的鏖战,他们终于攀上了山巅。果然,坐在后台的教练守着他的行李睡着了。邹市明含着泪水跪到他的面前说:"爸爸,我们成功了,我们做到了。"师徒俩紧紧地相拥到一起。四年多的风雨都在这一抱中化为烟雨。天边绚烂的霞光幻化成五彩祥云,都在为这对走在拳击路上的师徒庆贺。

北京奥运会后,张传良作为教练代表之一在人民大会堂做报告,他说,20 世纪 80 年代末的一次国际比赛,韩国运动员因为输给中国而遭教练耳光,可见那时候的中国拳击水平之低。后来,我们先后邀请了美国、古巴、俄罗斯等拳击强国的教练,但起色不大。所以,中国拳击的崛起最大的教育意义在于——一定走自己的路……他深情的发言震撼了每一位与会者。此时,他却忘了给运动员钉拳台的甘苦;为指挥比赛,自己只能以旅游者的身份,跟随旅游团赴泰国的心酸;为一场比赛的失利而彻夜难眠的夜晚……他把生命的全部热情奉献给了拳击事业,他是一生只专注一件事的"工匠"。

人生的路没有一条是重复的。好在还有拳击这首动人的歌谣始终跟随着他。

2012 年奥运会在英国的首都伦敦举办,伦敦是欧洲最大的城市,与美国纽约并列为世界最大的金融中心。伦敦位于英格兰东南部的平原上,跨泰晤士河,所以,这座古老的城市总是焕发出无限的生机。四年前,美丽的伦敦从中国北京接过奥林匹克大旗,举办 2012 年第三十届夏季奥林匹克运动会。奥林匹克精神不仅能凝聚人心,也给人们生活带来了欢乐和热情。奥运会是全世界的盛大节日,奥运的宗旨是相互了解,增进友谊,团结协作,公平竞争。

奥运会也是和平的象征。

伦敦的8月,虽然还是夏天,但早晚也会显露出一丝秋意,这也正是伦敦最好的旅游季节。奥林匹克的精神就如一缕轻柔的风,在伦敦的大街小巷穿行。来伦敦观光的,来伦敦观看奥运会的人络绎不绝。走在街上的人,用不同的语言谈论着心中喜欢的项目,以及喜欢的运动员。一时间,伦敦洋溢出节日的气氛。就拳击这个项目,全世界都公认邹市明是49 kg级最优秀的运动员,是金牌非常有力的竞争者。2012年8月12日,北京时间凌晨3点30分,男子49 kg级的决赛在伦敦会展中心敲响锣声。为了伦敦奥运会这块金牌,邹市明再一次披上战袍,且不说他身上有很多伤病,单就从1998年开始参加拳击比赛,他就一路风雨。除了全运会、亚锦赛、亚运会、世锦赛、奥运会都拿到金牌,其他100多场比赛,他都以绝对实力夺冠。他在伦敦奥运会的每一场比赛,也都堪称经典。

与帕奎奥

第一轮,邹市明就遭遇古巴小将,按照师父的说法,这场比赛相当于提前进行的决赛。比赛之前,他们是有准备的,而且很精心。这场比赛制胜分为三步:第一步是控制,对手年龄比较小,不能打速度,而是打节奏;第二步是换架,在打的过程中换架,这个技术是针对古巴年轻选手专门训练的技术;第三步是用两侧的动作制造陷阱。这场比赛毫无悬念地拿了下来。第二轮的对手是哈萨克斯坦的选手,这名选手与邹市明是老对手。所谓的冤家路窄,邹市明曾三次击败他。原本，这个选手没有获得奥运会资格，是其他原因调剂的一个名额。最后一个回合，邹市明被对手逼到绳角连续组合拳进攻。平时师父带他注重围绳边角的训练，邹市明不但转出边角，还赢了1分。最后，以13比10拿下这局。半决赛，邹市明对战爱尔兰选手巴恩斯。巴恩斯故意击打邹市明后脑，还用膝盖连续的撞击，但裁判都视而不见。邹市明凭借高超的技术赢得比赛。

最后一场决赛，邹市明与泰国拳王庞普里亚杨争夺49 kg级冠军。奥运会前，庞普里亚杨就聘请了古巴教练，训练也很有成效。他体力充沛，出拳多且快。但邹市明以绝对优势击败他，夺得伦敦奥运会冠军。这场争夺冠军的决赛，邹市明打得游刃有余，除了技战术，还有他的比赛经验。伦敦奥运会的比赛，成为邹市明的标签。很多看过这场比赛的教练员都把邹市明的故事作为一个传奇，讲给更多的运动员，并让运动员们向他学习。

金牌固然重要，但与金牌比起来，张传良更看重邹市明金牌以外的奖项。

邹市明拳击生涯中拿过四次最佳和一个敢斗奖。土耳其世界大学生锦标赛上，冠亚军决赛的最后一场，锣声响起之前，他是20：0，锣声响起的那一刻，他和对手各上1点，邹市明以21：1战胜对手，欢呼声呐喊声响彻比赛场馆。他最终获得最佳技术最佳风格双向奖。绵阳世锦赛最佳风格奖，芝加哥世锦赛最佳技术奖，阿塞拜疆巴库拿了最佳技术奖，在波兰获得最佳"敢斗"奖。这些奖项之所以金贵，因为它是每次比赛11个各级别冠军中唯一的奖项。

奖项是最直接的说明。如果一个站在世界最高最辉煌领奖台上的运动员没有素养，就不可能成为优秀的运动员。在师父的心里，爱徒最佳技术风格奖和敢斗奖的含金量不亚于奥运会冠军。他总是不厌其烦地告诉他的弟子们，即便你是世界冠军，但是长江后浪推前浪，很快，你就会被新诞生的冠军淹没。所谓最佳技术最佳风格奖，除了技术还包括运动员的修养和素养。这是他最看重的，因为竞技体育是思想，是品质也是境界。认识不同的运动员，打比赛的风格也不同，境界不同。说到底，竞技体育是神圣不可玷污的。

无论是什么肤色，什么人种，都要身体力行地保护和发展人类这项辉煌的艺术。

张传良走了太多的路。但他不是一味地匆匆赶路，他时常停下来，透过疏密的叶子，凝望穿过叶片细微的光。他似乎从中看到身后那些深远的岁月，拳击的精神在他眉宇间荡漾。辉煌只不过是片刻的愉悦，而奋斗却如日常的镜子。因为镜子能时刻提醒他，如果没有光，镜子里的自己也不过是一团暗影，抑或是一个不清晰的轮廓。所以,他告诉弟子们,辉煌只不过是瞬间,只有脚步不飘,才能走稳辉煌过后的路。因此,他不仅是世界最优秀的教练员,最伟大的教练员,他还是理论家、哲学家。

自信是成功的基础,盲目是成功的障碍。胆怯是自己最大的敌人,头脑是战胜对手最重要的武器,勇敢也是通往成功的必经之路。只有不断学习、不断总结、不断创新,才是成功的关键。取得胜利就是在再坚持一下的努力之中。

——张传良如是说

7

肇东是一座安静的小城,距省会哈尔滨不到一个小时的车程,李金子就出生在这里。东北人长得开,长得大方,李金子还长得漂亮。如果李金子不是女拳击手,她会不会走上另外一条路呢?然而,她却是一个有着坚毅品格的女拳击手。李金子是集世锦赛、亚锦赛和全国锦标赛等桂冠于一身的女子拳击手。女子拳击进入奥运会后,她获得75 kg级全国锦标赛金牌、亚运会金牌、印度世锦赛银牌、奥运会铜牌。

李金子13岁开始练拳击,她从故乡一路走来,2000年到吉林上大学,一边读书一边练拳击。2004年到宁波体工队继续训练。女子拳击进入奥运会后,世界各国开始重视女子拳击,很快,世界女子拳击的格局发生了很大变化,女子运动员的技术也明显提升。2010年亚运会结束后,中国女子拳击队也进入奥运备战阶段。"鸡蛋不能放在一个篮子里",由此,国家体育总局拳跆中心把李金子,转到时任国家拳击队总教练张传良的门下。常建平说,传良是中国拳击界的功勋教练,他的执教能力有目共睹。但他实在太忙了。经常是男队比赛完了,接着就是女队比赛,女队比赛结束,男队比赛又开始了。一个邹市明就已经够他忙活的了,再加一个李金子,他肩上的担子就更重了。但是,常建平相信他,他知道也懂得如何施教,如何能让运动员进步提高。

李金子换教练很突然,毫无准备的她一下子就蒙了。李金子不仅抵触,还有诸多疑问。之前,她听了不少关于张老师的传言,也看过一些零星的报道。再加上耳边的杂音像野草似的此消彼长,什么脾气大、霸道、较真儿等。于是,李金子给自己虚设一道防火墙。

尽管她一直在抗争,尽管抗争无果,但她内心深处还是耿耿于怀。

如果如传言所说,张老师带不出她怎么办?把她晾在一边又怎么办?自己之前的努力不是白费了吗?她的奥运梦也将破碎。所有的质疑和担忧就像无数条虫子,在她心头涌动……李金子的情绪一落千丈,有对新环境的抵触,还有对未来的不确定。她不停地跟领导闹,跟自己过不去——就此放弃,没能走到顶峰的不甘也时时地折磨着她。就这样,李金子带着一肚子问题到了国家队。最令她痛苦的是训练,她突然发现自己与拳击有一种距离感——灌输到她耳边的声音实在太多了,她真怕因为换一条路走,就此葬送了自己的拳击路。李金子找领导谈,领导不见她,她就一次又一次地打电话……她说,其实自己一多半是恐惧。当然,也有好奇。她早就知道张老师,他不仅带出了名震世界的邹市明,还带出了许多冠军。自己半路插进来,张老师能真心地带她吗?对她能像从小带大的学生一样看待吗?李金子真想大哭一场,她甚至都有放弃拳击的打算。除了奥运会,也没什么遗憾了。

消沉,低落,李金子训练的状态前所未有地低迷。

带李金子训练

拳跆中心领导亲自到贵州,与张总谈了关于李金子目前的状态和实际情况。他的态度十分明朗:"不带,带不了。"然而,在训练场上,他对李金子却没流露出一丝一毫。李金子还发现,不怒自威的张老师不仅平易近人,还处处为运动员着想。慢慢地,她又发现,张老师与她听到的那个张传良根本就是两个人。张老师还针对她身体的情况，为她制订了训练计划。张老师说：前两天没有给你训练计划，因为你刚来。想让你先熟悉一下，熟悉得差不多了，就开始训练吧。

李金子心中虚设的那道防火墙，开始松动。

张传良说，在我心里每一名运动员都一样。能打出来的运动员，他们身上一定有一种精神，正是他们的这种精神打动了我。所以，我尊重每一位运动员。李金子的训练就这样开始——起初，她还没有感受到张老师的训练有什么特别。练一个星期后，她突然意识到自己不但不会打拳，对拳击也没有认识。以前，只知道训练和比赛，从来没想过拳击是什么。张老师的训练计划和对拳击的理念令她耳目一新。开始，她听不懂关于拳击的认识，训练手法也不适应。经过一段时间的训练和磨合后，李金子豁然开朗，原来，拳击不仅是打拳，拳击还有其内在的东西。正因为内在的丰富，才令所有爱好拳击者不肯离去。李金子脸上终于有了笑容，体能也比以前好了。事后，她才知道，张老师后来肯带她就是因为她能吃苦，有潜力。李金子心中那道墙轰然倒塌，心潮起伏得令她不能平静。她第一次感受到温暖，而且这种温暖是那么自然，那么无私。

只有内心深处没有狭隘的人，才能向高处行，才能向远处看，才能走向宽阔之地。

然而，外界的质疑声仍然像溜进门缝儿的风，偶尔还带着尖厉的叫声。训练一段时间，张老师做了一个调整的决定。运动员长年在外，他让队员回家陪陪父母。李金子没回家，她回到所在的队里继续训练。一回到队里，就有人说她退步了，奥运会没有时间了，如果再这么练下去别说拿牌啊，恐怕连名次都拿不到。赶紧再去找领导回来练吧——各种建议、各种声音如雨后杂草，但李金子不为所动。虽然时间不长，但她还是认识到张老师给了她不一样的东西。这些东西都是她需要的，无论将来她打不打拳，她都需要。当时队上还住着一位记者，李金子大致讲述了国家队的训练和生活。她说，张老师训练理念和训练目的都很明确，很多东西都是她没有接触过的，她还需要不断学习……报道一出来，李金子又迎来新一轮的困扰。因为报道内容走了样儿。

李金子怎么也想不到，她的到来竟然给张老师添了新的作料，攻击他的报道连篇累牍地刊发出来。如：张传良带不了大级别运动员，一天四练改成一天两练，力量跟不上，这是在毁运动员。李金子的打法退步了，怎么能去打奥运会……李金子看到这些时蒙了。这不是她的本意,这也不是她说的话。虽然短短的训练周期,张老师不但带她张弛有度地训练,还针对她的个体情况制定了一套训练方法。训练间隙,张老师和她谈心,还教她如何做人处事。世锦赛前,李金子就如幕布上的一个提线木偶,只是提线的手她左右不了。

张传良率队参赛,一走就是大半个月。团队就整体跟着走。师从他的邹市明说,不跟师父走,心里不踏实。跟在教练身边才能更好一点儿,师父了解他,也会根据他的状态随时弥补他的短板和不足。徒弟跟着师父走,这样的例子在中国体育界实在罕见。但是,只要跟师父在一起,训练时就能保证质量。邹市明虽然是个特例,但师徒俩都坚持。李金子来了以后,为了她能尽快适应,张老师给邹市明制订了训练计划,让手靶教练江利陪他训练,他抽出时间专门带李金子。当他知道,李金子的工资卡和补助卡都不在手里时,他亲自协调,一直在外的补助卡,就像一只流浪的小狗终于费尽周折地回到了主人的怀抱。

张传良说,物归原主是天经地义的事儿,没有讨价还价的余地。

李金子为自己给张老师带来困扰十分难过,她主动找他说明情况。可张老师没等她说完就笑起来,说金子,你就安心地训练吧。要是听那些有边没沿儿的闲话,我就啥都不用干,啥也不用做了。咱们又不是乒乓球运动员,人家打过来的球不接,球自然而然地就落地了。李金子说自己是一个"问题"人,也是带着诸多问题来国家队训练的拳击运动员。

张传良却不这么看,他说李金子是个"玻璃人"。

早在2011年,李金子训练时绊了一下,致使脚和膝盖受伤。膝关节术后没有很好的康复,右腿肌肉萎缩明显比左腿细了不少,而且做力量时也撑不住。张老师带她训练后,就让她坐在瑞士球上练。训练不久脚又崴了,并且很严重。脚、踝关节和小腿都青肿得像一根小树干。医生建议手术,马上要打世锦赛了,她坚持不做手术。但崴伤的脚,差不多有两周的时间都不敢着地。第一周,她在房间休息,但是恢复的状况非常不好,瘀青和瘀血都没吸收,而且还肿胀。第二周,张老师每天安排两个男队员接她到训练馆,坐在瑞士球上打手靶,做空击。

一个多月后,李金子的脚才能着地,才能站立。

世锦赛争门票前,李金子的荨麻疹又犯了,这次的荨麻疹比2010年打亚运会时还严重。训练时难免出汗,荨麻疹一见到汗,就如久旱遇甘霖的小草,密密麻麻地从皮肤下拱出来,还伴随着高热,训练只能停下来。为了清除体内的寒湿,提高免疫力,队医给她做艾灸,艾灸时又烧出水泡,这在别人身上都不算啥,挑开水泡消一下毒就好。可李金子的免疫力低,破了的水泡又感染,而她还是疤痕体质。感染的疮口深到脂肪……由于家族遗传史,李金子有60多项过敏源,青霉素别说吃,连闻味儿都过敏。张老师严令她休息,他说运动员有伤病时就休息。既不要拖也不要坚持,坚持可能会适得其反。张老师怕她着急,安慰她说不差这两天,养好了再练。对于这样一身伤病的运动员,他感到头痛,但他又不能表现出来。他知道教练员不经意的情绪,都会影响到运动员的自信心,影响他们在训练场和比赛场上的发挥。李金子休养恢复一段时间后,才再回训练场。张老师又腾出时间专门带李金子,手把手地教她练技术。因为金子的身体情况,张老师带她做卧推,不到三个月,她就能推到90公斤,以前她只能推到70公斤。

坚强宛若黑暗中的一束光,坚持也如沙漠中的一泓清泉;坚强是振作的呼唤,坚持是明天的希望。

尽管眼底有泪,但心中已燃起火焰。世锦赛的枪声如期打响,李金子的眼神儿带着杀气来了。李金子打了三场,第三场对阵加拿大选手时输了,排名拿到了奥运门票。李金子"涉险"拿到了奥运入场券,但各种质疑声又随之而起。张老师告诉她,对网上的东西不听不看,做好你自己就行。他在很多场合都说,金子这个孩子天分很高。然而,张传良的内心更多的是担忧,他欣慰金子能打奥运会,但也时时担忧她的身体,担忧她日后的训练。不加大运动量肯定不行,如果上了训练量,她能不能扛得住?邹市明也有伤,他也在顶,可李金子毕竟是女队员。尽管,金子一再表示,她"捡"到了一张奥运门票,她不想给自己留下遗憾。但他是教练,他要对每个运动员的运动生命负责。世锦赛女拳手都是个人资格,李金子一旦受伤,中国队就只得把这个参赛资格上交回国际拳联。常建平一再强调,奥运会前一定要保证选手的健康,不能出意外。领导怕到手的门票飞了,张传良更是不想到手的门票拱手让人。

作为总教练的张传良不但要为全体参赛队员考虑,还要应对国际国内的拳台风云变幻。世锦赛后,他针对李金子做了一番思考。作为一位优秀选手,李金子的抢票之路却如此艰辛,不能不重视。奥运会前的训练实战和比赛,不能有一点儿疏忽。从那以后,李金子的每一场比赛,他都在现场。2012年5月,在秦皇岛举办的世界女子拳击锦标赛,当李金子大比分赢了法国和泰国选手以后,又以8比20输给了英国选手马歇尔。李金子的左脚扭伤后,训练量一直没上来。之前很长一段时间,她都没有实战也很少跑步。这次比赛她的状态最多也只有百分之七十。他也知道,这两年女子拳击的格局变化非常大,75 kg级的第一轮,排名世界第一的加拿大选手斯班瑟就被瑞典的选手安娜劳瑞淘汰了,当时大家都觉得李金子的机会来了。只有他不敢掉以轻心,新手能淘汰老冠军,这绝非偶然。以李金子目前这个状态,能在伦敦奥运会上拿牌,并尽力向金牌冲击是她的目标。毕竟她身上有太多伤病,但他还是庆幸,金子能在争夺奥运会资格赛上就遇到问题,是好事儿,可以带她提前把问题解决掉。

回顾李金子争夺资格赛和平时赛场的状态,他认为是她自身慢热的问题。之前,英格兰队来北京,李金子带伤和马歇尔打了三场,第一天输了,第二天赢了,第三天不但赢了,还以多点取胜。李金子出现这样的情况已经不是第一次,她的输赢,一个是心态一个是身体状况。之前挪威队来访时,李金子第一场会输,第二场和第三场对手就没法跟她打了。执教这么多年,他知道队员慢热,大多是压力大的表现。拳击比赛打的是心态,心态决定比赛。另外,他也知道李金子的短板,进攻有余,防守不足,特别是面对强手时显得紧张急躁。他没少告诫她,比赛只有一次机会,绝不会有第二次、第三次。李金子最大的对手是自己——找到了症结,下一个阶段训练,就有针对性地磨炼她心态。

当然,无论怎么练,都要确保李金子不能受伤。

世锦赛后,质疑声如潮水般汹涌,都快把师徒俩淹没了。李金子还是觉得自己是一个"问题"队员,因为带她,张老师承受了太多的压力和攻击。报纸和网络没经过采访,就做了大篇幅的失实报道,很多报道不乏攻击性的语言。而且,还有的报道直言李金子如何如何说。李金子突然感到百口莫辩,她不知道自己怎么给张老师带来这么多负面东西。在训练馆见到张老师,她紧张得说不出一句话,训练时也心不在焉。他笑着问她,金子你魂儿丢了?还没等她解释,他说你整日都在训练场,我作为你的教练,也从不离开训练场,你哪来的时间说三道四。他轻描淡写地说,随他们说随他们写吧,我没时间难过。我相信每一个跟我训练的队员,他们心里都有一杆秤。另外,我是你的教练,只要你有成绩,我打心眼儿里高兴……一向倔强耿直的李金子泪流满面,她的泪水有委屈有感动。李金子怎么也没想到,张老师不但毫不在意,还处处为她考虑。她内心深处还藏着深深的自责,自己当初不信任张老师,还怀疑他不能带自己是多么无知。她甚至责问,自己与那些胡编乱写的人又有什么区别呢?她不能原谅自己。备战2012年伦敦奥运会期间,有很多人说李金子练废了。张老师却对她说,奥运会对每个运动员来说都是一次难得的机会,好好训练,好好珍惜,好好把握。

2012年,伦敦奥运会在人们的期盼中如期来临。李金子进奥运村的每一天训练,张老师都陪在身边。第一个晚上,李金子很压抑,她莫名其妙地想哭。她与柔道队员一个房间,柔道队凌晨开会。所以,李金子的觉睡得七零八落。消失很久的焦虑又来了,她茫然地望着漆黑的房间,脑子里乱七八糟。休息不好,精神也萎靡不振。

张老师特别细心,和她聊天,还说笑话逗她。

奥运会第一场是对巴西的选手。李金子一路追击,打到最后一个回合,她内衣的挂钩脱落,导致动作变形,缩手缩脚,她不得不被动防守。此时,巴西选手却连续得点。两人打得很胶着,场上裁判警告李金子两三次,说她的肩带出了问题。巴西选手也发现她内衣带断了,就上来搂抱,还用力地夹她胳膊,致使她的左胳膊受伤。李金子在心里痛骂自己,上场之前没处理好这个细节。拳台下的张传良皱起眉头,他不知道金子怎么突然就变了一个人。虽然没输,但打得不舒展,缩手缩脚。赛后,李金子自我检讨,每次比赛前,都会用胶布提前把内衣带勾粘住。这场比赛前忘了,幸亏没输掉比赛。知道原因后,张老师也自责,他首次带女队员参加奥运会,没想到会出现这样的问题。要是因此导致比赛输了,就太不值当了。虽然赢了比赛,却因为内衣带的脱落,她的胳膊受伤了。医生带她去奥运村中国医务组检查,结果内侧韧带撕裂,而且肘关节也明显地左右摇晃了。医务组建议,比赛不能打了。张老师安慰她,让她做好弃权准备。他再三强调不能因为打一场比赛,要一场输赢,再伤上加伤,终止运动生命是对自己不负责的行为。

李金子不知道,医生向张老师汇报了她的伤情后,张老师第一时间与体育总局的领导汇报了。针对她的情况还专门开了会,会上,张老师极力主张不让她打了。不能因为一场比赛,哪怕是奥运会,也不能断了运动员的运动生命。特别是第二场比赛的对手是加拿大75kg级的世锦赛冠军,也是她有力的竞争对手。而且,在世锦赛决赛时碰到过她,李金子以大比分输掉了比赛。尽管,世锦赛后他针对加拿大选手的打法,带李金子训练了"克敌"的技战术。但他宁可放弃克敌的技战术,也不想因此而终止金子的运动生涯。

张传良十分清楚,世界很硬,仅凭个人的梦想无法击穿。

到了赛场,张老师才和李金子说了会议决定。李金子特别难过,她不想错过这个机会。能够代表中国参加奥运会是自己的荣耀,也是自己此生最大的梦想。张老师哪能不了解她的心思。他也不想轻易放弃,但他不能拿运动员的身体做赌注。他也有儿女,父母为了儿女都会毫不迟疑地说不。李金子心跳加速,她不想在奥运赛场上错过所学所练。四年一届奥运会,能与奥运会相聚已经是很多运动员不可企及的目标,她怎么能弃之走人呢。跟随张老师练一年了,这一年来,张老师为了她顶住了来自各方的质疑。如果她就这么放弃了,说明人家质疑对了。如果那样,她更不能原谅自己。李金子咬着嘴唇和张老师说,我还想打,我还能打,我不想让自己后悔。

这个东北姑娘,再一次在困难面前说"不"。

张传良看了她好一会儿,才说:上场也行,但不能伤上加伤。上场不要打前手,只打后手,不要想输赢,尽力就行。张老师说这些话时,语气不如平时顺畅。李金子能看出来,张老师在极力地控制情绪。李金子打了两针封闭,又站在拳台上。她暗暗地和自己较劲,她要争取,争取还有机会,不能辜负团队的付出,更不能辜负张老师的付出。输赢不重要,重要的是把这场比赛打好。心静了,沮丧的心态就悄无声息地走了。上场后,李金子一直晃对手,一直打到就走——居然大比分赢了。她打得特别轻松,也打出气势。第二回合也赢得漂亮,但在最后一个回合,李金子打疯了,她忘了前手的伤,前后手都打了。她大比分赢下加拿大选手……结果,撕裂的韧带断了。下场时,李金子哭了。不是因为伤,而是没想到张老师带她不到一年,自己的进步竟这么大。这天晚上,李金子的胳膊疼得睡不着觉。她翻来覆去,怎么躺都疼。第二天训练时疼得不敢抬胳膊。

2012年8月8日晚,女子75 kg级的半决赛。上场前,李金子伤情更严重了,左胳膊肿得比小腿还粗,疼得她直出虚汗。她不顾张老师劝她退赛,坚决上场。上场前,连护手巾都是教练帮她缠上的。张老师一再重申以保护自己为主,把比赛当作一场游戏。

打了五针封闭后,李金子上场了。

这一场,李金子碰上俄罗斯名将托尔洛波娃。张老师叮嘱她还是以后手为主。以前她与俄罗斯选手遭遇都是赢。可是,这次是在奥运赛场上,与以往不同的是她还有伤。开局,李金子一度领先。但是经验丰富的对手显然知道她有伤,在比赛中不断地拉开距离。前手刺拳和摆拳原本是李金子的撒手锏,但伤势让她无法使用武器。只能用后手和对手周旋。其间,李金子脚绊了一下,倒在拳台上,裁判竟然没挡也没数八。李金子又忘记了前手的伤,前后手又都用上了。左手耷拉下来,张老师急了,但他还是冷静地布置战术——观众的呐喊声像海浪,李金子什么都听不到,眼睛里只有对手。最终,这场比赛以10比12输了。

李金子拿到2012年伦敦奥运会铜牌。

2012年伦敦奥运会

张老师火速安排队医为她检查。撕脱性骨折,韧带断了,队医只能简单地处理一下。因为在现场,无法检查肌肉是否断裂。李金子有点难过,她难过的不是胳膊上的伤,是成绩。张老师说她打得挺漂亮,李金子又差点哭出来,她心里特别感动。无论输赢,张老师都会宽慰队员。事后,他才会循循善诱地总结队员场上的不足,哪里出现了问题,哪里需要改进,哪个细节做得还不够好,哪个地方还需要加强。像奥运会这么大的赛事,自己都没听张老师的话,可他却一句都没埋怨。在跟随张老师训练前,有一次到俄罗斯打邀请赛,那场比赛是她记忆中打得最累的一场。俄罗斯选手特别能拼,虽然赢了比赛,但她嘴唇青紫,整个人也虚脱了。那一刻,她特别想听一句鼓励或者安慰的话。

回国后,李金子到北医三院住院,诊断的结果是左手肘关节内侧副韧带和肌肉断了,外侧撕脱性骨折。术后,李金子到北体康复时,三个手指还麻木得握不住东西。经过检查,是肘关节的尺神经粘连,四个月后,又做了尺神经移位和松解。这次伤病,在张老师的关照下,她的治疗和康复都及时跟上了。2013年下半年,李金子打全运会后,发现肘关节又出现伸不直,正常人的手臂伸直后,夹角为180度,而她的左臂只能达到170度。她又到上海六院做了手术。一年半的时间,肘关节做了三次手术。术后,张老师带她康复带她训练,又带她打了全国锦标赛。一次又一次的受伤,一次又一次的手术。李金子充分地认识到,以前的训练都是破坏性的训练,没有科学性,没有系统性,自己是最典型的练惨了。

多年后,李金子只要一想到奥运会她下场时,张老师眼眶里盈动的泪水,她的心口就疼。她觉着由于自己任性,十分对不起比她父母还年长的恩师。李金子说,张老师是自己人生的导师,他不但为她的拳击路把关导航,还给予了她父亲般的关怀。如今的李金子成熟了,她说这些年跟在张老师的身边,不仅学做人学做事,学到如何带运动员,还对拳击这个项目的认识提高了一大截。

只有在世俗的藩篱中挣脱出来,才能在前行的路上找到自己。

> 运动员能参加奥运会比赛就已经很成功了,奥运宗旨就是重在参与。奥运冠军与无名者一样,都在同一起跑线上,没有高低。只要努力一切都可能改变,只要拼搏就会有好运,奥运赛场上每个项目都在挑战不同的人体极限,也是自我极限的挑战。
>
> 奥运会比的就是一种精神——永不言败的精神。
>
> ——张传良如是说

8

张喜燕觉得能做张传良老师的门生,是她这辈子最幸运的事。张老师说,邹市明是训练的苦,而张喜燕是生活的苦。他们都是80后,但他们是时代的佼佼者,他们也是当之无愧的楷模。

张喜燕15岁开始练拳击,多次获得全国锦标赛、精英赛、冠军赛54 kg级的冠军。2002年,她获得土耳其世界锦标赛冠军;2004年,获得挪威世界杯冠军,并获最佳技术风格奖;2005年,获得挪威国际邀请赛冠军,最佳拳手奖;2006年,获得WIBA世界职业拳王金腰带;2007年,获得WIBC世界职业拳王金腰带。10月,获得WBA世界职业拳王金腰带。有人说,张喜燕是人生赢家。虽然她的生活历经挫折,就项目来说,她还是走了一条铺满鲜花和掌声的路。

张喜燕是父母不惑之年生下的女儿。父亲张仁义原是八一举重队的队员,因为半月板受伤退役了。父母给张喜燕一个女儿身,却给她一个男儿的性格。小时候,张喜燕的偶像除了泰森,还有霍利菲尔德和李连杰。那时,她发誓长大做拳王。张喜燕出生以前,母亲就病恹恹的;她出生后,母亲就卧于床上。她是父亲一手带大的女儿,全家就靠父亲微薄的工资过日子。

父亲用坚持,向自己未能实现的理想表达了无尽的爱意。

张喜燕从没有辜负父亲,练了20多天拳击,她就从哈尔滨坐火车到沈阳,参加城市对抗赛。所有的教练都觉得这个女孩儿敢打,还会做动作,毕竟才练20多天。启蒙教练赵延芳意味深长地说,这么小的女孩,意志品质就这么顽强,将来一定会成气候——教练的话应验了,张喜燕果然如一只与黑暗与闪电搏击的海燕。1998年11月,母亲去世。这只还没长成的雏燕折断了翅膀,在漆黑的海面上哀叫——好在,她还有父亲。张仁义怎么也没想到,他的喜燕又将历经磨难,而这杯苦酒是他亲手酿造的。

那天,张喜燕下午4点半从家走时,父亲在屋里举哑铃,他说,训练完早点回来,晚上爸给你煮面条。可那天,她说啥都打不起精神。张喜燕记得非常清楚,那晚的训练,她的心就慌乱得像长了草。可是下课的时间还没到,好不容易等到训练结束——喜燕急匆匆地上了公交车。刚上车,传呼机就响了。她看了一下是姨妈家的号码。可她刚交了四毛车票钱,如果半路下车到公用电话亭给表姐回话,四毛钱车费就浪费了。如同年迈老人晃悠着的公交车,总算到站了,她发疯似的跑回家。屋门大敞四开,楼上楼下的邻居都挤在她家的小屋里。

"爸,你咋的了?"张喜燕哭着大喊。

看到女儿,父亲用左手死死地捂住衬衫的衣兜,呜里哇啦地叫。喜燕知道,他衣兜里有个红色的塑料皮小本,小本里夹着200块钱。刚止住哭声的张喜燕又哇的一声哭了,爸,咱们去医院,只要你病能好,我就不去打比赛了,我再也不花家里的钱去学拳击了。没钱治病,我去挣,我去挣啊……在她的哭声中,父亲昏迷了。那天是1999年的3月1日,母亲去世不到四个月。

那天开始,张喜燕的世界下雪了,而且遮天蔽日。

对孩子来说,家庭的变故来得有点早;对未来的拳王来说,变故或许是她的动力。父亲在医院住到第 15 天,张喜燕把父亲带回家。钱,对这个千疮百孔的家来说,就像一张糊窗户的纸。糊了西窗,东窗又破了。张喜燕彻底地不上学了,不练拳击了,她成了父亲的护工。父亲的单位几乎不发工资,爷俩的生活彻底没了来源,喜燕又动了挣钱的心思。不挣钱,父亲就得断药,不挣钱,她和父亲就没饭吃。可出去挣钱,太远了不行。父亲隔一两个小时就得翻身,上厕所,还得给他喂水,他离不开人。小吃部当服务员,大众浴池里做卫生员,钟点工,帮人家擦玻璃,给幼儿园小孩洗衣服,等等。只要一天一结工资,只要能抽空跑回家看看,她都能干。她进门就给父亲按摩,背他上厕所,天气好时,背他下楼晒太阳,陪他做简单的康复锻炼。辅助他慢慢地练站,练扶墙走⋯⋯

张喜燕

1999 年秋天,北方的秋风"豪迈"地来了,把杨树叶子吹得哗啦哗啦地泛出灰白色的浪,宛若北方老娘们的聒噪。当聒噪声纷纷飘落下来后,秋风和秋叶两败俱伤地鸣金收兵。这也预示着漫天飘雪的冬天来了,张喜燕暗下决心,她一定要用双手把这个坍塌的家撑起来,给父亲一个吃饱穿暖的生活。

只有不断地给自己信念,哪怕这信念虚无缥缈,也是给无望生活的一个支撑。

那天早上,喜燕刚为父亲洗完脸,就接到启蒙教练赵延芳的电话。赵教练没等她说话,直接让她去参加"弗兰德"杯的比赛。教练说这是全国的大赛,你无论有啥困难都要参加。这两年,中国拳击发展很快,不久的将来,女子拳击有望进入奥运会——张喜燕的心怦怦怦地跳,那声响像畅游的鱼嘴里吐出的水泡,又像春天冰排撞击的碎裂声,震得她手脚冰凉。她看一眼父亲,一向口齿伶俐的喜燕,支支吾吾地学说了赵教练的话。父亲犹疑地看了她半天才点头,那就打一次吧,不管输赢都是给你的拳击生涯画上一个句号。说完,父亲痛苦地垂下头,哇啦着说都是自己不好,耽误她练拳击⋯⋯当喜燕捧着冠军奖杯和证书回家时,父亲哭了。老泪纵横的父亲用还能动弹的左手,不停地抚摸奖杯,他呜咽着反复地说,女儿好样儿的,女儿好样儿的——可生活依然没有改变,父亲的病还是老样子。张喜燕还得继续打工,维持父女俩的生活。

2001年秋天,又是启蒙教练的电话,改变了张喜燕的生活。在牙科医院工作的日子,喜燕如修道院的修女,除了父亲她几乎都忘了自己。教练的电话令她的心激烈地跳动起来,久远的拳击,久远的梦一下子回来了,仿佛前生魂牵梦绕的恋人兜兜转转地又站在路口等她。挂断电话后,她眼眶热辣辣地疼,她低头坐在消毒室的椅子上。除了1999年的那场比赛,差不多有三年多没练拳击了。没接到教练电话时,她一心想挣钱,让父亲过上好日子;而此刻,她的心又活了,脑子里全是拳击。

拳击已然成了张喜燕遥远的梦。这个梦只能回味,却不可触摸。突然梦回现实,惊得她不知所措。

生活就如一条河,如果河水常年不流动,那么就是一河死水。牙科护士即便30岁以后还可以学,可30岁以后就不能打拳了——张喜燕任性地为自己做了一次决定。她坚信拳击是有生命的,只要她与拳击在一起就无比快乐。打完比赛回家的路上,她认真地思考了比赛的全过程,差不多三年没系统地训练了,还能打第二。如果体能跟上,会不会拿一个冠军呢?喜燕做梦都想再回到训练场上,拳台就像一只无形的手牵着她走。回到家里,她沉默地做着家务,可父亲的眼神儿一刻也没离开她。父亲似乎早就看透她的心思,只是不想捅破这层窗户纸。女儿热爱拳击,要想出成绩,要想不走弯路,就要找一个国内正规的学校学习。他深知女儿在拳击上的天赋,女儿能吃苦,还是一个用脑子打拳的运动员。吃过晚饭后,他对女儿说,爸知道你丢不下拳击,去沈阳体院吧。不用管我,我自己能克服。你的岁数再经不起这儿学两个月,那儿练两天地来回折腾了。我已经把你耽误了,再这么耽误下去就把你坑了……父女俩的想法出奇地一致。那晚,爷俩讨论拳击到深夜。

唐光大教练一接到张喜燕的电话,兴奋得一迭连声问她好不好。她简单地介绍了情况,说自己想去体院训练。父亲也支持她,电话里喜燕一再强调,不上大学,交不起学费,只是去体院训练。她问唐教练吃住一个月要多少钱。要是太高的话就不能去了。唐光大让她等三天,他要跟学校请示一下。三天后,唐教练给她回电话,让她到沈阳体院训练,吃住全免。2002年5月,张喜燕怀揣500元钱，背着行李踏上去沈阳体院的火车。她的拳击梦即将从这里出发，她也将从这里启程，走向中国，走向世界。

张传良说，只有悟出拳击精髓的运动员，才能走上巅峰。张喜燕的拳击天赋过人，悟性也极高。

一次张喜燕放假回家，父亲看到突然回来的女儿，愣住了，半天才喃喃地问：你被学校开除了，还是被淘汰了？喜燕笑呵呵地告诉他，教练让她回家看看。张喜燕像一阵风，跑到外屋掀开锅盖，铁锅里黑乎乎软塌塌的烀茄子浸泡在黏稠的汤水里，灶台上两个干巴得七裂八瓣的烧饼。旁边有一只小碗，小碗里还有泡烧饼的残渣儿。烧饼太硬了，爸一定是用水泡软才能下咽……她看着铁锅里软烂如一摊泥的茄子，眼眶一下子就湿了，鼻子一酸眼泪就掉了下来。她转身跑出去，拎回一斤红肠，10个肉包子。父亲下意识地耸了一下鼻子，然后抬起脸骂她乱花钱，还说他根本就不爱吃这些东西。他说有烀茄子有烧饼能吃饱就行，何必买这些难吃的东西——张喜燕强忍住眼泪，她说一个包子四毛钱，我难得回来，咱爷儿俩改善一顿。那晚，父亲吃了六个肉包子。父亲一日两餐，生一顿熟一顿。他的眼神儿哀怨地望着那扇唯一能与外界连接的窗口，他最多打开房门看看走廊。24平方米的小屋对父亲来说，未免有些空旷。瘦削的他只需一隅容身之地，说到底，他的心空了。母亲走了，父亲原本是喜燕的一座大山，可父亲却因为疾病轰然倾倒。她成了父亲的山，可她却因为拳击远走他乡。

但父亲就是父亲，他无法为女儿撑起一片天，却为女儿撑起了自己。

张喜燕无法描述自己的心情，她说只有经历了，才懂得刀子剜心的滋味。苦难就如一只怪兽，总是虎视眈眈地盯着人间。一旦发现有可乘之机，就张开大嘴扑过来——2002年7月6日，离全国大赛还有不到一个月的时间。那晚，张喜燕刚从训练馆回到寝室，队友就告诉她刚刚有个哈尔滨长途电话。她心咯噔一下，还没等她回过神儿，长途电话又打了过来。电话里，邻居急匆匆地说，你爸又脑出血了，你赶紧回来吧。

凌晨2点，下了火车的张喜燕，却茫然地站住了。情急之下，她既没问父亲住哪个医院，更别说病房了。站在街头的张喜燕，凭感觉直接打车到了哈市二院。或许是父女连心，或许是父亲在没见到女儿前不甘心瞑目，也或许是还努力地提着一口气的父亲灵魂的指引——还是三年前的那个病房，三年前那个主治医生。医生阿姨一眼认出她，一把拉住她的手，说你爸这次是丘脑出血。她结巴着问，比脑干出血严重吗？阿姨摇头，说没有脑干出血那么严重，但他这次是大面积丘脑出血,已经估量不出多少毫升了。

你爸这次真是没救了,你尽快安排后事。

当她在重症监护室见到昏迷的父亲时,喜燕的眼泪再也止不住。父亲身上插着的氧气管导尿管输液管,宛如纵横交错的树枝。她握住父亲的手,他的手尚存一丝温度。张喜燕在床前守到第四天时,父亲似乎有了点意识。她轻轻地握了一下父亲的手,爸,你能不能快点好起来,能不能像上次那样,勇敢地站起来跟我回家,陪我长大。你要是好了,我就不练拳击了,天天陪你……父亲的眼皮轻微地动了两下。爸,还有 20 多天,我就要打比赛了。你希不希望我拿个好成绩,站在最高领奖台上……喜燕哽咽得说不下去了,眼泪吧嗒吧嗒地掉到床边上。爸,你能不能听见我说话?你希不希望我拿冠军?你要是能听到我说话就握一下我的手……父亲的手微微地动了一下,轻微得只有她能感觉到。她又说,爸你肯定能像第一次那样站起来,看我拿全国冠军、拿世界冠军……15 分钟的喃喃自语,张喜燕感受到了父亲的手微微地动了几下,也看到他努力地想睁眼睛。父亲的嘴唇也像一片被风吹落的叶子,轻微地蠕动过。

第五天,父亲开始高烧。从 39℃ 开始一点点儿地往上升,40℃、41℃——退烧针剂、物理降温都不能让他的高热退下来,哪怕降下一个刻度,对喜燕来说都是安慰。第六天的凌晨 3 点多,父亲的脸烧得像火炭,张喜燕突然发现他的眼神儿不一样了。她快速地叫来医生,医生扒开父亲的眼皮看了看,冲她摇摇头走了。那个晚上,她叫了十几次医生。医生说,孩子,人都走了,再不穿衣裳人就硬了。张喜燕哭着哀求,阿姨救救我爸吧。医生说,不是我不救,你爸瞳孔已经开始散了。天这么热,再耽误就长尸斑了。

医生的话像一声炸雷,把她从自己营造的梦境里惊醒。

张喜燕安静下来,她开始为父亲擦身。她要让劳作一生,挚爱她们母女一生,对竞技体育一直心怀期盼的父亲干干净净地走。父亲的脚像冰块一样凉,凉气像三九天嗖嗖的冷风,从双脚蔓延上来,小腿凉了,大腿也凉了。他的喘息也开始微弱了,她握住父亲的手,爸,你放心地走吧。我长大了,我能照顾好自己。她的话音刚落,父亲的嘴就闭上了,微睁着的眼睛也合上了。

父亲呼出最后一口凉气,安详地走了。

死亡偷袭生命时都是猝不及防,即便是打了招呼,死亡也是没有耐性的家伙。死亡,总是想方设法地掳走生命,可死亡对父亲却是格外开恩。或许,死亡在一个坚韧的父亲面前却步了,也或许,死亡在爱面前心软了。三年前,死亡放过了父亲。让这位可敬可怜的父亲,在人世间多陪了女儿三年。直到听

了女儿对他的承诺,他才放下世间的一切,放下对生命的诸多不舍,平静地走了。安葬了父亲,张喜燕魂儿也丢了。

生命中,失去亲人的悲伤无法劝慰。因为,那是心头滴血的悲恸。

2002年8月6日,比赛正式开始了。张喜燕在湖北的十堰打了四场比赛,拿了54 kg级的冠军。比赛过程中,她脑子里只有一个念头,必须拿下这个冠军,必须争气,要代表国家打世界女子拳击世锦赛。张喜燕的愿望终于实现了,可是父母却看不到了。拿了冠军后,她被调到国家队集训。国家队两个月的集训令她无法忘怀。每天跑8 000米的山路,队友都穿着100多元钱的运动鞋,只有她的鞋是花20元钱买来的。二十元的运动鞋不吸汗,鞋底还薄。一次8 000米的山路跑下来,脚磨了六个血泡。在竞争激烈的国家队,她不敢请假更不敢说累,她怕被淘汰。如果拳击不要她了,她真的就是无家可归了。半夜,她自己把脚上的血泡挑破,拿着酒精棉球使劲地擦。那个疼是扯着心连着肉。她怕别人看见,也怕人听见,就抱着脚躲在被窝里哭。第二天早上,别说下地,就是无意中碰一下,她都刺疼出一身冷汗。训练前,她就找个没人的角落把脚踩麻。那个中秋节,她只有悲伤和思念。她又一次地告诉自己,拳击是自己唯一的依靠,只有训练场和比赛场,才是自己的家。她让泪水倒流回去,索性淌个漫山遍野……

2002年10月19日,第二届世界女子拳击锦标赛在土耳其开战。张喜燕打54 kg级别,她先后战胜了美国、挪威、印度、匈牙利、意大利选手,取得了世锦赛女子拳击54 kg级的冠军。奏国歌升国旗时,她哭得稀里哗啦,她在心里说,爸,你多活三个月就能看见站在最高领奖台上的女儿。国旗为你的女儿升起,国歌为你的女儿奏响。捧着冠军奖杯,张喜燕的眼泪有喜悦也有悲伤。2002年,女子拳击还没有进入奥运会,世锦赛是最高级别的赛事,世锦赛冠军也是最高的荣誉。

赛后,放了一个星期假。张喜燕想来想去,决定回家,毕竟那间屋子里曾有过爸和妈的笑声,那间小屋里有温暖的回忆。即便没有人迎接她,她也要回去。哪怕嗅一下双亲残留在小屋里的味道,对她来说也是莫大的安慰。打开尘封已久的屋门,她把父母的遗像摆在桌上,她拿出奖牌轻轻地放到父母的遗像前,她后退两步,跪下:

"爸,妈,我回来跟你们报喜,我拿了世锦赛冠军了,站在世界最高的领奖台上时,我哭了。不仅因为升国旗奏国歌,还因为妈走得早,爸哪怕再多活三个月，就能看到站在领奖台上的女儿……"她就这样跪着，就这样倾诉着，就这样尽情地流着泪水——24平方米的小屋承载着太多太多的悲伤和太多太多的喜悦。张喜燕的感情宛如开闸的大水，滔滔不绝——她对桌上父母的遗像讲训练，讲比赛，可她一句没说训练时的苦。她依旧坚持对父母报喜不报忧的古训，她依旧是那个从小就懂得为父母分忧的女儿。

血脉相连、骨肉相连的亲情，即便是阴阳相隔，也会在某一个空间，某一个特定的时间里相遇。

七天的假期，喜燕除了用冠军奖金还了一些欠账，就待在家里。虽然这间小屋除了父母的遗像再无他物，但她依然觉得温暖。仿佛父母就在她身边，看着她微笑——2003年7月，对于张喜燕来说终生难忘，济南军区特招她入伍。她第一时间，以自己的方式把这一好消息告诉了远在天堂的父母。那以后，她的人生就如戏剧一般，她去打职业赛，她遇到生命中最难以忘怀的法国教练尼古拉斯，她这个昔日多次夺得全国冠军，又集世锦赛、世界杯冠军、世界金腰带的桂冠于一身的中国女拳手，一次又一次地向世界顶级拳手挑战，一次又一次地赢来掌声和荣誉。赛场上，她所向披靡，她把拳击当成依靠，她把拳台当成战场。每一次，战场上奏起的凯歌都是她送给天堂父母的礼物。

然而，生活并没放过经历诸多苦难的张喜燕。因为生活就是一个富有诸多哲思的老人，缄默地在她生命的路口等着，告诉她生活本就是一座又一座连绵的山，攀上这座山的顶峰不意味就到了顶峰，要想攀上另一座更高的山峰，还得从谷底开始——世间的路没有捷径可走，世间的路也从不是一马平川。2006年，济南军区准备给张喜燕提干，她听到这个消息后欣喜若狂。她太爱部队了，天堂的父母也一定喜欢她穿军装的样子。就在此时，一位教练找到她，告知她马上动身到蒙特卡洛打比赛。她犹豫了，她说我除了是在校大学生，还是军人的身份，出国打比赛需要向部队领导请示。喜燕坚持要给部队领导打电话，但这个教练说，我已经联系过了，你怎么还要打电话？部队领导说了，让你好好打比赛，为国争光……教练又派了分管教练带她去打比赛，她疑虑重重地和分管教练登上了国际航班。结果，比赛结束，她回国后接到的不是转干通知，而是退伍通知书。她说，她接到退伍通知书那天，痛苦不亚于父亲离开她的那一刻，她太在乎这身代表庄严和责任的军装了。

或许，苍天怜惜这个女孩的付出，怜惜这个一身正气的女孩的坎坷。于是，委派命运之神再次眷顾她，不但把她送到赵玉乔夫妇面前，还把她送到张传良的门下。于是，张传良夫妇张开双臂拥抱了她。他们都是她命运的使者，也是生活给予她的馈赠——他们让她感受到了亲情的温暖,也让她体会到了生活中的亲情。2009 年,张喜燕再次入选国家队集训。她以教练员、运动员、拳击队队长的身份在国家队训练。她既紧张又兴奋,紧张的是从 2006 年以后,几乎都在打职业比赛;兴奋的是又看到了参加奥运会的曙光。

  2010 年 1 月,喜燕到贵州清镇体育基地训练,张传良亲自带她,还给她找了国内最好的陪练——任灿灿、张琴和几个男队员。聆听张老师对拳击的认识和打法,征战拳台的张喜燕,突然发现自己以前好像没练过拳击,也就是说张老师让她看到了不一样的拳击。以前上场时,她都做了挨拳的准备。但张老师却说只要站在拳台上,就要想办法去打别人。张老师的训练理念非常新颖独特,他提出走"中国特色拳击之路"的理念也令她耳目一新。能把邹市明带到世锦赛,带到奥运会并拿到冠军,是靠实力打出来的。她豁然开朗,张老师的训练理念和技术是世界上超一流的,他把武术和拳击结合起来,开辟了一条中国拳击之路。

  命运之神向张喜燕打开大门,并且张开双臂拥抱这个孤独而又独立的女孩。

  训练之初,张喜燕都打不到对方。而且对方想快就快,想慢就慢,得心应手地把握节奏。她在心里使劲地骂自己,还世界冠军呢?什么啊?完全就是一个初学者。后来她才知道,这些队员都是从小就跟着张老师训练。他们早就学会了在场上不挨打,不吃拳。2010 年,张喜燕参加了 4 月份土耳其国际 A 级邀请赛。中国队将近 20 名男女队员参加比赛,她一路打进决赛,而且在决赛时以 1 比 0 获得冠军。征战拳坛数年的她,很多教练都认识她。看到她的表现,有些性急的教练在台下大喊:喜燕,出拳,快出拳啊,出拳才能得点——但她始终牢记张老师的那句话,先让对方打不到你,再想办法打对方。找时机,找距离,抓空隙。训练时他还说过,高水平的博弈时,除了技战术还比的是智慧。张喜燕把恩师的话都刻在脑子里。到第四回合,她找了一个后手直的点,咣的一拳打在对方眉额上。对手的眉额瞬间就开了口子。鲜血如一朵雪中的梅花,温暖地绽放了。喜燕心头一惊,为对手也为自己的技术。拳击还能这样打。虽然自己只是赢了一点,可对方是零,而她又没挨拳。与以往的 14 比 13 的结果是一样的,也不一样。因为以往即便是赢了,也挨了 13 拳。

  2012 年,女子拳击进入奥运会。可是,张喜燕最终还是止步于奥运会。不是因为她的成绩,不是因为她的拳风不够犀利,更不是因为她的技战术逊色,而是因为她打过职业赛,还因为世间的人心不古。不能参加奥运会不能为国争光,她想不通,打职业赛的不止我一人啊?她欲哭无泪。心中生起的一场大火把她眼睛烧灼得生疼,她在床上躺了整整两天,水米未进——张喜燕像一只孤雁,叫声里充满着抗争和不屈。

天性好强的她,只有独自一个人时才会叫两声。

安曼东京奥运会资格赛,张喜燕与常园

张喜燕感谢拳击,因为拳击给予她生命的尊严和意义,这也是竞技体育存在的重要意义之一。结束国家队的训练,赵玉乔夫妇亲自到贵州清镇接喜燕回家。赵玉乔说,喜燕,不打奥运会没关系,好好带队员,让队员替你圆奥运梦。2018年,张喜燕又迎来人生大事。她披上洁白的婚纱,走进了婚姻的殿堂。赵玉乔夫妇以娘家长辈的身份为喜燕办了回门宴,张传良夫妇以父母的身份参加了回门宴。喜燕挽着老父亲(张传良)的臂弯走向新郎,当老父亲把她交给新郎时,喜燕喜极而泣。

已过而立之年,现任河北省体育局摔拳跆运动管理中心女子拳击队主教练的她,又带尹军花和常园在国家拳击队备战东京奥运会,已然认识到竞技体育不是单一的进攻,还深刻认识到它的神圣和品质。就如张主席所推行的中国拳击,也就是说竞技体育不是简单的"四肢发达",而是集智慧、技术和战术于一体的项目。

一味地进攻,要么赢得惨烈,要么输得悲壮。

从队员到教练员,张喜燕的故事还在继续。她说没能参加奥运会是一生的遗憾,如果有机会能为国争光,为拳击这个项目作贡献,自己还将再披战袍再穿战靴。如果能带出奥运会冠军,也是对自己最大的安慰。

张喜燕期待着东京奥运会,她也将带着从十几岁就跟着她训练的常园决战东京。

> 每一位走上拳台的运动员都心怀理想,心怀梦想,心怀远大抱负。只要他们为理想而战,为梦想而不断地努力,教练员就应该为这些有理想有梦想,有远大抱负的运动员搭建梯子,并引领他们一步一步地攀登上去,直至顶端。
>
> 毕竟,奥运会最辉煌,世锦赛最难打,职业赛最精彩。
>
> ——张传良如是说

9

纵跨黄河长江两大流域的陕西,被称为关中,十三朝古都的西安以前被称为长安。关中可谓是地杰人灵,一脚迈进关中,就连掠过秦岭的风都如醇厚的酒,劲道中带着绵柔。因此,喝着渭河水长大的关中人都质朴敦厚。有人说秦地盛产麦,关中人又把麦吃出了魂儿。吃面的人都厚实淳朴,犹如已故作家陈忠实在一篇散文里说:一个兵马俑似的农民把作料僵石的石头冒充火晶柿子,把大城市的作家哄骗了涮了一回,多掏了他几枚铜子,这应该是他们脑瓜里开始安上了一根转轴儿,灵动起来了。从先生的口气里,我们了解了他为乡党"转轴儿"而高兴。

可见,陕西大地孕育的人该是多么的忠厚和淳朴。

陕西拳跆运动管理中心拳击队总教练,曾任国家拳击队教练的陈涛,是土生土长的西安人。他除了具备关中人的特点,有人说他很江湖,有人说他很侠义,也有人说他很豪放——但他的内心深处还有坚韧和细腻。确切地说,他性情里不仅带着诗意和远方,还有担当和责任。如果说,陕西拳击队历史成绩不那么尽如人意,那么陈涛做了总教练之后,他改写了陕西省拳击的历史。

生命承载着太多的负荷,然而,若是能承受起生命的轻,该需要怎样的重力。

陈涛说,他能担起陕西拳击队的担子,还要感谢陕西当时主管竞训的副局长,后又担任陕西体育局局长的姚金荣。2009年,十一届全运会后,姚局找到陈涛,他说,陕西拳击项目的成绩一直不好,现在已经到了解散的边缘。十一届全运会的成绩都不好意思开口讲,如果你有兴趣的话,我们重新组建一支拳击队,你来当总教练,一切事情都是你说了算。陈涛愣了一下,陕西拳击项目的成绩不好人所共知,可他从没想过自己要挑大梁。他沉吟了许久,一向敢冲敢闯的他当场没答应。他说,姚局,给我几天时间考虑一下再议。从局长办公室出来,陈涛的心情可以说五味杂陈。他是散打运动员,这些年,他也一直在从事与散打的相关工作。作为运动员,他了解竞技体育的残酷性,作为教练员,他也深知教练员在项目中举足轻重的地位。有成绩了,教练员功不可没,出不来成绩就会招来一片骂声。虽然,他没想给自己树碑立传,但也不想让自己成为众矢之的……可他又是那么的热爱竞技体育,热爱竞技体育的挑战性,热爱拳击项目的野性。认识陈涛的人都知道他性格耿直,做起事来从不拖泥带水。一旦决定了的事儿,即便是千难万阻,他也不会回头。当场说考虑后再议,实在是被领导突如其来的决定所震惊,还有自己当时的身份。之后的几天,陈涛很认真地全盘考虑了拳击项目的当下和未来。如果自己离开钟爱并且经营多年的散打,确实是心头滴血。但是,他生性又喜欢挑战,他觉得人这一辈子就要勇于挑战。挑战犹如生命中流淌的血液,生命只有不断地注入新鲜的血液,才活得有味道,才活得有朝气,才活得有力量。更令他难过的还有那些日日相伴的朋友,他转行去搞拳击,朋友会怎么看。陈涛的脾气如秦岭的山峦,而秉性却如陕西大地一样宽阔,三教九流都结交。如果从散打跨界到拳击,一定会伤了朋友的感情,会得罪一些人。讲义气的他,也会把自己陷入困境中。从事散打这么多年,无论是成绩还是市场运作都有口皆碑。他权衡再三,他认为自己有能力有信心把陕西拳击重新搭建起来,为拳击这个项目,为陕西竞技体育出一把力。即便是不成功,自己也努力了。

生命只有不断地努力,才能懂得活着的意义。

陈涛决定可以干。干,就意味着没有回头路。如果遇到困难再回头,那不是他的性格。陈涛找到姚局,他单刀直入,说我可以干。给我训练场,给我运动员——还没等他说完,姚局摆手说,哎,打住——我先跟你声明,人没有,场地暂时也没有。陈涛愕然地看着姚局,人没有,场地没有,那我在这儿干啥?陈涛有些急,急切地表述时也有点卡壳。姚局看着他说,人,你自己想办法;你搞了这么多年散打,招几个人有啥问题。陈涛急赤白脸地说,散打是散打,拳击是拳击,完全是两个项目,项目规则也不一样。姚局语气缓缓地说:这些事儿就不要跟我讲,你自己想办法。反正我没人也没有场地,我唯一能给你一纸任命。任命你为陕西省拳击队总教练,业务归西安体院竞技体校管理。因为竞技体校承担了两个项目,一个是跆拳道,一个就是拳击。两个项目都落到西安体院竞技体校托管,既对口也合规定。

前半生,陈涛都是在从事散打。但他或多或少也了解一点拳击,虽然是两个项目,但在技战术上还是有相通之处的。这些年,他对陕西省拳击也或多或少地了解一些,成绩一塌糊涂,他认为关键还是引领的方向出了问题,还有对拳击项目的认识理解不够。他想干,或者想试试的初衷,就是想改变拳击项目尴尬的境地。说到底,这个决定还是他的性格使然,他勇往直前的性格才是他做事的态度。他觉得生命的境界就是不断挑战自己。陈涛善于思考,善于学习,用张传良主席的话说,他也善于钻研。一定程度上说,他还是拳痴。陈涛尊称张主席为师父,他自从跟在师父身边工作,师父的每一句话他都用心记,每一个技战术都认真学。他还把师父的中国拳击打法以 PPT 的形式做出来,以便自己不断地研磨领悟。

开弓没有回头箭,迎难而退也不是陈涛性格。但他内心深处还是有一点哀伤,他突然觉得,他这个拳击队总教练像个皮包公司,像三无企业。手里那份任命文件,却沉重得令他有些恍惚。万般无奈,他把家里的别墅腾出来,做拳击训练馆。于是,陕西省拳击队就在他家的别墅正式挂牌成立了。他站在拳击队的牌子前,思索了许久,如果只有一块牌子和场地,没有队员的话,牌子不过是酒馆门前的幌,这门楣上的幌能为他招来"食客"吗?没有队员,他这个总教练也是摆设。于是,他又犹如一位行走于江湖的侠客,只是他不是悠闲的行走,而是肩负招兵买马的重任——这一走就是三个月。从山东到河南,到江苏,到东北。马不停蹄地奔走,从不知疲倦的陈涛也感觉到累了,他想,更多是心的疲惫——按说,做了半辈子散打,陈涛无须到省外招队员。这当然是事出有因,因为在他打算做跨界教练时,朋友对他有约定,不得在陕西省散打队招收队员,不得使用散打队的任何设备。你要干,就自己干。

鉴于承诺和约定,陈涛只能远走他乡。

功夫不负有心人,陈涛招来了第一批队员。三个月的努力,三个月的辛苦,三个月的奔波,挂了"幌"的拳击队终于有了内容,也就是说有了"食客"。可谁又能想到,当初只有十五名队员的拳击队,变成后来有五十名队员的拳击队呢。

陈涛用心用双手书写了陕西省拳击队的历史。

2009年下半年,陈涛基本上都在观察队员,也在思考建队以后的方向。到了2010年,他就有了一个大胆的设想,要想让陕西省拳击队在最短时间内得到最好的发展,他这个管理人员兼总教练,首先就得站得高,胸中就得有大格局。他决定毛遂自荐,给自己找一个"冶炼"的地方。他再一次进京,找到时任国家体育总局拳跆管理中心主任常建平。早年,陈涛的一位师兄离开散打去做空手道。师兄说,空手道是个好项目,既能练心,又能练性,还能练理——让他试试。陈涛对一切新鲜事物都有好奇心,于是,他就和师兄做了六七个月空手道。他和师兄搞空手道大众推广,还承办了推广以来第一场大众空手道比赛。他发挥了自己策划的特长,比赛现场空前的热烈。各路英豪都来观战,就连省委领导班子成员也来助阵。就是在这次大众空手道比赛,陈涛请来了常建平。

此后,他们就成了布衣之交。

常勇与陈涛

陈涛诚恳地说,常主任请你帮助我,让我把陕西拳击队支撑起来。常建平说他对陕西有感情,陈涛在空手道大众推广方面也搞得不错。他说:只要有利于陕西竞技体育发展,他都愿意伸出援助之手。陈涛坦率地说,能不能让自已到国家队实习一段时间,主要是去学习,看看国家队是如何管理如何训练的。学习借鉴国家队训练的方式方法,陕西队就不会走弯路。时间紧迫,十一届全运会,陕西的成绩一塌糊涂,项目差点被砍掉。拳击项目比赛讲究的是技战术,技战术不是一天练出来的。要想在2013年全运会上出成绩,谈何容易。队伍成立到全运会不过两年半的时间。项目既要消耗大量的时间进行基础性训练,还要花很多时间磨技术。他从散打跨界到拳击,两手空空,他希望十二届全运会,陕西能有所表现。尽管队伍刚刚成立,但是时间紧迫,虽然从局长到竞体处包括体院院长都没给他压力,但他们都想让拳击这个项目有所作为……如果常主任能鼎力相助,让他到国家青年拳击队任教练,或许就能改变命运。

常建平觉得陈涛的诉求在情在理,而且充满诚恳。他认为陈涛做人很好,做事儿也不会差。

陈涛到国家青年拳击队开始学习,他如一条困在干涸河床上的鱼,到了国家青年队,他终于放纵地迎面扑向滔滔而来的大水。他曾经带队参加过亚洲青年锦标赛,带队参加世界青年锦标赛,并且都取得了成绩。陈涛不会放弃行走时的每一条路,每一个机会。如果不用双脚丈量路的长度,怎能遇见繁花盛开,如果不去争取机会,怎能成就你自己。这一待就到了十二届全运会。努力就有回报,这届全运会,陕西省拳击队突破了一枚奖牌。这枚奖牌不仅令陕西省体育局振奋,也令陕西其他项目震惊。从第九届全运会到第十一届全运会,陕西拳击项目的奖牌几乎为零。在既没有场地又没有队员,教练还是从散打跨界到拳击的情况下,通过短短两年半的训练,陈涛独挑大梁地改写了陕西拳击项目的历史……来自各方的声音就如雨滴般落下。

陈涛没有飘飘然,他知道,陕西拳击与他心中的目标相比还有很长的路要走。他说,十二届全运会的成绩,离不开他在国家青年队的训练和学习。更重要的是通过国家队这个平台,他和其他教练建立了良好的沟通和信任,这让他有了交流的渠道。常建平是他跨界后,遇到的第一个贵人。2014年,陈涛到国家队做教练。这对陕西拳击队又是一个有力的支持。到了国家队,陈涛还做了十个月的教练组组长。他因为制定一套训练计划,深得当时训练部部长岳岩的赏识。岳岩说:我做了这么多年的具体工作,接触过很多教练,像你这么缜密的教练不多,只有缜密和负责任的教练才能把训练计划做得这么透。你的训练方案是先规划,再计划,后分段实施,非常好。他说,烟台有为期四个月的训练,你就当教练组组长吧。陈涛做教练组组长近一年的时间里,无论是青运会还是全国锦标赛,成绩都是喜人的。在烟台训练的队员,基本上都拿了金牌。特别是全国青运会,训练气氛非常融洽。当时,杨相中和叶新春都是执行教练。备战期间,有事没事儿,他们就坐在一起心无芥蒂地探讨,互通有无。这期间,国家队推行一个举措:教练员走向讲台。教练员走向讲台给运动员讲拳击项目练什么,比什么,拳击要确立什么样的心理,要培养什么文化。每个教练都写了非常好的讲稿,回到奥体中心以后,国家队继续采取了这种做法。陈涛觉得一个运动员的成长关键是教练员,一个高水平的教练员,一定能带出金牌运动员。就像师父那样的大师级教练员,他不仅带出了全国冠军,世界冠军,还带出奥运会冠军。

有了国家拳击队的历练,陈涛更加有信心。训练之余,他看了所有邹市明比赛的视频。他说,邹市明在早期就有了冠军相,因为他的技战术是那么的熟稔。他之所以能成为伟大的拳击运动员,他的那种专注那种刻苦,是走向最高领奖台的基础。所以,他才能为中国拳击升起国旗,奏响国歌。陈涛说,师父张传良就是一位魔术大师,他把拳击技术变成了有乐感的艺术。

陈涛再看当初被自己视为"幌"的拳击队牌子,已然成长为一棵繁茂的梧桐树。有了梧桐树,必定会飞来凤凰。

陕西拳击队不断地有优秀的运动员进来,陈涛还聘请了外籍教练和外籍陪练。卡洛斯就是他聘请的古巴教练,2015年,卡洛斯持旅游签证到陕西工作了三个月。后来陈涛再次邀请他来中国执教,由此,陕西队在全国比赛和全运会上,一次又一次地取得了突破和历史上从没有过的好成绩。张主席说,卡洛斯是非常优秀的教练。他不仅严谨还认真,他把古巴拳击的精髓毫无保留地教授给中国运动员。有卡洛斯这样的外籍教练,这对陕西拳击队犹如一场甘霖。第十三届全运会,陕西拳击有了重大突破,获得全运会历史上的第一枚金牌。那一刻,陈涛差点喜极而泣,他特别感谢国家拳跆中心的支持和帮助。

陈涛亲手组建了陕西拳击队,并带着陕西拳击队走出低谷。他也历经了中国拳击队从辉煌走向低谷的过程。尤其备战里约奥运会期间,走了一截弯路……拳击走到这步要退回到2013年,师父张传良退休后,训练就走上一条违背中国人体质的道路。不适合的训练方法给当时的中国拳击上了重要一课。在连续两届奥运会金牌的大好形势下,致使中国拳击只能重新再开始。这是中国拳击的悲哀,也是拳击人的悲哀。因为中国拳击历经劫难,差一步就能变成优势项目,可又退后成劣势项目。

训练

2017年,是国家拳击队转折年。国家体育总局起用张传良主席,中国拳击又迎来一个新的历史节点。

无论从事什么项目,陈涛都想证明自己。所以,他努力,他坚持。自从张主席挂帅后,他的梦想又如一只苏醒的狮子。前行有了引路人,他在混沌中又看到了曙光,他对拳击项目又燃起了希望。以前,他只想为陕西拳击做点什么。现在,他不但对拳击项目有了更深刻的认识,还有了无尽的使命感。

一路走来,虽然艰辛,但陈涛也欣慰。至少身边还有师父,还有一群为拳击项目同心同德的挚友。他说自己睡得像狗一样晚,起得比鸡还早。但是他无怨无悔。他总是告诫运动员,珍惜运动生命。虽然,这对生活来说单调得不公平,但对生命来说却是一种获得。生命需要这种获得,才能安放自己未来的财富。

情感饱满,是热爱生活的一种体现。

陈涛还把人生当作一种体验。他说,人活着就要体验。体验成功,体验失败——因为成功和失败都是活着的课堂。他是有经历的人,但他把生命的经历都当成了故事。就如他带着陕西拳击队打出了成绩却遭遇了审查,从陕西拳击队在他家挂牌的那天开始,陕西体育局下拨的资金只够餐饮的费用,场地是他自己的,器材都是朋友无偿捐赠的。体育局每年给他下拨三四十万元经费,质疑的人没有问他这笔经费够干啥,而是质疑他拿了这笔经费干了啥,是不是揣进自己的腰包。激怒之下,陈涛和他的局长提着发票到了审计厅。审计厅领导说这没法审计,拳击队每年开支要一百多万。而且还不算房租费用,水电费用,冬季采暖费用——陈涛坦率地说,君子爱钱取之有道。我不会贪一分钱,但我也不会放过挣一分钱的机会。挣了钱,更不会放在兜里,而是拿出来实现理想和目标。亦如,把自家的别墅拿出来做拳击训练馆。

陈涛说师父张传良是他的榜样,也是他一生的楷模。师父爱惜每一位运动员,尤其那些有天赋的运动员。每天的训练,师父都在训练场地。他说,看到师父就有了无穷的动力。近古稀的年龄了,可在训练场上,师父身形依然矫健思路依然敏锐。有时候,教练们会觉得他太累了,就给他搬把椅子,可他从来没坐过。师父全身心地扑到拳击上,在他心里除了拳击还是拳击。尽管这样,依然会有一些没有原则也不乏攻击的声音。他们这些弟子都很愤慨,可是师父却说,我们做自己的事儿,我们可能没有人家做得好,但我们不去干预别人也不去否定别人。陈涛感慨地说,运动员的经历让他走南闯北;教练员的经历让他对项目有了更深刻的认识,还让他结识了众多的同道中人。有师父在前方引路,这样的生命值了。师父管理队伍的方法很严谨,他奖罚分明,他认为如果这次罚了犯错者,他从内心感激,下次一定不会再犯错误。如果再犯,那就是从内心深处的对抗。陈涛可谓是杂家,做过工程,开过武馆,热爱设计,热爱文学,他还喜欢喝茶。他说,喝茶能清心,喝茶还能明目。他真诚,贵在真诚。他透明,贵在透明。

然而,陈涛注定是与命运抗争的人。

项目的成功,靠的是团队而不是单靠哪一个人。要想成功,一定要有一个复合型团队。因为拳击运动已经有两百多年的历史,如今奥运会上的十几枚金牌,备受世界各国瞩目,而拳击项目本身又极具魅力。美国ESPN网站通过十项指标对六十个运动项目困难的程度进行排名,拳击项目的难度排在首位。说明拳击项目是世界上对人要求最为苛刻,最难的一项运动。

——张传良如是说

10

上海的初秋雍容得像一幅画,一脚迈进去就沾染了它华贵的色彩。于是,行走于街头的人就成了画中人。台湾拳击理事会会长、台湾拳协主席李武男就是在 2015 年的初秋,来到上海。他不想做画中人,但他是冲着画中的人来的。这个画中人就是前国家队总教练张传良。之前,他通过协会秘书长徐进贤的介绍与张传良有过联络,他希望张传良先生能到台湾执教。说起来,他们早在 1996 年泰国的一次比赛上相识,彼此都留下很深的印象。

通了几次电话后,理事长觉得在电话里不能说清楚,他说我们见一面吧。于是,理事长从台湾飞到上海的浦东。

张传良驱车前往浦东机场,他们在机场的咖啡厅见了面。理事长开门见山,热情地邀请:张总到台湾来执教吧,三年的时间不长,台湾的气候和生活适合养身体,也适合养老,考虑一下。张传良当即就说,三年不可能。理事长怕他拒绝,马上又改口说,那就一年,您已经退休了,到台湾住上一阵子您就能喜欢,带着夫人出去散散心顺便教一下拳击。因为大家都是中国人,训练理念和文化生活也相近,语言也能说得清楚。您取得的辉煌成绩,全世界都有目共睹。我们诚挚地邀请您到台湾执教,台湾的拳击人都欢迎您……张传良摇头说一年太长了,在上海我还有很多工作要做,不能离开那么久。最多也就三个月,理事长惋惜地说,三个月太短了。

画中人之所以坚决,与上海的色彩与华贵无关。在别人眼里他是画中人,可他却置身画外,他心里装着拳击,他是退而不休的人。他积极推广大众拳击,并呼吁少年走上拳击台,他仍然走在拳击的路上,他仍然致力于拳击……40 分钟的交谈,他们没有达成共识。已近耄耋之年的理事长,都没有走出浦东机场就又返回了台湾。张传良也淹没于华丽的色彩中,只是他是行走于色彩以外的局外人。理事长回到台湾后,他们又经过商量,觉得一年还能接受,三个月实在太短了。电话交流中,张传良还是坚持三个月,他说我虽然退休了,上海还有很多工作也扔不下。三个月也是尽力而为了。之所以挤出三个月的时间,我也想看看台湾的拳击,虽然我退休了,但还是想为拳击做点事儿,还想学习……理事长并没有放弃,他第二次又来到上海时,上海还沉浸在秋色里,只是华贵的色彩更浓烈了。第二次见面,他们的话题除了到台湾执教以外,还谈了台湾拳击队的情况和现状。台湾拳击队现在有一位古巴籍教练,是国际拳联主席吴经国介绍到台湾执教的。古巴的教练水平也非常高,但他好像不是很适应,也就是说他的教练水平与台湾方的要求有些出入。台湾拳击可谓是正当壮年,其间,他们请了包括俄罗斯、哈萨克斯坦、乌兹别克斯坦、古巴,以及其他一些国家的功勋教练执教。但是台湾的拳击始终没有太大起色……理事长说得语重心长,但张传良还是坚持三个月。他说你们已经有一个古巴教练了,古巴的拳击在世界也首屈一指,另外,确实是时间的问题……理事长只得再次返回台湾。但他并没有灰心,而是第三次来到上海。这次,理事长已然不甘于只停留在机场了,他要置身于画中,还要领略华美的色彩。张传良很感动,理事长已经70多岁了,他做了几届台湾拳协主席,他最大的愿望就是在他的任期内,台湾拳击能在亚洲冲出奖牌。他也是佘宏的朋友,他对佘宏说,张老师是大人才,对拳击的理解相当深——一个古稀老人为了拳击飞来飞去,而且每次交流都情真意切。张传良把李武男接到上海市区,热情地请他一起吃饭。这次,理事长只能放弃台湾方的意愿,表示尊重他三个月的时间。他不想失去与这位同样快人快语的训练大师合作,他不想错过台湾拳击打翻身仗的机会。

三顾上海,只为一个人,这又是一位热爱拳击项目的老人。

如果说上海是一幅画,台湾就是一幅画中画,这幅画中树木繁茂,绿草如茵,鲜花艳丽。4月的台湾正步入夏季,带着花香的微风在耳畔拂过时,如一双婴孩的手……张传良到台湾后无暇欣赏美景,但他也没有急于教队员拳击技术,他做的第一件事就是讲课。几十年的从教生涯,他一直坚持只有先认识拳击,再理解拳击,才能再训练。凡是听过他拳击课的人都会有一种欣赏到异域风光的感受,虽然他没披铠甲,但他一样是拳击台上的英雄。理事长和台湾的教练都到场听课,他们连连称奇。一般拳击教练的课最多讲三个小时,就没有东西可讲了,而他的课却讲了五天,并且还与听课者积极地互动。他在讲课的过程中,阐述今后三个月的教练过程。他说今后的三个月,我五不练,五不教。空击、跳绳、沙袋三件宝不教不练,跑步、力量不教不练。因为这些是拳击项目必须练的,所有教练都会教。其他教练都会的,我不教也不练,也用不着在这方面耽误时间……我要做的是教你们中国拳击训练的特色、训练的方法、训练的步骤、训练的负荷等。也就是说,我的训练课与其他人都不一样。由此,他开始了一场为期三个月,在训练中改变运动员对拳击的再认识,拓宽他们思路的训练课。

都说青山悦目,但经过风雪陶冶的青山更见深邃之美。无疑,张传良就是经历风雪又见过彩虹的拳击训练大师。

台湾女队三个月的执教课程,却相当于一年左右的教学。他说,在台湾执教也是一个学习过程。台湾运动员与祖国大陆运动员体质还是有区别,因为沿海地区的人,就如大陆的福建、广西、海南等,他们的身形大多是瘦高,体重轻,臂展长。再者,台湾拳击运动员从小基础就比较好。台湾很多地方从中学就有拳击队、有训练馆、有拳台、有各种训练器械。他们训练比较正规,从初中就开始参加比赛了。他们的拳击不但没有中断过,还是从小就开始的运动。另外,他们的文化基础比较好,拳击教练员的文化水平都是大学本科,甚至博士。到台湾的当天,张传良就与台湾拳击队三位教练见面了,三位教练给他留下极好的印象。他们每人都带一名比较优秀的运动员,只是他们对拳击的认识和技术相对还薄弱一些。所以,在大的比赛尤其是世界比赛中,基本上都在前几轮就淘汰,还没有太好的成绩。但是,五天的课程讲下来,因为他们的文化程度,对拳击理论和训练理念理解和接受得都比较快。

五天的课程结束,训练如期开始。

与台湾运动员合影

训练馆既是课堂也是演练场,教练员和运动员都期待这位世界著名教练的教学。张传良首先带他们练速度、距离、控制、时机——速度是训练队员全面的流畅,先流畅后发力,再完成各种组合拳。两名队员一组,对练;距离训练,前后距离,两侧距离、近距离、中距离、远距离等技术,训练的方法不同,因为各种距离的身体感应以及大脑反应也都不一样。他边示范边讲解,他说距离就如击剑队员一样,进一步,退一步;退一步,进一步,也就是在行进过程中完成动作。拳击项目,因为身体的肌肉和人体的接触都会有感应。近距离靠的是身体和肌肉的反应,中距离主要是靠运动员组合拳的熟练程度,也就是肌肉的条件反射。那么,什么又是肌肉和神经系统的记忆呢?中距离,出拳的过程不通过大脑。一套组合拳,一个闪躲,击打对方的同时,第一拳打哪儿,第二拳打哪儿,第三拳打哪儿?这个过程不可能通过大脑。只能是平时反反复复地练习,练到一定时间就产生一种肌肉记忆,就是我们常说的条件反射。拳头一出来,啪啪啪一套组合拳,脱离对方。如果没有平时的熟练,就不可能打出来。远距离就是不上步,我够不着你,你也够不着我。双方没有接触的时候主要是靠大脑,有思考,有策略。这期间,就是寻找时机,创造时机。也就是说,要揣摩对方的节奏,对手的动作和对手出拳的习惯。

协调控制训练,就是通过各种步法,包括滑步和走路以及各种游戏的练习,增加队员的协调性。因为,战胜对手最有效的手段,就是保存自己;最有力的手段,就是击打对手……他的每一个示范,都把理论渗透到其中,并且一目了然。从距离的控制到闪躲练习,其中左右闪躲,到下潜闪躲,变向左右环步的闪躲就有很多种方式……针对我们亚洲人的特点,首先要把速度提起来,速度也是规避劣势最有效的手段——仅这一点,他就讲了很多方法,还着重谈了邹市明是如何训练的。当运动员看到邹市明闪躲的视频后,都摇头感叹,说他太厉害了,我们根本做不到。他笑着问:闪躲有这么难吗?运动员们说这个闪躲技术非常难。他又问队员,需要多长时间能学会呢?队员们七嘴八舌地说需要半年左右的时间才能学会。他笑着叫过一个队员:"你来,我来教你,大家看。10分钟就教会。"

果然,10分钟就教会了。而且运动员做得非常好。但他说:虽然你学会了,但这只是一个模式,还要有一个熟练、巩固、加强的过程,才能运用。拳击运动员都懂得闪躲,也或多或少地掌握一些闪躲的基本要领。可张传良创造的闪躲与国际上的闪躲不太一样,尤其在闪躲摇臂的过程中,脚步的交换。张传良说实际上这也是一个套路形式,我来教你们,跟我一起学"12345678","22345678",他说熟练之后,就变成了"32345678",就从远处的侧闪再到摇臂的改变……距离和节奏的训练。控制节奏,就是让对手进攻的远、中、近距离得不到正常发挥,让对手找不到有效击打的距离。再通过距离训练的手段,增加一些击打拳,正着打、侧着打、近着打、退着打、打着撤、躲过打、打过躲,同时打、同时躲——比赛中,重要的是什么?重要的是在控制上下功夫,也就是对对手的控制,对比赛节奏的控制,对比赛距离的控制和把握。他依然是一边示范,一边讲课。并且每一个环节,都教授最重要的三种方法。还强调怎么去做,如何能做好。还有围绳边角的专业对抗和时机的训练。他说,场上最重要的就是要打出来几个感觉。因为从大脑到神经末梢反应有个过程,但人体的反应不一定那么快,训练的目的就是让运动员形成一个条件反射。拳击这个项目复杂多变,要想做一个优秀的拳击运动员,首先要提高对拳击的认识和理解。认识和理解都上去了,训练时也就顺畅得如行云流水。

这样有趣而又丰富的教学令队员们十分着迷。台湾的教练员也是第一次现场学习,他们敬佩之情又一次油然而生。

因为时间短,张传良只能把拳击的许多理念往运动员的脑子里灌。开始,运动员听不懂,但不到一个星期他们听懂了,而且训练也渐入佳境。这得益于他对拳击语言的解读,他的话就如一颗颗饱满圆润的珍珠,他的拳击动作又如优美的形体艺术。走进他的拳击,亦如走进浩瀚无边的旷野;走进他的拳击,也宛如走进一场视觉震撼的艺术课。

台湾拳击队三个级别的主要队员,还有两名陪练都练得特别好。所说的好,她们除了认识理解和技术上进步快,还有她们快乐训练的宗旨。张传良的训练也吸引了古巴教练带的男队运动员,他们也到女队这边看训练。男队跟在古巴教练身边训练一年多了,仍不见起色。这个情况也引发了张传良的思考,他个人比较欣赏古巴拳击,这源自古巴人对拳击的热爱,对拳击的认识和理解,以及他们精湛的技术。来台湾执教的古巴教练,一定是一位优秀的教练员,可究竟是什么原因不能让运动员提高呢?根本的症结在于外来的教练员,他们执教的宗旨是想改变中国的运动员。以他的想法来主导运动员和代替运动员的想法,然后进行一系列的训练。但国家的文化不一样,运动员的体能状态不一样,素质不一样,思维方式也不一样。所以,国人很难适应外籍教练的思维和训练体系,这就是运动员不能提高的根本原因。因为外籍教练把中国运动员当成古巴运动员来练,把中国运动员当成俄罗斯运动员来练。但亚洲人种很多方面,与古巴和俄罗斯的人种表现是不一样的。外国教练来中国执教多数都是从自身出发想改变中国运动员,这样就很难提高了。

回顾中国拳击的路,也存在这样的情况。

美国职业教练米切尔,曾与张传良交流过。他说:为什么我带的中国队员训练时很好,而到场上打比赛时又完全发挥不出来?在台湾执教的古巴教练就出现了这样的情况,他们就是想彻底改变中国运动员。米切尔教练也带过张志磊等队员。张传良对米切尔说,我们现有的队员已经成型了,只能在他们原来的基础上完善提高,而不是改变。他们已经是被八九年训练形成的动力定型,一刀切的模式化改变起不了作用,哪怕它是国际先进经验,水土不服呀。有的拳击运动员手拿得比较低,胳膊抬得高,训练中基础力量1234做得非常好,但是一打起来,他又回到原来的状态。

所以,来中国短期执教成年队的外籍教练,只能是在运动员原来的基础上完善提高,而不是改变。

台湾男队运动员亦是如此的情况。如果教练执着地大范围改变运动员,可能新的动作没学会,原来好的东西也遗忘了。运动员不但技术没提高,反而还会下滑。张传良在台湾执教时,就避免了这些问题。他的执教方式比较简单,不出早操,然后上午练两个半小时,下午又根据运动员的情况带一下,其他教练都会的,他不带。但他把各种角度,如直拳正面的几种方法,右手直拳的几种方法,勾摆拳正面的几种方法,全都教给运动员。而且还教她们远距离手靶、中距离手靶、近距离手靶。经过两个多月的训练,台湾运动员技战术水平大幅度提高。更为重要的是,教练员和运动员在观念和认识上提高了很大一截。

台湾的教学,虽然只是短短的三个月,但像一幅长轴的漫画,徐徐地展开时,让人们看到了不一样的惊喜……

运动员再上场比赛,场上的发挥就与以往不同了。尤其针对不同的运动员、不同类型的选手,她们知道怎么去打,也知道用什么方式和方法去战胜对手了。拳击运动员不外乎分为几个类型,在训练时,他就有针对性地教授运动员在比赛场上,遇到朝鲜队员时如何应对,遇到俄罗斯队员如何应对,遇到古巴队员时如何应对——台湾运动员之所以接受得比较快,还有一个更重要的原因,他们之间的语言和文化是相通的。

台湾民众的文明程度非常高,现任台湾拳击队总教练柯文明,他特别爱钻研,而且也特别有韧劲。他与张传良结识之前,曾经跟俄罗斯、哈萨克斯坦、古巴的教练学习过。那期间,他对拳击的认识就是拼打,通过多出拳,提高击中对方多得点数,从而赢得比赛。与张总在一起只短短的三个月,他对拳击的认识就有了翻天覆地的变化。他意识到多出拳不一定是好事,因为在出拳的同时,身体的一侧就缺少防守。他也意识到,进攻不是鲁莽地出拳,而是需要步法移动,闪躲隔挡来控制对手,从而,为出拳赢得点数创造最佳时机。

曾志强教练的脑子特别灵活,刘宗泰教练也踏实聪明。这三位教练各有所长,他们的队员也是各有特点。教练员非常努力、非常执着、非常认真,运动员也热爱拳击,训练十分积极。所以,台湾女队拳击的进步惊人。她们在谈到张总教练拳击理念的先进性时,总是说用语言无法表达那种神奇。张总教练的理念在很大程度上考虑到了基于人种的差异。欧洲运动员,身体力量是他们长处,古巴运动员爆发力是他们的优势,亚洲运动员只能以灵、巧、快、变、控,化解欧美运动员的力量和爆发力。在台湾执教的三个月里,张传良的体能训练也非常独特,都是与专项紧密结合在一起的。在很多国家都是通过长距离的奔跑发展有氧耐力,而他坚持拳击需要的不是长跑,他认为长跑不是发展有氧耐力的唯一手段,而是要根据拳击的专项需要,开发出专项需要的训练手段。后来,台湾三名教练带的三名运动员在世锦赛的比赛中,分别获得了不同级别的世界冠军。

台湾拳击队按照张传良中国特色拳击的打法开始训练,他的训练方法与世界所有国家训练的方法都不同。场上比赛时的表现形式是一样的,但运动负荷和运动量,还是有很大的不同。再加上台湾运动员在学校就开始学习拳击,拳击队员的基础非常好。再训练起来,进步快也是情理之中。台湾的三名队员,是三种不同的打法。在带她们训练时,完全是按照她们自身的条件设计出来的。75 kg级的陈念琴个子不算高,她肯定是进攻型的队员。给她量身定做的是进攻型控制打法;林郁婷是全面型打法,但她敢打敢做,个性突出;黄晓雯是反击型打法,距离控制,尤其是两侧的左右摆脱能力特别强。三位教练带的运动员打法不同,但后来分别都取得了成绩。2016年,台湾拳击队在里约奥运会取得了优异的成绩;2018年,他们夺得了世锦赛两块金牌;2019年,在世锦赛也拿到了冠军。

台湾拳击的成绩斐然。李武男由衷地感叹,他说,我们台湾开展拳击四五十年了,我想着张总若是能帮我们拿到奥运会的入场券就可以了。这是我的心愿,要是取得成绩,也是对我最大的安慰。但是,经过短短三个月的训练,队员们不仅打进了前三名,还获得了世界冠军、世界大学生的冠军。而且,三名重点队员也都跻身世界优秀拳手的行列。李武男很是感慨,他说,如果张总中国拳击打法不能传承下去,实在是天大的损失。如果他能在台湾待上一年,台湾拳击就不是只打个翻身仗的问题了……曾志强说,台湾也有很多教练,但观念比较陈旧。有的年轻教练员讲现代拳击理念,讲当今世界拳击发展,老教练员就说他们忘了传统,讨伐声四起,吓得年轻的教练都不敢说话……他说张总只用了三个月的时间,彻底地改变了台湾人对拳击项目的观念和认识。柯文

与台湾拳击运动员

明在接受电话访谈时说：张总拳击理念的先进和神奇，用语言无法表述。他用三个月的时间改写了台湾拳击几十年的历史，台湾选手继2016年里约奥运会取得了优异的成绩后，2018年和2019年的世锦赛也夺得了冠军。张总的训练体系是系统性的创造，因为他创立了新的拳击理念。他的训练都是基于新理念的指导。他对拳击认识得非常透彻，他把距离、时机、节奏也把握得十分精准。他还依据拳击要素之间的逻辑关系，分阶段教授运动员新的东西。而且每个阶段都十分清晰，层层递进。他的训练都是按照运动员的自身条件，设计出适合运动员的个性化技战术。所以，跟随他训练的运动员都个性突出，正如世间没有两片相同的叶子一样……在台湾执教的三个月，张传良也很欣慰，他发现台湾人有一个最大的特点，只要是他们认可的东西，大家都去做，所有的训练都按照他的步骤去执行。

这是对待项目的态度，也是发展项目应有的态度。

张传良用三个月的时间，改写了台湾拳击历史。台湾沉闷了四五十年的拳击项目，终于打出了名堂。他很是欣慰，短短三个月的时间就有如此的成绩，得益于两岸本是一家。语言是沟通最有效的工具，台湾民众也都深受中华民族五千年传统文化的影响，他们也有深厚的文化底蕴。在赛场上遇见，她们都会走到张总面前，敬礼、握手、合影。作为只执教三个月的教练来说，他非常

感动。他觉得自己还有很长的路要走,正所谓学无止境,因为拳击项目在不断地进步,打法也会不断地变化。所以,拳击项目还是要与时俱进。

无论是多么伟大的教练员,多么伟大的运动员,他们的"伟大"都不是一天练成的。因为人不是神,人都或多或少地被七情六欲所影响。所以,专心的程度很难能达到"无我"。然而,能在世俗中走出一条专注"无我"的路,需要毅力和坚定。这条路上一定会有坎坷不平,但只要"无我"就一定会光辉闪耀。在台湾虽然只有三个月的执教生涯,但看到了海峡两岸一脉相承的文化和血脉相通的骨肉深情,深切地体会到了台湾人民执着和奋斗的精神,以及他们深厚的文化底蕴。

相信,两岸同胞未来一定会紧紧相拥。

——张传良如是说

征战东京：旌旗猎猎

> 生命精彩的本质在于目标——而男人攀登目标时，还在于不断地开拓奋进和创造奉献。行进中，无论是名利的诱惑，还是遭遇嘲讽或谩骂，都不会改变目标。因为，坚守目标是唯一的取向。
>
> 灵魂不迷失，开拓奋进和创造奉献的精神就在。
>
> ——题记

1

有追求的生命，哪怕是重压之下也会振翅飞翔；有理想的生命，哪怕是走在崎岖和坎坷的路上也会百折不挠；有品质的生命，灰烬中也能蹦出火星。星星之火呈燎原之势——张传良在奋发向上的路上，不断地在途中寻找照亮生命的光芒。而燃烧他生命之火的就是竞技体育，拳击已然与他的生命同行。只有不间断地学习，并不停地开拓创新，生命才因此有了宽度和厚度，也会波澜壮阔。对于一个有着极强天赋的生命来说，即使环境恶劣，也仍然能从中汲取适合生命生长的养料，从而长成一棵茂盛的参天大树。这棵大树就是高贵的灵魂。所以，当他面对世间的叵测时，也会拿起武器反击，但他的武器是用拼搏和奋斗打拼出来的成绩。无论是高深的科学，还是竞技体育，从印象到认识的道路是如此艰难和遥远。失败者，不过是一个软弱的漫游者；所谓的成功者，秘诀就是坚持和坚守。因为，每个人都摆脱不了存在于世间的妖魔。坚持就是打败妖魔的法宝，又因为坏事总是从哪里来，再回到哪里去。

北京奥运会后，张传良回到上海的家里做短暂休息。朋友到机场接他，上了出租车后他问朋友,我家的位置你知道吧?出租车司机笑了,转头问:师傅,你连自己的家都不知道?他沉默地点了一下头,又摇摇头。从贵州到上海,两地的地理环境完全不同,生活和工作的节奏也不同。初到上海,全家租了一间能栖身的住处,住处潮湿得成了蟑螂的寄居地。但是上海体育局和上海体育学院的领导都非常关心他,对他的家庭也十分照顾。包括儿女择校读书的问题,领导们都积极想办法。儿子聪明、孝顺。女儿进入了重点中学读书,虽然贵州与上海的教学质量有很大的差别。但女儿也争气,三个月之后就名列前茅。妻子也被安排到上海射击中心手枪队做领队。后来儿子做了拳击教练,女儿留在大学任教⋯⋯到上海后,他担任上海体育学院竞校项目管理中心副主任。体育学院有女队,当时女队还没有列入正式比赛项目,全国女队都属于业余队伍,没有列入奥运比赛项目。只要在上海他就去看看,有几个队员条件非常不错。他说,女子拳击一旦进入奥运会,国家就会组队,也会有正式的比赛⋯⋯一年多没回家了,当时买的是期房,如今装修后家人都住了进去,他这个男主人还是第一次回家⋯⋯他感谢父母给他一个健康的身体,还教育他正直善良;他感谢姐姐和弟弟代他在年迈母亲的床前尽孝;他感谢妻子默默的付出,令他时时感受到家的温暖;他也感谢一双儿女,让他享受天伦之乐。

感谢——感谢背后的分量,只有他懂得。

妻子见到满头白发的他号啕大哭:"你才五十多岁啊⋯⋯"是的,对男人来说,他的生命可谓是正当年。从小就练武术,他的身体一向很好,但是这几年他身体大不如从前。只要脑袋一挨枕头,睡眠就会不翼而飞。脑子里全是白天的事、明天的事⋯⋯有时候能坐着打个盹儿,对他来说都是莫大的享受。从国外比赛回来,妻子接机,飞了十几个小时的他坐上车就睡着了。为了他能多睡一会儿,妻子开车在上海的街头转起了圈⋯⋯妻子说,伦敦奥运会后你就退休了,到时候咱们也游游山逛逛水,好好养养身体。他说,好啊,再有五年,五年后咱们家就把体育频道删除,竞技体育太残酷了——恨它又爱它。2013年,他退休了。可他没有游山逛水,也没侍弄花草,电视里的体育频道可以删除,可根植于心中的竞技体育早已是他身体的一部分,并且与生命一起奔流不息。

退休后,张传良也没离开拳击,到台湾执教三个月,回来还做着国内少年儿童拳击的工作。他呼吁,拳击要从少年儿童抓起,少年儿童是国家的希望,他们只有在摔打中才能健康地成长。再后来又到美国带转战到职业赛场的爱徒邹市明训练,当邹市明把WBO金腰带戴在胸前时,还以中国跪拜的方式向他隆重致敬。邹市明说:"他带着我,从中年打到老年,从满头乌黑,到两鬓斑白,直到成为白发智者。我跟着他,从少年打到中年,从懵懂,到成熟,再到从容。做事一阵子,做人一辈子。从相遇到今日,他对我全方位指导早已超越了教练和师父的角色,他是我心灵深处最敬爱的张爸爸。老师+父亲,我永远的师父。"当邹市明获得2016—2017年"影响世界华人大奖"时,张传良以颁奖嘉宾的身份走上台,他要为一生的儿子,如今又是世界拳王金腰带得主的爱徒邹市明颁奖。他说:"我知道这个奖项对他有多么重要,又多么有分量。20年前,我带着邹市明从贵州的大山深处走出来,我见证了他一次一次的努力,一次一次的拼搏。在一次又一次的质疑声中,用他的双拳,用他灵活的步法,聪明的才智和娴熟的技术,一次又一次地战胜了世界强手,直至站在了最高的领奖台上。在近十几年的重大国际比赛中,无论走到世界哪个地方,只要有邹市明的比赛,赛场的上空就会奏响《中华人民共和国国歌》……"坐在台下的邹市明像孩子似的不停地抹眼泪。邹市明说:我太激动了。昨天来的时候,随行人员说,今天给我个惊喜。可我怎么也没想到,师父能来到现场。其实,我只是把一件很平凡的事情做了21年,我打出了胡子,打出了白头发,打出两个宝宝——但今天我的师父能来到现场,我觉得这个奖翻了好多倍。我从十几岁就跟着他,他教我打拳,教我做人。今天,我想对师父说:您的学生,您的儿子没让您失望。教练、师父、爸爸——邹市明面对师父时,他的情感就奔突得一发不可收。他感谢那些曾经走过的岁月,尽管坎坷和艰苦,但现在回想起来却是清风朗月。如果生命可以重来,他依然会义无反顾地回去,他的人生是因为拳击而丰富而精彩。

  邹市明无疑是中国拳击运动员的一面旗帜,无论是奥运冠军的荣誉,还是他31岁"高龄"转战职业拳击的坚毅,都值得所有的运动员学习,他配得上中国英雄的称号。对中国拳击项目来说,邹市明的出现可以说是前无古人;他的出现,也推动了中国拳击的发展。张传良带着邹市明走的路,常人只能想象。因为常人无法还原曾经的岁月,常人也无法感同身受。大家看到的只是他们台上的风光,却无法看到他们背后的汗水和辛苦。但他们从不说苦,更不说难。潸然泪下的同时,当人们泪眼蒙眬地看着这一对亲如父子的师徒,他们普通得亦如我们身边的同事,家里的亲人,可他们闪烁出的精神光芒却照亮每一个人。

  格局是一扇窗,只要这扇窗够大够气势,就能看见太阳从地平线升起,就能迎来希望。

  然而,早就躲在身旁的命运窃笑地看着他。命运亦如先知,无论你在哪

时任贵州省副省长林树森为张传良颁奖

里,它都如期而至。2018年,退休四年的张传良又重回大众视野。他应国家体育总局的需要,应总局党组的召唤,出任中国拳击协会主席、国家拳击队总教练。无论是成绩,还是执教能力和管理方法,他都是第一人选。剑指东京,砥砺前行。中国拳击需要他,东京奥运会需要他。他就是那个划桨开船的掌舵者。体育是强国之举,强国是复兴之途,站在中华民族伟大复兴的历史节点,竞技体育肩负着历史重任。这是中国拳击历史上从未有过的行政与业务一肩挑的任命,这也充分证明了国家和体育总局党组对他的信任。

命运再一次把张传良推到竞技体育的前沿,把他推到风口浪尖。

时代的进步令很多国人猝不及防。瞠目结舌了好一阵子,人们才恍然大悟,中国进入网络时代了。那以后,人们逐渐不再关注收音机、报纸、杂志,甚至电视机都成为一个挂在墙上的物件。有人说,自媒体时代的到来,也是网络暴力的开始。网络是一把双刃剑,但张传良还从来没有想过这些,他的心思都在拳击项目上。可他不能幸免,他也不得不面对网络和自媒体这把双刃剑。其中,有无端的质疑和没缘由的传言,当然也有无中生有的谩骂和攻击。有人说,他带着邹市明毁了中国拳击;有人说,邹市明打的根本就不是拳击,有一个阶段逢邹必黑。无论邹市明取得怎样的成绩,都会引来议论。

生命中最大的幸福莫过于做自己喜欢的事儿。如果与喜欢背道而驰,即便是物质优渥,内心的焦虑不堪,灵魂也会被烤灼得焦躁不安。说到底,生命的本质并非享乐,充实的人生才能激发人的活力和快感。马可·奥勒留说:"如果一个人不能看清别人的灵魂,那也没有什么不妥,而很少留心自己内心动机的人,却注定不幸。"所以,认识自己很重要。所做的事不在大小,也没有卑微和高贵之分。哪怕在一个小角落里奏响生命的乐曲,灵魂都能得到充分的灌溉。

张传良重回拳坛,任中国拳击协会主席兼国家队总教练不亚于拳坛上的一场飓风,在叫好声此起彼伏的当口,也有不一样的声音。有人说张传良"贪"官,他只是笑笑,因为他心中只有项目的训练。再次出山,他押上的是晚节和过往的荣誉及成就,对于一支走下坡路的拳击队伍来说,重整旗鼓艰难而又复杂。更何况东京奥运会犹如一场大考,没有胆识,缺少魄力的人谁敢接?把自身利益放在首位的人谁又能接?谁又愿意把自己放到烧红的铁板上烤灼——如果非要找出一个缘由,还是他对拳击有一种由衷的使命感,还有不可推卸的责任和担当。张传良更想把自己几十年项目训练的体系传承下去,他愿意看到中国拳击成为优势项目,并在优势上乘势发展,直到有一天与古巴比肩,与俄罗斯并生。中国仅有一个邹市明还不够,仅有张小平、张志磊、李洋、刘强、胡建关、李金子、张喜燕、李倩、谷红、常园、胡美益等也还是不够,中国拳击还需要更多的后来人……或许,这个缘由在别人看来冠冕堂皇,但这是他内心深处最真实的想法。

"千锤万凿出深山,烈火焚烧若等闲",他认为自己不过是一个平凡的教练。

面对纷杂,张传良感叹,"我本将心向明月,奈何明月照沟渠"。然后,就是沉默——沉默蕴含力量,咄咄逼人的进攻只是一种假象,抑或是一种诡计。有人用它在自己和世界面前遮掩弱点,其实,真正持久的力量存在于奋发向上中。只有内心不坚定的人才急躁粗暴,这种看似简单的急躁和粗暴,正是逐渐丧失尊严的杀手,也会使格局碎得无法收拾。当他出任拳击协会主席和国家队总教练时,面对的是网络和自媒体这把利剑,要面对来自自媒体时代的考验。不同的是,这把利剑经过岁月的磨砺,似乎比曾经更锋利了。他觉得自己不过就是一个平凡人,从前是,现在无非还是一个长了几岁的平凡人,只是他对竞技体育的初心没有改变,对项目的热爱没有改变。只有对拳击无知的人,只有对拳击文化不了解的人才会恶语抨击,才会主观臆断,才会无中生有,才

为常园做技术指导

会抹杀他为中国拳击作出的巨大贡献。他的功绩无须用力书写，明明白白地在那里，正义承认，世界认可。亚锦赛、亚运会、世锦赛、奥运会的成绩记载着他的功勋。竞技体育就如日月，来不得半点虚假。历史的洪流总是滚滚向前，不会因为行进路上的一块石头，洪流就倒退。石头只不过是不起眼的障碍而已，它挡不住前行的岁月，挡不住历史的发展，也挡不住澎湃的热诚——张传良不会因为谩骂就消极，也不会因为嘲讽和攻击就失落。

原国家摔跤队总教练、国际奥林匹克国际摔联金质奖章获得者杨本培先生，与他既是同道中人又是多年挚友。杨本培说传良是视拳击为生命的人，他是中国拳击迄今为止，至少数年内无人超越的最优秀的拳击教练。他能把中国摔跤、武术和散打项目的精华融合到拳击中，创造中国特有的拳击训练方法和特有的中国拳击打法，带领中国拳击破冰攀登顶峰，值得世人学习的同时，也值得世人深思。他不仅培养出了奥运冠军，还培养出了一大批世界冠军。他睿智而沉静，把握项目脉搏，透视国际拳坛风云，宠辱不惊看庭前花开花落；他善用哲学辩证法，心中有目标，行走有力量，他又如闲云野鹤般地任云卷云舒；他生活俭朴，精神世界除了项目还是项目；他能耐得住寂寞承受得住孤独，他用智慧创新项目，用胸怀包容万象，他能容天下于心……英雄惺惺相惜，英雄同舟共济。张传良说，只要沉浸到项目中，心中就会涌动莫大的快乐，只要投入训练中，世间的喧嚣之声就都远去了。他还是从前那个张传良，还是那个从大山深处走出来的平凡人,他的谈吐依然既有阳光的温暖,也有夜晚的清凉。所以,他的笑才像阳光一样明媚,眉宇间总是透出理解的善良和认真的祥和。因为他的心思还在拳击上,还在项目的训练中。

就中国拳击来说,2016年的里约奥运会成为一条分界线,此时的拳击项目又回到了从前。究其原因要退回到2013年,也就是他退休以后,国家拳击队备战里约奥运会期间一改以往的训练模式,训练以狠拼重快为目标,而且,在训练环节上,也是每天三练。据说,只有这样才能不断地加强运动员的能力储备。在技术上也是以对抗训练为主要方向,不断地在原始能力上加强训练,加强突破。之所以说是原始,就是以拳击需要对抗为缘由,局限地认为拳击项目需要力量。没有力量就赢不了对手,所以,那几年的训练方法给当时的中国拳击上了一课。这一课的教训就是在过往连续获两届奥运会金牌的大好形势下,痛失里约奥运会金牌。这段弯路致使中国拳击迷失了。2017年,德国世界拳击锦标赛,第一轮除了张家玮赢了一场,第二轮全军覆没。也就是说,此时的中国拳击已跌进低谷,复制了2001年世界拳击锦标赛,泪洒英伦三岛、兵败贝尔法斯特的场景——这是中国拳击的疼痛,也是拳击人的悲哀……这种苍凉和无奈,只有喜爱拳击项目的人,才能感受到鞭子抽打到心头上的刺痛。

中国拳击历经劫难,好不容易喘口气,差一步就成了优势项目,又从优势项目的边缘变成弱势项目。但此时,中国拳击又面临消失和取缔的境遇。现任拳击协会秘书长,并对张传良有知遇之恩的沈志刚,是中国拳击低迷及崛起的见证人和参与者。拳击从2002年开始,一年一个台阶的成绩归功于张传良,他的训练思路永远都有三个存在:大脑存在、思维存在、认识存在。竞技体育为什么有些项目长期处于优势,而有些项目却始终处在弱势?处于弱势的项目不是不改革,从事弱势项目的教练员和运动员也不是不努力,但是为什么就是不能获得好成绩呢?关键因素之一,就是脱离不了隔阂。从落后项目突破到优势项目,拳击是最好的例子。以前,中国拳击被国人称为"臭手",张传良坚持中国式打法的技术,吊打与打吊相结合,充分利用拳台调动对方,创造机会吊打,打东为了打西,打上为了打下的训练方法,让中国拳击扬眉吐气,并在世界拳坛占有一席之位。中国拳击的发展,他功不可没,他是被写进拳击史的人物。可是,他离开的三年,拳击又重回老路。

光束柔软得没有重量,但它却能穿透所有的缝隙,不仅给予众生温暖,还为行路者照亮前方。

张传良愿做一束光。他上任后,为拳击的现状而感到痛心,也可以说是心碎。凝噎无语的同时,他也坚定信心。但是,要想带领队伍走出低谷仅有决心和力量是不够的,好在还有总局和党组的支持,有一起共事的同事的支持,有各省市的支持,还有来自各行业的支持。中国拳击协会副主席——企业家赵玉乔只要拳击队有需要,他都毫不犹豫地解囊相助。国家体育训练南方基地,海南白沙训练基地负责人康闵利,他目睹张主席每天如何工作,如何训练。只要说起"老爷子",康总就如数家珍般地赞扬他的人品和成绩。他哽咽地说,他是我们所有人的榜样。他是那些利益至上、道德沦丧的人一面闪着光芒的镜子,没有人能像他这样,且不说一把年纪,家里上有90多岁的老母亲,妻子身体又不好,他与我们一样是有血有肉的人。可是,训练场上的他就是一位痴迷于研究拳击技术的教练员。他很少谈及个人生活更不会谈家事,他把老人儿女家人都放在心里,他觉得这是他个人的事,既然担起了工作就要全心全意。康总泪流满面地诘问:我们谁能做到?还有谁能做到?康总既是拷问自己,也是向当下发出的呐喊——康总说,时代需要他,中国拳击需要他。

拳击协会副主席韩久力与张主席一墙之隔地住了一年,这一年,他了解了别人嘴里的张传良,也认识了他心中的"老爷子"。他说:他既简单又繁忙。作为国家队总教练,他每天都忙于训练,心思都在项目的技术和运动员身上,简单得近乎与世隔绝;作为协会主席,他每天都要处理协会的各项日常和突发工作,他忙得像一只不停歇的陀螺。在与国际交往中,很多人都知道中国的张传良,都惊叹于他的中国拳击打法。竞技体育最终还是要看竞技结果,也就是金牌和排名。竞技体育是一门学科,没有情怀,没有毅力,没有担当难以胜任……每一次到基地,韩久力都看到队员的竞技水平有明显的进步和变化,张主席是当之无愧的传奇教练。

旗帜只有迎风猎猎,才能引领项目的改变和发展。

张传良一辈子都从业于拳击项目,自己没有理由退缩。中国拳击需要更多的优秀和顶尖的运动员,他要为这个目标而努力。于是,训练,训练再训练。但他对运动负荷方面有清醒的认识,他说:"如果都是大强度的训练,运动员心脏会承受不了;如果都是大运动量的训练,运动员的肌肉和关节可能会受到损伤;如果都是长时间的训练,运动员的神经系统会出现问题。控制把握好训练量、强度和时间关系尤为重要。"

2018年新德里世锦赛,进入决赛的20名运动员,中国运动员占了五个席位,取得四金一铜的成绩;2018 年 8 月印尼亚运会,中国队获得两金三铜;2019年 7 月,"泰王杯"国际拳击邀请赛在泰国的曼谷举行,中国拳击队共派出 13 名运动员参加 13 个奥运级别小项的争夺,取得四金一铜。通过赛事,充分地检验了前期国家队的训练效果,13 个奥运小项中五个级别登上领奖台。成绩像一首旋律高昂的歌,让运动员又看到了希望。参赛的同时,也广泛地了解了国际拳击的动态,进一步了解奥运会潜在对手的近况,为东京奥运会提供了重要信息保障。

篝火的狼烟直冲云霄,烧透了半个天际。

科学助力,已然为教练员和运动员提供了保障。2018 年 12 月底,由徐建武牵头并以北京市体育科学研究所、沈阳体院、北京体育大学和总局体育医院相关人组成的科研团队入驻国家拳击队。从冬训早期,均派相关专业科研人员入驻男女队,后期统一保障。隶属于北京体科所的董亚楠研究生毕业后,工作了两个月就跟队,负责国家拳击队东京奥运备战期间的机能监控和营养调控。作为复合团队的一部分,科研服务工作根据项目特征,把训练、体能、康复结合在一起,根据训练周期和比赛周期定期对运动员的睾酮、皮质醇、血红蛋白、铁蛋白和血常规等指标进行测试,监控指标变化。从北京到清镇,从五指山到白沙,从青海多巴高原,从云南再到北京——科研所就如站岗的士兵,始终随其左右。鲍善军是武汉体育学院的副教授,硕士生导师,现任国家拳击队体能教练。他说两年多的时间,他在国家队学到太多东西。体能是项目的基础,张主席的训练是把体能与专项素质有机地结合起来。专项体能设计是紧扣拳击项目动作结构、发力顺序等特征的个性和个体相结合的训练手段。张主席每一个步骤的练习都有针对性,他是依据项目的特点进行训练,他的训练理念十分先进。

早前,曾任国家体育总局副局长的段世杰就说过,北体大出一两名博士生,跟随在张传良的身边,跟踪记录他对拳击训练的理念,以及他对拳击的认识。一年以后,一本关于中国拳击训练和技术打法的书就出来了。命运使然,还在北体大攻读体育教育训练学,从事高强间歇训练研究的在读博士生刘传安,就接受了这个历史的重任。2019 年国家拳击队备战东京奥运会,他就跟随在张主席的身边既做助理又对他中国拳击技战术打法及训练体系进行研究。不久后,刘传安深有感触,他说他从一位世界名帅的身上看到了许多特质,确切地说是张主席的德行。张主席以德待世俗,以行育学生。他就是既能让人

与阿拉伯国家拳击协会主席

沉浸其中，又能令人久久思考的一本大书。这本书中书写了他生命的坚韧不拔，也描绘了他为拳击项目的拼搏奋斗。张传良是撰写者，也是践行者。

张传良用钻研精神撰写了人生的意义，他用跋涉的脚步彰显了中国精神。

张传良每一步的行走，都留下很深的足迹。贵州清镇训练基地，弥漫着他曾经奋斗的记忆，训练场上他从未坐过板凳，一沓依然泛黄的手写训练计划，洋溢着浓郁的青春气息——他对项目的思考和训练的感悟，他的奇思妙语都闪烁出哲思的光芒。他的思想点亮了夜晚的烛火……刘传安说，张主席房间的灯总是在凌晨3点就亮了，案头工作也是从凌晨开始——训练场上，只要他把胡美益从队伍中叫出来，就是他对技术又有了新的思考。他的床头永远都有纸和笔，上面记载着每天训练时的问题和解决的思路，还有队伍管理的一些思考和想法。他执教的成绩像一座灯塔，指引了项目的航向。他对项目的认识总是给人以无穷的力量，因为他心中描绘着事业的蓝图。他淡泊名利，但他十分注重人生的意义。

张传良最常说的一句话是：我们要给那些努力的人鼓掌，无论成败，只要拼搏就是英雄。

刘传安对张主席的训练理念从开始局限于理论，到现在一步步地深入，每一步他都会感受到其中内涵的深邃。张主席的中国拳击技战术体系，被国际拳坛称为继欧美、古巴拳击之后的世界第三套打法。但他对拳击的特征与规律把握得更加精细更加精准,已经远远超越"术"的层面。他将中国传统博弈智慧与技击技巧融合于拳击,实现了拳击技术的中国化,他为中国拳击选择了一条正确的道路。他用30多年的时间追赶并且超越欧美300多年的拳击历史,他的个体化训练立足运动员个体的优势与不足,以及阶段性训练过程中存在的个人问题,采取有针对性的一对一的措施进行解决。他针对运动员的身高、臂展、反应速度等先天特征,量身打造属于他独创的技战术体系,形成特征鲜明的中国式打法。个性化的训练是建立在个体化基础之上,只有立足自身的先天条件,才能量体裁衣。但个体化的训练还处于解决基础问题的阶段,个性化的训练则属于更高的阶段。两个阶段都非常考验教练员的水平。个体化的训练,更多的是考验教练员的诊断与解决问题的能力。个性化的训练更考验教练员的国际视野,只有站在全球范围内,立足运动员的自身条件,利用相生相克的规律,创造新兴技术,个性化更多地倾向于创新性。张主席对训练的认识已经远远超越了拳击项目,他从训练学的角度将奥林匹克项目进行了重新分类,用简单明了的语言表述了不同项目的制胜规律和特征。他说,交手对抗类项目比赛特征是:控制节奏,掌握主动;把握时机,快速突破;限制对手,控制优势;你强,我不让你强;你快,我不让你快。他对训练的方法与手段有更高的要求。他常说"不要花样,要手段",他以项目专项需求为出发点,围绕拳击项目的特点设计训练手段。他立足拳击项目的负荷特征,早在30年前,就开启了高强度间歇训练的探索,并将此方法应用于拳击训练的各个方面。通过对高强度间歇训练核心要素的灵活配置,实现了对训练负荷的精准把控。

近水楼台,先得"真经"。两年多的时间,刘传安对张主席的中国拳击理论与实践有了充分的认识,也为他自己《青少年高强间歇训练心脏风险研究》的博士论文提供诸多佐证。刘传安针对高强间歇训练方法的研究和探索后的成果,将以《中国拳击》为书名,进行全面细致地解读,以飨读者,这也将是中国拳击打法的重要文献。

中国拳击的理念像阳光下的细雨,温润而又充满哲思。

2019年10月俄罗斯世锦赛。因为国际奥委会制裁国际拳联,此次大赛不作为奥运资格赛事。国家拳击队没有派出一线队员参赛,二线队员要打世界军人运动会,故女队派出三线阵容参加比赛。女队不是主力阵容,而且除了窦

时任上海市副市长赵雯为张传良颁奖

丹、汪丽娜有世锦赛成绩外,其余选手均无世界大赛经验——此次世锦赛中国队最终以1金3银1铜列奖牌榜第二名。这个成绩令很多人乐观,但张主席却有不一样的思考,他认为三线队员还有很大的进步空间。

赛后,张传良总结比赛时,对中国蓝队(本次世锦赛队内称呼)做了中肯的点评。如果仅仅因为世锦赛的成绩就开始展望东京奥运会,这个乐观似乎有些盲目。本次赛事不能彰显奥运会本级别主要对手的实力水平。仅这一点,中国拳击就要保持清醒的头脑。因为这次世锦赛很多队伍没来参加,意大利的主力没来,阿塞拜疆队没来,韩国队没来,这也使比赛少了很多看点。一名蓝队选手在俄罗斯世锦赛获得一枚银牌,体制外的另一名选手获得第五名,两名运动员都很棒,也都尽全力了。

无论是顺境,还是逆境,无论是成功,还是失败,张传良永远都保持清醒。他说面对当下,不但要了解对手,更重要的还要认清自己。只有知己知彼,才能找准切入点。无论在哪里训练,训练计划都在他的掌控中。他说,对于东京奥运会,我们还有很长的路要走。女队有飞跃的进步,男队也有大幅度的提高,但还要保持态势,还有上升空间,还需要拳击人共同努力。

智者深谋远虑,创举无须赘言。

李贵成说:传良对拳击有一种独到的感觉,他只要看一眼运动员出拳、移动,就能参透出这个拳手的特点。他又善于理论与实践相结合,他对中国武术有很深的造诣,他还有独到的哲学与武术融为一体的理论体系和思想。由此,他就有了一套完整的训练思路和训练方法。他区别于其他教练员,最本质的是他能洞悉队员的身心,因人施教。他要求运动员做到新、变、快、智、重,变是制胜之道,也是他制胜的法宝。他说拳击唯一不变的规律就是改变,这种变,就是变得为我所用。训练永远是竞技体育项目制胜的根本,他对此乐此不疲,他的训练也永远都走在世界的前端。

2019年7月23日,美国著名拳手梅威瑟出任中国国家拳击队特别顾问,并将与中国国家队一同前往东京参加奥运会。梅威瑟是世界上最成功的拳手之一,他的拳击生涯中,最为人们传颂的莫过于他在2015年与菲律宾拳王帕奎奥的"世纪之战",梅威瑟以点数战胜帕奎奥。韩久力飞往美国拉斯维加斯代表张传良主席授予梅威瑟"中国国家拳击队特别顾问"聘任书。在接受聘任书时,梅威瑟表示将全力以赴用自己的影响力和资源支持中国拳击项目,并与中国拳击队一同共赴东京奥运会。

韩久力　梅威瑟　周爱民

一个功勋教练不抓训练,不把精力放在运动队的管理和运动员的训练上,岂不是浪费生命。

> 纵观世界拳击,有的职业太业余,有的业余很职业。要全面地了解认识和透彻地分析,但有一点至关重要,中国拳击要发展,靠广大拳击爱好者的共同参与,靠从业者的无私奉献。希望中国拳击团结一致,再创辉煌。中国拳击项目今天的成绩来之不易,是很多人不懈努力的结果。无论是职业拳击,还是奥林匹克拳击,都是中国人的拳击。只要能为国人争光都是一家人,政府和国人都会支持。
>
> ——张传良如是说

2

　　苍茫浩瀚是对俄罗斯的写照,俄罗斯不仅有漫无边际的森林,还有望不到边的国土。生存在这片土地上的民族有一种与生俱来的忧伤,而他们还充满无限的浪漫和无尽的斗志。所以,俄罗斯民族英雄辈出,因为英雄顽强不屈,英雄捍卫不止。俄罗斯寂静得如一座修道院,又丰富得如铺满鲜花的伊甸园。它既接纳柔情似水,也崇尚骁勇无畏。俄罗斯像天堂又如角斗场,是灵魂安放的地方,也是一座冶炼精神的熔炉……

　　2019年2月,正逢中国传统的节日——春节。鞭炮燃尽后的硫黄味弥漫在大街小巷,家家户户门上鲜红的春联还十分夺目,门楣上的挂钱儿也在凛冽的风中发出窸窣的声响。俄罗斯民族英雄阿列克桑德拉·列巴嘉克,从寒冷的俄罗斯来到刚有一丝春意的中国。征战世界的他被中国节日的气氛吸引,他觉得中国的春节真好,中国人真多——阿列克桑德拉·列巴嘉克从莫斯科来到中国的北京,他是受中国拳击协会张传良主席的邀请来中国执教。为了备战东京奥运会,张主席聘请他出任中国拳击队男队主教练。他即将开始中国工作之旅,心情难免有些激动。上校军衔的阿列克桑德拉·列巴嘉克,原是俄罗斯国家拳击队的教练。1995—1999年,叶利钦授予他优秀运动员国家荣誉奖章;2001年普京总统授予他优秀运动员称号。1998—2000年,他获得欧洲拳击锦标赛冠军、世界拳击锦标赛冠军;第27届悉尼奥运会拳击81 kg级冠军。1997—2015年,他被评为世界优秀教练员。

　　或许中国人天生不喜欢烦琐,更觉得一长串的名字叫不顺口,所以,教练员和队员们都亲切地称他的乳名:莎沙。

　　莎沙早就认识张主席。张传良堪称世界拳击训练艺术大师,他左手握表,右手执鞭30多年,一只秒表走世界。这只神奇的表不只计算时间,还记录了邹市明、张小平、张志磊等奥运会冠军和世界冠军的成长过程。神奇的秒表缔造了中国特色拳击训练体系,缔造了中国拳击辉煌历史——为中国拳击书写了壮丽的诗篇。能与传奇教练一起工作,莎沙觉得新奇,又心怀不安。

　　莎沙急于与这位相识多年的传奇教练会面,要想适应中国的工作节奏和生活,首先得与张主席合拍。虽然体育无国界,但中俄两个国家无论是文化还是生活都有很大的不同,运动员的训练也一定有所不同。欧洲和亚洲人种有差别,气候和饮食也造就了运动员后天的差别。训练中,俄罗斯运动员注重基本功的训练,而中国运动员更喜欢动脑筋,他们崇尚快变准控等一些技术。也

张传良(中)、莎沙(右)与俄罗斯拳击协会秘书长

就是说,张主席的中国拳击打法更适合中国运动员的体质,他的训练体系相对中国运动员来说更具科学性。对拳击项目来说,他的训练体系也无疑是一种创新。自己能否适应中国的训练节奏呢,自己与张主席的拳击理念又能否一致呢?

英雄粗犷又细腻,莎沙希望自己的中国之行愉快且充实。

见面后,张主席的平和儒雅令莎沙心生一股暖流,他恍惚有一种久别重逢的感动。为了让莎沙能在拳击队顺利工作,也为了男队进步更快,张主席把他的技术毫无保留地演示给他看,训练场上的张主席,根本就看不出已六十几岁的人。莎沙由衷地感叹,他真是宝刀不老,也许是拳击给了他活力,也许是竞技体育让他忘了年龄。他的一招一式都于变化中既有式又无形,他打破了传统拳击出拳和脚下移动的套路,既能听到风声,又能感受到拳头的重力。莎沙想起俄罗斯舞蹈,他觉得张主席的招式既有舞蹈的韵味,又有体育的力量,还在力与美中变幻得如行云流水。翻译王宏亮把张主席的招式翻译给他,莎沙频频会意地点头,眉宇间也浮现出敬佩之情。他对张主席的"斗牛式""海盗式""强盗式""侵略式"等中国拳击打法非常好奇和认可。同时,他也给出了不一样的解读。莎沙这样解读张主席的中国拳击打法,拳击有很多种打法,如积极型、防守反击型、游戏型、力量型、KO型等。他说:张主席的打法是全攻全守型,既有突出"致人死地"的长处,还没有特别的短板。所以,这也是他征战世界且战无不胜的根本原因。莎沙说拳击运动员要呼吸好,还要打出节奏,而张主席的中国拳击打法非常经典,不仅适合中国运动员,对欧洲拳击运动员也是一个启发。

　　莎沙如释重负,他称张主席中国爸爸。莎沙知道此行的工作之旅一定是风趣而又丰富。

　　莎沙热爱拳击,因为拳击有多种可能性。他说看一场拳击比赛就如聆听宇宙的歌唱,那种愉悦是灵魂的惬意。莎沙很快乐,因为他看到了也学到了不一样的拳击打法。莎沙幽默风趣,他跟王翻译学汉语,还学东北方言。他学会的第一首中国歌就是《老鼠爱大米》,他还懂得"活到老,学到老"的中国谚语。莎沙十分感谢张主席,能把他的中国拳击打法毫无保留地演示给自己看,讲给自己听。莎沙要一点点儿地吸收,然后,再融合到训练中。莎沙觉得,中俄拳击体系相结合相融合,会使拳击项目更具魅力。

　　真正的英雄是不会给自己设立界碑的,因为界碑如一堵墙,会限制想象和创造。

　　曾是拳击运动员又做过教练的莎沙,知道拳击运动员的训练不是一朝一夕的事,需要时间,需要过程,但他要尽最大努力带队伍。在中国执教半年多,于 2019 年 9 月,他带着中国运动员回到他的祖国,到叶卡捷琳堡参加第二十届世界男子拳击锦标赛。本次大赛为期 14 天,有来自世界 78 个国家的 365 名运动员参赛。这次男子世锦赛是东京奥运会拳击比赛前的一次预演,也是奥运会前最重要的一次考察运动员和了解对手的机会。由于奥委会暂停了与国际拳联的合作,因此不会产生直通东京奥运会的入场券。但由于世锦赛的传统,本届赛事是东京奥运会之前,水平最高的一场全球性的大赛。各参赛队伍都派出了高水平的选手出战。

　　工作了半年多,莎沙特别想在大赛上检验男子运动员,也检验自己。

　　俄罗斯当地时间 9 月 13 日,世锦赛首轮战罢,中国男子拳击队结束第五个比赛日的争夺,七人晋级 32 强。来中国执教前,莎沙对中国男队的起伏有一定的了解,他觉得中国男队的起伏令人痛心,邹市明已然成为一个时代的符号,他之后再无人跟上。上届德国世锦赛,中国选手在第一轮就纷纷出局,仅有一名选手晋级第二轮,最终全队无缘奖牌,团体总分位列奖牌榜第 33 位。这个成绩令所有的中国拳击人痛心疾首,中国拳击的大好形势被风吹走了。

　　这届男子世锦赛,莎沙对所有运动员在拳台上的表现很满意。尤其新疆队的托合塔尔别克·唐拉提汗,还有来自浙江队 57 kg 级的陈志豪,他是俄罗斯教练菲利普带的队员。经过几个月的训练,陈志豪有了很大幅度的提高。

世锦赛上他首轮出战对阵日本选手,上台之前,莎沙告诉陈志豪说:拳台是战场,上台不是心狠而是心稳,但出拳要狠,头脑要清醒。要想在拳台上战胜对手,一定要把斗志打出来,把气势和气度打出来。拳手的表现不仅能树立信心,也能体现中国人勇于拼搏的精神。心理和技战术要统一起来,即使战胜不了对手,也要把平时训练的水平打出来,否则我们就白练了。意志是运动员的精神支撑……莎沙有些激动,陈志豪不停地点头,说我明白,我明白。

中日两国队员对视时,日本选手凶狠的目光里带着几分不屑;相反,陈志豪冷静沉稳。比赛开始,陈志豪按照教练的部署,熟练地运用后手干扰,前手重击,得手之后,进行两次三次的攻击,打得又稳又准。整场比赛,陈志豪的技战术发挥得淋漓尽致。莎沙知道,菲利普是俄式打法,所以陈志豪的打法与俄式拳击有相似之处。如果陈志豪再掌握张主席的闪躲和防守、换架、后退等技术,他就会是一个有前景有希望的运动员。

陈志豪毫无悬念地战胜了日本选手。他走下拳台,与莎沙和菲利普三个人紧紧地拥抱在一起。

通过比赛,不断地寻找训练的突破口。莎沙在总结时说:拳击作为一项竞技体育项目,对运动员体能爆发力和速度要求越来越高。这就要求运动员在具备体能和速度的同时,具有坚韧不拔的精神,才能在三个回合比赛中展现出良好的竞技状态和技战术水平。运动员在拳台上比赛要多出拳,要有两次、三次连续进攻和打组合拳的能力。运动员还要具备脚下移动和出拳的协调性,移动快,出拳速度也要快,特别是前手拳的使用。前手拳的使用率应在百分之五十以上,因为前手拳可以干扰、迷惑、防卫对手,也能给后手拳重击或组合拳创造机会……比赛回来,莎沙又利用沙包、手靶、对练等手段提高队员的体能、耐力、协调性,从不可能做到可能。在对抗对练过程中,他要求队员打出自己的风格,具备协调性,打击点位准而且有力度,具备两次三次的攻击能力。又通过沙包和手靶的训练,在不同的距离内精确地击打对手。莎沙说,当练习或比赛时遇到实力比较弱的对手,这是自己使用各种技术的一个很好的机会。防守、组合拳进攻、控制好节奏、协调性、运用不同的技战术,以便在后面遇到强手时,更有自信心和技术能力的发挥。教练员还要对各种不同运动员的类型和打法,有充分的认识和准备,积极进攻型、力量型、防守反击型、攻防兼备型、游戏型、KO型,包括正架反架的打法。所以,训练中就要有自己的风格特点,训练出具有应对各种不同类型打法的手段。这也是"中国爸爸"所说的个性化训练。

只有技术全面了，才有能力和办法控制住场上的节奏和局面。

之前在泰国的交流比赛中，暴露了男队员在体能和使用技战术方面的许多不足，这次俄罗斯世锦赛也暴露出了在比赛场上，运动员没有两次以上的进攻和组合拳。技术上有缺失就不可能占据主动和优势，要能在不同的距离内打出三五拳的进攻，而不是一拳两拳后就没有了。特别要有前后、左右、环绕移动的打击。回国总结时，莎沙诚恳而又耐心地说，我们要把中国拳击打法发扬光大，还要向其他国家选手学习，学习他们的经验，更好地把他们的优点应用于训练计划中。同时队员还要提高自身素质、增强自身耐力，增强意志和能力的训练，发扬顽强拼打的精神……莎沙特别理解运动员。队员们的不足就如天上的云朵，在他眼前飘来飘去，但他觉得这些不足都能在训练中解决。因此，莎沙坚持训练的不间断性，他说作为运动员就要有别于常人，无论是刮风还是下雨，训练计划都不能改。只有这样，才能锻炼运动员具有胜利者的精神状态和顽强的品格。抑或是说冠军的品质，锻炼出一个真正男子汉勇敢、顽强、知难而上的气概……训练一定是艰苦的，但当比赛胜利时呐喊，那种愉悦是常人无法享受到的。当你站在领奖台上，升起国旗奏响国歌，这是一个人一生中最美好的时刻，而且美妙得无与伦比。莎沙说，自己为这一时刻的到来而工作，作为运动员就要去为迎接这一时刻的到来，而时刻准备着——竞技体育是残酷的，也充满无限魅惑。正因为竞技体育的个性和它的不确定性，才引来天下无数英雄"竞折腰"……莎沙的行走不仅带着民族的信仰，还带着他对拳击的敬畏和真诚，他是有悲悯情怀的英雄，他是有野性和野心的拳手，他也是有责任和担当的教练。

莎沙注定与拳击为伴，游走于尘埃与云朵间温暖苍生。

莎沙幼年丧父，他离开母亲到另一座城市的孤儿院读书。童年记忆里，除了令他痛彻心扉的寒冷还是寒冷。他生活的那座城市，仿佛除了寒冷，没有任何温度。莎沙渴望身边能有一炉火，可那炉火对他这个幼年丧父的小孩来说，遥远得像天上的星星。

拳击温暖了莎沙，拳击也改变了他的命运。

莎沙喜欢动物，他在贵阳街头把一条长得像老虎的犬，抱在怀里请翻译为他拍照。镜头下的莎沙，爱意从心头涌上来，脸上洋溢着幸福和友善。他对翻译说，要是在俄罗斯就把这条老虎犬抱回家，给这条像老虎的犬最好的生活。莎沙养过五条名犬，每条犬都有故事。Спайки 是一条巴哥犬，它的名字翻译成中文叫斯巴金。这条巴哥犬的名字来自美国电影《黑人群》,电影里的一条狗就叫斯巴金。莎沙非常喜欢这个名字,于是,他就把这个好听的名字斯巴金给了他的爱犬。莎沙给了斯巴金一生的幸福,斯巴金年老的时候牙齿都掉光了,老得无法咀嚼食物。莎沙也不嫌弃它,他和家人就把食物嚼碎了再喂到它的嘴里。斯巴金老得"举步维艰",他就抱着它到太阳下,抱着它行走。

在莎沙和家人的照顾下,斯巴金活了 15 岁。

莎沙永远也忘不了那个傍晚,他和夫人坐在沙发上看电视。已经许久没有力气走出窝的斯巴金,缓慢地走过来——斯巴金走到他们面前,前爪艰难地搭到莎沙的膝盖上,跟他握手,伸出舌头爱抚地舔他的手,饱含泪水的双目久久地凝视着他。莎沙读懂了斯巴金的眼神儿,它感谢主人对它的不离不弃,若是有来生,他们还会相遇……莎沙抚摸着斯巴金的脑袋,那一刻他的心跳得生疼,仿佛刚从拳台上打一场恶仗下来。斯巴金又以同样的方式,与女主人做了告别。最后,斯巴金从他们的身边缓缓地缓缓地走了过去,一步一摇地回到窝里。

莎沙泪眼蒙眬地凝望着斯巴金走去的背影,他突然意识到了死亡。莎沙哭出了声,哭得像个孩子。

张传良(中)与莎沙和张喜燕(左)

莎沙和家人都怀念斯巴金,以至于他如今养的一条一岁半的名犬还叫斯巴金。莎沙的拳头硬,而他的心却柔软得像发酵的面团。他爱动物,他说一切苍生都是生命，所有的生命都值得敬畏。莎沙也不愧俄罗斯民族的英雄称号。成名后，莎沙还会定期回到孤儿院，资助那些需要帮助的孤儿。莎沙说：是国家培养了我。当我有了声望，有了金钱，我就要回馈他们。我们有了成绩，就应该树立一个榜样。面对底层的百姓，我们有责任有义务拉他们一把，人只有站得高，才能看得远。不能因为我们站到高处就不理睬他们，而是要把他们拉上来，让他们也看到人间最美丽的风景……莎沙从没忘自己也是从底层走出来的，是通过拳击获得了财富，获得了爱情。生命有获得，就要拿出钱来资助别人，帮助他们过上他们想要的生活。再把善良和悲悯表达出来，表达给那些需要温暖的人，让他们生出希望，让他们的人生有目标。

　　同道中人，就会有"同道"的交流。这种交流要么碰撞出火花，要么如行云流水般同步。

　　清镇训练基地的午餐桌上，张主席说这周女队要根据奥运备战的整体计划与"泰王杯"比赛过程中的不足，进行针对性的强化训练；昨天下午女队进行了专项素质练习，第一组为空击、移动、躲闪等专项技术，第二组为六项素质练习，每项练习 10 秒钟，强度很高，心率可达到 33 次/10 秒；这个周五，女队诚邀男队一起交流分享此练习内容……莎沙的笑不但具有魔性，还充满了天真。他说我昨天拍摄了，课后还分析了训练的过程，特别是第二组练习的内容，虽然不含专项技术，但与拳击竞技需要高度相关。张主席也笑了，我会安排人展示练习细节和关键。莎沙看着张主席，他说"泰王杯"女队取得了胜利，比赛中我看到队员灵活应用了您的换架技术，左右架灵活切换。对方根本无法判断前手是重拳，还是后手是重拳，完全失了方寸，完全没了策略……张主席笑了，英雄的笑竟然有着某种神似。张主席说邹市明是左右架切换技术的杰出代表，从 2004—2008 年，世界上对此技术还比较陌生，他娴熟的切换使众多对手很不适应。近几年，该技术在国际上不断传播，很多国外选手也在模仿，但还是没有领悟到该技术的本质和关键。几年来，我又对此项技术进行了进一步的改进，现在胡美益是换架和切换的代表。莎沙点头，说自己年轻时也曾尝试左右架的切换，为此付出了很多的努力，但未能取得理想的效果，明显地感觉到进攻过程中，左右架切换更加危险。看了您的换架切换技术，课上与课下也在分析和应用，但还是没有掌握技术的关键……张主席告诉莎沙，说这不是问题，找个时间，仔细地讲述此技术的训练与应用。他说，虽然换架切换是我的独创，但这项技术已培养出国内外一批优秀的运动员。技术没有国界，希望能给世界拳击带来新的理念和突破。这项技术源于中国，也属于世界。莎沙笑了,还有节奏地摇动几下身子,他说,通常关键技术是不会向外传授的,技术是您的独创,具有知识产权,是需要支付产权使用费的。但"儿子向老爸"请教,就不需要付费了。

莎沙有着一双俄罗斯民族特色的眼睛,他的眼神儿像猎豹,充满斗志和挑衅;也像在沼泽中悠闲行走的麋鹿,温和哀伤得像一湖碧蓝的水,深邃而又澄明。莎沙是一位有情怀的拳手,也是一位有格局的教练。莎沙与泰森和霍利菲尔德是好朋友,说起他的朋友们,莎沙的眼神儿不仅现出柔情,还有晶莹的亮光涌动。他说强硬和柔软说不好谁能战胜谁,柔能克刚,刚也能俘获柔。人间最高的境界是爱,只可惜,不是人人都能体会到。泰森和霍利菲尔德之所以惺惺相惜,因为他们都是拳击英雄,这也正是拳击项目的魅力。拳击是一项勇敢而又绅士的运动,拳击手除了要有一颗勇敢的心,还要有智慧。只有力量,并不代表有勇敢的心。如果没有勇敢的心,站在拳台上就会心虚,就如一只找不到落点的鸟,忧戚的眼神儿还没等对手出拳,自己就败了。俄罗斯运动员的自信是与生俱来的,因为俄罗斯民族历史上多灾多难,如果没有自信,没有勇敢,他们就不会一次又一次地从灾难中站起来。当国家有难时,人民沉迷于个人的情绪和悲伤里,这个民族就不会有希望。

俄罗斯民族无论遇到怎样的艰难困苦,他们都会勇往直前。每个人都要面对死亡,而俄罗斯人会微笑着走向死亡。

莎沙非常欣赏敬佩和尊重张主席。他说,久经沙场的张主席,不但具备深厚的哲学思想,还懂得运动员在什么时候需要什么。每次例会,张主席都给运动员树立自信心,传承中国博大精深的文化理念。这也是他带着邹市明从大山深处走出来,走向中国,走向世界,改写中国拳击历史,奠定他在世界拳击地位的重要因素。运动员代表一个国家、一个民族,国家给予运动员这么好的训练和生活条件,作为运动员就应该有为国争光的使命感。升国旗奏国歌,除了国家元首访问外最多的就是运动员夺得金牌的时刻。教练员既是指挥员也是战斗员,带着队员去打仗,当你的运动员在赛场上时,教练员就要与运动员一起战斗……在各种会议上,张主席总是不遗余力地教育引导教练员和运动员。他更是处处以身作则,他的人格魅力,他对拳击项目的执着和创新创造,感染感动着每一位教练员和运动员。

莎沙说,他和"中国爸爸"之间有很多相像的地方,只是有一点不同,中国爸爸不吸烟。莎沙点燃一支"中国爸爸"送他的香烟,说:吸烟有害健康,那就

让我把"中国爸爸"的烟吸了吧。

张主席经常喉咙沙哑。莎沙和翻译一起在街头散步时,看见药店就钻进去买药,莎沙说什么都要自己付钱。他说,张主席是我"爸爸",买药是我的孝心。付了钱,他才会灿烂地笑。有一次,他们在一起训练,菲利普说张主席的中国拳击打法是独创,是专利。莎沙自豪地说,我是他儿子,他教我不收费。2020年2月,莎沙又随张主席出征约旦,他们将在安曼迎来亚大区的奥运资格赛的争夺。东京奥运会在即,莎沙这届的奥运会与以往不同,他将与中国运动员一起,与张传良主席迎接这场世界体育的盛事。然而,肆虐的疫情却阻断了莎沙东京奥运的脚步,他感叹地说,人类美好的日子悄然地溜走了。

俄罗斯民族充满敬畏感,他们崇拜英雄,也敢于争当英雄。

教练员不能紧跟项目发展的步伐,不能依据运动员的个体情况创造适合运动员的个性化训练体系,就不能成为优秀或伟大的教练员。反之亦然,运动员,如果没有深厚的竞技体育修养,不具备勇敢和智慧,不能对所从事的项目有足够的认识,就很难成为优秀或者伟大的运动员。无论从事哪个行业,爱心和善良都是成就一个人最基本的东西。

如果缺失就不会有敬畏之心。敬畏生命,敬畏自然,敬畏事业,敬畏是一种精神——说到底,敬畏也如宗教。否则,即便是取得了一些成绩,也会凸显出苍白。

——张传良如是说

3

循着茶马古道的足迹走进新疆,远古的丝竹声迎面扑来,浩瀚和苍凉,炽烈和浪漫宛如丝绸路上的驼铃声,悠然叮当地敲击着耳鼓——生命的结缘或许是前生就注定的。亦如阿不都西库尔·米吉提与美国电影《灵与肉》,若不是这部讲述拳击的电影,他或许就去大学里做一名讲师,当一名教授——谁知道呢,对未来谁又能未卜先知。何况,他那时还是一个未经世事的少年。但是,命定的缘分,有时候命运就如一张网,总会在生命的某个节点等你入网。你可能甘愿做一条被网住的鱼,也或许挣脱出来,另寻出口——阿不都西库尔·米吉提钻进命运的大网,他心甘情愿地做了拳击项目的俘虏。只是《灵与肉》里的哥哥学拳击,是为了给生病的妹妹治病,而阿不都西库尔·米吉提却想用拳击打出一片天,救助新疆那些吃不上饭念不起书看不起病的弟弟和妹妹们。

少年的理想纯粹得没有一丝杂念,亦如新疆湛蓝的天。

阿不都西库尔·米吉提出生于新疆,成长于新疆。他的善良和达观经过了新疆烈日和严寒的历练,所以,他的眼神儿里总是充满着坚毅的柔和和清澈的善良。北疆的畜牧业发达,毕业于新疆畜牧学校的父亲,和毕业于新疆医科大学的母亲,双双来到霍城县一个叫红旗公社的牧场,他们在这里组建了家庭。西库是家里唯一的儿子,两个姐姐和一个妹妹像花团一样地簇拥着他。只是,二姐因为生病去了另一个世界。也由此,二姐成了他们家族永远不可触摸的疼痛。小时候,他一年只能见到父亲两次,一次是冬天,一次是夏天。有人问他,父亲是做什么工作的?他说,父亲是牛羊的领导。学畜牧专业的父亲,把儿女留在家里,而他却只身跟着牛羊走。母亲呢,却时时地听从生命的召唤,只要有临盆的产妇,无论是白天还是黑夜,清脆的马蹄声就如他们家房门的铃儿。母亲只要听见铃声,就会急匆匆地挎上药箱骑着马走出家门。两匹马就消失在黑暗中,随着马蹄声渐行渐远,孩子们的思念就如天上的星星,眨着泪眼跟随母亲翻山过水——母亲有时候要跑一整天的路。但是,无论是冬天还是夏天,母亲为了即将出生的新生命从来没抱怨过一句,母亲最引以为豪的是她在牧区接生20多年,成活率百分之百。

小时候,西库盯着母亲的背影,总有一种难言的失落,他说,妈妈又去看别人家孩子了。时间久了,他们家的孩子就习惯了父亲跟着牛羊走,母亲迎着婴儿的啼哭去。然而,心思细腻的西库,还会不时地陷入一种恍惚的状态里——他发现,太阳给骑在马背上的母亲编织一顶发光的草帽,而星光如同一盏盏灯,照亮了母亲的身前和身后。1981年,西库10岁,那年父亲工作调动,任职于霍城县畜牧局局长。由此,他们家也从牧区搬到县城。他在霍城读完小学读初中,高中毕业他又上了预科班。因为15岁那年看的那部影响他一生的电影《灵与肉》,拳击就成了他的梦想。刚好,拳击教练郑红恩招收大级别运动员。当时,新疆的政策也是培养大级别拳击运动员,尤其是91 kg级的运动员。他向父母表达了想学拳击的心愿,但父母不同意。他们希望家里唯一的儿子学业有成,将来做与体育无关的事业。

西库念念不忘拳击,郑红恩也不想放弃他。郑红恩先后六次,从伊宁到霍城,就是为了西库。教练的执着,西库的坚持,终于打动了父母,他们终于同意

儿子练拳击了。转年,西库又考上伊犁师范大学体育系。不仅圆了父母希望他上大学的梦,也圆了他自己当拳手的梦。考上大学以后,他就半天上课,半天训练。

西库真正地开始了拳击生涯。

1991年,新疆拳击体工队与新疆煤矿学校合办成立业余拳击队。1993年,刚读大三的西库参加了第七届全运会,他拿到了−91 kg级铜牌。1994年,新疆拳击队正式成立。此时,他也大学毕业了。由于成绩突出,西库留校任教。然而,为了拳击,他放弃了留校任教的机会,毅然地去了拳击队。新疆拳击队是一支由汉族、维吾尔族、回族、柯尔克孜族、锡伯族等组成的队伍。拳击队建队以来,借助中亚、俄罗斯高水平的拳击竞赛平台,采取"请进来,走出去"的策略,逐步创建并形成了一套符合新疆运动员特色的打法和科学培养人才的训练体系。由此,新疆拳击队成为国内独树一帜的拳击队,这支队伍以凶悍压迫式的技战术打法而被拳击人认识。

西库是新疆拳击队发展的见证人,也是带头的开路人。1997年第八届全运会,新疆拳击队收获第一枚全运会金牌后,他们就把目标瞄准了亚锦赛、世锦赛、奥运会等世界赛事。通过20多年不懈努力,新疆拳击队成为一支整体实力强劲的优秀运动队。先后夺得国内国际各类比赛金牌105枚;培养国际级运动健将五人;国家级运动健将30人。为国家拳击队输送优秀运动员30多人。其间,有六人次代表国家参加悉尼、雅典、北京、伦敦奥运会。在2017年举行的第十三届全国运动会上,新疆拳击队获得一枚金牌、两枚银牌、五个第五名,是实现了从第八届、第九届、第十届、第十一届、第十二届、第十三届全国运动会六连冠的队伍。

西库无疑是新疆拳击队的佼佼者,他从1994年一直到2001年,都是优秀的拳击队员,他也是队伍里唯一的大学本科毕业的拳击运动员。新疆体育部门主管竞赛的干部、国际裁判阿布力克木,非常欣赏西库,说西库是运动员的榜样。侯元是西库的教练,一直带他。侯教练对西库更是由衷的欣赏。1997年,在第八届全运会前夕,西库在比赛场上受到重击。看着他在拳台上踉踉跄跄地跌倒,教练一阵心悸。没上过拳台,不可能懂得被围绳围着时的无助;没做过拳手,不可能体会到遭遇重击时的恐惧。只有做了拳手,才能抵达拳台和重拳的灵魂深处。西库说那种恐怖的疼痛完全无法用语言来形容,疼痛仿佛一下子笼罩了整个世界,世界变得一片苍白……按照常规,西库要休养三个月以上才能训练。可是八运会在即,西库一边服用中药一边坚持训练。他终于夺得八运会＋91 kg 级冠军,他也是为新疆队夺得首枚金牌的运动员。1998年,他又夺得第八届世界杯＋91 kg 级的银牌;2001年,夺得第九届全运会＋91 kg 级银牌,还被评为国际级运动健将。据不完全统计,他拳击项目生涯中先后获得 10 余次冠军。

阿不都西库尔·米吉提(左)

冠军虽然只是一个符号,但是冠军却能诠释运动员的价值。

浩瀚的新疆铸就了新疆运动员豪放的性格,新疆的美食也给予了他们强壮的体魄。所以,他们不惧困难,他们也不惧失败。因为,他们经得起考验。新疆拳击队先后培养了阿不都西库尔·米吉提、阿不都热合曼·阿不力克木、哈那提·斯拉木、阿克热木·依沙克、麦麦提图尔孙·琼等叱咤国内国际拳坛的代表人物。如今又涌现出如托合塔尔别克·唐拉提汗、海沙尔·塔西买买提、阿卜杜热伊木·麦麦提、赛日克·托了吾塔衣等一批新生代优秀拳手。他们在全运会赛场上表现出的高超技艺和良好精神风貌,赢得了全国拳击界和广大拳迷们的尊重。

九运会结束后,西库退役了,并担任新疆队教练、总教练,拳击管理中心副主任,国家队教练等。岗位虽然不同,但西库对自己的要求从未改变,甚至比以前更高了。运动员生涯锻炼了他的意志品质,也淬炼了他坚忍不拔的品格。所以,他从没放弃对项目的探究和探讨。做了教练员后,他先后培养了麦麦提图尔孙·琼、尼加提·玉山、阿克帕尔·玉索普等优秀运动员。他们先后代表中国参加了北京和伦敦奥运会。特别是国家队现役队员麦麦提图尔孙·琼和尼加提·玉山,他们在各项国内外赛事中成绩斐然。这两名队员十五六岁就跟随西库训练,2004年,麦麦提图尔孙·琼获得亚洲少年拳击锦标赛第二名;2006年夺得全国冠军。尼加提·玉山夺得世青赛的铜牌,他也是北京奥运会队员。

2007年,西库到国家队,担任教练组成员。

邹市明和张小平夺得北京奥运冠军时,他是国家队教练组成员。北京奥运会,新疆有三名运动员参加。也就是说,十个级别,新疆队占三个席位,哈那提·斯拉木在北京奥运会上夺得69 kg级铜牌。从北京奥运会到伦敦奥运会,中国拳跆中心把新疆拳击队列为新疆组的重点,给予相关政策支持。

人生就如起伏的山脉,征战拳台的人未必能征服命运。命运就像一匹放荡不羁的野马,这匹野马会任性地奔跑——麦麦提图尔孙·琼在运动生涯最好的时期,没能参加2016年里约奥运会,这是西库的遗憾,也是队员的遗憾。西库说,2007年开始,他就从张传良主席的训练体系里学到很多东西。起初,他对中国式打法感觉很新奇,但也只是新奇而已。当他见识到了邹市明拳台上的表现后,他才知道拳击还可以这么打。西库不仅有比赛经验,他还是科班出身,所以,他对张主席中国式打法特别认可。备战东京奥运会期间,他又带队员跟随张主席训练,无论是对技战术,还是张老师的品行,他都学到了很多。有准备的人才有机会,西库说能跟在张主席身边训练学习是自己的福分,也是机会。他不会错失生命给予他的每一个机会。

踏实是成功的阶梯,只有一步一个阶梯才能到达彼岸。

2018年,全国男子拳击冠军赛在四川攀枝花举行,经过六天的激烈角逐,新疆拳击队14名运动员四人获得冠军;7名运动员获得铜牌;三届全运会冠军老将麦麦提图尔孙·琼在69 kg级别中一路过关斩将,以绝对实力获得冠军。赛后,西库说,这次成绩来之不易。这是新疆选手2018年以来在国家队集训,以张主席和国家队教练组高水平训练理念为指导,结合新疆选手本身的特点组织训练取得的成果。2019年9月,西库和麦麦提图尔孙·琼,获得了"庆祝中华人民共和国成立70周年"纪念章。

祖国不会忘记,为国家作出卓越贡献的运动健将们。

东京奥运会备战期间,张主席尊重新疆运动员的民族习惯,管理充满人性化。他允许新疆队自带厨师,在争夺东京奥运会入场券的关键时期,还批准他们回到乌鲁木齐训练。张主席对他们的要求十分明确,自己的风格不要丢,练出特点,练出特色。西库也把张主席中国拳击技战术的打法和特点融进去。西库说:中国拳击打法比较全面,既针对运动员的个人特点,又有克制世界拳击高手的技术,这是中国拳击项目发展的方向。张主席总是从大局出发,从全局考虑,力争让每一个队员都有机会出现在各种赛事上,都取得成绩。

西库与张传良主席的渊源从20世纪90年代初就开始了,1993年张主席就开始带他训练,1998年,张主席就带他打世界杯。那时期的西库对拳击的理念,还没有很深刻的认识,只知道打。张老师让他先认识再理解,再训练。特别是脚下移动,以前怎么练也练不好,他就经常与张老师交流和沟通。张老师无数次地带他训练,西库发现张老师仅脚下移动就有好几种方法。一段时间下来,他不但提高了对拳击的认识,对技术的各环节也有了相应的提高。他还从中悟出了拳击看似不过几种类型的简单打法,其实高深并变幻莫测。

西库对张传良主席的技战术由衷地佩服和欣赏,可是,他不明白为什么还有很多人质疑他。邹市明获得了冠军,有人说他的打法太难看,说他打的不是拳击。也质疑张主席中国拳击的打法。但邹市明却一次又一次地获得了最佳技术风格奖。凡是与邹市明交过手的运动员,都不能理解他的拳和脚下的移动,为什么像风一样快……西库和张老师相识20多年了,以前都叫他张老师,现在也喜欢这么叫。他从心里觉得,叫张老师比叫张主席更亲切。张老师总是耐心地给教练员和队员讲技术,他上课讲拳击技术,下课也讲技术,训练讲技术,吃饭也讲技术——张老师除了拳击的技战术,还是拳击技战术。他最常说的就是,随便别人说什么,我们干我们的。每当听到他这句话时,西库的心都很疼。

新疆有一句谚语,骆驼走它该走的路,狗该叫就让它叫吧。

这些年,只要一有比赛,西库都是张老师的助手。与张老师一起工作的日子里,他欣喜地发现,张老师不但尊重对手,尊重拳击规则,还了解对手的心思。在比赛过程中,对手根本就摸不着邹市明。如果说,2008年奥运会,还有人对邹市明的技战术有质疑,那么2012年的伦敦奥运会,邹市明的技战术已经达到顶峰。全世界的教练和运动员都佩服。可是,总有那么一些心思阴暗的人,他们总是会在阳光下寻找阴影。长年跟随在张老师的身边,他何尝不知道张老师的压力。西库所能分担的,就是带领队员全身心地投入训练中,再把张老师的中国拳击打法贯彻下去。如果把拳击项目比作江湖,那么行走于江

湖几十年的西库也深知,不仅张老师是流言蜚语的牺牲者,他自己也是,他带的运动员也会遭遇江湖那只有形或者无形大手的击打。

这两年,新疆队变化特别大,在传统硬朗的打法上,又在抓技战术上下功夫。从2015年开始,西库就带新疆拳击队搞拳击技术革命。2017年第十三届全运会,新疆队的成绩特别好,国家体育总局局长苟仲文观看了比赛。赛后,他说我看了几场比赛,新疆队运动员打得不错。得到领导的认可,西库非常高兴。人生莫大的幸事就是有人看到或欣赏你的努力。

西库是新疆的英雄,他带出的爱徒也个个优秀,尽管东京奥运会还是未知数,但他和队员们都会以饱满的精神状态,迎接未来的挑战。

东京奥运备战期间,张传良主席也经常带男队的训练,他针对新疆队的整体打法比较硬朗、但相对比较传统的实际,要求他们在训练中,不断加强拳击最核心的东西。比如,重拳不是用力量打出来的,是用速度和时机,也就是说时间差。打准了,就是一记重拳……2019年11月,西库带领全队回到乌鲁木齐县水西沟镇进行为期21天的训练。新疆拳击队自2000年起,每年冬训均要安排三周的亚高原训练。水西沟海拔1 600—2 200米,这个海拔属于中海拔高度,并且训练设施完备。经过多年训练的实践,新疆拳击项目在亚高原和高原上的训练结果显示,通过在亚高原上的训练,运动员的血红蛋白能够比上高原前增加6%或8%,肺活量也有明显的提升。所谓的高原训练,就是利用高原稀薄的氧浓度增加运动员的EPO,从而使血红蛋白增加。另外,依据科研数据,血红蛋白的增加能促使携氧能力的增加;另一方面,高原训练会使肌肉酶活性增加,也能促进肌肉抗酸容量增加。这两方面能力的提升,就会使运动员机能和体能提升。

根据新疆拳击队多年高原训练的实践经验,高原的训练,能够极大地促进运动员的体能储备,为赛前准备阶段和强度练习打下坚实的基础。又依据麦麦提和托合塔尔别克等运动员的实际情况,通过高原缺氧和运动训练的双重刺激,以及通过变换训练手段的方式提升他们的能力,可为后续的备战奠定良好的体能基础。张主席说,一切训练手段,都要有效地为项目服务。

拳击就如一座象牙塔,走进去并坚守其中的人都有着奇特的灵魂和不屈精神。

1988年出生于喀什地区疏勒县巴合齐乡的麦麦提图尔孙·琼,是一位名副其实的老队员了。这个"老"是指他的运动生命,还有他在拳击项目上取得的成绩。据不完全统计,从 2003 年开始,他获得国内国际冠亚军 50 多项,又是两届奥运会选手,三届全运会冠军。麦麦提图尔孙·琼,是新疆拳击运动员的榜样,是维吾尔族群众中标杆式的人物。如果说,他的教练阿不都西库尔·米吉提是新疆的英雄,那他就是英雄培养出来的英雄。麦麦提图尔孙·琼的家庭刚性十足,除了母亲,他上有一个哥哥下有两个弟弟。在水利局工作的父亲喜欢打篮球,他从小就跟着父亲上篮球场蹦蹦跳跳。运动让他孩子的天性完全释放,体育的天赋也尽情地表现出来了。2000 年,他在电视上看到西库的一场比赛,12 岁的他完全被征服了。他对父亲说,我也想打拳击,也想像西库一样打。酷爱运动的父亲,深情地看着儿子,虽然父子之间没有过多的交流,再者对于 12 岁的孩子来说,他的"我也想打拳击"化作一句话就足够了。2001 年,父亲把他送到喀什地区体育运动学校。2002 年,麦麦提图尔孙·琼在全疆年度大赛中,被选入新疆拳击集训队,师从西库。2004 年,他在亚洲少年锦标赛上获得亚军。2007 年,在美国举办的世界杯,年仅 18 岁的麦麦提图尔孙·琼打进了前五。2008 年,他首登奥运赛场。那以后,他开始奥运拳台上的征战,一发不可收。2019 年 1 月 8 日,他被国家体育总局授予运动健将称号。他怎么也没想到,电视里的一场比赛,不仅让自己走上竞技体育之路,还注定了他与西库一生的师生缘分。

麦麦提图尔孙·琼征战拳台 20 年,除了夺得金银牌,也落下了伤病。2009 年,他参加内蒙古的邀请赛。比赛是在呼和浩特的一个边境小城举办。第一场比赛,他后手的大拇指和小拇指骨折。到医院去打了石膏,他想,第二场比赛自己打不了了,放弃吧。他还想就算自己不放弃,教练也不会让他打了。然而,正好相反。教练也是从运动员走过来的,他知道什么时候最能锻炼运动员的意志品质,什么时候能使他们内心强大。西库想了许久,还是决定让他上场。麦麦提图尔孙·琼从小是他带出来的,他能不心疼吗?但他还是咬着牙让他上场,西库说,拳台就是战场,如果你因为自身的伤病败下阵,日后,在世界赛场,在奥运赛场上还会遇到各种困难,或者更大的困难。难道,你也退下来吗?如果这次退缩,日后再遇到困难,自信心就很难再树立起来。而且,这场比赛你完全有能力用前手把对手打败……教练的坚持令麦麦提图尔孙·琼失望的同时,也很恼火,他觉得教练不爱惜他。虽然,他没有反驳,但他眼神儿里却流露出火气。他带着怒气上场打了比赛,正如教练预判的那样,他用前手把俄罗斯选手击败了。麦麦提图尔孙·琼经受了骨折带来的困扰和压力,决赛打完,他冲下来拥抱教练。此时,他才理解了教练的良苦用心。

这以后,无论遇到怎样的艰难,他都扛了下来。后来,他把这个故事讲给媒体听。他说,我都骨折了,我的教练还不让我放弃比赛。我当时非常恼火,可是打完之后,我就轻松了。我一只手也能赢得比赛,以后无论遇到怎样的困难,我都能战胜。

麦麦提图尔孙·琼(前)

合理的实战,能树立运动员的自信心,还能锻炼他们的意志品质。

第十一届全运会,麦麦提图尔孙·琼肩膀的冈上肌撕裂;2012年冬训,半月板撕裂;2019年参加亚洲锦标赛,右腿小腿腓肠肌撕裂五六厘米……有人说他是悍将,可他觉得自己是一名战士。对战士来说,号角就是命令;对拳击手来说,拳台就是战场。麦麦提图尔孙·琼说,是我的教练在我最困难的时候鼓励我,是他给了我自信,是他教会我如何面对困难,是他成就了我的梦想,并带着我一步步地向前攀登,没有他就没有我的今天。麦麦提图尔孙·琼说得没错,是他的教练,也是拳击。因为他的教练已然成了拳击的化身。

每个生命都有节点,当走到节点处时总会有选择。以审美的眼光看待节点,节点就成了创造的出发地——

功成名就,麦麦提图尔孙·琼完全可以退役去享受生活了。但他没有,他觉得自己还有能力打。他实在太爱拳击了,他太喜欢这个项目了。他坚持,除了民族赋予他不屈不挠的精神,还有他内心偾张的血性。尽管走过一条漫长的拳击路,但他心中还有梦想,还有追求,他是为荣誉而战,他希望能在奥运会上升起国旗——当时正在国家队备战奥运会的麦麦提图尔孙·琼说,自己很幸运,尽管至今没在奥运会上升起国旗,奏响国歌,但有西库教练的带领,还有张主席手把手地教,他会朝着高峰勇往直前。

张传良主席把所有的地方都能当成训练场。在训练场馆外,张传良看见麦麦提图尔孙·琼,在甬路上就给他讲起技战术。摸、拍、打,张传良一边示范,一边教练,年近七旬的张主席,对拳击都这般执着,他又有什么理由不坚持呢。约旦的资格赛自己落选,又因为疫情,落选赛不打了。麦麦提图尔孙·琼不能圆东京奥运会的梦了,但是拳击却给予了他精神上的富有。

错过那拉提的花期,还有草原的秋色。

学习体育精神是体育人永远的功课,参透竞技体育深邃的内涵,以及竞技体育的思想和品质。而不是在没有认识什么是竞技体育时,就盲目地评价和批评,甚至利用竞技体育谋取私利,这样就玷污了体育本身的纯洁和神圣。

——张传良如是说

4

在朝圣拳击的路上,哈达巴特尔匍匐下身子,拼尽全力。尽管一路沟沟坎坎,但他百折不回。他说,他是从"后门"走进的拳击,因为哥哥朝鲁巴特尔是草原拳王,所以,他格外敬重这个充满斗志和极具血性的项目。

20世纪70年代,哈达巴特尔出生于内蒙古赤峰市翁牛特旗白银他拉,一个有着七个孩子的牧民家庭。哈达排行老六,父母十分宠爱他。或许是家庭的原因,或许是蒙古族儿女的天性,他七八岁就开始放羊。草原大得看不到头,草原宽得望不到边。羊群只要一走进草原,萋萋绿草就淹没了羊群。有时哈达觉得草原就像一只张着大嘴的巨兽,把他和羊群都吞了进去。他恐惧地寻找羊群,他不想让草原这头巨兽吞噬羊群,羊群是他们全家的希望。他奋力地把羊群赶上漫坡——他坐在高岗上看着羊群。低头吃草的羊就如朵朵白云镶嵌在绿色的草原上,草原就如一条绿色的大河,清风把细草碎花摇曳出层层细浪,亦如涟漪的水波纹。

青草的香气随风蔓延,漫天飞舞的叫天子在他头上啁啾,他的人生由此开始——

20世纪80年代初,窘迫的家庭没有多余的钱给孩子们零花,劳作一生的父亲很严厉,而母亲总是想方设法给哈达挤出一两毛钱。学校旁边有一个小卖部,一放学,同学就都拥到小卖部买零食。那时候,一毛钱能买10块或者12块水果糖。每次路过小卖部,他都吧唧两下嘴迅速地跑开。家里的茶没了,烟没了,糖没了,他就用自己攒下的零花钱买回生活的必备品。哈达最怕看见母亲紧锁着的眉头——已经成了世界冠军的哈达巴特尔回忆起往事时,他感慨地说,看到父母的笑脸,比吃了水果糖还高兴。草原上的人家都烧炉子,取暖做饭都是以牛粪作为燃料。一到冬天,草原上的风都挂着白霜,只要一放假,哈达就挎着柳条篮子出去捡牛粪。他是牧民的儿子,可他又赶上游牧民族定居的时代。所以,他种过玉米、小米、高粱、黄豆,他除草、收割、拉车……所有草原上的活他都会干。做了运动员,打出了冠军,他回家还干这些。这或许是他从小养成的习惯,也或许是他内心的坚守,他不想忘记本色。

小时候,哈达做的每一件事,似乎都与拳击无关。小学,哈达巴特尔的体育成绩还不错,但是到了中学几乎就与体育绝缘了。初中,他无意中听到父母说的话,母亲说这孩子学习成绩一般,要是考不上高中,邻居家的姑娘挺好,初中毕业就给他订婚吧……高中拯救了哈达,邻家的姑娘就成了别人的新娘。

或许,哈达就该属于拳击。

回首自己走上拳击的路,哈达巴特尔要感谢很多人,包括那些打击或谩骂他的人。他觉得自己能成为多个冠军集一身的运动员,有他们的鞭策和激励。1990年,哈达读高一。那年的冬天特别冷,可对哈达来说,那个冬天特别暖。有一天,他接到哥哥朝鲁巴特尔的来信,哥哥在信中说,我拿全国冠军了。这是内蒙古拳击第一个全国冠军……哈达兴奋得像一只充满氢气的气球,如果不表达出来,就会被炸成碎片。晚自习休息时,他兴冲冲地跟同学说,我哥哥拿冠军了。可同学并没有理解他的喜悦,而是翻着白眼儿斜乜着他,你们俩都是父母所生的孩子,你哥那么优秀,你怎么就那么差呢。

同学的声音并不大,可在哈达听来却像天边滚过的惊雷。

哈达巴特尔没有反驳,他没说一句话。他沉默地上学下学,他孤独地游走在自己的世界里。哈达属于那种暗流涌动的性格,别人越是说他不行,越说他不好,越说他做不到,他心里就会有极强的对抗。这种对抗像草原上的草生生不息,他暗自想,如果我能当运动员,我一定要拿全国冠军,拿世界冠军,给父母争光,给哥哥争光。还要超过哥哥,给同学看。

虽然理想没说出来,可是却成为激励他奋进的起点。

6月的草原,青草刚刚返青吐绿。哈达巴特尔如愿地进了体工队,还没等打出成绩,家里的电报来了。那个年代的电报仿佛是一个不祥的符号,因为拍一份电报要以字数收钱,没什么要紧的事儿,谁家也不会舍得拍一封电报啊。果然,电报告知他父亲脑出血,让他速回。哈达的眼前,瞬间就黑了下来。

躺在炕上的父亲，眼神儿暗淡得像一堆烧透的柴灰。医生不允许父亲坐起来，可劳作一生的他怎能躺得下呢。父亲不甘于被疾病打倒，他暴躁地要坐起来。全家人围着父亲不说话，母亲说不要为难他了，他要坐就坐吧，他干了一辈子活啊——哈达哭着把父亲扶坐起来——父亲在炕上躺了19天，悄无声息地走了。当时，距离奥运会还有不到两个月的时间。哥哥朝鲁是怀着怎样悲恸的心情，走到奥运赛场的呢？哈达每想起这一幕，心情都难以平静。父亲走了，但太阳照常升起。日子就在太阳的升起和落下间平静地流淌着——然而，哈达当初的理想却在一年又一年的训练中不见了踪影。哥哥朝鲁说，回家找个工作吧。跟你一起来的运动员都有成绩，你现在还是一张白纸。哈达垂下头，是啊，人家都有成绩，我怎么就不行？难道真如同学所说……哈达像一匹跌进泥潭的马，他独自嘶鸣的叫声都被草原的风撕碎了。那天，他在操场跑出一身大汗。他想对自己的生命负责，他还想为理想拼搏一把。他和哥哥说，再给我两年时间，如果还打不出来，我就走。那以后，一年365天，操场成了他一个人的操场，那两年，他只回过两次家。尽管他是那么想念母亲，想念那个四壁清白的家。但他忍着，一来自己无颜见他们，二来他不想伸手跟家里要往返的路费。他不想给苦难深重的母亲增加负担，除夕夜，他成了真正的守夜人……虽然开进草原的火车每天只有一趟，人还多得如蚂蚁。从呼和浩特到赤峰的火车上，两只脚只能有一只脚落地，站累了再换一只脚。气味像一条蛇在车厢里游动，熏得他都不敢喘气……但在这个大年夜里，回忆却成了他的盛宴，他觉得车厢温暖得像一炉炭火，因为车轮奔驰的尽头是母亲的笑脸，是亲人问候。

哈达把自己囚禁到笼子里。

1996年，哈达觉得不能在体工队再吃住下去了，他不想让哥哥再说话了。拳击不过是他一个虚无缥缈的梦，他用尽了全身力气也无法企及天边的金牌。就在他打好行李时，蒙古族专家巴图巴亚尔却不答应："孩子，我当过运动员，我也做过许多年国家队的教练。我有眼光能看出运动员的潜质，并且有能力把你带出来。明年就是第八届全运会，你考虑一下，如果能再坚持一年，如果八运会还没有成绩，我不会拦你。晚走一年，应该对你没有影响吧。"

巴图巴亚尔的话，亦如一束阳光照亮了哈达阴霾的世界。

1997年，是哈达的转运年。这年的7月，他参加了俄罗斯布里亚特共和国乌兰乌德市"北加尔湖"杯国际邀请赛，他获得71kg级银牌。1998年7月，他获得全国锦标赛71kg级铜牌；9月，蒙古国成立五十周年邀请赛，他获得71kg

级金牌;10 月,他获得全国冠军赛 71 kg 级铜牌——有了成绩,就有奖金和工资,他把工资和奖金的一大半都寄回家里,只给自己留一点儿零花钱。在哈达巴特尔的梦里,母亲的笑容像草原绽放的野菊花。

哈达崭露头角,但他从没忘记他一个人的操场。特别是冬天,顶风时,被风吹起的雪尘刮进嘴里,呛得他直咳嗽。他抿着嘴唇奋力地奔跑,他告诫自己,逆风时不奋力奔跑就会被风打回原地。而顺风时,他故意放慢脚步,他要借着风势反思自己——赤峰风雪的来势总像疯狂的牛群,嚎叫声令人颤抖,但他没有停止一个人的早操。外面不能出操,他就在走廊里俯卧撑,空击——房檐屋后盘旋的风嘶鸣着为他鼓劲加油。他还记得 1998 年,他拿了成绩回到队里,一个成绩非常优秀的队友,拿起酒瓶子突然从他身后蹿过来。哈达立即站住了。队友说,你不就是仗着有个冠军哥哥吗?你哥厉害,我哥也厉害,我的成绩不会比你差,咱们比比吧……哈达愣住了,他从没有与队友攀比的心。因为自己的心中还有更大的目标……那一刻,哈达在心里说,好吧,那我们就比比吧。1999 年,哈达已经是全国冠军了。但他并没有觉得自己比队友高一等,他想,运动员只有不断给自己树立目标,并为目标不停地奔跑,才能登上高峰。

哈达巴特尔(左)

由此,哈达取得一系列成绩,全国锦标赛、全国冠军赛、国际邀请赛、亚锦赛等,他都获得优异的成绩。

然而,成功之路永远不会是一条坦途。谁的成功路都不是一帆风顺,何况大器晚成的哈达。2000 年,对哈达来说又是一个考验。积分第一的他应该参加奥运会,但那时候参加奥运会的制度不够明确,根本就不按照积分和成绩。那年,亚洲区选拔三次,他觉得自己应该能进去。或许是缘分,也或许是长生天有意对他的历练吧,他与奥运失之交臂。2003 年,注定是一个多事之秋。一场史无前例的非典袭击了中国,令中国人猝不及防。运动队封闭了,出入受到了限制。终于,有一天封闭解除了,被封闭太久的人们像一只只鸟,喳喳叫着飞出去。哈达没有出去,可他却在走廊里遇到刚聚会回来的科研教练。他见到哈达时,一直盯着他看。你是朝鲁的弟弟?哈达点头说是。教练说，这就对了，没有你哥你怎能拿成绩呢。你就是沾了你哥的光，否则，你肯定是不行的嘛……哈达的心惊悸地跳了一下，仿佛从山巅上摔下来。是不是很多人都这么想啊？哥哥能指点他训练，可国内外的比赛都是裁判打分。

那晚，哈达失眠了。练了十三四年的拳击，前六年没有成绩。为此，自己如同一只失群的孤雁，迷茫无助。他不仅怀疑自身的天赋，还觉得自己无能，不能像哥哥那样打出一片天地——他又一次想起高中同学的话。是啊，自己和哥哥的差距咋就那么大呢。那晚，他脑子乱得像一团麻。放弃吗？放弃可能就不会听到闲言碎语，放弃，自己就可以过清净的生活。如果就此放弃，拳击的历史上也会有他一笔——可是，前些年目标那么遥不可及，他都坚持过来了。能走到今天，除了教练的苦心教导还有自己的恒心和韧劲，难道真的仅此而已吗……虽然，此刻的迷茫与六年前的迷茫有所不同，但他心里还是很酸楚。奥运的梦还没圆，最重要的是他自认为还能打。不放弃，不能放弃——天蒙蒙亮了，他睡着了。这一觉他睡得格外踏实。

哈达还没从质疑声中走出来，又迎来拳击的改革。2003 年拳击由十一个级别，改成十个级别。也就是把 67 kg 和 71 kg 合并。哈达要么往下打 69 kg 级，或往上打 75 kg 级别。他都快 30 岁了，降体重对他来说非常艰难。他想了许久，决定直接调整到 75 kg 级别。2003 年，全国锦标赛在即，他知道新疆的阿布杜热合曼，是 75 kg 级别最具实力的选手。阿布杜热合曼参加过 2000 年的奥运会，也是亚洲锦标赛的冠军，这个级别，他几乎没有对手。哈达也意识到了，他给自己出了一道难题，也给自己设立了一个或许达不到的目标。但他坚持，他觉得自己并不像那位长辈说的一无是处。

全国锦标赛如期开始，第一场他还算顺利，第二场他就遇上了阿布杜热合曼。哈达要是战胜对手就能进前八，要是输了，今年就淘汰了。当时，领导、教练和领队都来安慰他，哥哥也来了。他们说，你已经有了成绩就顺其自然吧。哈达明白，他们的意思是他不可能战胜对手。

哈达心里也有一本账，回击质疑，只有拿到成绩。

在国家队时，虽然哈达与阿布杜热合曼不是一个级别，但他们打过一次。当时，教练告诉热合曼轻点，告诉哈达随意打。下来后，哈达的头晕了两天。热合曼的拳重得像一发炮弹，但他的缺点也非常突出。拳重就容易失点，防守不好。这场比赛，自己只要坚持四个回合。不挨重拳，不被他打倒，自己取胜的可能性非常大。因为自己的技术比对手好……哈达闭着眼睛对自己说，一会儿上场,要充分地发挥技战术。他上场,哥哥和教练都紧张得屏住了呼吸,他们都怕他遭到重击。第一回合,哈达赢了8分,第二回合还是赢,第三回合和第四回合打完,他大比分胜出。当裁判举起他的手时,他泪眼蒙眬地寻找台下的哥哥。一直以来,哥哥是他心里的一棵大树,也是他心中的一座山,他从没有停歇追赶他的脚步——这一场比赛下来,不仅奠定哈达在拳台上的地位,也轰动了拳击界。

正是这场比赛,哈达巴特尔顺理成章地成为奥运选手。他到国家队,跟随张传良老师训练。他感谢拳击,拳击打开了他的世界。感谢张总教练,跟着他训练,哈达学会了怎么不挨拳,怎么打人,步法又快又好。对运动员来说,能成为奥运选手是至高无上的荣誉。

也由此,哈达为他的运动生涯画了一个圆满的句号。

草原的冬天来得早,一接到母亲病重的消息,哈达带着妻子风尘仆仆地赶回赤峰,陪在母亲的床边。母亲罹患肺癌已有时日,看到六儿,母亲哭了。她说:你妈妈没有几天活头了,你们训练那么忙,要不你们就回去吧。要是赶上你们比赛,到时候就别回来——哈达一路哭到呼和浩特。那种万箭穿心的疼痛,至今还萦绕心头。哈达一直想让母亲坐一次飞机,她一辈子也没出过太远的门。以前是因为家庭条件不好,等他们有了条件又没了时间。母亲老了,她已然无法一个人出行了。归队两周,母亲走了,他没能赶上她的弥留之际。他说,这辈子的遗憾很多,但没能在父母身边尽孝是他一生的痛。母亲走了,就意味着家没了,根没了。尽管,他也会抽出时间回家,但再也看不到父亲牵挂的眼神儿,听不到母亲热切的呼唤。夜半时分,哈达常常从思念的梦境中醒来。热泪长流的他双手合十,遥祝天堂的父母安乐。

2008年奥运会,张小平夺得北京奥运会冠军后,对内蒙的拳击是一个极大的振奋。在女子拳击没进入奥运会之前,哈达在男队当教练。2007年,内蒙古女队成立,哈达被派到女队任教,他带中小级别的队员。内蒙古拳击队一直是大级别的成绩好,中小级别的成绩一般。虽然哈达做教练时有了一些起色,但是全运会上,中小级别与大级别相比还是有差距。因为男队的成绩好,每一位教练都愿意到成绩好的队里任教。但哈达说,一个人走出小家,来到一个大家庭里,首先就要听从安排。哈达说,做教练也是一门艺术,张传良主席是所有教练员的榜样。2004年,张主席带他们打雅典奥运会。第一场他就与哈萨克斯坦名将科洛夫金相遇。科洛夫金技术全面,出拳精准,打法是双手重拳组合。虽然这场比赛没有胜算,但哈达在张老师的指挥下,三个回合打得游刃有余,躲过科洛夫金的重拳和组合拳,还打出几记漂亮的拳——赛后,有人不相信地问他,难道你没被科洛夫金击倒?没被击倒吗?他说:这场比赛是张传良老师现场指挥。

2009年,队里来了个女队员,身体条件不错,但是基本功不好。在队里训练和实战都是处于挨拳的状况,她与同级别的都没法打。唯一值得称道的是她抗击打的能力特别强。到了2015年时,哈达觉得队员练得这么刻苦,条件也好,她能拿一个全国前三名就算是对自己拳击生涯的一个交代了。2015年的冠军赛她果真获得了铜牌。哈达心里高兴,但他没想到在2016年,她在全国锦标赛获得银牌。2017年的全国锦标赛上,她又获得了冠军。对所有人来说,这是一个奇迹,哈达想起那句天道酬勤的话,付出不一定有回报,但是不付出一定没有回报。当这个运动员一步一个脚印地完成了她人生的目标后,哈达说,退役吧,把时间留给下一个奋斗的目标。

竞技体育需要天赋、智慧、实力、协调性、悟性。竞技体育还要有韧性,他更偏爱坚忍不拔的运动员。

这个故事不但激励运动员,对哈达来说,也是一个鼓励。他告诫自己,不放弃来到竞技体育队伍里的每一名运动员。哈达说:人生除了坚持,还在于良师益友的帮助,他之所走到今天,与张传良主席的帮助是分不开的。所以,他感谢过往,感恩命运。哈达牢记张主席的话:嘲笑讽刺或者打击不是坏事,你会在嘲笑讽刺打击中自省。只有不断地自省,才会不断地迸发出动力,才会全力地拼搏和努力。所以,在感谢那些艰难日子的同时,我们要尊重任何人。其实,失败挫折攻击谩骂是一面镜子,尽管有时候这面镜子带着很多个人的情绪和狭隘的心境。但也要感谢,因为这面镜子不仅透视了他人,也彻心彻骨地看见了自己。只有看见自己,才能把自己撕得鲜血淋漓,撕得见骨见肉,才能在疼痛中重建自己。

16岁正值碧玉年华,可16岁的李倩并没有像其他女孩那样,沉湎于父母的膝前撒娇,而是从河南来到内蒙古,父母之前把她送到体校练了一年篮球。此时,内蒙古女子拳击队刚成立半年,正在招收队员。李倩动心了,人生的路会有很多岔口,就在李倩动了改项目的心思时,又有摔跤队要她。她犹豫了,她到体工队看了一眼,正是这一眼改变了她的运动生命,也改写了命运。她觉得还是拳击比较合适,于是,她就把自己"许配"给了拳击。集训了两个月,李倩就正式留在队里了。

17 岁进入拳击队，李倩的年龄偏大了些。

李倩第一次参加全国锦标赛，就对战名将李金子。场上，裁判中止了比赛，因为李倩根本无法招架。2010 年，哈达开始带李倩。哈达说，李倩学技术比较慢，但是一旦掌握就很扎实。那时候的她还没有一个明确的目标，她在目标面前，显得很茫然。但哈达相信这个孩子一定能打出成绩，他对李倩的要求也越来越高。随着年龄的增长，李倩的身体渐渐地硬朗了。2012 年 4 月，全国锦标赛在呼和浩特举行，李倩获得 75 kg 级冠军。这是她的第一个冠军，此后，李倩就到国家队做李金子的陪练。当时，国家队在秦皇岛备战，李金子也即将去争夺奥运资格赛。哈达告诉李倩，他的拳击生涯都要感谢张主席的指导，叮嘱她在国家队好好训练。这是李倩第一次接触到张主席中国拳击的打法，她发现张老师教的和练的，和她之前学的练的有很大不同。

李倩对拳击有了初步的思考。

2013 年，是哈达第一次带队参加全运会，他和李倩的压力都非常大，练得也苦，师徒俩对这块金牌势在必得。哈达还为此戒了酒。李倩毫无悬念地进入决赛。决赛时，李倩碰上了辽宁的选手，输了比赛。比赛后，李倩去做兴奋剂检查，而离他们归队的时间只有四五个小时了。哈达带人收拾好东西，先匆忙地往车站赶。站台上，他焦急地等着做兴奋剂检查的李倩。就在火车要进站时，李倩从远处跑来。她扑到哈达的怀里痛哭失声——哈达也哭了。他们为这块金牌练得实在太苦了。哈达流着眼泪安慰李倩，没事，明年还有亚运会。

师徒俩落寞地踏上了归途。

全运会的失利，对师徒俩来说虽然不是致命的打击，但他们心头上还是蒙上了阴影。他们又把希望寄托到仁川亚运会上——师徒俩就如一对苦行僧，把训练馆当作修行的道场。2014 年初春，他们擦去汗水前往韩国仁川。他们从道场走上战场，怀着必胜的信心。李倩一路打进决赛，决赛碰上朝鲜选手，对手明显实力不如李倩，场上就差给对手读秒——但她又一次与金牌无缘。场下，他们无言以对，那一刻，他们觉得是那么无力，那么无助。如果真是实力有差距，他们认了，可是，刚刚发生的一切，他们都无法接受。然而这就是竞技体育，这就是现实。尽管也申诉了，但当时韩国和朝鲜的关系微妙，韩国还是支持了朝鲜。拳跆中心领导和业内人士都为他们惋惜，但是金牌就在人们啧啧感叹中，如一只飞走的大鸟栖身到人家的枝头了。成长中的李倩情绪一落千丈,她觉得拳击的路太难走了。哈达的疼痛无法用语言描述,可他还要给弟子打气,慢慢来,还有接下来的比赛。我们继续努力……说这一番话时,他鼻子发酸眼眶发热。这样轻描淡写的安慰,他自己都感觉轻得像一阵风。他无法面对弟子,心里的话也无法与弟子讲。能解心头烦忧的除了酒还是酒——这么付出这么努力都没有回报,他的心似乎有些凉。自己无论是做运动员还是做教练,他从不与人争执,但他从来信命不认命。

李倩、哈达巴特尔

这一刻,他觉得酒是最好的东西。因为酒能化解他内心最深处最无奈的痛楚,酒还能用灼热拂去他满脸的泪水,让他重新站起来。

2015年8月,亚洲拳击锦标赛在内蒙古的乌兰察布市举办。8月的乌兰察布,热情地张开宽阔的胸膛迎接来自亚洲的朋友。或许是美丽景色的吸引,也或许是李倩已然走出了亚运会失利的阴影。她又披挂好战袍,准备出征。这次,李倩应该是占了天时地利人和的优势,师徒俩又重拾信心。决赛时,与哈萨克斯坦的队员相遇,结果李倩又输了。哈萨克斯坦的教练当然也特别想获得这块金牌,也就是说,哈萨克斯坦的师徒俩实现了理想,而哈达和李倩这对师徒又一次抱憾而归。

全运会、亚运会、亚锦赛、世锦赛,李倩都是银牌。由此,她就成了拳击项目的"千年老二"。

说句实话,作为教练的哈达巴特尔,他太了解自己带的队员了。李倩的技术不差,除了2014年世界锦标赛,对战美国选手那场比赛的第二,拿得心服口

服外,他认为李倩与金牌失之交臂都有太多的因素。他不否认,因素里也有命运在捣乱。2016年,里约奥运会,李倩在亚洲和大洋洲区选拔赛上,获得75 kg级第一名,顺利地拿到了参加里约奥运会的资格。里约奥运会,她获得铜牌。

磨合,磨炼,让师徒俩共同成长。

此后,李倩就迎来了自己的春天。到了2017年下半年,他们就跟随张主席训练。李倩在整体能力、技术水平上都有了一个质的飞跃。哈达巴特尔说,尽管我年长李倩十几岁,但我是和队员一起在张主席的羽翼下成长起来的。张主席就是施水浇肥的园丁,他提高了教练员和运动员对竞技体育的认识,对拳击项目的理解。他把自己创造和创新的技战术,都会毫无保留地教给运动员。

张传良主席最常说的话,就是只要你练出来,我就高兴。

2017年亚锦赛前,张主席在清镇面向全国开了拳击学习班。李倩在清镇边学习边训练。这次培训班,她系统地学习了中国拳击的打法。开始,她就如刚学拳击的队员,出拳时极不协调地往前冲。其实,她心里明白张主席的教法,但就是做不好。李倩感慨地说,真是直接挨拳啊。练了些日子,觉得行了。其实也只是学了一个样儿,没有学到技术的精髓。说起来就是照猫画虎。李倩十分痛苦,因为新的技战术没学会,原来学的也不会了。李倩晚上躲在被子里哭,白天还在努力地跟着练。一直到海南五指山冬训后,李倩还是觉得没学会。这年的大年初一,队伍到保加利亚打国际邀请赛。之前,她觉得自己没学好张主席教的技战术,但是一上台就不一样了。因为,在队里打实战,一出拳队友就意识到了你的技术。但是,国外选手不知道。李倩获得75 kg级冠军;年底,她又获得在越南胡志明市举办的亚洲女子拳击赛75 kg级冠军。李倩说,这次比赛前,张主席已经带她半年多了。比赛前的上午,张主席还带他们训练,目的是加深队员对技战术的印象。活动开后,又讨论了上场后的技战术。所以,李倩在场上脑子非常清晰。

而且,李倩决赛的对手是韩国队员,她又想起那次仁川比赛的屈辱。

2019年世锦赛,李倩没打。坐在场下看场上两个队员的一招一式。边看边在脑子里分析场上的局势,她想,如果换作是自己在场上应该如何应战……是她对拳击有一定的理解和认识了。李倩也成熟了,作为东京奥运会的重点队员,白沙冬训,张主席都在训练场,她的教练哈达巴特尔也在国家女队做执行教练,她下一步主要解决脚下移动,快速移动时不能卡壳。2020年3月初,约旦资格赛如期开打。李倩大比分打败对手,不但拿到东京奥运会入场券,还成为种子队员。

海明威早就告诉我们,"生活总是让我们遍体鳞伤,但到后来,那些受伤的地方一定会变成我们最强壮的地方"。

生命如一条长河,行驶的船总会遭遇风浪。如果说在风浪中不动声色,内心没有波澜也不现实,因为我们都是平凡人。即便是无风无浪,我们自身也会产生这样或那样的问题,尽管有外在的,但内在的也会占一定比例。人本身就是矛盾体,所以,在行驶的过程中,要有自省的意识和坚守的信心。所谓的自省和坚守,就是要时刻清醒行驶的方向——究竟是为追求目标而行,还是为利益名利而走。

这点很重要,因为能为你及时把握航向。

——张传良如是说

5

拳击是世界上最古老的体育运动,从原始力量的较量,到力量速度的比拼,这期间的发展进程,是人类智慧的结晶,也是教练员和运动员努力的结果。一代又一代拳击人之所以前赴后继地追逐,除了拳击澎湃的激情,还有拳击的魅力。拳击是男人与男人的较量,拳击也是女人和男人的博弈。男人征服拳击无疑是要战胜自己,成为拳击台上的胜者;在女性眼里,拳击是一个充满魔性的符号。女子用爱和女性的力量俘获拳击,二者虽然都是野心的体现,但目标却是出人意料地一致——拼搏。

当拳手努力拼搏后,不但拥有了精神,也获得了爱。

拳击项目是最直接的身体对抗,是智慧的博弈,是拼身体综合素质和勇敢精神的项目。竞技体育项目看似不过是训和练,但这就对教练员有着极高的要求。张传良对教练员这一职业有着非常深刻和清醒的认识。他在《关于训练创新的几点思考》一文中,就教练员的职业特点,教练员的本质属性,如何成为优秀教练员,如何管理等几个方面进行了独特且精辟的论述。

张传良说教练是不做教练永远都不会明白的职业。教练是智慧的职业,比如批评运动员对不对?要看运动员能否接受才决定对与错。你批评得再正确,但运动员不接受,也达不到想要达到的目的。教练员要有智慧,在严格要求运动员的同时，还要尊重他们。创造性的思维是优秀教练员所必备的，要有独自思考的能力和坚定的信念，要学习他人，但不能让他人左右思想。运动员的成功与失败，根源来自教练员。教练员是努力付出的职业，教练员要训练运动员的能力，挖掘运动员的潜能，调节运动员的心态，激发运动员的创造力。教练员重承诺，负责任，要真诚，要坚持践行的信念和独具创新的能力。

教练员是一本完整的教学大纲，要完成好训练和管理的全部过程，要知道一般身体素质与专项素质在训练中怎样有效地结合。比赛中能及时查找出运动员的缺点和不足，对照前期训练中所出现的问题加以解决。教练员的伟大就是付出，不讲任何条件。教练员还要有事业的崇高性，训练的创造性，明白任务的艰巨性——现代体育竞争越来越激烈，水平越来越高，夺取金牌一年比一年难，教练与队员都背负巨大的压力。教练工作就是要不断提高和完善自己，总结经验是为了更好地完成下一步的任务，设计规划是为了更好地完成下一个设定目标，努力付出是为了更好地完成下一次的超越。教练员还要明白，今天的优势就是明天的劣势，所以教练的责任会更加重大。要想做一位优秀的教练员，就应该做好五个方面，即"广、宽、深、远、细"。也就是说：教练员要有广泛的理论知识、文化修养和聪明智慧，要有广阔的胸怀和视野；心胸要宽，人要豁达，擅长于沟通，能够理解他人并虚心听取他人不同的意见；对于项目认识要深，要远，要细，要长，要清楚项目的特点和制胜要素；要有长远的规划和目标，用可持续发展的眼光研究和运用项目规律；高水平运动员最后的需要就是细致化的重复。只有研究掌握项目的规律和特点，才会有更好的手段和方法去解决训练和比赛中出现或存在的问题，才能摒弃不成功的旧观念，寻找出训练中新的有效手段。

教练员之间要多沟通，多交流，要创造性地思维和分析总结，教练员正确认识自己很重要，敢于否定自己是一个很痛苦的过程。但是，只有敢于批评过去才能创造未来。对运动员用心要大于用脑，实干要大于技巧。为什么要改革创新？就是打破不合理的条条框框，对所从事的项目要有个重新认识和定位，要找准目标和方向。平时的训练很重要，更重要的是教会运动员如何去应对比赛，教会运动员和不同性格的人如何相处。最笨的教练总是干他不需要干的事情，有些教练员很敬业但是方向出现问题，成绩总是上不去，这是值得所有教练员深思和总结的问题。能力是历练出来的，经验是积累总结出来的，技术是设计出来的，战术是变化出来的，协调是游戏出来的，成绩是靠技术、战术、体能、意志品质和智慧拼打出来的……关于管理，他也有独到的见解。他说：如何管理？理念很重要,要改变思维方式,在很多事情上把复杂变简单,反而提高了工作效率。管理得过度化,有时会使队伍的各项活动变得迟缓没有活力,过度的程序化体制会影响创造性和激情;管理还能加强运动员的主人翁意识,训练也能激发运动员的创造性、积极性、主动性。教练员的工作单一又复杂,但他崇尚知人善用,管理合理。教练员的动人之处,就在于思想和创新从未停止。

因为,停止就意味着滞留谷底,前行就意味着爬坡。但是,只有上去,才能与太阳拥抱。

"太上有立德,其次有立功,其次有立言,虽久不废,此之谓不朽。"岳岩十分欣赏《左传》中的这句话,他说:人生在世,就要不断地修为自身的品德。出生于河北的岳岩,从小就喜欢体育,他大学学的是体育管理,研究生又选了体育人文社会学。1993年毕业后,分配到原国家体委拳击办公室训练竞赛部工作,随着国家体委更名为国家体育总局,他所在单位的名称也陆续发生着变化。无论是担任亚洲拳击联合会执行主任、国际拳联技术规则委员会委员、国际拳联运动员积分排名委员会主席的工作,还是担任奥运会、世锦赛、亚运会、亚锦赛技术代表和技术官员等职务,他的工作都深受奥组委和国际拳联的信任。2014年,他被选举为国际拳联执委,2015年,他又被任命为亚洲拳击联合会副主席,一直到2018年任国家体育总局体育信息中心办公室主任的工作,他从没有与拳击分开。

天将降大任于是人也,必先苦其心志,劳其筋骨。深谙其道理的人一定做好了准备。

20世纪90年代初,张传良就与岳岩相识。在他眼里,年轻的岳岩如一缕朝阳,充满了活力;也如一轮落在水中的月亮,把一汪水都照得清明透亮——优秀教练员的眼光都非常独到,而他的眼光还十分毒辣。张传良特别喜欢岳岩,也许这就是人们所说的缘分吧。岳岩聪明好学,且不事张扬,还能说一口流利的英语。工作了一段时间后,岳岩就对项目有了很深的认识。2005—2008年期间,他担任北京奥运会拳击项目竞赛主任,出色地完成了拳击项目的竞赛组织工作,并得到了国际拳联和各参赛国的高度评价。如果说张传良创造了中国拳击历史,岳岩就是中国拳击历史的见证者和参与者。奥运金牌是国家实力的象征,竞技体育也是彰显国家实力的窗口,岳岩对中国拳击的发展有很大的贡献,人性的光辉需要光的普照,也需要深情的抚摸。

训练

　　张传良对岳岩很信任，岳岩也总是能清晰地把国际上各个国家的拳击发展和动态情况分析得十分透彻，还能把每一场比赛裁判的尺度看得非常清晰。重大比赛前，岳岩都会把个人的见解与张总交流。他们虽然是忘年交，但他们的观点总是出奇地一致。人生贵有知己，人生贵在认知相同。中国拳击之所以能从徘徊中走出来，实现奖牌和金牌零的突破，一次又一次地创造历史，离不开所有从事这个项目的领导者和拳击人的付出。要不是有国家和体育总局的支持，有团队的齐心协力，仅凭一人或者几人之力，拳击项目如何能突破？又如何能取得辉煌的成绩……张传良只要回顾起往事，就思绪万千。岳岩回顾起往事，也很感慨。

　　岳岩喜欢踢足球，也踢得好。他喜欢那种在绿茵草地上奔跑的感觉，把球带在脚下时，脚下看似无形其实却是于蹁跹中变化多端的曲线，呈现出一种无法言说的美妙。抬起脚射门的一瞬间，带着风声飞起来的球像极了幽暗夜空划过的流星。他常把足球比作人生，他说，无论如何行进，无论行进中前方有多少障碍，球的目标永远都是球门。张传良回归拳坛，没能同他一起为东京奥运会加油助力，令岳岩很痛惜，但他也深知，职业的历练是人生重要的一课，好男儿就该到生活的深处淬炼自己。

回首时，只要没有虚度，就是对所从事的职业最好的回报。

打过汉城奥运会的于川，是中国拳击恢复后的第一批最优秀的运动员，也是国家派到美国学习的运动员之一。退役后，于川任武警体工大队拳击总教练。他对张总教练十分了解，对中国拳击发展也了解。他说，中国拳击的变化主要还是从张传良任主教练开始，他把体能和专项、专项和技术、技术和耐力结合得十分严密，他把拳击的基本功扩展得非常宽广。他把技战术变成基本功，把训练的指导思想，包括他的哲学思想都放到训练里。他还把繁复的技战术简单化，他的训练就像迷踪拳……跟随他训练过的教练员和运动员都知道，他像一个竹筐，遇到什么样的对手，随手就从筐里往外拿什么样的东西。原本高端的拳击技战术，在他这里却极其普通。而且他的技战术从来都不同，无论遇到多大的困难，对他来说都不是问题，在他这里没有所谓的"瓶颈"。针对欧美人和亚洲人身体不对等的现实，他用技术给对手做减法，让对手的特长发挥不出来。用技术给队员做加法，因为技术是无限的……他是中国拳击的灯塔，但很多人并不是跟着灯塔走，而是指手画脚，还夹杂着众多非议。他对拳击的理解和认识别人无法企及，他极具天赋，但他若是不努力不作为，天赋也不过是一个说法罢了。在拳击青黄不接时，他带出了一批运动员；在拳击走下坡路时，他一带又一批上去了。

都说拳击难搞，但在中国至少有两个人做得好。一位是教练张传良，另一位是运动员邹市明。

退役后的于川，仍对张总的中国拳击打法十分欣赏。他清楚一个优秀的拳手是如何练出来的，他说，张老师的中国拳击打法常人没有资格评论，张老师还是一面镜子，拳击人要时常在他这面镜子前照照自己，不至于迷失方向。邹市明是拳击运动员的榜样，在拳击方面大家都没有权力指责他们。因为，他们做到了别人没有做到的。于川说，张老师不仅是训练大师，更是运动员心理大师，他能给运动员心理足够支撑。在赛场上，技战术能一目了然，而能安抚调整运动员心理的波动和斗争才能彰显出教练的水平。有张老师在的国际比赛，队员的信心都很饱满。他在哪里，哪里就是主场，这就是他给运动员的支撑。他既懂得又了解运动员，否则不可能与队员那么默契。赛场上，他从不大喊大叫，他人格的魅力征服了所有人……他对拳击技战术的掌握深如大海，越是高水平的人，越是能理解他。但是，如果只让他一个人走路，这是中国拳击的悲哀。

张传良是一个安静的拳击人，他既善于思辨又是一位具有感性品质的人。所以，他才有一颗安静的心。

与意大利拳击协会主席

　　李勇志是黑龙江省拳击队总教练，2012年入选国家队备战里约奥运会教练组，担任大级别组组长；2017年任国家拳击队男队执行教练；2018年又任国家拳击队党支部书记。他先后培养出了牟海鹏、汪丽娜等军人运动会和世锦赛冠军。刚过不惑之年的他，可谓是新生代教练员。早在做运动员时期，张传良主席就是他心目中的传奇教练。2009年，他带队参加亚锦赛，有幸与张主席近距离接触。他被他的拳击理念和独创的训练方法还有他人格的魅力和他的儒雅气质深深地吸引。

　　李勇志说，只要讲起拳击，张主席的气场就强大得像一位独闯战地的英雄。

　　2010年，李勇志带队到贵州清镇训练。他说只要与张主席聊拳击，脑洞就大开，张主席不经意的几句点拨就会让人茅塞顿开，困扰了许久的难题也会迎刃而解。张主席对项目的认识不是凭感性，而是理性。他对人种、地域、国情、文化的差异阐述得十分清晰透彻。他说拳击走到最后，不过是知、觉、悟的过程。知的过程是理论的过程，觉的过程是实践的过程，悟是长远计划的过程。认识得越宽，发展的可能就越大，认识得越深，就走得越远……当很多教练员还跟在古巴、俄罗斯等一些外籍教练的身后学他们的训练体系时，他早已有了自己的创新和创造。他把中国武术、摔跤等精华融汇其中，就是十分了得的创举。21世纪初，他就带着以邹市明为代表的运动员走出来。那时，中国拳击不但不是优势项目，还要面对强手如林的世界，而他却在非优势项目上作出了卓越的成绩和贡献。李勇志经常带队到俄罗斯打交流赛，俄罗斯一些著名的拳击功勋教练,只要提起中国的张传良都竖起大拇指——作为拳击行业内的人,李勇志还十分欣赏他的品格,尤其他担任中国拳击协会主席以来。他懂得放权,懂得不干预才能发挥团队整体的力量。他更知道只有发挥团队作用,才能建设团队带动队伍,才能使大家团结一心。只要协会上下能沿着轨道朝着正确的方向前行,他才能专心带年轻的教练员,训练运动员。管理上他严厉而又仁爱,既是管理者又是教练员和运动员的朋友,既是家长又是师长。他把中国文化融进项目,还把文化渗透到管理中。张主席说:队伍管理有几种模式,如部队管理、企业管业、运动队管理等,我们实施的是"个性化"一对一的管理。所谓的个性化管理,就是管得有道理……李勇志说,自己能在队伍管理上有所建树,在训练上找准突破口并带出成绩,都是受到张主席的启发、指引和指导。

润物细无声,于无声处听惊雷,张主席既是细雨,也是惊雷。

2019年的军运会,教练员们聚在一起议论俄罗斯能拿几块金牌,美国能拿几块金牌。也有人泄气地说,我们无法与俄罗斯和美国选手抗衡……李勇志想起张主席说过的话,他说也不尽然——我们的力量可能无法与他们相较,但是,场上可以不让他的力量发出来,不让他的速度打出来,不让他的强项打出来,抑制他们的发挥。拳击除了技战术的较量比的还是节奏和控制……那一刻,七嘴八舌的议论安静下来,大家沉默了一会儿都赞许地点头。张主席之所以对项目有独到的见解,与他对项目认识的深刻,与他不断学习和总结,不断完善创新创造是分不开的。训练场上,他的洞察力非常强,只要带20分钟,他找的点和节奏都会恰到好处。这些都归功于他深厚的底蕴和他洞察世事的超强能力。他的思想、他的认识对中国拳击年青一代的教练员,具有非常好的指导和教育作用。他的思维缜密,品格达观,他就像一坛陈年老酒,越品越有味道,越品哲理性越深。在北体大读研究生的李勇志,这两年集中地读了近百篇论文。张主席的论文对他最有启发,他觉得张主席的奇思妙想和创新非常超前,拳击打法最贴合实际,理念更卓越,张主席是彻底深入拳击深处的人,他绝不纸上谈兵。

"拳心拳意"用在他身上,既是写意也是写实。写意是描摹他对拳击的爱;写实是描绘他对中国拳击的贡献。

杨洁是海南省高级体校副校长,曾经是游泳运动员,她六岁开始练游泳,练得特别苦。她又做过游泳教练。后来转行做管理工作,再后来又担任国家拳击队女队领队。她说做运动员时要是认识张主席，就不会走那么多弯路，也不会吃那么多苦；做教练员时要是认识他，也能让自己带的运动员少走弯路少吃些苦。拳击三分钟一个回合，200米蛙泳不过两分多钟。可队员每天都是长距离地游啊游，练啊练……而张主席的训练是在刹那间爆发，刹那间所有的力量都出来。杨洁平时忙于队里的杂务，不能很细心地感悟张主席的训练，但因为多年教练生涯的敏锐性，她一眼就能体会到张主席训练时不一样的东西，还有他对拳击的那份热爱——尽管他一辈子都在从事拳击，但他依然沉浸其中。他经常把很早以前的录像翻出来，饶有兴致地解读运动员技术和不足。他讲述拳击的技战术时有一种极强的感染力，热爱之情也溢于言表——他从来都是做最真实的自己，而不会附庸他人嘴里"传说"的自己。

多年以前，毕加索的画震惊了世界。那时候杨洁还看不懂，她在心里问，这也是画吗？这也能被称为画家和大师吗？后来她无意中看到一篇解读毕加索的文章，其中的一段话令她茅塞顿开。毕加索开辟了绘画的新世界，他画出了心中所想……毕加索用自己的表达方式开辟了一片新天地；张主席用自己的表达方法，创造并开辟了拳击的新领域——这就是中国拳击。虽然新领域开始还不被一些人接受，但他向世界证明了中国拳击。这就是他的伟大之处，也是他的智慧。他跳出了正面进攻的框框，跳出拳击看拳击……曾经有人说，邹市明是拳台上跑得最快的运动员——贬义中还不乏攻击性。而维基百科却详细地介绍了邹市明奥运及职业拳击的成绩，给予他高度评价，还称他是中国最成功的拳击运动员。

更令人惊喜的是，张主席并没有拘泥于原来的训练理念，又创造了很多新的训练方法。东京奥运备战期间，走进基地的训练馆就能看到高大的四角柱上贴着蓝色的泡沫块。这些泡沫块就是他新的训练方法之一。运动员围绕平行四边的柱子进行360度训练，左右式地自由切换，前后正反地变化。四角柱训练与沙袋训练有很大的区别，它对腿部和腰部的练习很有作用……他把拳击的每个边边角角都研究透了，还有对立的和反对立的。他对拳击的诠释充满了哲学思想。

拳击在发展，他总是走在发展的前面。

如果说张传良活在拳击项目里一点儿都不过分，虽然他也曾有过青春，他也有梦想——但他把青春和梦想都交给了项目，他说一生所做的，就是注定要做的。一生说长不长，说短不短，无论长短都要做点事情，这样才不愧对生命，也不枉活一生。如果说，坚守是对精神的表达，那么，他执着于这样的表达。

回首岁月,生命如细水微光的河流,跳跃的水珠极具质感,抚摸时便生出万千感动——他感谢生命中的每一次感动,感谢项目给予他无私的馈赠。只要痴迷地等一束光,光终将不期而至。

放弃,只需一个理由;坚持,却需要勇气。

纵观中国拳击走过的路,有泪水有喜悦。《拳击与格斗》杂志主编贾春天,与张传良主席相识的时间并不长,但他对张主席中国拳击打法非常推崇和欣赏。这不仅缘于他对竞技体育的认识和他个人的文化素养。张主席对拳击项目可谓是鞠躬尽瘁,他不仅是传奇,他还是一位创造了中国拳击历史的功勋教练。他对现有中国拳手技术能力的开发,做到了取长补短的极致。无论是半路接手的成型拳手,还是像邹市明和胡美益那样从毛坯就开始雕刻的拳手,他对每一部"作品"都呕心沥血。这是他过人之处,也是他的伟大之处。俄罗斯、古巴、美国等许多大牌教练对他推崇备至。但是,国内还有很多人包括一些教练,对他的打法表示怀疑。这也在所难免,因为大家不在一个层次,不在一个平台。这就如大学教授,无论他多出名都没办法让一个中小学生上他的课。哪怕中国拳击打法现在还不够完美,但因为境界不同,看法和理解也不会相同。我们应该一代一代一点一点地去完善和修正。这是向前走路的姿态,也是对项目负责的态度和格局。

中国不仅需要邹市明的后来者,更需要像张传良主席这样的教练。

因为历史与基础的差距,我们有些项目还落后于国际水平。如果仅是向欧美学习,将永远无法赶超他们。唯有在掌握项目基本规律的基础上,结合自身特点与优势,认真总结分析,确定训练原则、训练指导思想和制胜要素等基本认识问题,合理创新,才是我们的出路。

这是每一名教练员义不容辞的责任,也是教练员所要承载的任务。

——张传良如是说

6

古巴不仅是一个美丽的国度,还是世界上无可争议的拳击强国之一。卡洛斯 16 岁进入古巴国家队,20 世纪 90 年代末,他连续两年获古巴青年锦标赛、全国锦标赛,63 kg 级和 67 kg 级的冠军,24 岁因伤退役。2002 年,卡洛斯进入比迪法哈尔多大学从事拳击教学与训练研究。2004 年,他到关塔那摩省队工作,相继培养出了阿伦洛佩斯、萨翁等奥运会、世锦赛、WSB 冠军。卡洛斯对拳击情有独钟,他也特别喜欢中国,他说陈涛对他有知遇之恩。到中国工作后他就开始学说汉语,还学说中国成语。在与队员交流时,偶尔也会冒出一两句成语或者俗语,虽然说得磕磕绊绊,但会给队员带来欢快的笑声。队员也都喜欢他,不仅因为他对拳击的认识,还有他的性格。说起拳击,卡洛斯就会滔滔不绝,西班牙语中就夹杂着汉语。卡洛斯的拳击技术极具舞蹈的美感,他的技术也很有带入感,这或许因为拳击是源于他骨子里的东西。卡洛斯说,他特别感谢陕西拳击队,他因为有幸到陕西队执教,才又有幸结识了世界著名拳击教练张传良主席。由此,他对中国拳击技战术打法和训练体系有了近距离的接触。卡洛斯首次了解中国拳击,还是在 2003 年泰国世界拳击锦标赛上。因为邹市明战胜了古巴拳击队队长,令古巴人震惊,也令世界震惊。为此,中国拳击被世人所了解,并赢得全世界的赞誉和尊重。从那以后中国拳击像提速的列车,2008 年北京奥运会又获得一大一小两个级别的奥运金牌。2012 年邹市明又成功卫冕奥运冠军。此前,古巴对中国拳击知之甚少,在古巴人的心里中国拳击根本不值一提,上不了台面,更不会对任何国家造成威胁。拳击是欧美人的项目,中国人如何能征服难度极高的拳击项目?邹市明的出现,或许只是一个偶然。但他用他灵巧的步伐,用精湛和全面的拳击技术一次又一次,一年又一年地战胜世界强手,并用实力向世界证明,中国人也能打拳击。当中国的五星红旗无数次升起,国歌无数次奏响,人们才突然明白,中国人以其独有的训练方法,不仅跻身于被俄罗斯和古巴等拳击强国独霸的拳台,还取得一席之地……于是,人们把目光转向站在邹市明背后的教练。人们感叹,中国拳击之所以走向世界,绝非偶然。

"不畏浮云遮望眼,只缘身在最高层。"中国拳击之所以突破,因为张传良主席站在了世界的高度。

回顾古巴拳击屡弱时期,也曾请过俄罗斯的教练,请过美国教练。古巴拳击创始人萨加拉就吸取了俄罗斯的进攻优势,吸收了美国拳击的脚下移动技术,再加上古巴灵活的身体摇闪,最终形成了风格独特的古巴打法。卡洛斯说,在学习和消化的过程中,需要一个"继往开来"的人物,这个人要具有"逢山开路，遇水搭桥"的心胸和气魄。无疑，古巴和中国都是幸运者，古巴有萨加拉，中国有张传良。他们都是拳击项目发展的开拓者，他们也扛起了拳击项目革命的大旗。自古以来，开拓者都有不忘初心的本色，都有不惧艰难的本质——萨加拉创造了古巴拳击体系，最终创造了古巴拳击的辉煌，并一直延续下来。张传良创造了中国拳击体系，形成了中国拳击打法，完成了独立创新的壮举……卡洛斯腼腆地笑了一下，他说我也看到，目前有部分省份对中国拳击打法的认识还不够，并不是从心里十分接受。说起来，这一奇怪现象重要也不重要。国际大赛的成绩证实了中国拳击的科学性和先进性。我只是觉得十分可惜，心里也有些不舒服。拳击是来不得半点虚假的项目，中国拳击台上的一招一式不仅展现运动员的水平，也检验教练员的训练水平。拳击训练一项技术练不到，台上就会有短板。所有的体育比赛都是用己之长，攻人之短。如果没有全面的技术，就很难控制对手，控制场上局面。即便是偶然赢了一场比赛，那是因为对手不够强大，或许也只能局限于国内的比赛。如果走到国际赛场，情况就不容乐观，遭遇失利的可能性也比较大……张主席的中国拳击训练体系是经过实践证明的，也适合项目的发展。只有像张主席这样，放眼世界，展望未来，才能让项目有更好的前景。

　　世间每一条创新之路都不是坦途，峥嵘岁月不仅彰显了坚持的品德，也弘扬了坚守的精神。

　　然而，2016年的里约奥运会中国拳击却没有拿到金牌。也就是说曙光已升起天际，车轮却在平坦的路上急转，原因是张传良退休后，拳击项目就开始下滑。那几年的世界大赛，中国拳击都与金牌无缘。世界一片唏嘘，国内一片哗然。热爱拳击的人为此无奈地感叹。卡洛斯说他怎么也没想到，大好形势下，中国没将张主席的训练体系予以坚持，并发扬光大。拳击还走上了一条岔道，令人惋惜，令人痛心。2018年2月，张主席归来，卡洛斯有幸亲眼见证了中国女子拳击的快速崛起，并成为世界强队。他说，张主席与古巴的萨加拉都是世界上最伟大的教练，他改变了中国拳击的命运，是中国拳击的核心人物。

　　国际视野中的中国拳击，既新奇又神奇。与创造他的主人一样，成了一个时代的传奇。

　　每每谈起古巴和中国拳击，卡洛斯都深有感触，他说中国拳击的发展过程与古巴拳击的发展极其相似。都经历了引进、消化、融合与独立的阶段，最终形成独特的体系，所走的路一定会非常艰难曲折。项目训练体系之所以成功，

之所以能站住脚,一定是从自身的劣势和优势出发,再吸收先进技术和经验融入自身的技术体系。经过再创造再创新,最终形成自己独特的东西。只有这样才能保证竞技场上的竞争力。张主席把中国武学融到拳击的技战术中,这使得他的中国拳击打法更别具一格。

　　世界有很多奇妙的事,中国打法与古巴打法在战术思想方面是一致的,都是想办法打到对方,但不被对方打到。所以两种打法都是在移动中击打,也都重视防守。退休多年的萨加拉,还时常出入青少年训练馆。古巴的青少年训练特别注重对拳击的理解。运动员只有了解拳击,才能真正地认识拳击,才能更好地应用拳击各项技术。古巴青少年训练馆内贴着训诫,大体意思是移动如蝴蝶,伺机如猫抓老鼠,进攻如狮,出拳如蜂……中国的张传良主席更是一再提倡先认识后理解再训练。拳击的魅力在于变化,即便是进攻防守和各种技术都掌握得很好,但在比赛中依据场上的局势,灵活调整更重要。拳击运动员,遭遇击打也不能没有战术反击,一定要保持冷静和沉稳,发挥出自己的技战术,重新发动进攻更至关重要。张主席回归以前,中国就有一部分运动员,在场上得势不得点,看似打得很占上风,就是不得点。卡洛斯说,场上鲁莽地拼勇气实在不可取,出拳没有穿透性就不能制约对手。令人欣慰的是,张主席早就看到这一现象,他上任后就开始改变。所以,今天的中国拳击队才有了很大的改变和提高。张主席的技战术可谓是多变,古巴的脚下移动技术,前后、左右、环绕都有,但以左右移动为主。而中国的移动技术是在前后、左右、环绕均衡发展的同时,把步伐移动编成各种组合,变幻莫测得难以琢磨。卡洛斯研究过胡美益,他说她的双臂像起舞的蝴蝶。要不是张主席讲解,外人很难理解、参透胡美益的技术,更别说模仿。另外,中国拳击打法中换架技术切换得如此自由,也非常独特,很多国家也曾尝试过,但都不能掌握其精髓。在古巴拳击中也有换架技术,比如连续前进或后退出拳,以及叉步出拳击腹等。所谓的左右换架,只是中间过渡的一个动作,最终还要回归到自己的初始架势。但是中国拳击的换架技术大不相同,是一种彻底的切换,左架或右架都可以作为初始架势,并且两者可以毫无缝隙地灵活切换,也就是人们常说的"左右开弓"。

　　中国拳击行云流水似的换架,在胡美益身上表现得尤为突出和精湛。

　　说到胡美益,业内无人不知。胡美益似乎复制了当年的邹市明,她也是从贵州大山深处走出来的小孩。9岁跟随启蒙教练陈耀伟学习拳击,11岁时就师从张主席练习拳击,今年刚满19岁。张主席从最基础的技术开始教她,如果说胡美益是一棵小苗,他就是不折不扣的园丁,他从没让这棵幼苗生出旁逸斜出的枝杈,更不许虫咬蚁嗑。业内人都说胡美益的打法根本就没有站架,她打出的真拳都像假的,打出的假拳都是真的。胡美益从练习拳击的那天开始,就记住了张主席说的"千招会不如一招熟",她灵动得像一只在枝头跃动的金丝猴,对手根本就打不到她。她的打法还充满艺术美感,无论训练场上有多少人,进入人们眼帘的一定是胡美益。且不说她标准而又优美的招式,还有她的节奏都极具观赏价值……2021年才能打成人赛的胡美益获得第二届青年运动会女子拳击甲组51 kg级第一名;荣获了亚洲青年拳击锦标赛女子48 kg级的第二名。2020年12月,胡美益又参加了全国女子U18,51 kg级锦标赛,获得冠军。所有看到胡美益训练和比赛的人都说,她的打法是拳击的一种新型产物……有人说,胡美益的一招一式都是教学的模板。张主席说,他把邹市明训练期间的某些遗憾,都弥补到胡美益的身上了。

与丹米尔、马托斯、拉瓦尔

张主席说胡美益是他的一个"作品",这个作品还需要到比赛场上历练。胡美益也像一株花,这株花开始是在室内养,但终究有一天她要走出去经风雨见世面。在风雨中,在纷繁的世界里,经得起考验,经得起淘洗后仍然立于岸头,仍然不忘初心才能彰显出"作品"的本色。张主席说自己老了,不可能像当年带邹市明那样带胡美益,但他还是对这只雏鸟寄予厚望。他相信又师从张志杰的胡美益一定还会有更多的创新和创造。因为他们还都年轻,他们不仅能把握时代进步的脉搏,也能与时代同呼吸、共进步。

这也是他对中国拳击的期望。

胡美益训练中

卡洛斯说中国拳击打法很宝贵,这是中国的一笔财富,需要坚持并进一步推广。目前,在中国青少年拳击比赛中,该打法表现得越来越广泛且愈加成熟。胡美益就是其中代表之一,也就是说,中国拳击打法在中国已生根并茁壮成长。未来的中国拳击将会有一个巨大的变化。特别是男子拳击,希望邹市明时代的战术和思想尽快到来。

菲利普脸上写着俄罗斯民族特有的坚毅,只是他坚毅的神色中闪现着岁月的痕迹。

菲利普曾经担任过俄罗斯国家拳击队教练,带领俄罗斯国家队获欧锦赛冠军九项、世界杯冠军五项、奥运会冠军三项。2003年,菲利普获俄罗斯"功勋教练员"称号;2008年普京总统授予他"功勋体育工作者"称号。几年前,他来中国执教,现任河北省拳击队教练。说起他对中国拳击打法的认可,还有一段趣事。菲利普刚执教河北队,河北拳击队领队张国就请他到国家队看一下训练。之前,菲利普看过一些拳击赛事,心中或多或少对中国拳击有一些看法。但在张国再三力邀下,他们在一个周末到国家队看一堂张主席的训练课。训练课上,菲利普露出笑颜,他不停地冲张主席伸出大拇指,还情不自禁地喊:"красивый、красивый……"(漂亮,漂亮)课上到一半,他就激动地跑上去与张主席拥抱——当天,他没回河北迁安,而是请大家吃了一顿丰盛的晚饭。菲利普萌生了到国家队执教的想法,当时的中国男队确实缺教练,他与莎莎也曾经一起执教过俄罗斯队。如果他能帮助莎莎也是男队求之不得的好事,莎莎也毫不犹豫地一口答应了。菲利普到国家队执教的那段时间,他对张主席的中国拳击打法有了更进一步的认识,他说来中国执教有些时间了,他结识了许多中国教练员。张主席不仅是中国教练员的杰出代表,还是世界级优秀的教练员。他有着丰富的教练经验,还有深厚的文化底蕴,并且睿智。他的训练体系不只给中国国家队东京奥运会的备战,带来强大的竞争力,也给世界其他国家带来很多借鉴。他把一生创造创新出来的技战术成果,无私地传递给了每一位教练员和运动员。从近一两年亚运会、世锦赛、亚锦赛的成绩来看,中国女队在不到两年的时间就达到世界领先水平。在张传良的带领下,中国女队在训练和比赛中,都表现出了世界优秀队伍的品质。这些成绩与他的努力是分不开的。训练馆里,张主席身体力行,亲自传授,这在世界名帅中不多见。中国拳击打法很独特,可称之为专利。女队的成绩,有力地证明了中国拳击技术打法的全面性。

张传良沉醉于拳击项目的创新中乐此不疲,正所谓"桃花一树鱼三尺,不醉明月船不归"。

菲利普之所以来中国执教,是看到中国拳击未来的发展。他说,中国有优秀的拳击人才,先进的技术与合理的训练,在公正、公平竞赛的环境下,未来中国拳击是不可战胜的。菲利普说虽然这是他个人的观点,但他从张主席身上看到了中国拳击人的个性和他们的韧劲。中国人很有责任感,做事又严谨认真。张主席技术打法仅从防守就能表现出其先进性,与俄罗斯相比更精细、更完善。在拳台上,中国队员就不会被打得满脸是包,因为在不挨拳的情况下才能攻击对手。中国拳击打法是通过脚下灵活地移动,实现对距离的控制,退可防守,进可攻击。中国拳击运动员脚下移动非常灵活,这是张主席对拳击技术的重大突破。中国女队的进步有目共睹,男队虽然还不能在短时间回到"邹市明时代",但也涌现出以胡建关、常勇、陈志豪、陈大祥、托合塔尔别克·唐拉提汗等为代表的优秀运动员,他们的未来可期……交流时,菲利普的眼神儿充满笑意。他说:所有与张主席一起工作的教练员和运动员,都十分崇敬他,他还平易近人,他与队员的交流从不以总教练的身份,而是以他们的家人,以他们的朋友而循循善诱。他把拳击技战术要点和训练中的技术难点,以拉家常的口气传达给队员。并且都是一语道破,一语中的……菲利普中肯的语调,如俄罗斯的乐曲,磁性而又舒展。

无论说张主席是训练大师,还是说他是"能工巧匠"都不为过。菲利普说,张主席十分注重运动员智慧培养的同时,还注重技术创新。国际比赛的成绩已说明了其打法的先进性,成绩代表一切。

有着优秀品质的人都极具包容和吸纳的胸怀,既不会故步自封,也不会作茧自缚。开放式的心态、发散式的思维也是一个优秀的品质。

菲利普与中国队员陈志豪

2020年9月初,张主席应亚拳联邀请,在线主持召开亚拳联教练员委员会会议,并在10月中旬通过网络面向亚洲教练员授课。他是拥有拳击精神的人,拳击让他心灵富足,拳击令他情感沛。他的授课不仅促进了中国拳击与国际的交流和合作,也彰显出中国本土训练理论的自信。张主席说一名优秀的教练员还要对所带的运动员有一定的了解,包括能力速度力量上升的空间,技术战术的变化等。他认为教练员不一定是具有高深理论水准的学者,教练的理论和知识是靠时间的积累,在多年的实践沉淀中获取。教练员要重承诺负责任,还要有坚定的信念和独立思考独立创新的能力。教练员不仅要勤于思考还要善于表达,把自己的思路想法清晰地传递给运动员。每一次训练都要让运动员明白为什么要这样训练,还要清楚这堂训练课要解决什么问题。不负责任的训练等于犯罪,不认真的训练等于放弃,错误的训练会造成破坏性的后果,破坏性的训练会给运动员带来不可估量的损失和惨重的后果,甚至会过早地葬送一名优秀选手的前途。他还从拳击项目特征与规律、训练指导思想、教练员能力和素养三个方面,介绍了中国式技战术打法的理论与实践体系——菲利普感慨地说,对于中国拳击的打法无须赘言,对张主席的贡献也无须浓墨重彩的描绘,每一次比赛的成绩就能说明问题,就能阐释一切。

世间本没有路,世间也有很多条路。无论是前人走过的,还是后人开辟出来的,只能作为参考或者经验。因为个性化的路一定是充满荆棘。所以,只有披荆斩棘才能走出一条独创之路。

有人说,竞技体育是没有硝烟的战争。因为竞技场上有太多的可能性和不确定性。

不同人对所从事的项目,以及项目的层面有不同的理解、不同的诠释。前哈萨克斯坦国家队总教练、历任哈萨克斯坦国家青年队主教练、伊拉克国家队主教练、培养出两位奥运冠军阿塔耶夫和萨尔谢克巴耶夫、现任新疆拳击队外籍教练的丹米尔可谓是功勋卓著。他说:拳击项目是技术表现,是艺术的呈现,也是文化的展现。虽然竞技项目对技术的要求各有不同,但就拳击项目来说,技术是基础,因为拳击项目在交手的过程中,更需要灵巧、敏捷的动作和技术才能完成快速的抢攻、迎击、躲闪和反击。说到底,拳击是技能主导的项目。做了一辈子教练的丹米尔说:教练员看似普通,却是项目发展的灵魂。因为教练员在训练拳击中起主导作用,张传良主席带运动员征战世界赛场,他的打法可谓是天然一体。丹米尔在接受采访时说,拳感、速度和胆量对运动员而言,非常重要,这三项素质先天遗传因素高,后天可塑性小。力量、耐力等素质可通过训练得到提升。但技战术,需要根据个性和个体的特点进行针对性的设计,中国的张主席就做得非常好。再就是心理因素,运动员需要有一个良好的心态,特别是拳击运动员更需要心态稳定。用张主席的话说,运动员不仅脑子要好,心理稳定也是场上取胜的关键。张主席说,邹市明是世界最小最轻量级别的拳击运动员,但他的心理是最强大的。邹市明是他带过的队员中,心理建设最好的运动员之一。

多年以前,阿塞拜疆巴库"乔杜里杯"冠亚军决赛的那场比赛,中午刚吃完饭,张传良突然从窗口看见有运动员提着包上了大巴车。他就招呼邹市明拿上东西快走。邹市明的鞋都没穿好,踢踏踢踏地从三楼往下跑,他也是叽里咕噜地一边跑一边喊大巴车不要走,他们刚上车,大巴车就开了。刚进赛场就听见了锣声,如果锣声响过两分钟后,这场比赛就结束了。到了比赛场馆,他们才知道巴库实行的是夏时制……邹市明连热身的时间都没有,系上鞋带就上

了场。他把第一回合当作热身,接下来两个回合打得潇洒自如,轻松地拿下了比赛,夺得了冠军。这就是邹市明,不但心理稳定,内心强大,意志品质坚定,还十分顽强。世界上有拳击的国家,只要提起中国的邹市明,只要看他比赛就会高喊——CHINA 市明邹。

丹米尔说:中国的邹市明,是中国拳击运动员的代表人物。

20 世纪 90 年代中期以前,哈萨克斯坦对古巴拳击还不了解,场上运动员相遇后,心理上没有准备,比赛成绩不太理想。随后,哈萨克斯坦也与中国和古巴一样,采取请进来、走出去的方式和方法,再就是不断地与古巴队接触。通过比赛,对古巴队就有了一定的了解。针对性的训练也是解决问题的关键,到了 2004 年以后,哈萨克斯坦部分级别就能战胜古巴了。

战胜对手,无疑是自信心的建构。

20 世纪 90 年代末,丹米尔就到新疆队执教。他与中国拳击已有 20 多年的交往,他对中国拳击的变化也十分清楚。丹米尔说,2000 年以前,中国拳击强调出拳的力量和侧重力量的训练,2004 年雅典奥运会,邹市明是展现中国拳击技术蜕变的第一人,他的技战术是中国拳击探索的成功标志,为此,中国拳击项目找到了适合个体发展的方向。张主席无疑是项目成功的缔造者,他的专业能力以及对项目的特点和规律都有深刻的认识。他学习能力十分强,还很执着。张主席做了一辈子教练,他对运动员的选材,对运动员的培养规律、成长规律都有很深刻很清晰的认识。他还能从运动员的一招一式,从动态中看到他们潜在的天赋。

只有经受住一次次风霜摧折之苦,才能释放出素馨沁人的花香,即便是凌寒独放也要热烈出焰火一样的光芒。毕竟,老梅笑待看群鹰也是一种生命的境界。丹米尔说,虽然自己是外国人,但对中国的人情世故和文化有一定的了解。他说,张主席对项目的贡献和热爱,拳击人都懂。他创造的中国拳击打法是中国拳击项目的财富,也是世界拳击人的财富。中国拳击打法,让人们意识到项目的多种可能性。有一些不同的声音也正常,也是好事。逆境才是催人奋进的乐曲——张传良主席的归来,中国拳击才从下滑的状态中抬起头。两年的时间,女队的成绩快速提升。张主席立足地域与民族特色对拳击技术进行的中国化创造,是一项创举,也是一个突出的贡献。中国人速度快,动作灵活,此技战术体系充分发挥了这一方面的优势。另外,张主席非常重视个性化的技战术训练和培养。他独具慧眼地根据每名运动员的特点,制定属于运动员个性的技战术打法。无论是世界还是中国,拳击人都要学习他技战术打法和创新的思路,这一智慧的力量是无穷的。女队员胡美益、常园、谷红、李倩等,她们都是在张主席的羽翼下成长成熟。女队的成绩也充分地证明了中国拳击打法的正确性。

实战

丹米尔还欣慰地看到,张主席没有把时间花在没有意义的事情上,他依然走在拳击探索的路上。丹米尔从哈萨克斯坦走来,哈萨克斯坦与新疆原本就有着深厚的渊源。故乡仿佛是一个人的符号,但是体育无国界,体育人行走到哪里,心里都装着体育和体育精神。

体育无国界,人类是大家园。凡是还在项目中执教的教练员都有推广项目发展的情怀;凡是在项目的岗位上默默耕耘过的教练员,都有高尚的灵魂和纯净的心。奥林匹克精神是现代社会文明的一大奇迹,开放心态是竞技体育的一种精神,奥林匹克也是大家庭。这个大家庭里的人就要真诚地理解,真诚地合作,真诚地建立友谊,互通有无,才能使项目更好的发展。体育人要以身作则,为人类的进步,为社会的发展,为其他领域树立一个积极向上和奋发图强的光辉榜样。

——张传良如是说

7

白沙黎族自治县位于海南岛中部偏西,坐落于黎母山脉中段西北麓。据资料记载,黎母山是海南岛绵延最长的一组山脉。从白沙要驱车两个多小时,才能拥抱大海。所以,白沙属于热带季风性气候,日照长,这样的自然条件适合运动员训练。2019年,国家拳击队从俄罗斯打完世锦赛就到白沙开始了冬训的备战。

剑指东京是教练员和所有运动员光荣的使命。

国家拳击队训练的风气前所未有地好,队员们的士气也高昂。白沙的冬天依然阳光热烈,轻风中摇曳的花似乎也在告诉人们,岁月静好。人们满怀欣喜地准备拥抱新年,节后就将开赴武汉参加争夺奥运资格赛。四年一届的奥运会,对每个运动员来说都是难得的机遇——岁月仿佛注定要给历史留下点什么,就在这个新旧交替的日子,一场汹涌的新冠病毒疫情狰狞着来了,使得九省通衢的武汉进入国际视野。此后,这座城市成了全世界关注的焦点。开始,人们还觉得这不过是一次普通的流感,只不过规模大了些。可是,新冠肺炎并非等闲之辈,病毒或许开始就没打算白来人间走一回,不仅要肆虐还要横扫。病毒或许就是想告诉人类,你在我面前不堪一击。这场新冠肺炎疫情不但把2020年2月4日亚大区奥运资格赛从武汉驱逐,还把自己也送上历史的舞台。新冠肺炎疫情毫不留情地吞噬了数以万计鲜活的生命,武汉封城,全国各地相继采取应对措施……中华大地进入前所未有的"战疫"状态。

在白沙带队冬训的张主席,凭着敏感的触觉第一时间做出了反应。海南歌舞团为了白沙春节联欢晚会,花了大量的时间和财力排练了精彩的节目。可他却下令,晚会中不允许外来团体到白沙。基地领导二话没说就做了安排。张主席在静观事态发展的同时,神经也一直紧绷着。运动员长年在外训练,尤其备战奥运会期间,更是没有时间与家人团聚。春节是阖家团圆的日子,临近年关,家属们都拖家带口地来白沙探亲。外籍教练莎沙的夫人已经订好飞到武汉的机票,女队执行教练哈达的家人正在赶往机场的路上,西库教练的女儿也买好了机票……张传良说赶快给家人打电话,告诉她们别来了——他不是不近人情,他又何尝不理解他们,莎沙从俄罗斯来中国执教,远离故乡,远离家人。哈达带队在外训练,几个春节都没能与家人团聚。两个孩子,最小的才刚满三岁。西库的两个女儿早就说好来白沙陪爸爸过年——然而,运动员的安全是重中之重,如果一个队员出现不适就关系到整个队,也关系到中国拳击——所以,他下令所有已经来基地的家属迅速离开,没来的就不要再来基地了。基地的羽毛球馆、乒乓球馆、游泳馆也相继关闭,就连通往运动员公寓和训练馆的路口也封闭。戴口罩,测体温成为日常状态。其间,他还连续组织召开几次紧急医务会议,并成立了新冠肺炎防控领导小组。从日常防控开始,外出及外来人员的管理,到应急情况处理等具体事宜,都做了相关规定。也就是说,在武汉还没封城前,他就先于疫区做出了疫情防控的应急反应。

武汉的樱花还没来得及开,病毒不但封了城,也锁住了武汉的春意。

徐建武的这个春节是在白沙过的,针对蔓延的疫情他很焦急。但他欣慰的是,他每提出一条合理化建议都得到张主席和基地领导的支持。他也为张主席的身体担忧,他太累了。每天带训练,还要处理具体工作,晚上也休息不好。这些日子,他的血压和血糖又高出正常值……教练员们都让他休息,可他处理完工作事务,依旧跟运动员一样出现在训练场上。疫情期间,欧洲拳击协会主席 Franco Falcinelli 先生发来慰问信。他说:亲爱的主席,在这个特殊的困难时期,深切地表达我的问候,希望中国人民能早日战胜此困难。我代表所有的欧洲拳击运动员,祝福你和中国拳击运动员能有一个好的身体和心理状态。祝你们世锦赛和奥运会赛中取得好成绩。我们一起加油。

在安曼训练

张传良不仅属于中国，也属于世界。这得益于他在项目上的建树和他对拳击的贡献。

很快，亚大区资格赛就改在约旦举办了。虽然当时中约之间人员进出境还没有限制，但接到这个消息，张传良还是马上与总局请示，安排运动员尽快离境。他说在疫情控制情况还不太明朗时，运动员要尽快出境。按照常规，出境请求上报三天，外联司批复还需要三个工作日，加上材料准备、来来回回，上报批复得一个月左右。他与上级领导沟通，和相关部门协调。能不能开加急通道？否则耽搁了，即便能出境，再隔离半个月，比赛也不能打了……他还做了两手准备，安排教练员、运动员和所在单位联系把私人护照寄过来。他说，谁拿到护照谁先走，哪怕两个人一组也不要等，能出去一组是一组。

就在他为各种预案不能得到实施而焦急时，有人说他搞了这么多年体育，因私护照不能报外联司的规矩都不懂……他每天盯着疫情通报和协会经办人员，说话多了嗓子还是嘶哑，但他不能松懈也不敢懈怠。当工作人员把出境报告和手续报到总局，所有相关领导在四个小时之内给予批复，呈文还迅速下发到各地。张传良一刻不停，把正在训练的队员叫回来，说赶紧收拾东西，早走一天就争得了时间。

2020年1月30日凌晨3点，张主席带队从白沙出发。从白沙到海口，要三个多小时的车程，而且还有一半是山路，但只要把队伍带出去，他忘记了连日来的身体不适。早上8点从海口飞北京，要在北京机场停留到晚上5点40分飞迪拜，在迪拜机场停8个小时，再飞三四个小时到安曼。此时，他已是疲惫至极，但只有把队员带到赛场，悬在半空中的心才能落下来。在北京机场，他下令所有的行李必须托运到安曼。看着行李缓缓地进入通道，他才长出一口气。算了一下时间，他们落地约旦的时间正好是周六。他想，这个时间针对中国公民的措施还不一定出来。

奔波了几十个小时，路途中还要随时随地处理一些工作上的事务，这对一个年过六旬的人来说是何等考验。所谓的爱国，所谓的以国家利益为重，不是高谈阔论说出来的，也不是材料写出来的，是脚踏实地做出来的。面对各种风云变幻，作为拳击项目的当家人，哪一件事他都要亲力亲为。在责任面前，有人逃避，有人敷衍，有人走中庸之道，而他却把责任扛在肩上。他看重生命存在的意义，所以，他毫不犹豫地担起了责任。在迪拜机场，安曼拳击协会主席打来电话，说将举办晚宴欢迎他们一行。他考虑到疫情因素，笑着婉拒了。与此同时,他还得到消息,安曼正在开会,商量下一步对中国公民是否采取措施。或者,中国公民入境约旦要到第三国隔离14天。

虽然早有预料,他还是庆幸第二批教练员和队员已经在飞机上。第二批教练员和运动员刚到安曼,他就接到电话,约旦开始对中国护照持有者采取入境限制措施。第二批出境的教练员和队员要不是抢在周末入境,他们也将被挡在第三国了。但他还是感叹,中国有两名裁判和一名技术官员,被任命负责奥委会各站资格赛裁判工作,而他只带出了张国和梁园。裁判张京京因为护照审批等各种问题,没能在1月31日前出境。2月6日,张京京就收到奥委会拳击组工作组函,因为疫情,英国对中国入境限制,取消他伦敦执裁资格。接到这个消息,张传良遗憾地摇了摇头。张国和梁园再晚三个小时也出不来,对于竞技项目来说,本国的裁判非常重要。一个国家有裁判和没有裁判截然不同,裁判就如着装的执法人员,至少对其他国家是一个制约。张京京不能参与裁判工作,是一个非常大的遗憾和损失。2020年2月19日,在迪拜隔离14天的第三批运动员,赶赴安曼与他们会合。

张传良与时间赛跑,与不断蔓延的疫情赛跑。这场角逐中,除了他的智慧,还有强烈的责任感。

北方的雪洋洋洒洒地飘落下来,宛如雪蝴蝶似的漫天飞舞。雪以殉葬的方式既带来北方春的信息,也预示了猖狂肆虐蔓延于人间的疫情的冷冽。飘落的雪仿佛在告诉人们,即便是樱花烂漫,人们的身心也还浸泡在凄风冷雨中。这个春天,创痛如一条血淋淋的河水,即便是流干眼泪也无法逾越……在举国空巷,举国抗疫,人人禁足,家家闭户的非常时期,各项体育赛事要么延期举办,要么在没有观众的情况下进行。

被疫情流放的亚大区奥运资格赛,于3月2日在约旦首都安曼如期举行。国家拳击队经过了近一个月的适应性训练迎来了延期和更换地点的比赛。安曼一个月的训练,所有运动员都有很大的提高。技术会上抽签结束后,国家队有四名运动员将于比赛的首日,也就是3月3日比赛前体检。教练组根据抽签结果进行了精心的布置和分工,所有运动员都将要全力以赴地比赛,特别重点安排了首日参赛运动员体检和比赛计划方案,并让他们早点休息。

但是,这注定是一个不平静的夜晚。

晚上9点,女队五名运动员突然接到兴奋剂尿检的通知,不到10分钟,男队也接到通知。运动员蒙了,教练员也蒙了,张主席听到这个消息后,脑袋嗡的一声炸了……这个时间段进行兴奋剂检查,会给运动员带来不可想象的后果,有队员可能就会无法参加比赛。即使比赛也会让运动员体力跟不上,或者因为体重超重而被拒之门外。大会为什么要这么做?从来没有过,更是不合乎常理,是否要与大会沟通一下——因为天一亮,运动员就要称体重。体重不合规是拳击运动员的硬伤,特别是中小级别的运动员平时就控制体重,大赛前两三个月还要严控体重。有的是控水,有的是控制饮食,有的运动员甚至控制肌肉。准备用睡觉来扛过口渴和饥饿的常勇,他已经几天不太敢吃喝。以他自己的经验,即便是此时大量喝水也得早上才能提供检测样本。倒时差和减体重是运动员的天敌,尤其减重,简直就是一个穷凶极恶的敌人。邹市明曾说:我觉得赛前的饮食控制像一种修行,在所有美食美味的诱惑中,选择了一份克制……哪有什么秘方。认定了要完成的东西,把梦想当作宿命去承担,别无他念,年复一年……常勇控制体重也是从赛前三个月就开始的,面对这种情况,教练和医生都面临艰难的抉择。最后,只有选择饮水。此时,运动员的身体就如一块海绵,见到食物和水就会迫不及待地吸收。女队员杨文璐喝了两公斤多的水,检查完已是零点以后,常勇清晨5点40分才结束检查。一夜没睡的他发现体重高于参赛标准1公斤多,他又在体检前到健身房活动,称重时勉强过关。杨文璐也超了2.5公斤的体重。第二天,她一整天都不敢吃喝。谁知,诡异又如病毒似的延续到清晨。5点50分,反兴奋剂检查官又到房间叫人,陈大祥、托合塔尔别克·唐拉提汗、艾合买提·麦麦提、山俊,这四名运动员中除了艾合买提·麦麦提当天没有比赛,其他三名队员都有比赛,必须接受早晨7点钟的体检和称重。即将上午参赛的运动员山俊已经上过厕所,但也必须配合样本采集。为了减少对上午比赛的影响,山俊称重后开始大量喝水。陈大祥和托合塔尔别克·唐拉提汗因为是中大级别,也幸好能及时地提供样本,而且是下午比赛,他们的时间还相对充足。山俊检查完已经是上午9点。

  罩着防护服的检查官员们,一整夜都在看着运动员等待他们提供样本。运动员心情非常糟糕,但谁也没发一句牢骚,更没有一句抱怨。他们都清楚,折腾了一夜当天恢复不了,别说还要打比赛,就是平时训练状态也不会好……这个夜晚对接受检测的运动员来说,简直就是乌云密布的一夜。等待检测过程中,运动员们发现,只有中国运动员在接受检查。检查官说,这次检查约旦方是受中国反兴奋剂中心委托进行的,而且名单也是由中方提供。无奈和疑惑像升腾起来的大雾,弥漫到每一个运动员的脸上。

  如火一般的朝霞染红了东方地平线,黑夜淹没于大海,怀着梦想朝圣的队员们走出夜晚的黑,迎来了第一道曙光。

东京奥运会拳击项目亚洲和大洋洲资格赛拉开帷幕,来自35个国家的200多名运动员参加比赛,队员们将对奥运会63个名额进行角逐。中国拳击队可谓是面临强敌围堵,前有老牌劲旅哈萨克斯坦、乌兹别克斯坦,还有骁勇善战的后起新秀印度。首个比赛日共进行21场比赛,中国四位男子选手出战。率先出场的是男子63 kg级拳手山俊,对阵来自伊拉克的选手Waheed。比赛开始,山俊在防住对手几次凶猛的进攻后,他利用灵活的闪躲和步伐,并把十分精准且力道十足的组合拳送给对手,赢了这场比赛。男子75 kg级托合塔尔别克·唐拉提汗,用前手拳牢牢控制对手,并在第二回合和第三回合给对手各一个数"8",大比分获胜。81 kg级陈大祥的对手是来自伊朗的运动员Ehsan,他身高臂长的优势无疑是他的撒手锏,场上他有效地限制了对手出重拳的机会,最终以5比0战胜对手。经历了一整夜检查的常勇就没那么幸运,对手是韩国57 kg级的HAM Sangmyeong,第一回合韩国选手略占上风,第二回合常勇奋力反击,扳回一局。关键的第三回合,常勇眼角被撞开,比赛的节奏和脚下的步伐也慢了下来,最终败了。男队主教练莎沙特别不满意,他说常勇连平时训练的一半都没有发挥出来……第三个比赛日、第四个比赛日……队员们走出了兴奋剂检查带来的困扰,比赛越打越精彩。经历了磨难的年轻拳手们,在比赛中成长。男子52 kg级的胡建关第一场与台北选手相遇,体力明显跟不上,前两个回合输了,第三回合对手眉弓开裂,医务仲裁后中止对手的比赛。他惊喜地准备下一场比赛,一场场地打下来,他也进入了状态。尤其与奥运会种子选手哈萨克斯坦的BIBOSSINOV Saken的那场比赛,他进攻时机和出拳都把握得十分准确,防守天衣无缝,躲闪无可挑剔,三回合战罢完胜。在强手如林的81 kg级赛场,中国选手陈大祥凭借技战术的合理使用,打入四强并如愿拿到奥运门票。91 kg级小将韩雪振,在与伊朗选手Toufan的对阵中,遗憾地输掉了比赛,错失与东京的约会。老将麦麦提图尔孙·琼无缘四强,在第五名的争夺中又连续征战两场,最终虽然以争议判罚未能进军东京,但他对项目的坚持,鼓舞激励了年轻的运动员。

女子51 kg级的常园先是对阵越南选手,比赛中,常园的表现都优于对手。再与印度妈妈级拳手老将玛丽科姆遭遇。玛丽科姆是连续六届世界冠军,她也曾是教练张喜燕同期的队员,她能坚持打到今天,实力不容小觑,但是常园凭借技术和年龄战胜了老将玛丽科姆。本届资格赛出现了多场种子选手"翻车"的事故,可见赛场上多少有些诡异。但75 kg级的李倩却以稳健的发挥,把诡异拒之门外，也杜绝了"冷门"的爆出。在与印度选手 pooja Rani 比赛中，李倩以压倒性的优势战胜对手挺进决赛；决赛的对手是澳大利亚选手 PARKER Caitlin，李倩凭借自身全面的技战术拿下了比赛。69 kg 级的谷红在四分之一决赛中以 5 比 0 战胜二号种子选手——哈萨克斯坦运动员瓦伦缔娜，成功晋级四强。

安曼资格赛

国内疫情已逐渐被控制，但疫情却肆虐全球。亚大区的赛事还在如火如荼地进行。无论是外国选手的围追堵截，还是病毒肆无忌惮的侵略，不过是行走的参与者。在最后一个比赛日，中国队闯入决赛的常园、谷红、李倩、胡建关不负众望，分别击败对手，比赛场上四次奏响中华人民共和国国歌。中国拳击队狂揽四金、两铜、三个第五，喜获金牌榜团体第一名，并拿到六张直通东京奥运会的入场券。分别是：女子 51 kg 级常园；69 kg 级谷红；75 kg 级李倩。男子 52 kg 级胡建关；75 kg 级托合塔尔别克·唐拉提汗；81 kg 级陈大祥。亚大区资格赛有收获有遗憾，男子选手常勇，女子选手杨文璐过早被淘汰出局，里约奥运会银牌得主尹军花未能打入四强。女子在 57 kg 和 60 kg 两个重点级别未能首站出线，令人意外和惋惜的同时，也令人心痛。

可是，事实无法更改，昨天也不可能重来。

张传良总结了亚大区资格赛的几场比赛,他说:常勇的失败主要是客观因素,他实在太累了,状态极其不好。他又针对杨文璐的落败做了更详尽的解读。他说杨文璐三场打下来,发挥失常主要因素还是来自心态,各种压力太大,干扰太多。不能不说杨文璐是受害者,她败给了干扰,败给了自己。再说山俊,他的第一场面对的是世界前三,他TKO赢了,却输给了一个比较弱的对手。他是过早地进入兴奋的状态,没能很好地控制。这也是一种心态。

优秀运动员,都是在风雨中成长起来的。

兴奋剂检测的插曲令教练员和运动员唏嘘——运动员代表国家的荣誉,中国反兴奋剂中心一直以来坚决推进反兴奋剂斗争,强化拿道德的金牌,风格的金牌,干净的金牌意识。坚决做到兴奋剂问题,"零出现""零容忍"。所以,国内检测机构对项目的跟踪也是在维护国家的形象。检测部门严格贯彻执行工作无可厚非,拳击队也有义务无条件配合。但具体实施检测的约旦方选择这样不合常理的时间节点进行检测是否带着某种目的?是否打着兴奋剂检查的幌子扰乱中国拳击队参赛?在大赛日的深夜和称重前数小时对队员进行检查,对运动员赛前安排和状态都产生了极其不利的影响,也打乱了赛前的技战术安排。众所周知,奥运会拳击实行比赛日当天清晨称重,为维持级别优势,运动员基本都在赛前严控体重,甚至节食到身体脱水。基于项目特点,国际上对拳击项目不会在赛前,尤其称重前尿检,因为处于降体重阶段的运动员不补水几乎无法完成尿检。而补水的结果则可能导致体重超标,无法通过赛前称重。此次检测,包括常勇、山俊在内的多名中国运动员,便经历了这样一次尿检的磨砺。常勇从夜晚10点钟就开始大量喝水,到凌晨5点才提供样本——经过一夜的折腾,再经过一个多小时的降体重,走上拳台时他早已疲惫不堪……

教练员和运动员虽然不敢妄加猜测,但也疑虑重重。

检查还没结束,运动员又要开始体检。这样的情况会导致运动员不能正常发挥,甚至无法参加比赛。如果提前七天,哪怕提前一天,中国运动员也不会如此狼狈——而且,这一晚的检测到比赛结束前都不会出结果。比赛后,运动员还要再一次接受兴奋剂的检查。几名重点队员相继止步奥运会,这个结果令张传良十分痛心。搞了一辈子竞技体育,如何不知道兴奋剂检测的重要性,以及兴奋剂的危害。他上任以来,国家队一直有着严格的规定,禁止队员在外用餐;无论大小会都告诫队员饮用水必须抓在手里,如果离开视线就要马上扔掉……2017年开始,中国拳击尤其女队的迅速崛起,使中国拳击又重回大众视野,必将会招来各国的围追堵截。出现这样的情况或许也是好事,至少提醒我们如何防范别有用心的对手,不给国外对手任何钻空子的机会,因为国外对手时刻都在寻找机会给中国队制造障碍。

被疫情笼罩的东京奥运会风云变幻,国内的各个竞技项目虽然也深受疫情和其他一些客观因素的影响,但都蓄势待发。

东京奥运会资格赛的选拔,国家拳击队有6人获得奥运资格。但是有几个级别的主力队员相继落选,令人失望,令人痛心。无论是教练还是队员又把希望寄托于法国的落选赛。但是,疫情阻挡了落选赛。国际奥组委最终决定按照积分排名,选拔参加东京奥运会的队员。2019年俄罗斯世锦赛国家拳击队一线二线队员没参加。而参加世锦赛的武管中心蓝队57 kg和60 kg级别的两名运动员,积分又不够。国家拳击女队一线队员57 kg和60 kg级别两名世界冠军,因为没参加世锦赛没有积分,所以无法获得东京奥运资格。

2018年8月—2020年期间,国内共五站积分赛,武管中心中国拳击蓝队自跨界以来从未在国内赛事露面,从未在全国性比赛与任何对手公开、公平、公正地竞争。负责任地讲,跨项跨界选材的队员个人条件都不错,但毕竟其训练时间有限,即使是一位天才运动员,其一年的努力也无法抵挡其他队员10余年的岁月磨砺。毕竟拳击是技能主导类的项目,精湛的技术、贴合自身的战术、快速的临场应变均需要时间的积累与大赛的检验。人才培养总需要一个过程,在各培养环节尚未结束的情况下提前上马,未免仓促。协会无条件服务于政策实施,在不影响大局的前提下可以进行政策倾斜。但面对东京奥运会,必须客观冷静。因为,所有运动员都为所从事的项目拼搏,他们每个人都为奥运资格而苦苦奋战,苦苦打拼,作为从业者就要为他们创造一个公平竞争的环境。张传良说:拳击比赛不是打架,比赛不是我要拼你,而是我要赢对手。从拳击的基础,控制距离,把握时机,避开对手击打和防守动作,一般情况下需要训练一年时间才能改变。

回顾2017年,对张传良来说是不平凡的一年。突然而至的电话让他倏地愣住了——对方问他近期能来北京一趟吗?新来的苟仲文局长请您过来聊聊……当他知道对方是局长的秘书后,他说自己已经退休几年了——秘书说,知道您已经退休了,但还是请来一趟吧……与苟仲文局长一见面,局长就单刀直入地问他能不能再为国家作贡献?他笑了,说退休这几年没参加什么赛事,对国内外的赛事和拳击形势也不太了解。再说，年龄也不小了。局长看着他说：状态和精气神都不错，可以再为国家效力……他犹疑着说太突然了，自己要考虑考虑——局长说不要考虑了，把回去的票退了，下午再来。苟仲文局长真诚而又坦荡。下午再见面，局长说就这么定了。交谈中还问了出成绩的计划，又问他有什么困难和要求。他说：两年的时间不可能完成金牌；没有困难，唯一的要求就是不参加全运会。局长疑惑地看着他——他显然明白局长心中的疑问，就微笑着说这个问题暂时还不能回答您，到时候会再解释——能再为国家作贡献也是好事，退休后他对早期的训练又有了进一步的探索和研究。到台湾执教时，也做了一些实验，效果非常好。后又到美国带打职业赛的邹市明，又与搞职业拳击的同行们有了很深入的交流。此时，他对项目的认识不仅有了深度和高度还有广度和宽度，能把自己多年创新创造的拳击技术献出来，也是对拳击的一个贡献吧。

任重道远——必有坚韧不拔之心，必立百折不回之志。

协会的办公地点还设在拳跆中心，上任时，他心中有布局也没有布局。他一个人上任是布局，从曾群时代，大家就对他很信任。2008年北京奥运会的突破就是举国之力，他相信东京奥运会也一样。没有布局，是因为拳跆中心原班人员的办公室不动，职务不变。也就是说：书记还是书记，主任还是主任……只有协会秘书长和裁判这两项工作，他心目中另有人选。他还先后与岳岩、李青生通了电话，请岳岩出任协会秘书长，李青生主抓裁判工作。他知道这两项工作的重要性，党组让他来就是要把训练抓上去，东京奥运会要取得成绩，协会的各项工作都要有效地运转起来，尤其裁判工作，太需要一位有责任心有经验的人员来管理，李青生无疑是最佳人选。他也好腾出身子抓队伍建设抓备战训练，他相信只有大家同心协力，东京奥运会才能再创辉煌……可是，不久，蹊跷的事发生了。李青生、吴迪、赵玉乔、韩久力副主席的身份在没有公布任何信息的情况下，不知所踪，几个副主席中，他对李青生和赵玉乔比较了解，他们都是为中国拳击作出过巨大贡献的人。尽管韩久力和吴迪还不熟识，但他相信他们都是热爱项目并能为之作贡献的人——又在他不知情的情况下，新秘书长也上任了。他不知所措，他不知道发生了什么？他想把项目搞上去，协会的每个人有每个人的能力和特长。说到底，就是为了项目发展有钱出钱有力出力。全运会后，岳岩的调离更令他难过。岳岩是国际拳联执委和拳击技术代表，他的离开也是中国拳击的一大损失，国际比赛中与国际拳联的沟通就没有了话语权。由此，他关于协会的工作思路一时间全部化为泡影。上任前，

他决心与拳跆中心原班人员凝心聚力，一起奋战。因为协会很多工作人员都与他经历了世界几大赛事，也都有工作经验，但上任后他却成了孤家寡人。

"千磨万击还坚韧，任尔东南西北风。"张传良宁愿做一根竹子，哪怕生长于岩石缝隙中也要不屈地挺拔。

只要责任心不变，只要毅力不倒，他坚信工作都会循序渐进地走上正轨。他在百忙中开始着手起草协会章程，理顺协会各项纷杂而至的工作。备战东京奥运会刻不容缓，他带队员先是在奥体中心训练，又到五指山训练……他是应国家体育总局和党组的召唤，再次回到拳击项目的，名和利、权和利对他来说，不过是一个名词而已，他就想继续努力为拳击做点事儿，带出金牌运动员。金牌是国家的荣誉，他一直为此奋斗着。

滔滔大水终归向海，海阔天高，云淡风轻。

张传良的生命无须包装，他执意地行走于林地、小河、山坳、坡路，尽管一路荆棘，也会遭遇怪兽猛禽的袭击，他眼底会有泪，他也会疼痛也会寒心，但他仍然义无反顾前行。虽然负重，但什么也阻挡不了他为项目发展行走的脚步。尽管东京奥运会因为全球疫情蒙上阴影，取消或延期势在必行，但中国拳击已经做好了准备，随时走上拳台，亮出中国拳头，展现中国风采。

> 行走是一切生命的宿命，也是人类的宿命。所以，人人都是行者。从此岸到彼岸，世间的路千万条，但沟坎泥泞一定是行者的必经之路。重要的是，行者在行走过程中的对话是颓废是平凡还是精彩，完全取决于行者的态度是敷衍是诚恳还是坚守。到达彼岸时也一定是疲惫不堪，但回首来路，终究不负岁月。
>
> 只有达观的心胸，才能在行走中披荆斩棘。
>
> ——张传良如是说

8

当一个人全力以赴地献身于所从事的事业，他的人生一定简单且纯粹，生命也一定带有某种质感的色泽。善于思考，善于钻研，善于创造的人，也一定是一个力量无边又充满正能量的人。正如罗曼·罗兰所说，前途并不属于那些犹豫不决的人，而是属于那些一旦决定之后，就不屈不挠不达目的不罢休的人。

清风朗月酿烈酒,举杯邀月赏清辉。

从1988年,中国两名拳击队员参加汉城奥运会,到1990年北京亚运会金牌的突破,后因中亚五国的加入,亚洲拳击跻身于世界强洲之列。为此,中国拳击又走了十几年的曲折之路,但还是给拳击人带来了希望。张传良说项目的成功需要太多条件,除了项目本身的技战术,还有很多人也都为项目发展做了许多基础工作。自有星辰开路,阳光才能冲出地平线。他说自己很幸运,在大家的帮助下,在大家的努力下,他用成绩向世界证明了中国拳击打法的先进性。

辉煌后,才能沉淀出朴素的纯粹。逆境求发展,困境求创新。

亚大区奥运资格赛后,崔大林第一时间向他祝贺:传良,这次资格赛打得漂亮,四个冠军,六个出线,男女比较均衡,这也反映出我们中国拳击队的实力和水平,也是你担任主席后排除各种干扰和困难,不断进取抓训练的结果。实况转播我都看了,队员们打出了特点,尤其男子选手打得比较聪明。我知道,你也会通过比赛,分析总结我们队员技战术发挥状况、特点及特长,备战奥运会最后的决战。下一步,还是要排除各种干扰,把精力集中到训练和比赛中。竞技体育靠成绩说话,成绩也是检验你训练理念,以及管理等方面的集中体现,我相信你一定能做到。

曾经分管拳击又非常喜欢拳击的蔡振华说,中国拳击有了张传良这样世界顶级的教练,是一种幸运。他能够在中国这块只发展了30余年拳击的土地上培养出世界冠军、奥运冠军,本身就是一个奇迹。竞技体育最重要的一个环节就是教练。所以,没有张传良就没有中国拳击的奥运冠军和世界冠军。他不是拳击出身的教练,但是他却能集竞技体育各个项目精华的竞技特点,融汇到拳击中,并且创新发展,还让拳击走出中国特有的成才之路,非常了不起,也非常不简单。就中国来说,他是中国各个项目顶尖的大师级教练……蔡振华感叹地说,教练不在年龄,关键他的思想是不是随着项目在不断创新。无疑,张传良就是典型的不断创新不断创造的教练员。蔡振华十分推崇张传良的"以技术为核心的体能训练",无论哪个项目,要想提高体能,提高体力,提高能力,必须围绕项目本身的技术为核心。

鼓励是鞭策,在鞭策中前行才有胆识有魄力有信心有创造。

白沙没有出租车,没有公交车,人们生活在慢节奏里……疫情初期,张传良与疫情赛跑,与时间博弈。有人说他用聪明和智慧"三渡赤水",先是2月紧急出访安曼,搭上亚大区奥运资格赛的末班车;3月回国临时更换班机,躲过疫情航班；7月转训新疆再遇疫情，有效的防控使队伍安然无恙……跟在张主席身边20多年的臧广悦说：这次国际比赛太有意思了，晚走一天张国和梁园就出不去了。如果从安曼晚走一天就封城了。如果到迪拜不能确定下来，迪拜也封了。如果不退票就赶上疫情航班了。如果抢不到机票回国的路也关上了，隔离变28天了……中国拳击大难不死，必有后福。这看似诙谐的一段话，却道尽了他们心中的诸多无奈和疼痛。张主席说广悦说得对，如果没有体育总局的英明决策和团队的积极协作，我们就不会有今天的成果。他说疫情防控看似关乎个人健康，却与公共安全、奥运备战的国家利益紧密相关。当危险或困难来临，抓住时机要比犹豫躲闪更为有利。因为犹豫抑或躲闪，是错过战胜危险克服困难的天敌。

2020年，结束新疆集训后，年度训练就进入了比赛期。为解决疫情期间集训和赛事不足的问题，拳击队就与全国冠军赛、全国冬训相结合，组织全国大赛，这一探索改变了过去集中比赛的模式，这一举措不仅为奥运备战提供了高质量的赛场模拟，也促进了运动员之间的切磋和交流，很大程度上提高了中国拳击的整体水平。张主席还始终强调队伍的管理，他说：没有一支作风过硬、思想纯洁、敢于打硬仗的队伍何谈成绩。新时期新形势，就要有新的管理模式。为此，"两严三认真"是这两年队伍管理的宗旨，即严防疫情，严防兴奋剂；认真吃好每一顿饭，认真睡好每一次觉，认真上好每一次训练课。这是拳击队的红线，任何人都不能跨越。

张传良了解教练员，也懂得运动员。他最常说的是竞技体育赋予了教练员神圣的使命，运动员没有错误，只有不足。所以，教练员就要做没有教师证的教育家，没有证书的思想家，没有学位证的哲学家，教练员还是杂家……东京奥运备战期间，他的训练理念也在不断完善，他坚持以围绕技术的体能平时要多练，以技术为核心的专项体能训练是赛前的关键，专项体能训练是帮助提高技术，赢得比赛的有效手段。仅以10秒钟六项素质循环为例，循环练习内容包括前滚翻、立卧撑、腰腹卷曲、垂直纵跳、侧滑步、快速空击六个动作；每个动作持续10秒，六个动作依次切换，共持续一分钟，组间休息三分钟，重复三到六组。这个训练手段既满足了拳击运动员对前庭功能、腰腹力量、下肢爆发力、上肢磷酸原供能的专项需求，也兼顾了拳击高强度间歇性的专项特征……在变局中开新局，他不敢有半分懈怠。奥运会延期一年，原有的备战计划和节奏已然受到冲击。他透彻地分析了奥运会延期一年的利和弊，他说疫情阻断了国际交流。不能知己知彼，很难百战不殆。我们变，人家也一定在变……这

实战

一年,没有什么特别的会议他几乎不会离开白沙。疫情限制了人们的脚步,大小活动都是线上举办。白沙就成了他一个人的家。他说一辈子都这样,把家扔给家人,他把家人装在心里行走。他的学生曾经疑惑地看着他,说感觉您一辈子都是在为别人而活——他淡然地笑了,如果活着都没人可为,那活着岂不是失去了意义。

仰望黄昏的天际,当夕阳落尽,夜晚就姗姗而来。一切都如光下的影子,影子总是不离不弃。

2020年这个冬天,酷寒或许是对蔓延于人类的疫情深怀恐惧,也或许是对疫情的控诉,它们盘旋于华夏大地。北方出现了50多年以来少见的严寒,白沙这个冬天,也湿冷得透骨。无论是白天还是夜晚,张主席都要系一条围巾,他的颈椎最怕湿冷的天气。但给他带来寒冷的不只是冬天,除了一些与备战训练无关的指责和干扰,还有意想不到的事故。先是东京奥运会种子选手胡建关视网膜意外脱落,外籍陪练的跟腱又断了——当他看着队医把外籍陪练背出训练馆,脸色越发凝重……领队张培杰太知道他的压力,太懂得他的难处了。他和刘传安第一时间驱车送胡建关离开白沙,直至他安全登机。安排队医陪护外籍陪练先就近到儋州医院检查,第二天又亲自和队医把外籍教练送到海口医院做跟腱接合手术……张主席感叹地说,搞了一辈子竞技体育,不敢

征战

说经了多大的风雨，但从没有觉得这么艰难过——但无论是什么情况，都不能阻碍他的训练。他不顾身体不适，对自己实施了挞伐。他整日都在训练场，他说只有沉浸到训练中，才能暂时忘却烦恼。他叮嘱身边的人，不能因为事态繁杂就影响训练，影响备战，影响协会的正常工作……当他一个人在房间时，他极力地从繁杂中走出来，他不想被抨击和无端的揣测沦陷。管理和训练才是他的首要工作，更不能因为一个事件就影响到队员。他的情绪只能留给房间，只能留给自己。他告诫自己，无论面对怎样的严酷事态，怎样的内外交困都要坚守正义，坚持追求的目标……当收到术后留在上海队内休养的胡建关康复状况良好、并将在2021年的元月能回到国家队集训的信息，当收到外籍陪练跟腱的接合手术也非常成功的消息时，教练们才看到他脸上的笑容。

青春和朝阳总是连在一起，仿佛是一对并蒂花。

如果为谷红写生，该从哪个角度落笔才能刻画出她隐匿于心灵深处的故事呢？故事就如野地里的草，它顽强地生长于所有的土壤里，哪怕石砾的缝隙。人心更适合生长故事，因为心像一块萱土，尤其女子的心更是柔软得像一团飘浮于天际的白云。出生于辽宁丹东的谷红，2008年从散打转型到拳击。王润强原本是拳击运动员，后又追随教练陈立仁改行做跆拳道教练，也是跆拳道奥运冠军罗薇的执行教练。他转到拳击后，又成为谷红的执行教练。2017年，谷红再次入选国家队，还是跟着张主席训练。早在她给李金子做陪练时，就接触过中国拳击打法，只可惜那时候的她对拳击的认识不深，理解也不够，还没有认识到中国拳击打法有多精妙。再次跟张主席训练，谷红心头又有了不一样的情结。她说张主席再一次提高了她对拳击的认识和理解。有了认识和理解，她的技战术又跟以往不一样了。

谷红心头的故事还在生长，只是故事和故事有了不一样的路径。

2017年，亚洲女子拳击锦标赛在越南胡志明市开幕。谷红蝉联了女子亚锦赛69 kg级别冠军。赛后，她说能战胜老对手感到非常高兴，因为，张主席和王润强教练以及教练组对她倾注了太多的心血。她只有用金牌来回报他们。谷红爱学习，爱思考，用张主席的话说，这个运动员自律性很强，训练也是让教练省心的运动员。2020年，谷红因为腰伤没能跟随队伍到新疆，待她从老家回来，新疆疫情来了。正应了那句，东边日出西边雨。张主席带谷红在白沙基地训练45天。平时，他根本没有整块时间只带她一个运动员。40多天的训练，解决了谷红控制距离两侧移动、脚踝关节力量不协调等问题。通过四角墙靶和一些专项训练，场上就顺畅得不再卡壳了。谷红笑了，她说老天厚爱她，这45天就是偏爱的表现。

谷红期待东京奥运会——于是，谷红心头的故事又开始了新的生长……

有激情和力量的生命才是生命的本质，有激情有力量的生命才会懂得生命的意义。

出生于河北石家庄武术世家的常园，正值少女袅娜、岁月无忧愁的年龄。青春绽放出的无尽春意，既有清风的柔和，也有烈焰般的烤灼。清风吹拂了心，烈焰也会灼疼成长。常园的父母并不希望女儿继承家传的武术，但是，常园从小就喜欢运动。

2009年，11岁的常园从石家庄的行唐县来到迁安。还不满30岁的张喜燕，张开双臂接纳了这个还是孩子的小队员。常园的到来，师徒俩就如两团火，一个稚气未脱，一个正值青春。由此，师徒俩开始了一场拳击之路的旅程。她们的拳击路注定了温暖，也注定了百感交集。师徒俩都是左撇子，打法又比较相近。训练中，张喜燕很容易就能捕捉到她的优缺点和习惯打法。张喜燕就有意磨炼她，训练她的短板变为优势。说起常园，张喜燕总是很动容，她说常园从里到外都透着激灵聪明，反应也快，还是一个有性情的小孩。她说这些年是带着常园一起成长的,这是生命注定的缘分,生命中所有的给予都是馈赠。

常园说生活中的教练就像姐姐,可张喜燕还把自己当成了母亲。张喜燕从小就没了父母,小常园的到来让张喜燕觉得上天仿佛打开了她释放爱意的大门,她把教练、父母、姐姐的角色融为一体,她觉得自己的生命突然有了不一样的颜色。当然了,颜色里更多的还是责任。当一个人意识到了责任,就会在不知不觉中给自己加砝码。砝码的重量有时候能压垮一个人,也会拯救一个人。把一个11岁的小孩带出来,特别在她十六七岁逆反时期,带她打出了冠军,那种成就感无以言表。其中的艰难和付出,也就如同一缕掠过树梢儿的清风,连痕迹都没留下。

2014年,或许是师徒俩的不利流年。然而,师徒俩都在抗争,徒弟与青春期抗议,教练与逆反较量。所以,这一年又是师徒俩的收获年。备战青奥会,教练想让队员按照她的想法训练和生活,队员想活出蓬勃青春的样子,师徒俩亦如两头顶架的牛——为此,教练的心脏不舒服,带她训练时全身没劲,像患了一场大病。但是教练不想放弃,青奥会对一个队员来说多么重要……出去训练或者打比赛,她都把女孩子的生活用品准备好。青奥会前训练量大,训练后的衣裤脱下来又没有热水,她怕常园生理期用凉水会落下毛病,就偷偷地把衣服洗了,包括内衣裤。

抗衡的结果,教练过早地添了白发,徒弟也经历了青春的疼痛。

青奥会上,当裁判员举起常园的手,张喜燕的泪水一下子就涌出眼眶。常园说:只要是对的,教练就会无条件地支持我。她常跟我说的一句话就是只要你开心,我尊重你的任何选择。外人看我们是师徒,其实我们就是家人。十几年的拳击路,常园把自己打成大姑娘,张喜燕从三十而立教到四十不惑。但是师徒俩对拳击的热爱亦如喜马拉雅山上的普蒂亚花,尽管绽放于雪域高原,却在心中永不凋谢。

2020年,亚大区资格赛,常园不负众望,拿到了通往东京奥运会入场券。张喜燕的眼泪瞬间就流了出来,师徒俩紧紧相拥。

乡村宛若一个摇篮,养育的孩子野性还充满韧劲。因为乡村的阳光格外炽烈,夜空也格外幽深。

胡建关是一个地道的乡村孩子,1993年5月,出生于江西省万年县陈营镇南岗村一户普通的农户人家。或许乡村是一个大课堂,乡下的孩子都早当家。2004年,胡建关就到上饶职业技术学院学习拳击。这一学就是两年,在学校里胡建关既是一个好孩子，也是一个极具拳击天赋的好学生。自古英雄出少年。但胡建关没想过当英雄，他就想做一个能在拳台上打败对手的拳手。

历练就如一炉大火，把一个懵懂的少年炼成一名优秀的拳手。

胡建关从不打无准备之战，里约奥运会，他每一场比赛前都通过微信与张老师沟通交流。张老师都给予他技战术的指导，他获得一块宝贵的铜牌。

东京奥运会备战期间，胡建关一直都在国家队训练。男子项目继邹市明之后跌至低谷，张传良主席上任之后，胡建关几乎都跟他训练。张主席说，只要是有潜力的队员，教练员就有责任把他们带出来。

约旦奥运会资格赛，胡建关不仅拿到东京奥运会入场券，还获得 52 kg 级冠军。胡建关说，张主席给予他的不仅是拳击技战术，还有如何做人。胡建关说，无论走到哪儿，自己从没忘记出生之地。胡建关的人生路还很长，而他的拳击路又进入一个新天地。

象征着光明、团结、友谊、和平、正义的现代奥林匹克圣火，从 1936 年柏林奥运会开始传递，火焰就生生不息。人类被圣火点燃，也被圣火洗涤——地球是一个大家庭被全世界唱响。所有爱好竞技体育的人都在为奥林匹克作贡献，为弘扬奥林匹克精神而奔走——竞技体育不仅象征和平，还能点燃人们心中希望之火。所以，奥运会因世界大战而停办，战场上的枪声也会因体育赛事而熄火，但新冠病毒却不肯为奥运会让路——据史料记载，1940 年第 12 届东京奥运会因世界大战而停办。2020 年第 32 届东京奥运会，因新冠肺炎疫情而延期一年。这实在令人惋惜。作为第 32 届奥运会的举办地，东京的疼痛和寂寥被病毒锁在了清秋。

新冠病毒以掳掠之态席卷了全人类，疫情打乱了人们正常的生活，生活走进断章，弹奏出悲怆的休止符……第 32 届东京夏季奥运会在延期了一年后，在众说纷纭的状态下如期开幕。虽然，这届奥运会与往届有着很大的不同，无论是参赛国家的数量，参赛运动员以及相关人员的人数，还有一些与奥运会相关的商业活动，都因为疫情而压缩而减少而取消。但奥运会或许是抚慰人类哀伤的一个契机，毕竟，人类的哀伤需要一个宣泄的出口。无疑，竞技体育有这个担当。

第 32 届东京夏季奥运会，对于人类来说有着深远和深刻的意义。奥林匹克的圣火无疑是人类在向病毒宣战，也是人类在向不断变异的疫情表明的态度。

出征东京的队员和教练

当中国共产党迎来百年华诞,全面建成小康社会的目标实现之际,第32届东京夏季奥运会的圣火也燃起希望之光。东京奥运会,中国代表团派出777人出征,其中运动员431人,参加30个大项中的225个小项的比赛。出发前,中国体育代表团团长苟仲文在会上指出,体育健儿要以"为国而战"的使命感、责任感、荣誉感,全力实现东京奥运会参赛目标。东京奥运会是体育战线在"两个一百年"奋斗目标历史交汇的重要节点的一场大仗大考,是实现2035年建成体育强国目标起好步、开好局的关键战役。东京奥运会,中国体育代表团的总体目标是实现运动成绩和精神文明双丰收。代表中国出征的体育军团,他们誓要用行动打赢东京奥运会的攻坚战,向党和人民交一份满意的答卷。也就是说,第二个百年奋斗目标的第一枪某种意义上是体育人打响的。然而,走上竞技场的教练员和运动员,他们都面临的不只是竞赛的压力,还有来自疫情防控的压力。但这就是奥林匹克精神,也是竞技体育的魅力。因此,东京奥运会堪称是没有硝烟的战场。

中国军团的使命在肩,他们必将勇往直前。

7月18日清晨6点28分,张传良率队前往北京机场。抵达东京成田机场后,经过核酸检测和漫长的等待,他们入驻奥运村已是次日凌晨。但他不能有一丝懈怠,不能有半点疏忽。拳击是交手对抗项目,如果一个队员出现状况就会影响到国家拳击队。他要求队员时刻要做好个人防护。清晨,他就带队开始了赛前训练,这也是国家拳击队一贯的作风。20日下午,他又带队来到东京墨田区综合体育馆训练。尽管训练的空间有限,条件有限,但是队员很快就投入到训练中。他说:赛前找"感觉"至关重要,运动员要寻找比赛的感觉,寻找控制和调动对手的感觉。只有找到"感觉",场上才能有应对的技术措施和战术对策。

张主席善于思辨,为人性格豪爽,做事心思缜密。很快,他就发现了问题,每天到训练馆训练需要四十多分钟的车程,除了乘车还要乘电梯,来回就是一个多小时。他不能让队员冒风险,更不想浪费赛前的宝贵时间。接下来的训练,他就带领队员开启了"因地制宜"的方式,利用奥运村一切可利用的场地进行训练。训练中,他对队员的心态和状态都比较满意。他没有给队员布置具体任务,竞技体育的核心是"始于金牌,却不止于金牌"。他希望队员把平时训练的技术发挥出来,场上打出精神,打出水平,打出气势,打出品质,为国争光。

7月25日,中国拳击队迎来首战。81 kg级陈大祥对战塔吉克斯坦悍将沙博斯,这名选手拳重,速度也快。但陈大祥利用身高和臂展的优势很好地控制了距离。比赛中,对手多次利用"头前冲",但遭到裁判罚分。临场指挥的张主席指导陈大祥,在不失点的情况下,抓反击。最终,陈大祥成功晋级16强,实现了中国拳击队的开门红。之后,52 kg级的胡建关迎战格鲁吉亚选手萨希拉·阿拉赫韦尔多维。开场,胡建关就利用灵活的移动和自由换架,压制住对手。最终,以5∶0强势晋级16强。当天下午,75 kg级托合塔尔别克·唐拉提汗对战同为亚大区资格赛第三名的印度选手阿希瑟·库马尔。场上,托合塔尔别克·唐拉提汗充分发挥速度和技术优势,尤其他的后手直拳更具杀伤力。最终,小别克5∶0晋级。

为此,三名男子队员晋级16强。

作为赛会的2号种子选手,69 kg级的谷红首轮轮空。第一场,她迎战泰国19岁选手拜松·马妮孔。这场16进8的比赛,谷红打得游刃有余,后手直拳频频命中。备战期间,张主席带她训练的击腹也发挥了作用。最终,谷红率先晋级8强。7月28日下午,中国拳击队队员陈大祥又将向81 kg级八强发起冲击,迎战首轮轮空的巴西选手马查多·凯诺。这场比赛的交战中,陈大祥眉弓受伤裂口,无缘八强。女子75 kg级李倩,也在此时迎来本届奥运会首秀,对阵爱尔兰选手奥尔洛克·奥菲。虽然第一回合遭遇挑战,但爱尔兰选手没有挡住李倩晋级之路,她以5∶0战胜对手晋级八强。7月29日,51 kg级常园迎来首战,与英国选手戴维森争夺八强席位,常园最终以5∶0晋级。30日。谷红迎来八进四的比赛,迎战莫桑比克选手阿尔辛达·潘瓜纳。最终,她以5∶0取胜,强势晋级四强。

谷红为中国拳击队率先锁定一块奖牌。

8月1日,常园在向四强席位冲击时,遭遇保加利亚老将止步八强。赛后,主管教练张喜燕说:很遗憾,也很无奈。她沉吟了一下又说,张主席早就说过,不为失败找借口,只为成功想办法。回去好好总结……说这番话时,她数度哽咽。几年的备战,她有信心为国家赢得荣誉;她相信,有付出一定会有回报。然而——有时候的"然而"就是一道分水岭——尽管风能吹过人的灵魂,但奥林匹克的风却绕过把拳击视为生命的张喜燕。

奥运会备战,教练员和运动员都承受了巨大的压力。特别是新冠疫情的席卷,给训练和备战带来诸多不利因素。对张喜燕来说,这个备战周期,她更是承担了前所未有的重压——当她接到体育总局慰问备战教练员家属的信时,她刹那间想起远在天堂的父母。这种痛彻心扉的思念,她只有关上房门用眼泪挥发内心的疼痛。但疼痛泅出鲜血,鲜血淋漓地灌溉了伤口……但是,从小就独立而又勇于拼搏的张喜燕不会屈服,她还是那只不屈不挠的飞燕。训练场上,她永远都是那个挑重担的教练。东京奥运会期间,她带队员训练、体检,为队员缠护手布,只要是队员的事儿她都事无巨细安排。她用坚强舔舐伤口,用坚韧行走每一步。她仍然为自己选择了拳击而骄傲,她依旧为自己的坚持而自豪……张喜燕奥运的疼痛,她的泪水,以及她的坚毅,她的父母一定能感受到。她的领导、同行、家人、朋友也都相信她,她一定能在困境中站起来,她还有下一届奥运会,还有再下一届奥运会。

生命不息,拳击不止。

托合塔尔别克·唐拉提汗在晋级的路上遇阻,他被巴西运动员索萨·哈博特以3∶2的微弱分差挡在八强之外。回顾比赛,他输得十分不甘。但是,拳击是打点积分的项目。很多时候,生杀大权还掌握在裁判的手里。亦如陈大祥赛后在镜头前说,哪怕让我打完三个回合,如果还是输了,我就没有遗憾了。虽然,对于年轻的队员来说,东京不可能是他们最后一届奥运会,但是,对于专注于项目、专注于训练的运动员,失去任何一次机会,都是对他们坚持和执着的亵渎,也是对竞技体育精神的一种玷污。

拳击项目是勇敢者的游戏,即便是输,也要输出血性。

7月31日,胡建关一定终生难忘。因为这一天,他的奥运之旅没有任何征兆地戛然而止。这场争夺52 kg级八强席位的比赛,张主席做好了准备,胡建关也做好了准备。张主席相信他,教练相信他,队友也相信他。备战期间,胡建关历经磨难——他克服身体的伤病,其间还做了两次眼角膜手术,他是冒着失明的风险坚持打奥运会的。备战期间,胡建关每一堂训练课都最认真,每一场实战都最投入,他就是要圆自己职业生涯的金牌梦。他也是中国男子拳击继邹市明之后,最有希望冲击金牌的队员。单就从亚大区资格赛来说,半决赛时,胡建关对战的印度选手是世锦赛亚军,而后,他又击败了世锦赛第三名的选手。下半区时,曾经的奥运冠军输给泰国选手,而决赛时,胡建关击败了泰国选手并获得冠军。东京奥运会,他势在必得。胡建关对每一个对手都了然于胸。他本场比赛的对手是日本选手田中亮明,这名选手几乎没有世界大赛的成绩,是以东道主的身份拿到的参加奥运会资格。第一回合,虽然日本选手肘击不断,但胡建关仍占上风,可三名裁判却打出了9∶10的比分。第二回合,胡建关表现得更为出色,控制住了场上的距离和节奏。但对手拉开架势不惜一切手段阻止他晋级,不断使用头撞、肘击、击打后脑等犯规拳。对手屡次犯规致使胡建关受伤,但裁判却无动于衷。最后一次治疗后,裁判宣布终止比赛。五名裁判有四人给日本选手打出10∶9,最终,综合两个回合的打分,胡建关以1∶3告负。

经历过三届奥运会,历经无数次世界大赛的考验,张主席的经验丰富。他说:奥运会的赛场上变数大,顶住压力,顽强的心态和意志品质是取胜的法宝。运动员没有热爱,就没有专注;没有思想,就没有优秀的品质。优秀的拳击手,每一拳打出去不仅要有技术还要有思想。心态决定状态,状态决定结果。但胡建关没有输在压力上,也不是输在心态上,更不是他的意志品质差。张主席心疼,不仅是因为胡建关头上的伤,还心疼他心上的伤。

走上奥运赛场的运动员都是流血流汗练出来的,他们走向赛场就是要在一个公平公正的竞技场上,检验所学所练。这也是奥林匹克的精神体现——胡建关的奥运之旅结束得令人不可思议。他说:如果比赛没有被裁判终止,我有实力战胜对手。胡建关的眼泪不会轻弹,他坚定地说,"有机会,巴黎见"。

胡建关没有输给自己。那么,他们究竟是输给对手,还是败给了裁判?

裁判似乎成了东京奥运会中国拳击队员的梦魇,胡建关之后,一路高歌猛进的谷红再次沦陷。开赛以来,谷红一直延续稳定的发挥,以出色的脚下移动和节奏以及把握时机的能力与对手抗衡。尽管登上奥林匹克拳台的选手都如一头头猛兽,但她们在谷红面前却空有重拳。赛前,谷红说,无论她多重的拳,打不着都是白费。因此,在比赛中谷红打得清醒,打得理性,节奏和距离的控制都精准到位。战胜美国选手奥谢·琼斯挺进决赛后,8月7日,谷红与赛会一号种子选手苏梅内利争夺冠军。为了让她保持状态,张主席每天都带她训练,给她拿手靶,帮助她分析对手。因为前面的队友遭遇淘汰,谷红的心情十分不舒服。张主席安慰她,过去的都过去了,你不要有压力,你把困难留给我,上台尽管打就是了。谷红说,自己与张主席配合得非常默契,台上她也很清晰地执行了张主席技战术的部署。而立之年的谷红,在台上把所学所练的技术都展现了出来,她就是想给自己的拳击生涯画一个圆满的句号。但是,台裁竟然成了她的噩梦。谷红清晰地记得,在队友李倩八分之一比赛时,这位台裁就给了李倩一个警告,但队友顶了下来。第一回谷红4∶1领先,第二回合,台裁在没有劝告的情况下先给她一个警告。谷红慌了,但噩梦没有结束,这位裁判又自认为她遭受重击,给她"读秒"。拳击裁判的标准有着严格的规定,运动员除脚以外身体其他部位接触拳台;运动员无力地挂靠在围绳上;运动员全部或部分身体越出围绳;运动员受重击,虽然未倒地或依靠在围绳上,但处于半昏迷状态等,裁判才能为其读秒。遭遇莫名其妙的"读秒"后,谷红就更紧张了……三个回合赢了两个回合的谷红,竟然与金牌失之交臂。喜欢谷红的人哭了,喜欢拳击的拳迷们心碎了。媒体一片呛声,说裁判成了台上的主角,台裁的执裁水平不怎么样……其实,这位台裁非常专业,他领教过中国队员李倩的冲劲,他不能再给谷红机会。给谷红警告后,还在双方队员击打的过程中,他就"及时"地给谷红"数八"……赛后,虽然阿根廷裁判被停赛,但他"光荣"地完成了使命。他断送了谷红的冠军梦,抢走了中国女子拳击在奥运会上的首枚金牌,也掠走了东京奥运会中国代表团第39枚金牌。

谷红除了无奈,还有哽咽。

李倩战胜俄罗斯选手泽恩菲拉·玛戈梅达莉耶娃晋级决赛。在与泽恩菲拉·玛戈梅达莉耶娃交战中,李倩凭借脚下快速移动和摇闪控制与对手的距离,后手直拳迎击频频得点。而泽恩菲拉·玛戈梅达莉耶娃技术单一,进攻时的力量也不足,最终李倩以5∶0晋级决赛。她将在奥运会最后一个比赛日与英国选手,也是2019年世锦赛的冠军劳伦·普莱斯争夺金牌。决赛时,经过三回合的较量,李倩最终遗憾获得银牌。至此,中国拳击队谷红、李倩分获银牌;常园获得女子51 kg级第5名;胡建关、托合塔尔别克·唐拉提汗、陈大祥分别进入前十六名。

夜色俯视海面,海水仰望星空。张传良的这个夜晚注定无眠,他站在窗前把自己融进夜色。此时的夜色与海面相得益彰,只是投射到海面的灯光却如漫天繁星垂落。奥运赛场上,选手和广大观众都特别重视并且关注首枚金牌。然而,最具代表奥林匹克意义,最具代表拼搏精神的拳击项目,很难得此殊荣。因为,拳击项目从开幕式开始打,一直到闭幕式结束,是奥运赛事最后收官的一个项目。2008年北京奥运会,时任体育局局长刘鹏说,中国能不能拿50枚金牌,能不能完成100枚奖牌,就看拳击队了。这个压力之大只有身临其境的人才能体会,只有身在其中的人才能懂得。奥运拳台上的拳击运动员,他们要面对来自全世界的拳击手,没有坚忍不拔的精神难以承受,没有坚定不移的品性难以坚持。第29届奥运会,中国拳击队不仅完成了拿到第50枚金牌的任务,还完成了第51枚金牌的任务。可这个时候,闭幕式已经开始了,获得奥运冠军,为拳击项目作出巨大贡献的邹市明、张小平连去演播厅的机会都没有。但是,祖国没忘记他们,全国人民也没有忘记他们,更没忘记他们的教练张传良。

墙角数枝梅,凌寒独自开,遥知不是雪,为有暗香来。

备战东京奥运会,国家拳击队得到了总局领导和各界人士的大力支持,张传良感恩,感谢。出征东京,他对自己有信心,对队员有信心。但奥运会是顶级的赛事,他担心51 kg级的常园,虽然这个队员的身体素质和个人条件都特别好,而且她的技术与世界强手相比也要高出一块。但大赛比的是心态和意志品质,场上正常发挥才是最重要最关键的。在他看来,常园与英国戴维森的那场比赛就发挥得不够理想,第一回合5∶0胜出,她没有太兴奋;第二回合4∶1,第三回合3∶2。也就是说她越打越紧张,最后就听不进去指挥了。与保加利亚老将的那场比赛,不否认有裁判的因素,但也有常园的个人原因。这也难怪,她毕竟还年轻,情绪控制还欠火候,大赛经验也不足。最终,常园和托合塔尔别克·唐拉提汗都输给了金牌选手。胡建关那场比赛,他受伤的口子只是浅表性,但医务台裁终止了比赛。小别克也以2∶3的争议比分被淘汰。胡建关和陈大祥虽然与奖牌无缘,但他们在场上的表现并没有输。

谷红无论是训练还是比赛,都能发挥出水平。但裁判却在她夺冠的路上设置了障碍。这名阿根廷裁判在李倩打第一场晋级八强时,就给了她一个警告。李倩那天心态特别稳,发挥出了应有的水平,5∶0打了下来。谷红场上的执行力非常强,控制能力也特别好。第一个回合,两个人纠缠在一起,谷红把对手推开。对方逼上来,谷红前手击腹,后手平勾她的侧肋。对方一上来她的手就打到后边了。裁判马上喊停,给谷红一个警告。此时,谷红有点蒙,接下来的事更匪夷所思,在双方对攻的情况下,裁判员又喊了stop,给谷红读秒。无论是电视机前还是现场的观众,都不能接受这个没有任何道理的判罚……这种低级的错误,别说在重大比赛场上,国内比赛也从来没有过。运动员没见识过,就连历经无数次大赛的张传良也没经历过。这在奥运的历史上也少见。

谷红到手的金牌被抢走,失去的不仅仅是一块金牌,它的连带效应直接关乎中国拳击队第二块女子拳击金牌的诞生。

谷红痛失金牌,国人把目光投向李倩,她是出征东京中国军团最后的夺金点。张传良知道,此时的队员压力一定大。他对李倩说:"关掉手机,什么都不要看,什么都不要想,好好吃饭,好好睡觉。"张主席为队员减压,但他不能让队员看出他的压力,他要让队员知道,他永远都有办法。张主席还告诉她,上场后,把距离给对手,你的近距离就是她的远距离,你身高臂展的优势就能打出来。再远一点儿就与对手一样了,同时打,身高臂展的优势就没了。一定把距离给她,她一撤你就出拳,然后,左右换架干扰她。李倩左右换架非常好,备战期间,国家队还专门练过近距离,近战,拼打,强攻,也就是侵略式的打法。

张传良指挥过很多精彩比赛,也指挥过很多经典比赛。精彩比赛,就是以强打弱,打得干净利落。经典比赛,是以弱胜强,打得无懈可击。而这场比赛对手堪称经典。当李倩第一回合在赢点被判输的情况下,第二回合就要打回来。如果还是输的话,第三回合只有击倒。因为已经没有翻盘的机会了,只有强行地压迫,不停地进攻,反复反复再反复,才能取胜。李倩的这个局势,只有进攻、强攻。场上的运动员知道自己输了,势必很紧张。紧张是运动员的天敌。因此,李倩连平时的百分之五十都没有发挥出来。李倩是一个非常优秀的运动员,训练刻苦用功,为人厚道诚恳。但她的压力太大了,队友一个又一个的先后失利如一块巨石压在她的心头,最后一战不仅关乎她个人,更是金牌总数的较量。

重压下,李倩被压垮了。

几年的备战,张传良诚挚感谢国家体育局领导的大力支持,感谢所有的教练员和运动员,包括那些没能走上赛场的运动员。无论是备战还是比赛,所有的人都努力了,也都尽力了。中国拳击进步非常大,世界也看到中国的崛起和进步。作为总教练的他非常欣慰,六名运动员都进了前十六也说明问题。虽然,谷红和李倩创造了个人的最好成绩,但是中国拳击队本可以更好,更好——回顾和总结十分必要,他说:中国拳击还要坚持走中国特色的拳击之路,因为这几年中国拳击在国家体育总局的带领下,一直沿着正确的方向前行,无论是世锦赛、亚运会,还是亚锦赛上都取得优异的成绩。他坚信中国拳击仍然是世界最强的国家之一,而且正在赶超世界潮流,并一定会立于潮头之上,他更相信中国拳击一定会有光明而灿烂的未来。

东京奥运会已经成为历史,历史不会重来,历史也不能改写。张传良说:东京奥运会没能奏响国歌,自己感到十分遗憾,也特别痛心。面对夜色,面对星光璀璨的海水,他仰天长叹,扼腕叹息,怆然泣下。

对竞技体育有着深刻认识和深切情怀的李贵成,关注了东京奥运会各项赛事。他说:这次东京奥运会对抗项目成绩最突出的莫过于拳击队了。拳击是竞技体育里最具代表性的项目,它具有灵猴一样的敏捷,骆驼一样坚韧的品格,雄狮一样的霸气,也就是速度、力量和勇敢。因此,拳击也是老百姓喜爱并广泛关注的项目。纵观国际体育格局,国际奥委会为了体现奥林匹克的纯洁性,出台了许多举措。我们国家为了建设成体育强国,为了竞技体育健康有序的发展,也进行了一系列的体制改革。从拳击运动员场上的作风,以及他们技战术的发挥就能看出来,他们肩负着国人的希望,在场上不仅打出了水平,还打出了精神。这彰显了国家支持,民间主导,市场运作的改革成果。同时也说明,这种与国际接轨的现代化体育运营模式是成功的。运动员们,也将带动全民健身健康的发展和推进。

体育赛事的金牌固然重要,但一定程度上来说,体育是一种强身健体的游戏,参与要远远大于奖牌。这届东京奥运会的男子跳高项目,来自卡塔尔和意大利的两名运动员都获得金牌。比赛中,两人的成绩相同,失败的次数也相等。按照规则可以加赛,但是,意大利队员的脚意外受伤,他提出弃权。但卡塔尔队员却提出了共享金牌,组委会欣然获准。两位运动员都创造了属于他们的历史,他们也成了奥运会田径113年来第一组共享金牌的选手。颁奖仪式上,两面国旗同时升起,国歌依次奏响。这一举措,不仅诠释了奥林匹克团结、消除隔阂的宗旨,体现了体育是人身体教育的属性,也表达了善良、温暖和友爱的思想。还有中国的苏炳添,他没有获得奖牌,可他是中国人心目中的英雄。因为他用奔跑赋予"更快、更高、更强、更团结"新的释义,也用行动解读了体育的精神和体育的本质。

顾拜旦早就告诉我们:"奥林匹克精神,不是凯旋,而是战斗;不是胜利,而是参与。"

生命有多种活法,人生也不只有竞技体育这一条路。而能选择竞技体育的人注定要与付出,与拼搏,与坚持,与勇敢为伴,能在这条路走下来,并一直向前的人,都是值得世人尊重的。拳击的大门向所有爱好拳击的人敞开。只要你来,你就拥有了不一样的人生。初识拳击时,拳击就如一束忽远忽近的光,扑朔迷离。但只要走进去,拳击就彰显出它本来的性情。精神是一种气象,精神也是生命的底色。行走需要力量,张传良的力量是故乡一望无际的草原上的劲风赋予的,也是连绵起伏山脉的坚毅给予的,他的行走不仅带着精神向度,还带着对拳击项目最初的本真。

阅尽世间繁华,仍有欢喜;阅尽世态炎凉,仍怀喜悦。

尽管已是尘满面,鬓如霜,但值得庆幸的是,一辈子都在全心全意地做一件事。走到今天,不敢说圆满,但值得欣慰的是对拳击项目付出了毕生的精力。如果非要上升到境界,也不过是一个致力于研究进攻和防守的体育人。生命就应该七分进攻,三分防守。进攻给事业,防守给生活。事业需要进攻,没有进攻就不会有突破;生活则需要防守,没有防守就会随波逐流。

喜悦和叹息是生命的常态,在常态中仍然执着于追求,执着于目标,是我向生命最豪迈的表达,也是我向拳击最真挚的告白。

——张传良如是说

最深切的告别

我与拳击相识始于泰森和霍利菲尔德那场"咬耳朵"大战。就在人们一致指责嘲笑泰森时,我却为他愤愤不平。我觉得他输在脾气上。那时候,我还不懂拳击项目所谓的技战术。

现在想来,霍利菲尔德赢在战术上。

我是一个写作者,我太知道写一部长篇非虚构文学作品需要怎样的精力和辛苦了。并且我是以小说写作为业的写作者,也就是说,如果我去梳理中国拳击30多年的历史,我就即将与小说分别至少一年的时间。这对我来说,是个不小的折磨。但我还是犹疑着走进中国拳击队,以犹豫的心情走向拳击。落地贵州,迎面扑来的是山城的薄雾和清凉,这是我第一次来贵州。国家拳击队驻扎在清镇训练基地,如果说先前还有诸多的迟疑和纠结,那么清镇训练基地令我无法回头。是国家拳击队的正气和他们训练时的专注征服了我,也是张传良主席对项目无私奉献的精神感动了我。

我对自己说:写。或许是命运使然,也或许是冥冥之中的安排。但我坦然接受命运,接受挑战。

中国拳击走过了30多年的路程,经历了太多的风雨。我如何才能还原拳击的历史?又如何能把潜伏于岁月深处拳击项目的过往垂钓出来,还原拳击鲜活的生命?除了资料,还有那些伴随拳击成长起来的拳击人。于是,我的脚步将从1986年开始,因为那一年拳击又回到中国,我也将走进张传良主席的1986年,他不仅是中国拳击恢复后的第一代拳击教练员,他还是拳击历史的书写者……于是,我开始了收集资料整理史实的工作。最初整理资料时,我又一次陷入焦虑的状态,缘由是仅凭从清镇带回的几份访问录音,和后来得到的十几份资料中,难以寻觅出 30 多年的历史踪迹。我把手头十几份资料翻来覆去地读,如同在一片深山荒野中寻觅埋藏于深处的浆果,哪怕是干瘪得只剩下一个躯壳,我也要找出它的"魂儿"来。然而,我真切地意识到巧妇难为无米之炊的窘境和尴尬。以我的个性和行事风格,我不想麻烦任何人。也就是说,还没等你认识我,我就把我所做的工作放到你的案头——我回到我的世界,因为我早已习惯了孤独。我在孤独的世界里拯救自己的灵魂,修炼自我。我在我的世界里可以天马行空,虽然,我所谓的世界里除了我和我的文字,还有我的天下。尽管我的天下不过是一片野湖,一座野山,一棵被霜染得垂头丧气的野草,但我也如一匹马,任意狂奔。

放弃的念头再次油然而生——

但是,只要回想起清镇拳台上运动员飞溅的汗水和训练馆里张传良先生顶着如霜般的满头银丝却矫健的身影,眼前就浮现出一层水雾……我又坐回电脑前,北方溽热的 8 月令我有一种沉重,像雾霾压在心头,也令我有一种轻飘,像一片风中的落叶。我开始建构文本的框架——于是,我的眼眶里就开始饱含热泪,写到情动处,我只能站起来在室内踱步。待心情平复下来,才能再坐回电脑前。建构起文本的大框架,就如一次山峦的攀爬,常常是爬着爬着路就没了。好在,传良先生总是在我需要时,为我指引一条行走的路。其间,关于拳击项目的交流也逐渐多起来——他血液里流淌的声音就如一记记重拳,击打着我。

疼痛来自以他为首的那一代拳击人和一届又一届为拳击项目发展贡献力量的领导者,还有一代又一代对项目锲而不舍的运动员。

于是,我追随拳击队去了白沙训练基地。这次,我有了回家的感觉,因为他们每个人都在我心里有了立体感。在冠军赛的比赛现场,我身临其境地体会到了拳击项目的魅力,体会到了教练员的良苦用心,体会到了拳手的坚持——生命需要情愫,生命也需要快感,无疑,拳击还具备情怀。我的心绪也被现场的气氛强烈地冲撞着,文本的题目也是在比赛现场孕育出来的果实。那一刻,我怀中犹如揣着一只活蹦乱跳的小兔子——贾春天也来观看冠军赛,我们见面时,竟然是一种久违的心境。因为春天做体育杂志,所以,我迫不及待地把对文本的思路和架构倾倒出来,然后又把怀中揣着的那只"小兔子"拿出来,春天说:后面两个字不要了。

于是,就有了《拳心》。

从白沙归来,我陷入无以复加的忙乱中。但我依然挤出时间整理资料,以至于都到腊月二十九了,我还没有意识到除夕已然来临。我刚要长长地嘘口气,武汉的疫情又揪住了我的心。每当看到窗外单元门上鲜红的对联,就想起那座被封的城,那座城里数以千万计的生命,他们的除夕该是怎样的一种悲凉——眼泪瞬间流了下来……不久,我居住的小区封了,我所在的市区也封了。生长在和平年代,这一刻突然痛彻心扉地感觉到,瘟疫与战争一样残酷,二者都是生灵涂炭的刽子手。

封闭的日子,我活在拳击里。每天早上7点,最晚不超过8点,我都准时地坐在电脑前全神贯注地与拳击对话。偶尔,会因为口渴起身去倒茶水,腿脚却失去了知觉,愣一下才发现是坐得太久的缘故,也太专注了。写作中遇到很多困难,比如写着写着就要停下来,因为线索断了,也会因为故事与时间不能对称……这是写作的最大忌讳。作品要流畅,如同一首歌。虽然历史常有误读,我可不想把民国时期的名媛打扮成现代的时尚女子,还有就是对拳击技战术的认识和理解,我首先要把项目的技术理解吃透嚼碎,再叙述出来,否则就会有违和感。

创作过程中,我始终饱含着热泪,以至于生疼的眼眶不得不用药水来安慰。

北方的春月,怒放的野杏烂漫如霞。空气中还弥漫着苦艾的香气,我知道那是绽放的丁香。疫情让人类重新打量自己,认识自己——独自坐在一家酒吧里,此时的酒,就如同生命中的精神之恋不可或缺。所以,酒是弥补生命缺失最好的伴侣。而此刻,我的情绪绝对需要用酒来安抚。创作中的焦虑、疲惫、快乐和自豪需要有一个发泄口——当酒香从瓶嘴里袅袅地溢出来时,盈动于眼眶中的泪水也扑簌而落。眼泪宛如从山岗上奔下来的羊群,尽管我张开双臂也无济于事——于是,走进内心深处的拳击人依次向我走来,传良先生讲述支持自己工作的领导,帮助自己的朋友,一起工作的教练员,一同工作的同事和他的学生多于讲述自己。康闵利说起张主席时的泪光,张喜燕讲述拳击与生活时的动容,哈达讲述他对拳击的追求、对母亲的怀念时的数度哽咽,西库讲述新疆拳击、讲述他与张主席一起工作时的那份感动……他们都如电影中的快闪镜头,不停地在我眼前回放,我再次潸然泪下……当我抬起泪眼时,我笑了,因为这些都将成为美好的过往。

我相信,梳理拳击历史的过程,一定是我的生命中美好的过往。

《拳心》仿佛是我的修行路。虽然我疲惫至极,但我依然心怀喜悦和自豪。感谢曾群、常建平、高亚翔、李贵成、沈志刚、杨本培、冯连世、于川、韩久力、康闵利、赵德岭、臧广悦、崔新东、王洪亮,感谢杨洁、马佳、吕刚女士等,他们给予了我创作的支持。特别要感谢以张传良主席为代表的拳击人,他们让我读到了不一样的精彩人生。我永远也不会忘记刘杨海、刘渊、刘涛、江利、邹市明、雷玉平、刘强、李洋、胡青、张小平、张志磊、麦麦提图尔孙·琼、胡建关、常勇、张喜燕、李金子、李倩、谷红、杨文璐、常园、胡美益、蔡宗菊等。他们的赤诚,他们的朴素,他们的情怀都深深地感染并且打动了我。从他们身上我体会到了感恩和真诚,尤其是莎沙、菲利普、哈达、王润强、西库、李勇志、陈涛、徐建武、鲍善军、阿布都肉素力·肉孜等教练员和科研人员。当新疆队回到乌鲁木齐水西沟镇训练,为了让我感受亚高原的环境,肉孜教练不仅给发训练视频,还与我开启了视频连线……感谢领队张培杰和刘传安,我每次去基地,他们都要开车三个多小时接送。尤其要感谢北京体科所的董亚楠,当我再一次到白沙基地改稿,我们仨坐在房间里,她一边吃着金嗓子含片,一边一字一字地阅读了 30 多万字的书稿。我在她带着山东腔的普通话中,除了感受她的感动,还感受到了她散发出来的青春气息。我极力地抑制着眼眶中的泪水,不停地擦着额头的汗水——我借着亚楠的目光打量我的"孩子",于是我发现这个孩子长得并不完美,于是我又暗下决心,无论怎样都要让这个"孩子"散发出灵魂的光芒。所以,一定程度上来说,亚楠是第一个见证"孩子"成熟的读者……创作期间,无论是与教练员还是运动员的访谈,都如一场心灵的拷问。他们在平凡中追求,在平凡中树立目标,在平凡中不懈地努力,他们在平凡中伟大着——他们是我写作的动力,因为他们每个人的生命都值得我学习。

感谢韩光华先生,是他架起一座桥,让我顺着这座桥走近拳击,走进拳击。虽然他没有以拳击为业,但他对拳击有着割舍不了的爱。感谢周先生,创作的日子里,他承包了全部家务,还一日三餐地煮粥熬汤,让我能按时地吃上热乎也还算丰盛的饭菜。否则,我时常捣蛋的胃又会跳出来作祟,我也将瘦成一棵冬日的芦苇。感谢谷米,总是在我焦虑的时候给予我最童真的安慰。

杨本培先生说,做个体育专栏作家吧。中国竞技体育一路走来,太需要书写了。他们拼搏奋斗的精神鼓舞着一代又一代人,有写头……尽管我这棵冬日的芦苇已然没有了蹿莛的力气,但我对明天依然充满希望,对未来依然充满幻想。尽管我不知道明天和未来将会如何美妙地呈现,但我听从内心的召唤——不管怎样,我都不能离开文学,亦如传良先生,他能离开拳击吗?

这就是命运,尽管每个人的命运不尽相同,但谁又能逃脱命运呢。

如果,我没有能透彻地解读中国拳击的魂魄和其中的精妙;如果,我没能很好地表达出拳击人内心深处的思想和情怀,在这里,我叩首向以传良先生为代表的所有拳击人致以最诚恳的歉意。

宿命,决定每个人的领域。所以,我最深切地告别时,眼含热泪。

为佘宏书

写下这篇文字时,我和佘宏先生还没见过面。但我相信,只要听到他的声音,我一定能在人群中找到他。

确切地说,我和他的声音如多年的老友。

就在我为寻找拳击历史踪迹而苦恼时,就在犹疑自己能否继续时,我收到佘宏先生发到邮箱的一封介绍自己的信,半页纸的内容不仅令我感慨,还十分感动。他说,与中国经济腾飞一样,中国拳击可能是冰山一角,但是核心是一样的。从一张白纸开始,从学习到创新,直到奥运顶峰,好好总结。并在总结的基础上完善和前进是我们早就应该完成的事情……拳击项目是一门艺术,每一场比赛都像一首歌、一幅画、一首诗……我从他的字里行间体会到他的激动,也看得出来,他还是一位有文学素养的拳台医生。于是,我们开始了一场拳击历史的徜徉。只不过,我在电话的这头,他在电话的那端。每天,我都怕错过他的声音,就把他的微信置顶。开始,我们的回顾似乎还有些零散。我一句一句地听他的语音,然后再整理出文字。记得第一天,我从早上8点一直坐到晚上5点,都在听他的语音整理文字。傍晚,当我走出写字楼时,我头晕得恶心,还有了幻听。我想,我可能太过用力了。但语音必须一条条地整理,我不敢错过一个字。有一天,我突然发现,微信语音可以转成文字,我兴奋得如同在沙漠中发现一汪水,差点儿叫出声。此前,手机对我来说不过是接打电话,我甚至常常把手机置于我听不到,又不显眼的地方。因为拳击,我发现手机真是一个好东西。佘宏先生的每一句语音都转成文字,然后再听语音加以修正文字,不但加快了速度,还使我逐渐地熟悉并且认识了拳击。

尽管佘宏先生的贵州普通话很好,但是语音转文字软件识别率不高。那也比一个字一个字敲到键盘上要快得多。随着我对拳击的熟悉和进一步认识,我们对历史的回顾也都开始节奏一致——这个节奏便是:我经常给佘宏先生出题,今天请讲讲张老师的技术创新;今天请讲讲他对邹市明的训练;今天请讲讲他在贵州的生活……佘宏先生就如闪着淡绿色波浪的一湖大水,我是坐在湖水边上的垂钓人,有时候一竿下去,钓上来一坨夹着碧草的鲜泥,我就欣喜地使足力气,把湖泥捧在手心放在鼻子下面使劲地嗅。我就是想把这种浸润着湖水和碧草香气的味道留在记忆中,留在脑海里;有时候,钓上来一颗珍珠,我就用双手小心翼翼地拭去裹挟于蚌壳上的泥水,珍珠就显现出熠熠的光亮,刺疼了我的双眸,我的眼底就汪起泪水。

于是,我就如范进中举似的癫狂一整天。

那期间,等语音焦急的心情就如等风中的铃声,有时候听到佘宏先生因为长时间的讲述,嗓子嘶哑时,内心又很过意不去,如果我是他多好,与拳击一起成长,就能独自地把拳击历史还原出来——尽管是语音交流,但是,我们就仿佛面对面守着一个燃烧着的红泥小炉,一壶沸腾的老茶溢出香气,我不但能感受到他内心的起伏,也能看到他脸上或激动或哀伤的表情……对于拳击,他是一位虔诚的圣徒。

我想,世间能打动人心的除了真诚还是真诚。

没有佘宏先生,就没有《拳心》最初的框架。张传良主席每每谈起佘宏,他说内心深处有一种无以名状的愧疚感。他说,他没有照顾好兄弟……而我这个与他未曾谋面的朋友,也只能用文字来回报他,不管这一路走来遭遇了怎样的不公,又有怎样的无奈,文字会记录下他的行踪,历史会记住他无私的贡献。所以,我相信文字为他书写的同时,也一定能温暖他生命的苍凉。

谨以此篇文字,献给佘宏先生,并向他致以最真诚的感谢和最诚挚的敬意!

初稿于2020年春月
定稿于2021年夏月·白沙训练基地

图书在版编目(CIP)数据

拳心 / 薛喜君著. —上海：文汇出版社，2022.1
ISBN 978-7-5496-3687-7

Ⅰ.①拳… Ⅱ.①薛… Ⅲ.①报告文学－中国－当代
Ⅳ.①I25

中国版本图书馆 CIP 数据核字(2021)第 257670 号

拳心

薛喜君　著

责任编辑 / 熊　勇
封面装帧 / 张　晋

出版发行 / 文汇出版社
　　　　　上海市威海路 755 号
　　　　　（邮政编码 200041）
经　　销 / 全国新华书店
排　　版 / 南京展望文化发展有限公司
印刷装订 / 启东市人民印刷有限公司
版　　次 / 2022 年 1 月第 1 版
印　　次 / 2022 年 1 月第 1 次印刷
开　　本 / 720×1000　1/16
字　　数 / 320 千字
印　　张 / 19

ISBN 978-7-5496-3687-7
定　　价 / 58.00 元